论语

大家读

崔之建◎著

安徽师范大学出版社

·芜湖·

责任编辑:房国贵
装帧设计:吕自容　桑国磊
责任印制:郭行洲

图书在版编目(CIP)数据

论语大家读 / 崔之建著. — 芜湖:安徽师范大学出版社,2014.12(2024.6重印)
ISBN 978—7—5676—1665—3

Ⅰ. ①论… Ⅱ. ①崔… Ⅲ. ①儒家 ②《论语》—注释 ③《论语》—译文
Ⅳ. ①B222.2

中国版本图书馆 CIP 数据核字(2014)第 265390 号

论语大家读

崔之建 著

出版发行:安徽师范大学出版社
　　　　芜湖市九华南路 189 号安徽师范大学花津校区　邮政编码:241002
网　　　址:http://www.ahnupress.com/
发 行 部:0553-3883578　5910327　5910310(传真)
　　　　E-mail:asdcbsfxb@126.com
印　　刷:阳谷毕升印务有限公司
版　　次:2014 年 12 月第 1 版
印　　次:2024 年 6 月第 2 次印刷
规　　格:700×1000　1/16
印　　张:20
字　　数:323 千
书　　号:ISBN 978-7-5676-1665-3
定　　价:79.00 元

序

    党的十八大后,以习近平为总书记的党中央在对中国五千多年悠久文明的传承中提出"中国梦"的宏伟目标。"中国梦"的本质是国家富强、民族振兴、人民幸福。儒家典籍处处都有理想的"梦境"。从《诗经·大雅》中"民亦劳止,汔可小康"的"小康梦",到《礼记·礼运》中提出的"老有所终,壮有所用,幼有所长"的"大同梦",无不透露出古圣先贤追求梦想的心路历程。中国梦具有多元汇一的丰富内涵和鲜明的实践特征,实现中国梦必须走中国道路、弘扬中国精神、凝聚中国力量。

    习近平总书记不仅对内领导中国人民实现"中国梦",在国际关系中也从儒家典籍中汲取智慧,提出国与国之间要坚持正确的"义利观"。2014年访问非洲四国时,习近平总书记指出:"独乐乐不如众乐乐"世界上一部分人过得很好,一部分人过得很不好,不是个好现象。真正的快乐幸福是大家共同快乐、共同幸福。义,反映的是共产党人、社会主义国家的理念;利,就是要恪守互利共赢的原则,不搞我赢你输,要实现双赢。我们有义务对贫穷国家给予力所能及的帮助,有时甚至要重义轻利、舍利取义,绝不能唯利是图、斤斤计较。

    习近平总书记提出的"中国梦"、对外关系中重义轻利的"义利观",无一不能在孔子与孔门弟子对话集的《论语》中找到源头。他把中央领导集体的宏大目标和人民的实际需求结合起来,贴近人民生活,为人民所能接受,在国际上也彰显了一个东方大国的文化软实力。

    "中国梦"的实现、国家的富强不是凭空得来的,它需要凝聚中国力量,依靠人民来实现,关键还要看这个国家的人民。国民的素质对于一个国家的兴旺起着重要作用。而国民的道德素质正是孔子开创的儒家学派所强调和追求的理想目标。孔子思想中有很多关于个人修身方面的论述,最集中体现在《论语》中。《论语》是一部记录孔子及其弟子言行语录体著作,其中渗透着孔子在生活、学习、为政等方面的种种经验,并以此来教导他的弟子们。

    《论语》中对理想的人格期望就是"君子"。学术界对"君子"普遍公认的含义有两个:一是指道德品行高尚的人;一是指身居高位、执掌大权的人。随着社会经济政治文化的发展,"君子"的含义逐渐与权利意义相分离,更倾向于指高尚的人格和道德品质，后来就完全成为中华民族文化中重要的人格典范。

如何成为君子？《论语·宪问》中给出了答案，即"修己以敬"，就是"修养身心，严肃认真地对待自己的政事"。修养身心，要从最基本的"仁、义、礼、智、信"做起。"仁"，就是"爱人""泛爱众"，不仅爱亲还爱人爱物，还把爱心扩大到天地万物、宇宙空间之中。"义"就是义理、道德。《论语·里仁》中"君子喻于义，小人喻于利"，是说君子必须按道义行事，不仁不义之事绝不能做。由个人推广到国家也同样有"义利"之辨。当今世界，和平发展、合作共赢是正确的义利观；相反，干涉说教、有你无我则是重私利、轻大义的行为，与世界潮流背道而驰。关于礼、智、信的内容，读者可在本书中查找，此处不再赘述。

君子品德的形成，既要教育，更要践行。每一位儒者要不断地修炼自己，其终极目标就是要担当起社会重任，为国为家为民效力，即"修己以安人，修己以安百姓"。另一部儒家典籍中也有"修身、齐家、治国、平天下"的人生抱负。当然，在任何朝代，治国安邦平天下的理想不是很容易实现的，必须建立在修身、齐家的基础之上。君子要先把自己的人格品质、道德修养提升到完美的境界，以自身的道德感化周围的民众，同心协力，强国富民，最终达成内圣外王的终极目标。

践行君子品德的另一层意思则是要求我们每个人要自省自己的行为。"希圣"、"希贤"是历代知识分子理想人格标准。人人都成为圣人，那么，从个人到家庭，乃至整个社会就太平了。后来儒学发展成"存天理，灭人欲"的理学，走到了极端。

正因为《论语》中蕴含着深厚的"修身"和"为政"的思想，宋朝开国宰相赵普才有"半部《论语》治天下"的心得。同样，研究《论语》的学者也代不乏人。三国曹魏何晏作《论语集解》后，注解《论语》的学者源源不断。著名的注本有宋代朱熹的《论语集注》，清代刘宝楠的《论语正义》，近代杨树达的《论语疏证》，以及现当代杨伯峻的《论语译注》、钱穆的《论语新解》等。这些书都是从学术史角度进行注解，对每个字词的注释都引经据典，更多的是从版本、校勘的角度而作的，似乎未贴近生活，直指世道人心。

改革开放以后一段时间里，中国经济获得了飞速发展，但社会道德却出现滑坡之势。中国迫切需要从传统文化中获得重建道德秩序的营养。十年前，在中央电视台的《百家讲坛》，于丹女士倒是对《论语》作了一次普及工作，她告诉人们，在《论语》中，孔子教导他的学生应该如何去寻找生活中的快乐。人人都希望过上幸福快乐的生活，而幸福快乐只是一种感觉，与贫富无关，同内心相连。

21世纪以来，文化的多元性已为世之所趋。对论语的理解，也见仁见智。但要体会到其中的精微，非有一定的人生阅历而不能为之。崔之健先生，毕生从事语文教学工作，对《论语》等儒学经典有深入研究，再结合自己的人生阅历，对这部儒学元典作了新的解读。崔先生学风平实，对《论语》每则的解读分为"你解"和"我读"两部分。"你解"中对字词的注释基本沿袭名家的注解，择善而从，也多有创见。"我读"则是崔先生对孔子的言论进行分析阐释，有自己独到的见解，这是本书的最精要内容。作者在解读孔子原话时，结合历史，观察现实，无不对当前我们的人生观、价值观、为人处世有深刻启发作用。

总而言之，《论语大家读》是一部雅俗共赏的弘扬传统文化的著作，既综览了前代学者对孔夫子言论的引经据典的解释，又结合作者自己的阅历阐发了其中精义。读之，大的方面来说，有助于我们理解国家的治理策略；对青年人来说，能够辨明社会上拜金主义、物欲至上的不良风气，给他们修身、察世提供更多的借鉴；对从政人员来说，能够帮助"以德治国"的顺利实施。中国是社会主义法治国家，"依法治国"与"以德治国"从来就相辅相成、并行不悖。

正因为《论语大家读》是一部向社会特定阶层传递正能量的佳作，本人愿为此书作序，向社会推介！

李修松

2014 年 12 月

导　读

一、关于书名

三大世界宗教,基督教有《圣经》,佛教有《金刚经》,伊斯兰教有《古兰经》。儒家的《论语》不是宗教的经,却胜于宗教的经,正如《习近平在纪念孔子诞辰2565周年国际学术研讨会暨国际儒学联合会第五届会员大会开幕会上的讲话》中指出的那样:"儒学本是中国的学问,但也早已走向世界,成为人类文明的一部分。"

《论语》,集聚着中国人的智慧,也是全人类的"精神食粮",作为社会的人,尤其华夏儿女,一辈子没接触它、没机会认真学习它,将是求知的遗憾,确切地说,应是人生的缺憾。

书稿原名为《论语绎稿》,本是老年大学的教学讲义,为惠及更多的人,特予增删修改,更名为《论语大家读》公开面世,其目的是帮助大家更有效地阅读《论语》,从中汲取更多的精神营养。

本书正文结构除原汁原味的《论语》原文外,还有"你解""我读"(其中"你""我"不是特指某个人,"你解""我读"仅仅是命名方便而已)两部分。"原文"基本以杨伯峻《论语译注》(中华书局1980年版)为底本,"你解"即综合注家对原文生僻难懂的字词进行绎解,"我读"则密切联系当前社会进步发展要求抒发内心感悟,供大家品读参考。

《论语大家读》吧,仰望璀璨星空,你会抖落岁月的风尘,越读越轻松惬意;

《论语大家读》吧,怀揣优秀传统,你会远离喧嚣和浮躁,越读越热爱生活!

二、本书阅读提示

(1)"论语"音义。语:话,言论。论,据《辞海》有两解:一解,通"伦"(lún)。朱熹《诗集传》曰:"论,伦也,言得其伦理也。"合而言之,"论语"即言伦理的话。二解,通"抡"(lún),选择。此解本《荀子·王霸》。合而言之,"论语"即(孔子及其弟子)言论选(录)。综合两解,联系《论语》内容,"论语"较为贴切的解释应是:(孔子及其弟子)关于伦理言论选(录)。

(2)成书。东汉班固《汉书·艺文志》说:"《论语》者,孔子应答弟子、时人及弟子相与言而接闻于夫子之语也。当时弟子各有所记。夫子既卒,门人相与辑而论纂,故谓之《论语》。"

(3)文本。自战国前期成书问世以后,经秦始皇的焚书坑儒,几遭灭绝。至西汉,秦朝的"挟书律"被废,朝廷明令"大收篇籍,广开献书之路"。这时的《论语》出现了三种版本:《鲁论语》《齐论语》《古论语》。前两种西汉时各有传家,后一种只有孔安国为之作注,并无传授。西汉末,经学博士、被汉成帝封为安昌侯的张禹以《鲁论语》为定篇目的依据,融合《齐论语》而为《张侯论》。后世流传至今的《论语》的版本,基本上是东汉经学大师郑玄(127－220)以《张侯论》为底本,参照《古论语》加以整理而成的。

(4)结构。全书二十篇,每篇分若干则,则的长短不一,前后两则之间也不一定有什么关联,因划分不同,有 412、492、511 之不同分法。全书约 11 000 余字。每篇都从该篇中第一句话里截两三字作篇名。旧时,为了研读方便,《学而篇第一》至《乡党篇第十》为"上论",《先进篇第十一》至《尧曰篇第二十》为"下论"。

(5)注解。著名的有东汉时期郑玄的《论语注》,三国魏何晏的《论语集解》,南朝梁黄侃的《论语义疏》,唐代陆德明的《经典释文》,宋代邢昺的《论语注疏》,朱熹的《论语集注》,清代朱彝尊的《经义考》,刘宝楠的《论语正义》,近代杨树达的《论语疏证》等。其中朱熹的《论语集注》(后简称"朱熹集注")是传统的学习《论语》必读的参考书;刘宝楠的《论语正义》能破除门户之见,详采各家之说,并融进自己的研究心得,是世所公认的学术价值较高的一种注书。

(6)内容。《论语》以伦理教育为主,包括哲学、历史、政治、经济、艺术、宗教等方面,可折射出当时社会的政治生活状况,看出孔子对政治的见解,对社会的理想,对教育的主张,也可看出孔子和他的弟子们的人格修养、治学态度和处世方法。

(7)特色。《论语》为语录体散文,看似碎片化的阅读,却有整体性的精神感受。言简意赅,其中一些精警语言,后发展成为格言、成语。

(8)价值。《论语》是儒家经典之一。东汉时,《论语》和《孝经》《诗》《书》《礼》《乐》《春秋》被并列为儒家"七经"。南宋时,朱熹又把它和《礼记》中的《大学》《中庸》两篇以及《孟子》,合称为"四书"。《论语》是研究孔子的主要资料,它对中国历史有着深远影响,其思想内容、思维方式、价值取向,都早已融入了我们的血液,沉潜在我们的生命中,熔铸成我们民族的个性。它的主要价值在伦理方面。儒家思想的核心内涵——仁,其字 109 见,全书一以贯之,是儒家理论的中心。儒家一向以礼、乐规范为手段,推行"仁"是最终目的。历代统治者为政治国，也借用《论语》中的道德原则。所谓"半部《论语》治天下"，不无道理。《论语》作为中华文化的代表，早在秦汉时期就传入朝鲜和日本。日本《大宝令》还指定它为日本学生的必修课。1594年传教士利玛窦将它译为拉丁文后，它又被转译为意、法、德、英、俄等多种文字，在西方广泛传播，影响深远。法国启蒙思想家伏尔泰对《论语》中的格言"己所不欲，勿施于人""以直报怨，以德报德"极为推崇，认为"西方民族，无论如何格言、如何数理，无可与此纯粹道德相比拟。"《论语》是中国的，也是世界的，唯其已经走向世界，我们中国人才更应该珍视它，用现代人的眼光好好审视它，自觉地汲取其精神，剔除其糟粕，让中华文化的优秀传统更加发扬光大。

（9）历史地位。《论语》的出现，标志着中国私人著作的开始。先秦时期，作为一个显要学派创始人的言行录，它有着相当广泛的读者。秦始皇焚书坑儒，它也在焚毁之列。入汉后，儒家及其典籍却获得统治者的青睐，特别是汉武帝罢黜百家、独尊儒术后，《论语》列入学官，被视为"五经之辖辖，六艺之喉衿"，地位日显。元延祐年间，以"四书"开科取士，《论语》句句皆是"自学子束发诵读，至于天下推施奉行"，成为悬诸日月而不刊的金科玉律。这种尊崇状况一直到五四新文化运动后才有所改变。五四新文化运动的一个重要内容，就是猛烈抨击孔子及儒家。陈独秀认为儒家思想与"德先生"（民主）和"赛先生"（科学）是格格不入的，"儒者三纲之说"实际上是一种"奴隶道德"。胡适、鲁迅、吴虞等人也猛烈抨击了儒家的孝道、贞节观念，提出要"打倒孔家店"，"正因为二千年吃人的礼教法制都挂着孔丘的招牌，故这块孔丘的招牌——无论是老店，是冒牌——不能不拿下来，捶碎，烧去！"（胡适《〈吴虞文录〉序》）其实，封建统治者的尊孔自有它的用心，新文化运动的反孔，也有其特定的历史环境，都是一种历史的选择。在经济全球化、我国致力实现四个现代化的20世纪末，又兴起了"孔子热"。新加坡前总理李光耀说："新加坡人太西化，必须重新发扬东方道德来抗拒西方颓废思想的侵蚀。"又说："儒家思想深深影响着我们东方人的言行思想，是我们的精神支柱。"朝鲜、日本、越南等国，也承认儒家学说对其国家的重要影响。二战后"亚洲四小龙"的经济腾飞，物质、科技文明归因西方影响，在协调人际关系、稳定社会秩序诸方面，儒家伦理思想却发挥着积极的作用。孔子及其创立的儒学已引起世界具有远见卓识的人们的极大关注，特别是诺贝尔奖获得者在巴黎集会的宣言中明确指出："人类要在21世纪生存下去，必须要从2500年前孔夫子那里去寻找智慧。"1994年10月上旬，孔子诞辰2545周年纪念与国际学术讨论会在北京隆重举行，筹备多年的国际儒学联合会同时宣告成立。孔子、儒学研究,在世界范围内被推向一个新高潮,孔子学院已在许多国家正式成立。

(10)读法。"凡看文字,须先晓其文义,然后可以求其意。未见不晓文义而见意者也。""句句而求之,昼诵而味之,中夜而思之,平其心,易其气,阙其疑,则圣人之意可见矣。""学者须将《论语》中诸弟子问处便作自己问,圣人答处便作今日耳闻,自然有得。""凡看……须熟读玩味。须将圣人言语切己,不可只作一场话说"。(朱熹《四书章句集注·读〈论语〉〈孟子〉法》,引号内皆为程子颐语)综合言之,读法要领有:(1)先晓其文义;(2)句句而求之;(3)将圣人言语切己;(4)熟读玩味;(5)慎思阙疑。这是传统的经典读法,如今仍有借鉴意义。

目录

学 而 篇 第 一

1.1 子曰①："学而时习之②,不亦说乎③? 有朋自远方来④,不亦乐乎⑤? 人不知,而不愠⑥,不亦君子乎⑦?"

我读 ①子:古代男子的美称或尊称,古代也指师长。这里是尊称孔子。曰:说。此义与"谓"同,但有区别:"曰"与所说的话紧接,"谓"不与所说的话紧接。②时:按时,时常,及时。习:本义"鸟数飞也",可引申为学习、复习、熟悉等义。③说:通"悦",高兴。④朋:古称"同师曰朋,同志曰友",亦泛指相交好的人。⑤乐:快乐。高兴"在心"叫"悦",高兴"在外"叫"乐"。⑥愠(yùn):心理怨恨,暗暗生气。⑦君子:春秋末年,"君子"与"小人"逐渐成为"有德者"和"无德者"的称谓。

你解 夫子教导我们:学习的知识、技能经常复习,"所学者熟","其进自不能已",能不"心中喜悦"吗? 正"独学无友",有"同师"之"朋"从远方来,可切磋、琢磨,共同研习学问,"以善及人",能不手之舞之足之蹈之吗? 有德者应"不患人之不己知,患不知人也",所以"人不知"却不心生怨恨,不正是君子"积德之基,学者之先务"吗?

本则为《论语》开篇,夫子连用三个"不亦……乎"的反问,很明显都是围绕学者"务本"——学之"效"说的。再联系孔子所言"患不知人""知之者不如好之者,好之者不如乐之者",颇耐人寻味。

1.2 有子曰①："其为人也孝弟②,而好犯上者③,鲜矣④;不好犯上,而好作乱者⑤,未之有也。君子务本,本立而道生⑥。孝弟也者,其为仁之本与⑦!"

你解 ①有子:孔子的学生有若。《论语》中对孔子的学生一般称字,只是有若和曾参称"子",因而有人推断《论语》是由这两个人的学生编纂的"。②孝弟:善事父母为孝,善事兄长为弟。弟,通"悌(tì)"。③好(hào):喜欢,喜爱。犯上:不尊敬父兄、领导及其他长辈。④鲜(xiǎn):少。⑤作乱:指悖逆争斗之事。⑥道:与"德"相对,原指人行的道路,此处指做人、治国的原则。⑦仁:本指人与人相互亲爱,孔子则将其提升至含义极广的道德范畴,包括"恭、宽、信、敏、惠、智、勇、

— 1 —

忠、恕、孝、悌"等内容,此处指仁德。与:通"欤",语气词。

　　有子的话转述了孔子的观点:把孝悌作为实行仁德的根本。孟子"谨庠序之教,申之以孝悌之义",进一步强调孝悌乃"王道之始"。孝悌之所以"为仁之本",孔子解说得很明白:"君子之事亲孝,故忠可移于君;事兄悌,故顺可移于长;居家理,故治可移于官。"就是说,只有"事亲孝",方可"事君忠";只有"事兄悌",方可"事长顺,居官治"。可见君子"行仁",理应"自孝悌始"。只有致力"孝悌",才能从根本上懂得做人、治国的道理。无怪乎朱熹断言:"人能孝悌,则其心和顺,少好犯上,必不好作乱也。"古今中外,无数史实证明,一个"立于世"的君子,无视孝悌或轻于孝悌,却高谈"忠君,善于官治",岂非掩耳盗铃、痴人说梦吗?

　　"仁",在孔子还是一种道德理想,到孟子时才发展为儒家的政治主张——仁政。《孟子·梁惠王上》已然明白宣示:"王如施仁政于民,省刑罚,薄税敛,深耕易耨;壮者以暇日修其孝悌忠信,入以事其父兄,出以事其长上,可使制梃以挞秦楚之坚甲利兵矣。"

1.3　子曰:"巧言令色①,鲜矣仁!"

　　①巧言:表面上好听,而实际虚伪的话。令色:讨好别人的表情,形容假装和善。令,善、美;色,脸色,表情。

　　从本篇(1.4)曾子的话中可知,孔子"为人"强调"忠",交友强调"信",他是反对虚伪、耍小手段的。孔子所说的"巧言",与老子所说的"美言",本质相同。老子说"信言不美,美言不信",诚然如此。

　　孔子这段话,态度鲜明地撕去了"巧言令色"的画皮,把背离"仁"的虚伪面目暴露在光天化日之下。《尚书·皋陶谟》中说:"何谓乎巧言令色孔壬。"我想,孔子既然敢揭露,自然在现实生活中不会畏惧那些"巧言令色"的大坏人,可见,真善美与假恶丑的对立、斗争,自古有之。

　　再逆向地看,孔子心目中的"仁",是质朴无华的,没有丝毫的矫情,可是在流传过程中却掺进了异质的东西,"仁"被扭曲了。最典型的莫过于《二十四孝》,流传久远,流毒甚广,像"戏彩娱亲""恣蚊饱血"之类,固然还有"恭、宽、孝、敬"这些"仁"的影子,但实质上,"巧""令"已然走向"仁"的反面了。

　　尊重历史,就得还历史以本来面目。当我们在弘扬优秀传统的时候,必须正本清源;对于是是非非,应以中庸的态度给予客观的评价。

1.4 曾子曰①:"吾日三省吾身②——为人谋而不忠乎③?与朋友交而不信乎④?传不习乎⑤?"

〖你解〗 ①曾子:曾参,字子舆,曾皙之子。他们父子均为孔子弟子。②三省:从三方面反省,或多次反省。三,可实指三方面,也可虚指多次。省(xǐng),反省。③为(wèi):替,给。谋:谋划,商量。忠:尽心竭力。④信:诚信、诚实,讲信用。⑤传:老师传授的知识、学问。

〖我读〗 "我每天多次自我反省:替人谋划尽心竭力了吗?同朋友交往讲信用了吗?(老师)传授的知识、学问复习、实践了吗?"这是学生曾参所言,也是老师孔子之意。

孔子收徒讲学,授的是"六艺",实质讲的是为人处世之理。曾参的"吾日三省吾身",就是立足"求诸己"的君子修身之道。一个人立足于世,总得替人办事,若不尽心竭力,而是假意使巧,甚至尔虞尔诈,那是怎样的人际关系哩!人是社会的人,谁没三朋四友,若不讲诚信,事事玩心机,那人间将充满虚伪、冷漠,何谈和谐、温暖哩!社会的进步,除众生的努力外,没有师承行吗?

曾参无愧于孔子的忠实信徒,他的"吾日三省吾身"的切身体会,嫡传了儒家难能可贵的(为人)"忠"、(交友)"信"的美德,延续了中华文明的"传习"真理。作为炎黄子孙,当永远珍惜、记取、践行啊!

1.5 子曰:"道千乘之国①,敬事而信②,节用而爱人③,使民以时④。"

〖你解〗 ①道:同"导",治理。乘(shèng):古代表示兵车的量词,称四匹马拉的一辆车为"一乘","一乘"实际兵力就是一百人。古代衡量一个诸侯国的大小强弱,就是看它拥有多少兵车。周制天子地方千里,出兵车万乘,所谓"万乘之尊"。诸侯地方百里,出兵车千乘,"千乘之国"指代诸侯国。这里的"国",指古代侯王的封地。②敬:严肃,慎重。事:指政事。信:取信,蒙后省略了"民"字。③节用:节约财用,后成为一种经济思想。爱:爱护。人:当指士大夫以上的统治者,此处指下属、部下。④民:与上句"人"对言,指庶人或种田的农民。"人"与"民"在古代不是同一概念。以时:按农时(忙闲)。

〖我读〗 孔子立足于"仁",为了"治国""平天下",他向为政者建言——提出五条治理意见:慎重办理政事、取信于民、节约财用、爱护部下、按照农时役使百姓。这五条意见,既从政治上表现了"敬""信"精神,也从经济上提出了"节用"主张,更从思想上表明了爱(人)、恤(民)的态度。如孔子在《为政篇第二》中开宗明义地说:"为政以德"。这三方面,就是"为政以德"的具体化吧! 我想:"务本"就是"为政以德"吧! 今天我们说"以德治国",从政治思想的渊源来看,与孔子的这种观念一定有联系。

这则语录,也暴露了孔子的历史局限性:他把"人""民"对言,固然尊重历史,但前者用"爱",后者用"使",褒贬色彩鲜明,这就是孔子恪遵周礼、固守落后的等级观念的具体反映吧。

1.6 子曰:"弟子①,入则孝,出则悌,谨而信②,泛爱众,而亲仁③。行有余力,则以学文④。"

你解 ①弟子:一般有两义,一指年纪幼小的人,二指学生或徒弟。此指前者,泛指年轻人。②谨:谨慎,对"行"的要求。信:信实,对"言"的要求。③亲:亲爱,亲近。④文,谓《诗》《书》六艺之文。

我读 本篇"有子曰"讲得很明白:做人的根本在"孝悌"。这里继续申述其义,而且更加具体:"入则孝,出则悌"。不止如此,还强调"谨"行"信"言,特别提出"泛爱众而亲仁","仁"的内涵更具体、更丰富。联系起来看,没有孝悌之"亲"爱,哪有对众人之"泛爱"、对仁者之亲近?更不可能有事君(效国)之"忠"! 这是世事的历史哲学,也是人情之反哺逻辑。

先着眼道德修养,后云"行有余力,则以学文"。德"本"文"末"、"知所先后"的观点,用现代人的眼光来审视,也无疑是正确的。遗憾的是,用两千年前的这种"事理"来观照当今社会,很有些令人惊讶。口头上高喊"德为先",而实际上还是把才智放在第一位,诸如按考卷成绩录取,按分数高低排名,人才招聘特别是干部升迁多看业务、学历(即"文"),忽视甚至轻视思想品德……这些现象并非个例,岂不违背"圣贤之成法"吗? 当今中国已进入深化改革的攻坚时期,如何根除这些习以为常、阻碍社会发展的痼疾,任重道远啊!

1.7 子夏曰①:"贤贤易色②;事父母③,能竭其力;事君,能致其身④;与朋友交,言而有信。虽曰未学,吾必谓之学矣。"

你解 ①子夏:姓卜,名商,字子夏,卫国人。孔子弟子,与子游同列文学科代表。②贤贤:第一个"贤"表示敬重、崇尚,第二个"贤"指德行好,"贤贤"即崇尚德行。易色:如同(爱慕)女色。③事:名词作动词用，侍奉。④致：本义"送达"，引申为"献出"。

我读 　　本则的关键是一个"学"字。为澄清"未学"与"学"的分歧，首先要明确学什么叫"学"。联系上则中"行有余力，则以学文"可知，孔儒的"学"主要指修养德行。当德行修养有余力或谓有余暇，就去学"文"。这里子夏用了一个"虽"字，树起了"假想敌"，接着用了一个"必"字，否定了前者，肯定了后者。可见，后边这两句话，是针对时人以"学文"为"学"的偏见而发的，强调的还是君子之学"以德为本"。当然并无轻视"学文"之意，只不过"知所先后"而已，即德行优于知识，行为优于语言。

　　第二，要明确为什么要"学"。常言道："读书明理。"显然，读书的目的在"明理"。好德如好色、孝顺父母、效忠君主、诚信交友，四者皆人伦之理，一个君子，四者都能做到，不就"明理"了吗？干吗非得"学文"才叫"学"呢？其实，社会是一部无字之书，"德"蕴涵其间，所以子夏的话完全表明了孔儒的思想主张。

　　关于"贤贤易色"。"贤贤"，历代注家都作"崇尚贤德"讲，没有异议。"易色"，却有不同解释。本人赞同作"如同爱好女色（之诚）"讲。依据是："未见好德如好色者也。"（《子罕篇第九》）"已矣乎！吾未见好德如好色者也。"（《卫灵公篇第十五》），另外，杨树达《论语疏证》在"贤贤易色"词下也列举这两则作"疏证"。本于"子曰"精神，本人认为"贤贤易色，犹言好德如好色也"这样解释比较合理。此解及"易"作"如"讲，皆采纳刘宝楠《论语正义》的意见。

　　1.8　子曰："君子不重，则不威；学则不固。主忠信①。无友不如己者。过②，则勿惮改③。"

你解 　　①主：主要的，引申为"着重于"。②过：用作动词，犯过失。③勿：别，不要。惮：畏惧，害怕。

我读 　　《诗·大雅·抑》中写道："敬慎威仪，惟民之则。"就是劝诫在上位的君子要谨慎地对待威仪，当好百姓的表率。朱熹也指出："轻乎外者，必不能坚乎内，故不厚重则无威严，而所学亦不坚固也。"两者都强调君子举止要庄重、敬慎。如果轻佻、浮躁，在百姓心中就无威严、威仪，所学（主要指"德"）自然不牢固。由于轻浮，学了也会丢失。所以君子应着力于"忠"（为人尽心竭力）、"信"（处世诚信）的道德修养。同时，在为人处世中要谦逊，坚信"三人行，必有我师焉"，取人之长,补己之短。拿别人的长处,时时比照自己,发觉有过失,就得勇敢地认错并积极修正。

这段话,似乎散乱,却真实地反映了作为老师的孔子,紧扣"德"字,对弟子不厌其烦地谆谆教诲。联想曾子的"吾日三省吾身",仿佛看到在堂下听讲的曾参,由衷地讲出自己的心得体会。师生的话,比照着读,相得益彰,相映成趣。

关于"无友不如己者"一句,解读颇有分歧。不少注家、研究者都解作"不要和不如自己的人交朋友",并说出理由。我不赞同此句中的"无"通"毋",作"不,不要"讲,认为还是作"没有"讲较合理。把这句解作"(坚信)没有不如自己的朋友",是本于"泛爱众"的精神,又与"三人行,必有我师焉"的虚心好学态度相一致。这句不是讲择友,也不是论友,而是讲处友,更是广义地讲处人。一般地说,人应当以善良的心地、学习的态度为人处世,何况是仁者哩!那种断然的否定语气,又无端认为"友不如己"的自诩,是有违孔儒的中庸之道的。

1.9 曾子曰:"慎终①,追远②,民德归厚矣③。"

①终:终了,结束,与"始"相对,引申为"生命完结,死"。②远:此处为时间概念,历年久,可借代为远祖、过去的历史。③归:归趋。

联系《为政篇第二》"死,葬之以礼,祭之以礼","慎终追远"的"终"指"死葬","远"指"远祖"。孝悌乃"仁之本"。本则显然是从"厚德"的角度强调要行孝道,即谨慎地按礼办丧事,诚敬地追祭祖先,(这样做了)百姓的道德风尚就可归趋淳厚了。曾子的话道出了孔儒思想。

历史的车轮滚滚向前。时隔两千多年,风俗民情大不相同了,如今曾子的话,作为表述孝文化,诚敬精神可取,但葬、祭的形式要进行根本的变革了,所以这句话在不违背原意的情况下,联系当下,可将"慎终追远"作别样解读:"人生最后要谨慎,过去的历史要时时追想",赋予保持晚节、牢记经验教训的新义。如此理解,把这四字当作座右铭,不断警示自己,我想更切合古为今用的精神吧!

1.10 子禽问于子贡曰①:"夫子至于是邦也②,必闻其政③,求之与?抑与之与④?"子贡曰:"夫子温、良、恭、俭、让以得之⑤。夫子之求之也,其诸异乎人之求之与⑥?"

①子禽:姓陈,名亢,字子禽,陈国人,孔子弟子。一说,不是孔子弟子。在《史记》《孔子家语》中未见子禽是孔子弟子的记述。子贡:姓端木,名赐,字子贡,卫国人,孔子弟子,并且是言语科代表。②夫子:古代对男子的敬称。古代也称大夫为夫子,后来夫子演化成学生对老师的尊称。③闻:本义听见,可引申为"打听,了解"。政:此指政事,或说教化民众之事。④抑:表选择的关联词,抑或,还是。⑤温:温和,温柔。俭:节省,俭约。让:谦让。⑥其诸:表测度的语气词,或者,大概。

【我读】 学习本则,可参照《礼记·经解》第一节。孔子曰"入其国,其教可知也",同本则"夫子至于是邦也,必闻其政"语气相似、语意接近,可推知本则的"政"就是指具体的"教"——当政者对百姓的教化情况。孔子倡导"仁"、宣传"仁",自然十分关注"教"。其问题在于:子禽只知道孔子重视"政",但对孔子如何"闻政","求之"呢还是"与之"呢,不明白,甚至错误地曲解孔子别有企图、欲谋政,千方百计想参与政事。子贡深知孔子,也听出了子禽问话的弦外之音,于是寓否定于肯定之中,从正面给予了回答,用"温良恭俭让"这极富人格魅力的五字,概括了孔子的美德。从此,这五字也定格成了儒者最本真的人格特点。正因为孔子是真正实行这美德的模范,谁不"高山仰止,景行景止"呢? 所以,孔子每到一国,其"粉丝"们心向往之、竞相趋之,主动向他倾诉,孔子"得之"政情教况,自然不同于他人啰。

联想到南怀瑾先生所言,"温良恭俭让","五字串通五经"。这话很有见地。确乎如此,五字乃五经之教的追求,换言之,五字也引领了五经之教。区区五字,言简意赅,差不多"牵涉中国文化的全体根源"。子贡用这五字评说孔子极崇高、极恰当,后来成了孔儒的代名词。每当说到这五字,孔儒的形象、品格就赫然在目,决不混同于其他学派了。这五字,简直就是孔儒的品牌、标记了。进而言之,作为"为人"美德,也深深地融入中华民族的血脉之中了。

1.11 子曰:"父在,观其志;父没①,观其行;三年无改于父之道②,可谓孝矣。"

【你解】 ①没:通"殁",死亡。②三年:按殷周古制,父亲死后,儿子要服丧三年。孔子恪守古制,所以这么说。

　　为何"父在,观其志"?因父亲在,"子不得自专",即儿子不能拥有自己的心愿、志向。为何"父没,观其行"?因父亲不在,"其行可见","知其人之善恶",即儿子不能违父做恶事。"三年"服丧期间,儿子的"志""行"都得秉承"父之道"。可见,那时儿子尽孝,不仅要"善事父母",还得"无改于父之道"。这种"无改"的礼制,为封建社会派生出"父传子,家天下"流毒千年的家族统治观念!

　　从常情来看,子承父业、子继父道,有传承优良传统的一面;毋庸置疑,也有束缚发展、因循守旧的一面。因为为人父者,不可能事事正确;为人子者,自当不应事事"顺于道",应择善从之、其不善而改之。好在孔子只固守"三年",以后没有说,大概"在川上"有所感悟,"逝者如斯",谁也阻挡不了,"孝"亦如此,所以给后人——儿子留下了"改"的空间。

　　1.12　　有子曰:"礼之用①,和为贵②。先王之道,斯为美;小大由之③。有所不行,知和而和④,不以礼节之⑤,亦不可行也。"

你解　　①礼:指周礼,周代先王留下的礼仪制度,也可泛指奴隶社会或封建社会贵族等级制度的社会规范和道德规范。②和:据《礼记·中庸》"发而中节谓之和","和"可解为"适合、恰当、恰到好处"。③小大由之:小大,形容词作名词,即小事大事;由,介词,随顺,依从;之,代词,指礼。④知和而和:知道恰当(可贵)而一味(追求)恰当。⑤节:节制,检束,引申为规范、衡量。

我读　　这段话,围绕"礼之用"——礼在社会实际中如何运用说的。贯穿中庸精神,强调礼用得恰当为好。怎样做到恰当呢?朱熹曾指出,严而泰,和而节,此理之自然,礼之全体也。就是说,既不拘于礼,又不越于礼,恰到好处地体现了自然之"理"。

　　显然,这段话"礼之用"是论题,"和为贵"是论点。下边"先王之道,斯为美",是正面例证,突出"礼之用"中"和"的可贵;接着用两个分句辩证地分析了"礼之用",若"小大由之"而不"和",而"节"则皆"不可行",从负面反证,强调"礼之用"中"节"的作用。综合言之,礼的规范作用不可少,但要根据实际情况,贵在恰当,既不能拘于"礼","小大由之,有所不行",也不能"知和而和","不以礼节之"而失范。论述中肯而全面。

　　需要提醒读者的是,后世所说的"和为贵",已然游离了"礼之用"

的语境,且"和"的内涵已由"中节"——符合法度引申为"和谐"之义了,与上面解释的"适合、恰当、恰到好处"有所不同。"和为贵"的单独运用,已泛化为中国人传统的处世准则了。

1.13 有子曰:"信近于义①,言可复也②。恭近于礼③,远耻辱也④。因不失其亲,亦可宗也⑤。"

你解 ①义:指思想行为符合一定的标准。②言:"传言"之略,即真诚的话。复:反复,重复,可进一步具体为"践言、兑现"。③恭:恭敬,谦逊有礼,着重在外貌方面。④耻辱:两字连用,作名词时同义,指声誉上受到损害,可耻的事情。⑤宗:这里用如动词,作"尊奉"讲。

我读 这段话强调为人处世"信"与"恭"的可贵:信,诚实不欺,以"义"为尺子,只有"近于义",这样的"信言"才能兑现,说话反对"巧言",不容有丝毫的虚伪;恭,恭敬谦逊,以"礼"为准绳,只有"近于礼",合乎社会的道德规范,持这样的态度行事,才能远避声誉受到损害。

无论何时,人立足社会,要"言行交际",若失"信"于人、失敬于人,何谈和于人、亲于人?言谈虚伪、态度倨傲,你想坑蒙他人,在事实面前,常常招致辱没;你想高高在上,在众人心中,却是低劣卑下。所以,修身要以"义""礼"要求自己、规范自己,力求做到"信"与"恭"。这样,不仅"不失其亲",还会受到人们的拥戴,如此君子,难道不值得人们尊崇吗?

可见,有子的话是对老师孔子"巧言令色,鲜矣仁"的观点,有着深切的体会,并进行了创造性的阐释。

1.14 子曰:"君子食无求饱①,居无求安,敏于事而慎于言,就有道而正焉②,可谓好学也已③。"

你解 ①食:动词,吃。饱:原义吃足,与"饥"相对,这里引申为满足。②就:接近,靠近。③好学:不是通常意义下的喜欢学习(读书),这里指的是喜爱探求道理、真理。

我读 谁都知道,"食""居"是人最基本的生存条件,"求饱""求安"也是人合理的生活需求,何况君子哩!这里孔子用两"无"(通"毋",不要),寄厚望于君子——不是否定这种合理需求,而是提醒"志于仁"的君子,要勇于"克己"——限制、战胜私己的欲望:不要贪求个人的享乐("食"求满足,"居"求安逸),要心怀苍生的饥寒!这是从物质层面告诫"以仁为己任"的君子的。

再从精神层面忠告"欲行仁"的君子:做事要勤勉,不可懈怠;说话要谨慎,切忌"巧言"。

综合言之,"为仁"的君子定要热望靠近仁德高尚的人,不懈匡正自己不合仁道的言行,这才称得上是"好学"——努力提高自己的人格修养,执着追求自己的理想信念——的人啊!

1.15 子贡曰:"贫而无谄①,富而无骄,何如?"子曰:"可也;未若贫而乐,富而好礼者也。"

子贡曰:"《诗》云:'如切如磋,如琢如磨',其斯之谓与?"子曰:"赐也,始可与言《诗》已矣②,告诸往而知来者③。"

①谄(chǎn):巴结,奉承。②与言:和(你)讨论。"与"字后省略了介词宾语"汝(你)"。③诸:"之于"的合音。往、来:"往"指已发生的事、已知的事,"来"指尚未发生的事、未知的事。

子贡说"(一个人)贫穷了却不去巴结,富裕了却不骄傲",并说"怎么样啊",很有点自得之意。孔子首先肯定,说"可","仅可"而已,并表示"不算最好","不如贫穷了仍快快乐乐,富裕了却爱好礼义的人"。所以子贡引《诗》表明,"自以无谄无骄为至矣,闻夫子之言,又知义理之无穷;虽有得焉,而未可遽自足也。"孔子听了,立刻首肯,给予鼓励:"告诉已知的却能反思出未知的",真是"举一反三"!这段对话,一个循循善诱的长者形象,栩栩如生矣!

1.16 子曰:"不患人之不己知①,患不知人也。"

①患:担忧,忧虑。不己知:"不知己"的倒装。知,了解,理解。

这段话字面意思显豁:"不要担忧别人不了解、不理解自己,应当担忧自己不了解、不理解别人。"深而思之,"不己知"什么,"不知人"什么,却没有说出。这好比别人与己一前一后同行,只看到别人的背面而看不到别人的前面;自己呢,只看到自己的前面却看不到自己的背面。前面好比一个人的长处、优势,背面好比一个人的短处、劣势。这是常见的生活现象,也是常人看人的通病。所以孔子谆谆告诫我们:一个人不要担忧别人不了解、不理解自己的长处、优势,而应当担忧不了解、不理解别人的长处、优势。言外之意:"患人不己知"会产生怀才不遇,从而怨天尤人;"不知人"会抹杀别人胜过自己的地方,从而轻视别人、误解别人。这样处人、为人,就会造成人际关系的"不和"。因此,一个人要看到自己的不足,多向别人学习。

为政篇第二

2.1 子曰："为政以德,譬如北辰居其所而众星共之①。"

【你解】 ①北辰:指北极星。居其所:待在天之中。所,地方。共:通"拱",环绕,环抱。

【我读】 (国君)用道德治理国家,也可以说凭借品德教化来推行政事,那样就会像北极星泰然处在它一定的位置上,而群星环绕着它。这个比喻形象地告诉我们:以德治国就有吸引力、凝聚力、感召力,广大百姓自然拥护它,"垂拱而天下治"。反之,可想而知。孔子仁政思想,于此显然可见。后来孟子说"得道多助,失道寡助",是这一思想的进一步发展。

2.2 子曰："《诗》三百①,一言以蔽之②,曰:'思无邪③'。"

【你解】 ①《诗》三百:《诗》即《诗经》,"三百"是举其概数,实际是305篇。②一言以蔽之:用一句话来概括。蔽,概括。③思:一读"sì",意思,思绪;一读"sī",通常作语助词。无邪:没有邪恶,纯正的意思。

【我读】 孔子借用《诗·鲁颂·駉》中的"思无邪"这句话来评论《诗》特色:没有邪念,显然指思想内容。孔子肯定了《诗》合乎礼的要求,即使是爱情篇章,也合乎当时的社会道德规范。仔细品味《静女》《褰裳》等情诗,孔老先生实在是极富人情味的长者,并不是板着面孔、不食人间烟火的道学先生。从评论的角度看,倾向鲜明,高度凝练,堪称评论之典范。本则以《诗》为例,昭示为政者要修身,品性、修养更要有诗人的情操,才能温柔敦厚,才能轻松愉快地为政。同时,此语一出,使诗与政治,乃至整个中国文学与政治结下了千年不解之缘。文以载道,文学为政治服务,从此成为不容辩驳的信条,客观上主宰着中国诗文的历史命运。

2.3 子曰："道之以政①,齐之以刑②,民免而无耻③;道之以德,齐之以礼,有耻且格④。"

我读 孔子这番话是将"法治"与"礼治"两种治理方法对举,两种治理结果对比。用政令来治理百姓,用刑罚来检束百姓,百姓虽暂时避免犯罪,但心里不知道犯罪是可耻的;用道德来引导百姓,用礼仪来规范百姓,百姓有羞耻之心而且能(自觉地)纠正错误。通过对举、对比,望为政者悟出应取何种治理方法为好。这也是孔子作为教育家所采用的启发式教育。再说,这种德主刑辅的治"乱"主张,反映孔子伦理思想具有实践性。就是说,他的伦理思想是从社会实践出发的,重视现实,又紧紧围绕实践并服务于现实生活。

孔子这番话,对我们今天治国理政,"坚持依法治国和以德治国相结合"是有借鉴意义的。

2.4 子曰:"吾十有五而志于学①,三十而立②,四十而不惑③,五十而知天命④,六十而耳顺,七十而从心所欲⑤,不逾矩⑥。"

我读 这段话是孔子从我(吾)的亲身经历,总结出自己的成长过程:十五岁树立了学习的志向(意谓有学习的愿望而自觉、主动地学习,这与以往被动、懵懂的学习状态不一样),三十岁时有所建树,四十岁时遇事、遇问题没有什么迷惑,五十岁时就能意识到上天的意旨、人生的职责,六十岁时从别人的话中能顺利地分辨出是非、真假,七十岁时更进一步,随心所想,却不逾越法度、准则,认识上从"必然王国"进入到"自由王国"(在孔子心目中,礼就是最根本的"矩")。

后来,这段话从个人的成长经验上升到一般人,特别是读书人成长的普遍规律,虽非人人能遵循,却成了人人自度的尺子、追求的目标。这段话,反映了孔子积极的人生态度,体现了人在成长过程中学习的重要性、成长的阶段性、思维发展的层进性。更有意思的是:"而立""不惑""知天命""耳顺"成了三十岁、四十岁、五十岁、六十岁的代

论语大家读

名词。

关于"而立"的"立",通常解释为"自立"(不依赖别人,靠自己的劳动而生活),偏指经济上,我认为有些狭隘,前面应加一句"有所建树"。"三十而立",解释为"三十岁时有所建树,可以自立了",比较客观、全面。

2.5　孟懿子问孝①。子曰:"无违②。"

樊迟御③,子告之曰:"孟孙问孝于我,我对曰,无违。"樊迟曰:"何谓也?"子曰:"生,事之以礼;死,葬之以礼,祭之以礼。"

【你解】　①孟懿子:鲁国大夫,姓仲孙,亦即孟孙,名何忌,"懿"是谥号(古代帝王、贵族、大臣或其他有地位的人死后被加封的称号)。②无违:不要违背礼节,这里是说对父母不仅要物质上赡养,还要态度上恭敬、平时的顺从。③樊迟:姓樊,名须,字子迟,孔子的学生。御:驾车。

2.6　孟武伯问孝①。子曰:"父母唯其疾之忧②。"

【你解】　①孟武伯:孟懿子的儿子,名彘(zhì),"武"是他的谥号。②唯其疾之忧:唯,只。一般注解,都指"儿女"要有父母忧虑子女疾病那样的心情、态度去孝敬父母。我认为应指代父母,这句意为"儿女要特别担忧父母的疾病"。这样解释,与"问孝"一致,更合逻辑事理。

2.7　子游问孝①。子曰:"今之孝者,是谓能养。至于犬马,皆能有养②;不敬,何以别乎?"

【你解】　①子游:姓言,名偃(yǎn),字子游,吴国人。孔子的弟子,比孔子小四十五岁。后来做官,认真施行孔子"礼乐教化"的教诲。②养,给养,使之活。

2.8　子夏问孝。子曰:"色难①。有事,弟子服其劳②;有酒食,先生馔③,曾是以为孝乎④?"

【你解】　①色:脸色,此处指和颜悦色。难:为难。②弟子:晚辈,此处指儿女。③先生:长辈,此处指父母。馔(zhuàn):食物,多指美食。此处作动词,吃、喝。④曾:乃,竟。

【我读】　以上四则,都是同一话题"问孝",对象不同,回答的内容与表述的方式也不同。概而言之,有三个特点:(1)它们分别从不同角度诠释。孟懿子"问孝",孔子从"孝"的实质——遵"礼"的角度回答:"无违"(不要违背);其子孟武伯"问孝",孔子从"孝"最易忽视的方面回答:"(子女)忧(父母)之疾";子游、子夏"问孝",孔子分别从"孝"的具体表现(最容易也最难经常做到的事)来回答:要有恭敬的态度和和悦的脸色。(2)四则涉及父母的生、老、病、死,并非"孝"无定论,莫衷一是。它们都针对个人"所失"解释。孟懿子(仲孙)与叔孙、季孙同为鲁大夫,共执鲁国朝政,经常僭用诸侯和天子之礼,孔子一向不满,当孟懿子"问孝"时,便有感而发,说明孔子针对各人"所失"施教。(3)运用对比诠释,发人深省。如回答子游:"今之孝者,是谓能养。至于犬马,皆能有养。""养",给养,使之活着,这是相同的。但对父母,必须是怀着敬意的"赡养",而非仅仅给食物使之活着的"供养"。这就从本质上道出了"孝"的真谛,也尖锐地批评了"今之孝者"的伪善,把生身父母几乎等同于"犬马"了。联系当今,子女只从物质层面上供养父母,而忽视甚至漠视从精神层面上去体贴、关心父母。这样的子女少见吗?

2.9 子曰:"吾与回言终日①,不违②,如愚。退而省其私③,亦足以发,回也不愚。"

【你解】①回:姓颜,名回,字子渊,又称颜渊,鲁国人。生于前521年,卒于前480年,是孔子早年最忠实的弟子,比孔子小三十岁,孔子很喜欢他、器重他。②不违:只接受,不提反对意见和问问题。③省(xǐng):察看,检查。私:私下。

【我读】仔细品味这段话,似乎是孔子讲对颜回的了解过程,实是孔子对颜回专心听讲、认真思考的赞扬,不过说得很含蓄、很委婉。"不违,如愚",只顾听,不会提不同意见,好像很愚蠢。言外之意是:尽量让先生多讲,没时间发问,内心却在积极思考,一心听,听得如醉如痴,好学之态可掬。下课后,三两学友交谈,却能"发明夫子之道"。孔子不直接夸赞颜回"聪明好学",却说"回也不愚",淡然肯定,既表明对颜回的关爱,也有点避嫌弟子说先生偏爱吧!

"如愚""不愚",启示我们:先生传授学问,作为后学,首先要"听受""默识心融",更重要的是阐发,"触处洞然,自有条理"。否则,读书人就会真地陷入"愚"(成为被动接收器)的学习误区。

2.10 子曰:"视其所以①,观其所由,察其所安②。人焉廋哉③?人焉廋哉?"

【你解】 ①所:指事之词,指出动作、行为对象。以:为,行事。②察:考察,实地调查了解,除看,还须听、辨。所安:意谓做此事时于心安与不安什么。安,安定、安乐之意。③焉:代词,表疑问,哪里,怎么。廋(sōu):隐藏,藏匿。

【我读】 孔子强调"知人",并揭示了"知人"的途径:了解一个人首先看他做什么,观察他为什么这么做,再考察他的好恶,基本上就了解到这个人的外在表现和内心世界了。这个人"为人"怎样已经"暴露"了,他哪里藏得住"真面目"?

这段话,孔子教导我们如何去"知人":视—观—察,从不同角度,由此及彼,由表及里,层层深入。能如此,则可去除"知人"之"患"了,不会被表象遮蔽、被假象迷惑了。

2.11 子曰:"温故而知新①,可以为师矣②。"

【你解】 ①温:重温探究。故:旧的,原先的。新:即新的体会、新的收获。②师:老师;效法,学习。

【我读】 这段可作两解:一是重温已学过的知识技能,而有新的了解、新的收获,这样就可以当老师了;二是重温已学过的知识技能,而有新的了解、新的收获,这样就可以被人效法、学习了。从字义、文义说两解,都说得通,"诗无达诂"嘛!不过,关键在"知新"——对学过的知识技能,必须有新的了解、新的收获,否则,光机械重复,"无得于心",当老师不行,被人效法更不可能了。

2.12 子曰:"君子不器①。"

【你解】 ①器:本指陶器,后泛指器具。

【我读】 这句通常解释是:君子不要像器具,只具备一种才能、一种技艺,君子应当博学多才,如朱熹所言,成德之士,休无不具,故用无不周,非特为一才一艺而已。钱穆则译为,一个君子不像一件器具(只供某一种特定的使用)。

我的理解是,此句是说"君子不是器具",任凭使用者摆布,而应主动发挥自己的作用。我揣想,孔子为推行自己的仁政主张,周游列国十四年,是否有这种内驱力呢?

君子不像器具。这是立足于当政者对君子(出仕的人)的要求:多能多才,能更好地为当政者效力。

君子不是器具。这是立足于"仁以为己任"对君子(士人)的期

— 15 —

待:只有"弘毅",只有"任重道远"的自觉,才能为推行仁道奋斗不已。

　　两相比较,"不是器具"说不更切合孔子的仁道主张吗?

2.13　子贡问君子。子曰:"先行其言而后从之①。"

你解　　①先行其言而后从之:在没说之前先去做,然后再按做了的去说。

我读　　言行关系,能反映一个人的道德水平。古今中外,概莫能外。这里孔子提出了对君子的要求:"先要照心中想到的去做,之后,再按做的情况去说。"这样先做后说,既体现了务实,也恪守了诚实,这才是有道德的啊!反之,先说后做,往往说了不一定做,或者说的不一定能做,就成了吹嘘、空谈了。这种吹嘘、空谈正是孔子厌恶的世俗通病。这告诉我们,孔子此言是针对子贡"行之艰"说的。此例也表明,《论语》中孔子教诲弟子的话,很有普适性,一般都上升到真理层面,成为"放之四海而皆准"的教育格言了。

2.14　子曰:"君子周而不比①,小人比而不周②。"

你解　　①周:亲和,调合,指与人团结。比:勾结,与坏人勾结。②小人:春秋末年以后,"君子"与"小人"逐渐成为"有德者"与"无德者"的称谓。此处"小人"是"无德者",指不正派、不道德、人格卑劣的人。

我读　　人,具有社会性,由于生存、生活的需要,人与人相互联系着。这里从处人的角度区分了"君子"与"小人":"君子"能广泛地亲近人、团结人,不与少数人结党营私;"小人"则相反,与少数人结党营私,而不能广泛地亲近人、团结人。朱熹注:"君子、小人所为不同,如阴阳昼夜,每每相反。然究其所以为分,则在公私之际,毫厘之差耳。"君子、小人分在公私之际,真是一语中的!君子出于"公(心)",所以能在道义上团结人而不互相勾结;小人出于"私(心)",所以拉拢勾结而不在道义上团结人。君子、小人所为,决非"毫厘之差",而有天壤之别。

　　如今,"处人"要做"周而不比"的君子,不做"比而不周"的小人,将有利于个人层面的诚信友善;"立足于社会"要做"周而不比"的君子,不做"比而不周"的小人,必将有利于国家层面的文明、和谐。

2.15　子曰:"学而不思则罔①,思而不学则殆②。"

你解　　①罔:通"惘",迷惑。②殆(dài):危险。

我读　　只学习而不认真思考,就会迷惑无所得;只耽于想而不认真学,就危险了:因为"学(知识)"是"思"的基础,你老是不学,空想何用,岂不越想越空吗?

这段话,孔子从反面告诫我们:读书应当把"学"与"思"紧密结合,如果忽视一方面,偏颇就大了。这段话极精辟,是指导学习的千古至理名言。此与本篇(2.11)"温故而知新"义相表里。温故而不能知新者,学而不思也;不温故而欲知新者,思而不学也。

2.16 子曰:"攻乎异端①,斯害也已②。"

你解 ①攻:攻读、钻研;攻击。乎:相当于介词"于",对。异端:儒家称儒家以外的学说、学派;后来自认为正统派的人或组织称异己的思想和理论。②已:有两说,一为语气词,相当于"矣";一为"停止"。

我读 因"攻"有两义,而导致两解:(1)对邪说攻读、钻研,那就有害了。(2)对邪说猛烈抨击,这祸害也就停止了。两解字面意思好像相反,其实对"异端"的态度是一致的:"异端"是邪说、有害的,孔子说这话,显然是为了捍卫儒家学说的。从社会进步、学说繁荣的观点看,小而言之是门户之见,大而言之是历史的反动。就事论事,儒家的"仁""义"学说固然有其积极的一面,而杨朱的"贵生""重己"思想,墨子的"兼爱""非攻"思想,也有可取的地方。百家争鸣,并存互补,才是应有的态度。

这句话对后世的影响很大。站在正统的立场上,排斥异己的思想和理论愈演愈烈,发展成为统治者对新思想、新学说的拼命扼杀。中国如此,外国也如此。有一个尽人皆知的例子:欧洲文艺复兴时期,意大利哲学家布鲁诺,因反对经院哲学,主张人们有怀疑宗教教义的自由,又接受并发展了哥白尼的日心说,沉重地打击了封建神权统治,被宗教裁判所斥为异端,判处死刑,烧死在罗马。

布鲁诺之死,反证了一条历史铁律:新事物的出现,总会受到正统思想的钳制、打击。

凡事得辩证地看,"异端"是新事物,还确乎是邪说,要放在具体的语境里,以是否"合乎人群之需要,适乎世界之潮流"为尺子去衡量、去判断。代表新事物的,应热情去扶植;确乎是邪说的,应毫不留情地取缔。

2.17 子曰:"由①!诲女知之乎②!知之为知之,不知为不知,是知也。"

①由：姓仲，名由，字子路，又字季路，生于前542年，卒于前480年，比孔子小九岁，是孔子早年弟子。鲁国卞（今山东泗水）人，性格直爽骁勇，曾对孔子"正名"主张表示怀疑。孔子任鲁国司寇时，他被任为季孙氏的宰（家臣），后任卫大夫孔悝的宰，最终在卫国内讧中被杀。**②诲（huì）：**教导，指教。**女：**同"汝"，你。**知：**晓得，知道（动词，对于事实或道理有认识）。六个"知"，意义相同。

这段话解说有三个分歧点：第一，前一个"知之"的"知"，有的解为名词"知识（知道）"，有的解为动词"知道（晓得）"。第二，"知之乎"后面有的打"？"，有的打"！"。第三，"是知"的"知"，有的解释为"知识"，有的通"智"。

从此则不难发现，孔子是针对子路"好勇"，特别是"强其所不知以为知"的毛病进行教诲的：做学问、明道理，应实事求是，"不能有半点的虚假和骄傲"，所以我这样解说："由呀，教你（的道理）知道了吧！知道就是知道，不知道就是不知道，这才是真知道呀！"谆谆教诲的师长形象如在目前。若用"知道了吗"这种反诘语气，就有损师长的"温良"（温柔敦厚）了。

"知之为知之"是典型的实事求是态度。中国改革开放的指导思想就是"实事求是"，与两千多年前的孔子观点不谋而合，而孔子更将"实事求是"作为修身要求，何等睿智啊！

2.18 子张学干禄①。子曰："多闻阙疑②，慎言其余，则寡尤；多见阙殆③，慎行其余，则寡悔。言寡尤④，行寡悔，禄在其中矣。"

①子张：姓颛（zhuān）孙，名师，字子张，陈国人，孔子晚年的弟子，生于前503年，卒年不详。他提出"士见危授命，见得思义"的伦理观点，并主张"君子尊贤而容众，嘉善而矜不能"。**干（gān）：**求取。**禄：**古代官吏的俸给，如俸禄、食禄，高官厚禄。**②阙（quē）疑：**谓有疑暂置不论，不作主观臆测。阙，同"缺"，有保留、回避的意思。**③阙殆：**谓有危险（事关重大又没把握做）之事暂且避开，不莽撞行事。殆，危险。**④尤：**过错，过失。

谋求做官之道，本有两途：他求（找人，找机会）与自求（自己争取）。孔子撇开为谁做官、为何做官，仅就怎样做官立言。他立足于自求——自己为何争取，强调为官的要"多听""多见""慎言""慎行"，这是有积极意义的。为官的不多听多见，闭聪塞明，怎能掌握治理情况？为官的不慎言慎行，不负责任地乱说、莽莽撞撞地行事，怎能进行治理呢？无论何时何地，为官的都该这么做。至于避开有疑惑的话不说，避开有风险的事不做，为官的，在通常情况下，有利于维护正常秩序，有利于执行上司意旨。但用现代观念来审视，这种"阙疑、阙殆"，过分慎重，就缺乏改革创新、开拓进取的精神了。

2.19　哀公问曰①："何为则民服？"孔子对曰②："举直错诸枉③，则民服；举枉错诸直，则民不服。"

你解　①哀公：鲁国的君主，姓姬，名蒋，鲁定公之子，"哀"是他死后的谥号。哀公在位二十七年（前494—前468）。②对曰：《论语》中凡臣对答君主的问话，一定用"对曰"，表示尊敬。这里孔子为臣，回答哀公所问，故用"对曰"。③举：擢用，推举，选拔。直：此指正直正派的人。错：同"措"，放置。诸：在那。枉：与"直"相对，此指不正直、不正派的人。

我读　鲁哀公向孔子求教治国的方法："怎样做才能使百姓信服？"孔子回答说："选拔正直正派的人放在那邪曲的人之上，百姓就信服了。如果选拔邪曲的人放在那正直、正派的人之上，百姓就不会信服。"孔子从用人的角度，将"直"与"枉"进行对比，回答哀公之问。

《出师表》从王朝兴衰的角度揭示了用人"好直恶枉"的重要性："亲贤臣，远小人，此先汉所以兴隆也；亲小人，远贤臣，此后汉所以倾颓也。"诸葛亮的这一观点，正是对孔子思想的继承。孔子这一政治主张，尽管是回答哀公问政时说的，但其以德治国的思想即便放到现代，对提拔和任用干部，依然有着重要的参考价值。

2.20　季康子问①："使民敬、忠以劝②，如之何？"子曰："临之以庄③，则敬；孝慈，则忠；举善而教不能，则劝。"

你解　①季康子：鲁哀公时的正卿（宰相）。政治上最有势力，姓季孙，名肥。康是谥号，子是尊称。②忠：特指忠于君主。以：连词，相当于"而"。劝：劝勉。③临：居高处相向低处，引申为"上对下之称"。

我读　身居高位的季孙肥向孔子讨问"治民之术"：要使百姓对我敬重、对我忠诚，又能互相劝勉多做好事，该怎么办呢？孔子从"复礼"的角度回答："你对百姓的态度端重（有诚意，有礼节），百姓就敬重你；你（倡导）孝顺父母，慈爱幼弱，百姓就忠诚于你；你选用好人，教育能力差的人，百姓就会互相劝勉多做好事了。"

这段话,孔子借"问",向统治者积极推行自己的仁政主张,敬重他人,倡导孝慈,选用好人,教育无能,这些"以人为本"的思想,尽管是在"礼"的制约下,在今天看来,仍不失为美德。如果为政者能认识到"应当这么做",并从自身做起,无须"使民敬","民"自然"敬",何愁"治而不安"?

2.21 或谓孔子曰①:"子奚不为政②?"子曰:《书》云③:'孝乎惟孝,友于兄弟,施于有政④。'是亦为政,奚其为为政⑤?"

【你解】 ①或:不定代词,有人。②奚:何,为什么,怎么。为:治理,参与。③《书》:指《尚书》,是商周时期的政治文告和历史资料的汇编。下引的三句,见于《尚书·君陈》。④施于有政:即"施于政",意思是"把……延续到政治上去"。施(yì),延续,延及;有,助词,无意义。⑤其:代词,指做官。为:是。

【我读】 孔子于鲁定公十一年53岁时,升任鲁大司寇,摄相事,位列大夫。因"堕三都"失败,两年后,孔子离开祖国,游说诸侯,主要是为了推行自己的仁政主张,而不是"谋干禄"。能否"为政",要看诸侯国君主的态度。事实上,因种种原因,没有一个国君真正采纳他的政治主张,因此孔子"为政"直接实行自己的政治主张,成为一生"难酬"的梦想了。可见,孔子不是政治家,主要还是教育家、思想家。

2.22 子曰:"人而无信①,不知其可也。大车无輗②,小车无軏③,其何以行之哉?"

【你解】 ①而:连词,表假设,如果。信:诚信,信用。②輗(ní):古代大车(用牛拉,以载重)辕端与车衡相接的部位(榫头)。③軏(yuè):古代小车辕端与车衡相接的关键(榫头)。

【我读】 一个人如果不讲信用,就好比"大车无輗,小车无軏",无法行走一样,你在社会上凭什么去为人处世呢?可见信用是维系人际关系的纽带和黏合剂,尤其在当今社会,市场竞争激烈,能否践约,岂止是个人品性问题,而是关涉事业的成败兴衰!如今,弘扬时代主旋律——社会主义核心价值观,把"信"——诚信作为公民层面的价值准则之一,不正说明了创新发展必须重视继承优良传统吗?

孔子这个比方太恰当了。两千五百年后读来,仍感到至真至切。真理永恒!

2.23 子张问:"十世可知也①?"子曰:"殷因于夏礼②,所损益,可知也;周因于殷礼,所损益,可知也;其或继周者③,虽百世,可知也。"

你解 ①世:古代称三十年为一世,一世为一代,此指朝代。②殷:就是商朝。商朝传至盘庚(商汤王的第九代孙),从奄(今山东省曲阜市)迁都于殷(今河南安阳县西北,遂称殷。商是国名,殷是国都之名)。因:沿袭,继承。③其:连词,相当于"如果""假使"。

我读 子张从"为政"的角度问"十代以后的礼仪制度,可以知道吗",孔子则抓住礼仪制度应"与时宜之"因而"有所损益",从殷沿袭夏礼、周沿袭殷礼的历史,作出肯定判断:不仅十代,即使百代也是可知的。这里且避开礼仪制度的具体内容不说,能认识到礼仪制度"所因所革","因往推来",对我们创新制度是有借鉴意义的。同时,"礼"沿袭而"有所损益",启示我们:对于前人合理的东西要继承、要发展,对于过时的东西要批判、要扬弃。

2.24 子曰:"非其鬼而祭之①,谄也②。见义不为,无勇也。"

你解 ①鬼:古时人死称"鬼",一般多指已死的祖先。这里泛指鬼神。②谄:巴结,奉承。阿谀奉承我的人,是害我的人。

我读 不是你该祭祀的鬼神,却要祭祀它,这是巴结奉承。看到应该做的事却不去做,这是没有勇气的。这段话,字面意思显豁。上一句和下一句,似乎缺乏逻辑联系,其实是互相关联的。祭祀祖先,主要表怀念、尊敬,而祭祀鬼神,主要是祈求保佑。去祭不该祭的鬼神,这不是谄媚吗?大凡这样的人,分不清"义"与"不义"。对于不该做的事,常常"不义而为";对于该做的事,又"见义不为"。上下两句都围绕"义"字而言。

这则的"义"与本篇(2.22)的"信",后来都成为封建伦理"五常"(仁、义、礼、智、信)的内容。请注意:随着社会的发展、时代的进步,"五常"中落后的一面不断被淘汰、革除,而积极的合理的一面却得到继承、发扬。

八佾篇第三

3.1 孔子谓季氏①:"八佾舞于庭②,是可忍也,孰不可忍也③?"

你解 ①谓:说,用于评论人或物。季氏:鲁国大夫季孙氏,此指季平子,即季孙意如,此时把持鲁国的国政,代鲁国国君主持祭祀。②佾(yì):古时乐舞的行列。一佾八人,八佾六十四人。周礼规定,天子用八佾,诸侯用六佾,大夫用四佾,士用二佾。季氏是大夫,按规定只能用四佾,而他越级用八佾,所以孔子认为是一种不能容忍的僭(jiàn)礼行为。③孰:疑问代词。什么。

我读 孔子恪守周礼,把它奉为圭臬,百般维护它;同时,等级思想森严,大有"无过雷池一步"之势。今天看来,充当既成礼仪、等级思想的铁杆子老鸹,是逆历史潮流的。换个角度,如果是合理的、与时俱进的社会道德规范,以这般坚决的姿态去捍卫它,还是可取的。总的来看,孔子是个和蔼可亲的长者,但他并非一味"温良",对于认为是"大非"的人和事,他还是收敛起笑容,甚至汹汹然予以怒斥的。

季氏在家庙的庭院中冒用了周天子八佾的乐舞,孔子极端愤慨。就维护等级森严的礼制形式来说,孔子是保守的,应予否定;就稳定社会秩序的礼制精神来说,孔子这种思想至今仍有借鉴价值。

3.2 三家者以《雍》彻①。子曰:"'相维辟公②,天子穆穆③',奚取于三家之堂?"

你解 ①三家者:指鲁国的三家大夫,即春秋后期掌握鲁国政权的三家贵族——孟孙(仲孙)、叔孙、季孙,又称"三桓"。三家中,季孙势力最大。他们自恃有实力,所以常有僭越周礼的行为,多次受到孔子的批判。《雍》:亦作《雝》,是《诗·周颂》中的一篇,这是祭祀周文王的诗,后用作天子祭祀宗庙仪式举行完毕撤去祭品时唱的乐歌。彻:同"撤",撤除,这里指撤除祭品。②相维辟公,天子穆穆:这是《雍》中的句子。相(xiàng),名词,这里指古代主持礼节仪式的人,即傧相。此指助祭者。维,句中语气词,帮助判断。辟(bì),本指君主,这里"辟公"指诸侯。③天子：主祭人。穆穆：严肃的样子。

孔子在此则引用《诗》上的话，其目的是严肃地批判"三家"自恃有实力，滥用天子之礼的越轨行为，同样表达了"是可忍，孰不可忍"的愤慨。

按照现代观点，"礼"代表着一种文化精神，不仅是政治伦理、社会伦理的具体表现，还是治理国家的重要依据。孔子以礼治国的主张，是基于、受制于他生活的那个时代。他愤慨于"这家"的僭礼行为，不很正常吗？推而广之，任何社会形态，都存在着共同遵守的秩序、礼仪，是不能随意改变和破坏的。因为制度混乱了，社会失范了，治理将举步维艰，效益何从谈起！

孔子的愤慨，可否引发我们这样的思考？

3.3 子曰："人而不仁①，如礼何②？人而不仁，如乐何？"

你解 ①而：连词，表假设，如果；也有当"却"讲，表转折。语气不同，都讲得通。②如……何：相当于"把（对）……怎么样（怎么办）"。

我读 一个人如果没有仁爱之心，怎么对待礼呢？一个人如果没有仁爱之心，如何对待乐呢？朱熹集注中的话，给我们理解这段话有所启发："人而不仁，则人心亡矣，其如礼乐何哉？""失正理，则无序而不和。"序即秩序，和即和谐。

讲得很明白："礼"之用是为了社会有序，"乐"之用是为了人际和谐。一个人失去了"正理"，无仁爱之心，要"礼"何用，要"乐"何用？"虽玉帛交错，钟鼓铿锵，亦将如之何哉？"可见，有仁德之心，方能用"礼"规范自己，用"乐"教化自己。反之，"礼"会遭到践踏，"乐"只能对牛弹琴。所以，这段话"疑其为僭礼乐者发也"。

孔子强调"仁"是施行"礼""乐"的前提，"礼""乐"是提升"仁"的途径。这个道理，从它们的外延去感悟，对我们今天倡导礼仪教育、音乐教育是颇有教益的。

这段话中还反映了孔子为适应春秋时期治乱的需要，对"周礼"进行了重大的变革：不着重遵循礼仪的外在规则和程序，而是强调礼仪的内在精神——孔子创造性地提出"仁"，作为践行"礼"、检验"礼"的尺子和标准。实际上，在周礼基础上形成的孔礼，为后来的封建社会提供了新的道德规范。

3.4 林放问礼之本①。子曰："大哉问！礼，与其奢也②，宁俭；丧，与其易也③，宁戚④。"

你解 ①林放：鲁国人，姓林，名放，字子上。一说，孔子的弟子。②与其：连词，常与"不如""毋宁""宁"相呼应，表舍（前）取（后）关系。③易(yì)：简率，轻慢。④戚：忧愁，悲伤。

我读 礼节仪式，与其奢侈，不如节俭；治办丧事，与其怠慢失礼，不如心中忧伤。本则中"礼""丧"两个并列句，可当互文来看：礼，如丧礼，与其奢华，不如简朴一点，对死者多一点追念的忧伤，多一点发自内心的敬意。由丧礼推知，礼的根本是诚敬。仪式繁简、用度多寡、场面大小，不过外在形式而已。现实生活中不乏这样的例子。父母健在时，某些人不够孝顺，个别的简直是逆子；可父母辞世却大办起丧事来，隆重而排场，也伴随着哭声，甚至请来哭丧队，显得孝顺无比，其实质，是借父母之死大捞一把，丧事哪有半点对父母的悼念之情！

古人都能认识到"礼失之奢，丧失之易，皆不能反本而随其末故也"，我们不应引以为戒吗？

3.5　子曰："夷狄之有君①，不如诸夏之亡也②。"

你解 ①夷狄：泛称我国古代中原以外的少数民族地区。夷，古代东方居住的少数民族；狄：古代北方居住的少数民族。②诸夏：指在当时中原（有礼乐文明的传统）黄河流域华夏族居住的各诸侯国。

我读 鲁国的昭公、哀公，都曾逃往国外，鲁国一度出现无国君的现象，孔子"伤时之乱"，发出上述感叹。夷狄，是古时汉族对少数民族的诬称。孔子站在汉族的立场上，认为"夷狄"缺乏教化，没有礼仪，纵"有君"治理，百姓仍"无上下之分"，会有非礼之举；像鲁国这样的诸侯国，虽一时"无君"治理，可周礼还在，百姓仍有"上下之分"，还不至于犯上作乱哩！显然，这是孔子的民族偏见，尽管客观上有对的成分。

这段话从反面启迪我们：(1)要彻底根除大汉族主义。"诸夏"（汉族）与"夷狄"（少数民族）是华夏大家庭里的兄弟，是完全平等的；(2)由于历史的原因，少数民族经济文化相对滞后，要特别重视帮助他们发展，促进共同提高。

3.6　季氏旅于泰山①。子谓冉有曰②："女弗能救与③?"对曰："不能。"子曰："呜呼！曾谓泰山不如林放乎④?"

你解 ①旅：古时祭山之称。泰山：在今山东省泰安市。按周礼规定，天子才有资格祭祀天下名山大川,诸侯只有资格祭祀在其封地境内的名山大川。季康子是鲁大夫,却去祭祀泰山,这是越礼行为。②冉有:姓冉,名求,字子有。冉有是政事科代表,生于前522年,比孔子小二十九岁,卒年不详。③救:设法匡正、劝阻。④曾(zēng):乃,竟。

我读 此则有两个疑问:(1)冉有为什么不能劝阻季氏?在等级森严的当时,冉有"为季氏宰"只能"从季氏",不可违。(2)孔子为什么拿平常的林放与神圣的泰山作比呢?通过美化林放(知礼),突出"泰山不可诬"(越礼之祭是"诬"),批评冉有"见义不为"(不劝阻主子季氏越礼行为)是错误的。可孔子没有直接指责,而用褒此抑彼的抑扬法,晓之以理,予以委婉批评。这种"教诲之道",为今天的教育者提高育人艺术提供了很好的范例。

3.7 子曰:"君子无所争。必也射乎①!揖让而升②,下而饮。其争也君子。"

你解 ①射:本是射箭,此指射礼。②揖让而升:此指登阶入堂,古时射礼在堂上举行,两人一对,由阶升堂,双方先揖让以示敬意,赛完后再揖让下堂。

我读 "争"有两义:竞争;争夺。儒家哲学"和为贵",提倡"中庸之道"。我认为儒家反对的是不义的争夺,如《季氏将伐颛臾》之类的杀伐之事,而并不反对正义的竞争,如射、御之事。在正义的竞争中,礼貌为先,尊重为要,开展文明的竞争、友谊的竞争,这点非常可贵。想到现代社会经济全球化,各个领域的竞争已成潮流,特别是企业之争、商品之争,更为激烈。这之间杂有畸形现象不可小视,不少企业、商家以"灭彼兴吾"之态,不择手段,淡化了人情,泯灭了人性,明枪暗箭,斗得血雨腥风,悲剧连连上演,煞是令人心痛。古人的射箭比赛倒是我们如今的市场竞争一面极好的明镜啊!切记:要作磊落坦荡的君子之争,万不可作鼠肚鸡肠的小人之争。

3.8 子夏问曰:"'巧笑倩兮,美目盼兮①,素以为绚兮②。'何谓也?"子曰:"绘事后素③。"

曰:"礼后乎?"子曰:"起予者商也④!始可与言《诗》已矣。"

你解 ①巧笑倩兮,美目盼兮:出自《诗·卫风·硕人》。巧笑,美好的笑容;倩(qiàn),笑靥美好貌;盼,眼睛清朗,眸子白黑分明。②素以为绚兮:不见于现在通行的《毛诗》,可能是佚句。素,原指白色的生绢,引申为白色或单纯的颜色,此指粉白的脸庞;绚,有文采。③绘事后素:画画,先有白底子,然后着色绘画。绘事,画画;素,白底子。④起:发挥,阐明。予:我。商:指子夏,因子夏姓卜,名商,孔子称其名。

我读 理解这段话的关键是"起予"二字。多数解释为"启发我",似与情理不合。释为"发挥我(的志意)"为好。子夏问诗意,孔子从女子"有此倩盼之美质,而又加以华采之饰",想到"绘事如有素地而加色也",用这种由此及彼的类比联想予以回答。子夏不愧为孔子弟子中文学科的优秀代表,思维敏捷,立即受到启发,想到儒家修身之大事:礼产生在仁德之后吧。此话正合孔子所想:"礼必以忠信为质,犹绘事必以粉素为先。"所以才说:"发挥我的志意的是你商(亲切地呼名)啊!"又为什么接着说"始可与言《诗》已矣"?

下面节录两段话作答:(1)谢良佐说过,子贡因论学而知《诗》,子夏因论《诗》而知学,故皆可与言《诗》。(2)杨时曾云,孔子曰"绘事后素",而子夏曰"礼后乎",可谓能继其志矣。非得之言意之表者能之乎?商赐可与言《诗》者以此。

3.9 子曰:"夏礼,吾能言之,杞不足征也①;殷礼,吾能言之,宋不足征也②。文献不足故也③。足,则吾能征之矣。"

你解 ①杞(qǐ):古国名。故城在今河南杞县,相传是夏禹后代的封国。征:"徵"的简化字,证明。②宋:古国名。故城在今河南商丘市一带,相传是商汤后代的封国。③文献:原指典籍与宿贤。

我读 这里有两个问题:

第一,孔子为什么能对千年前的"夏礼能言之""殷礼能言之"?首先,鲁昭公二十四年(前518),孔子三十四岁时,得到鲁君的支持,赴周都洛邑考察古代文化,问礼于"通礼乐之原"的老子,而老子此时任周守藏室之史。孔子学习礼的同时,又有机会参阅王室所藏典籍、参观王室收藏的各种文物。孔子能言夏礼、能言殷礼,也就不足怪了。其次,《尚书》是中国上古历史文件和部分追述古代事迹著作的汇编,自然保存了不少"三代之礼"的史料。孔子又是《尚书》编纂者,"夏礼能言之""殷礼能言之",也有相当的依傍了。

第二,夏礼、殷礼,杞、宋不足征(徵),"文献不足故也,足,则吾能征(徵)之矣"。为什么?所知夏礼、殷礼,皆书面记载和传闻所得,周礼也是"监(鉴)二代"所成。夏礼、殷礼究竟如何,依据什么制定?他们后代——杞、宋施行的礼仪制度不足为证，因为历史资料缺乏，熟悉夏礼、殷礼的贤人少。如果资料充足、贤人多，通过查阅资料、访谈贤人，再经过综合分析，还是可以用来"证吾言矣"。

两个问题的解释，充分反映了孔子严谨治学的虚心态度和"好古，敏以求之"的求实精神。

3.10　子曰："禘自既灌而往者①，吾不欲观之矣。"

你解　　①禘（dì）：古代只有天子才可以举行的祭祀祖先的隆重礼节。灌：一种祭祀仪式，奠酒献神。将"郁鬯"献于"尸"前，让其闻一闻却并不饮用，然后将酒浇在地上，这整个过程叫"灌"。

我读　　孔子为什么说"吾不欲观之矣"呢？据《礼记》记载，周公死后，他的侄子周成王（姬诵）为了追念周公辅佐治国的伟大功勋，特许周公后裔在祭祀时可以举行最高规格的"禘礼"。只是"特许"，严格地讲，还是不合"礼"的。鲁国是周公旦的封地。鲁国君臣在举行"灌"的仪式时，往往表现出懈怠之情，没有多少诚意了。

由此不由得想到孔子在回答"林放问礼之本"时说的话："丧，与其易也，宁戚。"可见，祭祀重在意诚。无论何种祭礼，都深藏着知恩报恩的精神。这种精神，已成为中国传统文化了。如今把清明节列为中国传统节日，就是为了传承追念先人、不忘根本的"礼"的宝贵精髓！

3.11　或问禘之说①。子曰："不知也；知其说者之于天下也，其如示诸斯乎②！"指其掌。

你解　　①说：学说，此指道理、规定。②示：给人看，此处与"视"同。《汉书》中多将"示"写成"视"。

我读　　"禘祭"是天子之礼。孔子对鲁国君主僭用禘礼不满，又在行礼中间懈怠，缺乏"仁孝诚敬"之意，所以孔子故意说"不知也"。为什么说"知其说者"治理天下，如同把手掌给人看一样容易呢？

从孔子的话可知，"禘祭"不只是一套祭祀礼仪，更是一种类似于现代治理国家的宪法、章程之类，既有道德规范，又有政治制度，还有宗法伦理。在孔子那个礼崩乐坏的乱世，要想以礼治国，没有"禘祭"这样极高规格的仪礼要求，行吗？孔子如此重视"禘祭"，提醒我们：任何时候，不论国家还是组织，都得有自己的"礼制"，都得把握这个治理之本，方能牢固和推进自己的事业。

八　佾篇第三

3.12　祭如在①，祭神如神在。子曰："吾不与祭②，如不祭。"

〖你解〗　①祭如在：是"祭祖如祖在"的省略，语法上属蒙后省。②与(yù)：参与，在其中。

〖我读〗　范宁曾言："有其诚则有其神，无其诚则无其神，可不谨乎？'吾不与祭，如不祭'，诚为实，礼为虚也。"

　　"诚为实，礼为虚"讲得太精辟了：礼仪是形式、手段，诚敬才是实质、目的。这种精神，不但告诉我们对于任何祭典要如此，同时也间接地告诉我们做人的道理，无论对生者或死者，都要由衷一贯。钱穆也说过，"因孔子论学，都就人心实感上具体指点，而非凭空发论，读《论语》者首当明白此义。"这话对我们体会孔子之言，是很好的提醒。

3.13　王孙贾问曰①："与其媚于奥②，宁媚于灶③，何谓也？"子曰："不然；获罪于天④，无所祷也。"

〖你解〗　①王孙贾：卫灵公的大臣，时任大夫，有实权。②奥：室中西南隅为奥。"这里指屋内西南角的神。③灶：本义是用来烹煮食物或烧水的炉灶。旧时是灶君的略称。灶君，亦称灶神、灶王。灶神地位较低，但上可通天，决定人的祸福，以致当时人"宁媚于灶"，祭祀神明时当先要奉承巴结灶神。④天：人们想象中的万物的主宰，此指天理。

〖我读〗　当时，孔子周游到卫国，像王孙贾这样私欲膨胀的权臣，害怕卫灵公重用孔子，嫉恨宠臣弥子瑕亲近孔子，于是借用这个"时俗之语"诱惑孔子："你如其讨好、巴结'常尊'的奥神(暗指卫灵公、弥子瑕)，不如投靠、依附'虽卑贱而当时用事'的灶神(我这权臣)。"

　　面对公孙贾诱惑之言，孔子义正词严地指出："你王孙贾尽管是个势利权臣，如果违背了天理行事，难道谄媚奥神、灶神，祈求他们保佑，就能免遭惩罚(祸患)吗？"

　　孔子认为，为人处世，应当遵循天理，走得正，行得直，多做善事，无须"媚"于人，就会有好的结果。对今天的人们来说，不管在官场、职场，还是头头、平民，做人做事，这种认识都有警示意义。

3.14　子曰："周监于二代①，郁郁乎文哉②！吾从周。"

〖你解〗　①监：通"鉴"，借鉴，参考。二代：指夏、商两个朝代。②郁郁：文采显著。文：古指礼乐制度。

〖我读〗　从语法角度看，本则开头的"周(朝)"蒙后省了"文"(礼乐制度)，结尾的"周(朝)"承前省了"文"。三处"文",中实,头尾虚。可见先秦文字,何等精炼!阅读时,应化虚为实。

从制定制度看,不仅是礼乐制度,所有制度的制定,都应有所借鉴,还需切时、切地、切情、切境,有所变革、有所创新、有所发展。孔子崇敬周朝而遵从周礼是他的选择、他的自由。我们"从"什么,应当依据人民的需要、时代的要求,有所批判地学习和继承。

3.15 子入太庙①,每事问。或曰:"孰谓鄹人之子知礼乎②?入太庙,每事问。"子闻之,曰:"是礼也。"

你解　①太庙:帝王的祖庙。开国的君主叫太祖,祭祀太祖的庙叫太庙。②孰谓:谁说。鄹:邑名,亦作"郰""陬",春秋鲁国地,孔子家乡,在今山东省曲阜市东南一带。孔子的父亲叔梁纥(hé),在鄹邑做过大夫。"鄹人"指叔梁纥,"鄹人之子"即指孔子。

我读　"孔子父叔梁纥尝为其邑大夫,孔子自少以知礼闻。"为什么"入太庙,每事问"? 一则礼仪繁杂,所谓繁文缛节,"知礼"不等于"尽知礼",作为"不知为不知"的孔子,不懂就问,是虚心的表现,无可非议;二则明理就是"礼"。"诚为实,礼为虚","入太庙,每事问",对祖先如此诚敬,这不就是"礼"么?

孔子"入太庙,每事问",是虚心态度,更是好学精神,为后人树立了榜样,告诉我们应该如何做人,如何对待学问、事业。

3.16 子曰:"射不主皮①,为力不同科②,古之道也。"

你解　①皮:特指皮侯,即用兽皮制成的箭靶子。古代箭靶子叫侯。箭靶子的中心称"鹄"(gǔ),又叫"的"(dì)。射礼比赛,射箭应以"中的"为主,而不以"贯革"(射穿皮包的箭靶子)为主。这与作战比武的"军射"不同,那是提倡用力射的,所谓"射甲彻七札"(穿透甲革七层)。②科:程度,等级。

我读　为演习礼乐而举行的射箭比赛,叫射礼。把这种射箭比赛列入"礼",表明带有社会道德规范的性质,显然浸润着"理",射手"力有强弱",岂能人人"贯穿"呢?只要"中的"即可,何等仁爱!

孔子谈"射",只是个比喻而已,目的在借"古之道"建立一种社会道德评价体系:评论一个人,主要看仁爱尚义之心,次论事功之大小。孔子这种思想,在我国历史上有着深远的影响。司马迁撰写《史记》,不就秉承这种思想吗?如今评论一个人,不也应该传承这种精神吗?

3.17 子贡欲去告朔之饩羊①。子曰:"赐也! 尔爱其羊,我爱其礼。"

 你解 ①告(gù)朔(shuò)之饩(xì)羊(yáng):周制,诸侯每月初一日(朔)告庙听政,叫"告(上告下之义)朔"。饩羊,祭祀用的活羊。鲁自文公起,鲁君既不亲自去告朔,也不听政,只是让有关部门杀一只活羊应付了事。子贡想去掉这种有名无实的形式,想连杀羊一事也免了。孔子则不以为然。后人常用这个词比喻形式上的虚文。

我读 子贡想去掉"告朔"这种有名无实的形式,想连杀羊一事也免了。他这种反对有名无实的形式、怜惜"妄费"活羊的想法是应当肯定的。这也反映了这位后学有革新的思想:礼,作为"规矩",要维护它,但有名无实时就要变革它。老师孔子却未免守旧,对于礼仪,无实际意义时还留恋它,因失去而吝惜,甚至痛惜。两个"爱"字,反映了师生对"礼"的两种不同态度。

3.18 子曰:"事君尽礼①,人以为谄也②。"

你解 ①事:事奉,为……服务。②以为:认为。

我读 完全按照周礼规定事奉君主,孔子站在忠君的立场,认为是理所"当然"的,而"时人不能,反以为谄",很有点嘲讽的意味,表明时人有一定的觉醒意识:干吗要巴结"君",要"尽礼"于"君"哩!"时人",多为地位低下的人,说"时人"是小人,是无德之人,这显然是统治阶级的偏见。

对"君",要从实去看,若是昏君、暴君,臣下"尽礼"事奉,不是巴结、献媚吗?理应受到嘲讽;若是明君、仁君,臣下"尽礼"事奉,不也合乎当时的"君臣之礼"吗?时人"以为谄",受历史局限的孔子,只能深感无奈了。从孔子所处的时代看,可能是他矛盾心理的折射:满心"为政以德",面对的却是礼崩乐坏,处境难堪!

3.19 定公问①:"君使臣,臣事君,如之何?"孔子对曰:"君使臣以礼,臣事君以忠。"

你解 ①定公:鲁国的君主,姓姬,名宋,谥号"定"。襄公之子,昭公之弟,继昭公而立。在位十五年(前509—前495)。鲁定公时,孔子担任司寇(国家最高司法长官,掌管刑狱、纠察等事务),代理过宰相(摄行相事)。定公之兄昭公,曾被贵族季氏赶出国门,因此定公询问孔子如何正确处理君臣关系,以维持政权。

论
语
大
家
读

我读 在阶级社会里,君,君主,也可泛指上层统治者,他们处于统治地位;臣,臣下,可指君主以下的官和吏,也可指底层百姓。君臣矛盾是阶级社会的主要矛盾,也是不可避免的矛盾。孔子主张用"礼"和"忠"来解决这个矛盾。他首先提出,君主要按照礼(理)使用臣下,也就是要尊重臣下,真诚地对待臣下,臣下方可尽心竭力地事奉君主。反之,君主不按照礼(理)使用臣下,臣下也就不会忠诚于君主。这样君臣矛盾就会愈演愈烈,政局就不会稳定。延伸开来说,在社会主义社会乃至未来的共产主义社会,君臣就不存在了,统治与被统治的关系没有了,但仍有领导者与被领导者,存在着管理与被管理的关系。有关系就有矛盾(当然矛盾的性质不同),孔子主张的"礼"与"忠",堪称处理这种矛盾、和谐两者关系的良方。可以说,孔子在两千五百年前,为我们解决这种矛盾提供了一条普适性原则。各时期的从政者,不应当牢记孔夫子的话,从中汲取政治经验吗?

3.20 子曰:"《关雎》①,乐而不淫②,哀而不伤。"

你解 ①《关雎》:《诗·国风·周南》中的篇名,因首句"关关雎鸠,在河之洲"而得名。这是一首男求女的情诗,又是《诗》的第一首。古代常用这首诗作为对婚礼的祝贺词。②淫:无节制,有沉溺、放荡的意思。

我读 《关雎》(这首情诗,表现)欢乐却不流于放荡,哀愁却不悲伤。

孔子对《关雎》思想情感的评论,反映了两点:(1)印证了他对《诗》主旨的概括:"思无邪"(没有邪念);(2)体现了儒家"中庸"的伦理思想:爱情也得有个"度",无过无不及。

朱熹曾作注云:"淫者,乐之过而失其正者也。"伤者,哀之过而害于和者也。现在是"不淫",就是说这首笃于恋情的情诗,还保持着思想上的"中",没有"失其正"。如果流于放纵,随心所欲,纯真的性情就会扭曲,产生邪念邪行了。现在是"不伤",就是说这首笃于恋情的情诗,还保持着感情上的"中",没有"害其和"。如果溺于伤痛,身心受损,美好的爱情就会变味,就不和美、不甜蜜了。

《关雎》的确是一首不"失其正"、不"害其和"的好诗。你看这位"君子"(思慕姑娘的青年)"求之不得,寤寐思服。悠哉悠哉,辗转反侧",相思煎熬着,也只是在想象中"琴瑟友之""钟鼓乐之",并没有非分之想、越轨之举。这种思慕、这种追求,似乎不够浪漫,但多么纯真,多么富有诗意呀!遗憾的是,现实生活中多少年轻人借口新时

— 31 —

代、新观念，过于炽热、过于轻浮，很难把握爱情的"度"啊！"伤者"有，"淫者"更多。

3.21　哀公问社于宰我①。宰我对曰："夏后氏以松②，殷人以柏，周人以栗，曰，使民战栗。"子闻之，曰："成事不说，遂事不谏③，既往不咎④。"

①社：古指土地神。此指社主，即替土地神做的牌位。宰我：孔子早年的弟子，鲁国人。②夏后氏：部落名。相传禹是部落领袖，后其子启建立了我国历史上第一个朝代——夏朝。后，君主，指"皇后"是后来义。③遂事：已成或已经进行、势不能终止的事。谏(jiàn)：直言相劝，使改正错误，一般用于下对上，如进谏。④咎(jiù)：责备，归罪。

孔子听了宰我的话，批评道："已经做成的事不用说了，已经进行的事不用规劝了，已经过去的事不用再责备追究了。"孔子的批评，包含着对历史的一种宽恕精神，表明从"仁孝"出发，重视保存人际关系的脉脉温情。

为什么三代用不同的木料做神主牌位呢？朱熹曾说，古者立社，各树其土所宜木以为主也。就是说，三代时的土地所植树木各有所宜，所以做神主牌位的材料不同。这个解释较为合理，可宰我附会说："栗——战栗，周朝人用栗木做神主牌位，用意是让老百姓听了'战栗'。"老师孔子听了这话，很不满意：一则，宰我未经考证，就轻率地附会妄对，决"非立社之本意"；二则，栗——战栗，不经意间"又启时君杀伐之心"，有违仁德。

这"不满"，孔子分别用"不说"、"不谏"、"不咎"委婉地进行了批评，让弟子在三"不"的规劝中自省自责。同时，这"不满"，也反映了孔子一以贯之的教育思想：对受业弟子，修身方面处处培养仁爱之心，治学(包括探讨问题)方面时时培养务实精神。

3.22　子曰："管仲之器小哉①！"

或曰："管仲俭乎？"曰："管氏有三归②，官事不摄③，焉得俭？"

"然则管仲知礼乎？"曰："邦君树塞门④，管氏亦树塞门。邦君为两君之好，有反坫⑤，管氏亦有反坫。管氏而知礼，孰不知礼？"

①管仲：姓管，名夷吾，字仲。一名管敬仲。齐国姬姓之后人。颍上(今安徽颍河之滨)人。生年不详，卒于前645年，春秋初期有名的政治家，孔子与管仲的政见不一致，对管仲违背周礼的某些做法，

孔子进行了批评。器：气量，气度，胸襟。②三归：有三处府第可归。③摄：兼，此为兼职、兼任。④邦君：国君，诸侯国的君主。邦，古代诸侯国之称。塞门：古代，天子和诸侯，在宫殿门口筑一道短墙作为遮蔽物，以区别内外，也称"萧墙"，相当后世的照壁、影壁。天子的塞门在大门外，诸侯的塞门在大门内。⑤反坫(diàn)：周代诸侯宴会时的礼节。坫，土筑的平台。

我读　　孔子与比他早逝166年的管仲，许多地方政见不同。如管仲提倡"节饮食""薄滋味"，孔子则是"食不厌精，脍不厌细"，生活观恰恰相反。"或问"实乃"孔子问"："这样就叫节俭吗？"于是孔子举了两例批驳："管氏有三归，管事不摄"，证明管仲非但不俭而是奢侈。管仲有句名言："仓廪实，则知礼节；衣食足，则知荣辱。"而孔子极力主张"安贫乐道"，贫富观又不相同。于是孔子进一步列出两个事实予以反对："邦君树塞门，管氏亦树塞门。邦君为两君之好（友好），有反坫，管氏亦有反坫。"

　　归结起来，孔子"斥其奢以明其非俭"，"斥其僭以明其不知礼"。前"斥"，是孔子看不惯、找理由；后"斥"，才是孔子的心里话：你管仲是越礼而行呀！孔子竭力维护周礼、维护旧有的成规，其保守立场显而易见。管仲是当时的改革家，他从政治、用人、经济、土地等方面进行大刀阔斧的改革，使齐国迅速富强起来，功绩卓著。历史上，大凡改革，总要破除成规，必然遭到维护成规者的非议、反对、阻止，这是毫不奇怪的。

　　在"俭""礼"方面，胸怀狭窄的，究竟是管仲，还是孔子呢？历史会作出公正的评判。

　3.23　子语鲁大师乐①，曰："乐其可知也：始作，翕如也②；从之③，纯如也④，皦如也⑤，绎如也⑥，以成⑦。"

你解　　①语(yù)：动词，告诉，对……说。大师：大同"太"，"大师"即"太师"，是国家掌管音乐的官。②翕(xī)：统一，协调。如：形容词词尾（下同）。③从：通"纵"，放纵，展开。④纯：美好，形容声音和谐。⑤皦(jiǎo)：清晰，形容声音分明。⑥绎(yì)：连续不断，形容声音流畅不绝。⑦以成：一套的乐声，在如此过程中完成。

我读　　孔子告诉乐官奏乐要达到和谐的道理。具体来讲：开始奏乐，五音六律具备，谓之"合"（"翕如也"）；演奏继续展开，音律协调，清浊高下，节奏明晰，如五味之相济，谓之"和"（"纯如也"）；清浊高下，节奏明晰，谓之"音节分明"（"皦如也"）；音节相连，自然流畅如贯珠，谓之"相续不绝"（"绎如也"）。这样，奏乐就在和谐的旋律中结束。

我们知道，乐和礼本是一体，因现实的需要而分化、分工。《礼记·乐记》："乐由中出，礼自外作"，"乐统同，礼辨异"，"乐者，天地之和也；礼者，天地之序也。和，故万物皆化；序，故群物皆别。"乐和礼，互为表里，相辅相成，基本作用一致，都在维护、巩固群体既定秩序的和谐稳定。孔子向来礼乐并重，对弟子，作为修身治学的重要内容；对社会，作为倡导仁政的重要载体。孔子34岁赴周都洛邑进行文化考察时，问礼于老聃，学乐于苌弘。礼废，复礼；乐废，兴乐。孔子不愧为思想家、教育家，他对我国礼乐文化的发展作出了巨大贡献。

3.24 仪封人请见①，曰："君子之至于斯也，吾未尝不得见也。"从者见之。出曰："二三子何患于丧乎②？天下之无道也久矣，天将以夫子为木铎③。"

①仪：地名，卫国的一个邑，在今河南兰考境内。封人：官名，掌分封诸侯之事。春秋时各国也设有此官，掌典守边疆。②二三子：这里是仪封人对孔子弟子的称呼。二三，约数；子，对人的尊称。丧：丧失，此指孔子失去官职。孔子原为鲁国司寇，后离鲁去卫，又去陈，政治抱负得不到实现。③木铎：古代施行政教传布命令时用它，在此用以比喻宣扬教化的人。铎，铃，木舌的铃。

孔子周游列国，饱受艰辛。他来到卫国僻远的仪地，守边的官员请求见他。这位官员亲聆教诲后，被孔子的仁政思想和人格魅力深深地感染着、感动着，于是发自内心地说："夫子失去官职有什么可以担忧的哩，难得的是像木铎一样，到哪里把礼乐带到哪里，一路传播正道，一路播撒仁爱，秉承着上天的旨意啊！"

这段话的记录者，借仪封人之口，对周游列国、传播仁学的孔子，以"木铎"为喻，给予了充分的肯定，并昭示后人：致力于文化传承、文明创新的人，尽管孤独、寂寞于当世，历史是不会忘记他"筚路蓝缕"之功的。

3.25 子谓《韶》①，"尽美②，又尽善也"。谓《武》③，"尽美矣，未尽善也"。

①韶（sháo）：虞舜乐名。也叫"大韶"。②尽：达到顶点或达到极限。美：此指声、色好。③武：周代用于祭祀的"六舞"之一，是表现周武王战胜殷纣王的乐舞。也叫"大武"。《诗·周颂》中有《武》篇，为

武王克纣后作,以赞颂武王功勋。

我读 　　在这里,"美"指乐舞的艺术形式——声色容止,表现美妙。"善"指乐舞的思想内容——利民爱人,德行美好。孔子从美、善两个角度比较《韶》乐和《武》乐,其共同点是:"尽美"——乐舞的声调、音色、容仪都堪称美妙,弘扬了艺术的传承性。不同点则是:虞舜继尧"致治",又"以揖逊而有天下",故乐舞中弥漫太和之气、和谐之音,因此称得上"尽善";而"武王之德,反之也,又以征诛而得天下",尽管"伐纣救民"有功,而乐舞中不免干戈杀伐之气,仍只能算"未尽善"。

　　孔子对乐舞,广而言之,对艺术作品,能运用艺术形式和思想内容两个标准进行评价,而且两个标准并重,既全面又客观。在两千五百年前,能有这样的认识、这样的评论水准,实在是了不起的。

3.26　子曰:"居上不宽,为礼不敬,临丧不哀,吾何以观之哉①?"

你解 　　①何以:以何,凭什么。之:语助词,无义。

我读 　　孔子说这话,连用三个"不"字,句式排比,语意否定,语气急促,接着又是一个反诘句,显然是愤慨语。反复读之,夫子严肃着脸,义愤填膺之态宛然在目。

　　他愤慨的,不只是礼崩乐坏的衰败景象,更是造成这种衰败景象的根源:居于上位的为政者,对下属、对百姓不宽厚,自己却贪图享乐、为所欲为;维护伦理秩序的各种礼仪,徒有形式,缺乏诚敬之心;丧葬之类严重大事,虚应故事,没有发自内心的哀戚之情。放眼看去,治国、为礼、临丧,不宽、不敬、不哀,哪有半点忠恕精神呢?这与孔子"以礼治国"的仁政理想,相距太远了!夫子怎能忍心看得下去哩!

　　这则主旨是:孔子感叹当时文化思想的衰落,而非评论一个人行事的得失。

里仁篇第四

4.1 子曰:"里仁为美①。择不处仁②,焉得知③?"

你解 ①里:古时居民聚居的地方。五家为邻,五邻(25 家)为里。这里作动词,居住。②处(chǔ):居住。③知:同"智",明智,聪明。

我读 居住在有仁德的地方才是美好的。选择没有仁德的地方居住,哪里算得上明智呢?

里,也可解作邻里,意动用法;"里仁",以仁德的人为邻里。"里仁为美",孔子首先从正面肯定了住家要住在有仁德的地方。民间一句俚语说得好:"住家能有好邻家,又吃酒又戴花。"邻里间和睦和谐,其乐融融。下句则从反面否定了选择没有仁德的地方居住,并用反诘句强调了这是糊涂之举。

我们知道,有仁德的地方,必然有仁德之人,有淳美的风俗。古往今来,住家都重视要有好环境。优美的地理环境固然好,良好的人文环境更重要,对个人有利养生,对家庭有利安居,对下一代尤利成长。道理十分显豁,例子也不胜枚举。如今建设社会主义新农村,把"乡风文明"作为重要指标之一,不是"里仁为美"的继承和发展吗?

4.2 子曰:"不仁者不可以久处约①,不可以长处乐②。仁者安仁,知者利仁。"

你解 ①约:俭约,引申为贫困。②乐:安乐,引申为富裕。

我读 为什么"不仁者不可以久处约,不可以长处乐"? 就是说,没有仁德的人,丧失了仁德之心,长久处在贫困中就会"失志",就"安贫"不下去,必然会越"乱",做一些丧失伦理之事,诸如偷、盗、抢、骗……长久处在安乐之中,就会骄纵、淫逸,必然会荒淫无度,做出丧失人伦之事,诸如奢靡、嫖赌……一言以蔽之:会"变",向坏的方面"变"。

"仁者安仁,知者利仁"有什么区别呢? 就是说,有仁德的人,无论何时何地何事都能自觉地、几乎本能地按仁德行事,而聪明人想到仁德对自己有好处,才去实行仁德。"仁者"与"知者"的区别就在这

论语大家读

里,思想境界有高下之分,实行仁德有深浅之别。(不仁者、仁者、知者对"仁"态度不同,反映了不同的人生境界。)

总之,"仁者"、"知者"与"不仁者"有本质的不同。前者"皆非外物所能夺矣",就是说,都不因客观环境的影响而动摇实行仁德的信念。

4.3 子曰:"唯仁者能好人①,能恶人②。"

你解 ①好(hào):喜爱。②恶(wù):憎恨,讨厌。

我读 只有仁德的人,才能(做到公正地)喜爱人,憎恨人。

大凡有仁德的人,为人处世都怀有诚敬之心。因为真诚,就会客观公正,不带私心,就会以社会的道德规范和行为准则作为好恶的准绳要求人、衡量人。遵从准绳的,合乎准绳的就"爱";违背准绳的,践踏准绳的就"恶"。爱应当爱的,恶应当恶的。因为敬重,就会平等待人,不带主观色彩。以自己的好恶来褒贬人,把喜爱的当作憎恶的,把憎恶的当作喜爱的,这种情感的错位,轻则带来不必要的个人恩怨,于己于人不利;重则带来不必要的社会悲剧,于国于民不利。一个社会能做到:爱应当爱的人,恶应当恶的人;爱恶分明,爱恶得当。多么可贵,多么难得呀!

4.4 子曰:"苟志于仁矣①,无恶也②。"

你解 ①苟:如果,假如。②恶(è):坏,坏事。

我读 思想指导行动,人所共知。有好的思想,一般不做坏事,也是常事。为什么会出现"明知故犯"呢?值得深思。我们知道,思想有时只是表层认识,口头上说,心里有时也这么想,知道怎么做是对的,怎么做是错的。但在一定的环境中、一定的条件下,会不按这种思想行动,甚至做出相反的事来,"明知故犯"的事往往就在这种情况下出现了。

孔子这句话中的"志"字,不可忽视。"志"的本义是"心意","在心为志"嘛!就是说"志于仁"的"仁",已不是一般的道德思想,而是道德信念了。换言之,"仁"已成为灵魂深处的情结了,犹如教徒虔诚教义。因此,"志于仁",这才不会去做坏事了。

这个"志"字启示我们:思想教育不能停留在说教层面上,必须密切联系个人思想实际,通过各种途径方法深入灵魂深处,触及灵魂,融入灵魂,化作人生信念,方能做到"风吹雨打不动摇"。信念产生内驱力,从而主动地、自觉地甚至不知不觉、下意识地化作行动。

4.5 子曰:"富与贵,是人之所欲也;不以其道得之,不处也①。贫与贱,是人之所恶也②;不以其道得之,不去也。君子去仁,恶乎成名?君子无终食之间违仁③,造次必于是④,颠沛必于是⑤。"

 你解 ①处(chǔ):对待,相处。这里引申为接受。②恶(wū):疑问代词,哪里,怎么。③终食:即一顿饭工夫。④造次:急遽,匆忙。⑤颠沛:本义是倾倒、跌仆,这里是穷困、受挫、困顿。

我读 字句辨析:(1)"贫与贱……得之,不去也"不合情理,因此有人怀疑"得之"是"去之"之误。后边"不去"不动。我认为这句可能是"得""去"两字错简了,应为"去之,不得也"。"得",可当"取得"讲,引申为"采取"。这样翻译成现代汉语,就讲得通了。(2)"必于是":"是",代词,"这里"的意思,"一定在这里"。"这里"指"心中"。"必于是"省略了主语"仁"。

这一则孔子强调了仁的重要性和必要性,特别指出仁是君子成名的主要条件,反映了孔子的理欲观。孔子并非只要仁、义,不要利、欲,而人们欲积极追求合乎仁、义的利,才是社会的福音。

孔子直言:"富与贵,是人之所欲","贫与贱,是人之所恶",道出人之常情。但是想要的,不能不顾廉耻地去剽窃、去骗取;讨厌的,不能不择手段地去避开、去摆脱。两个"不"字,极力地否定,并警示我们:想要的,通过勤劳、创造,可以致富;通过奋斗、竞争,可以荣升。如今发财、做官,都是令人羡慕的事。"红眼病"是懒汉,嫉妒人是懦夫。我们国家正高举中国特色社会主义伟大旗帜,奋进在奔小康的道路上,你富,我富,大家富了,国家就富了。建设和谐社会,复兴中华民族,需要一大批优秀的管理者——服务型人民公仆。你不想当,他不想当,谁来肩负这伟大的历史使命呢?

孔子心目中的"君子",是适应那个时代的有道德的人。他要求君子名实相符,要把"仁"时刻放在心中,即使在最迷乱、最紧迫的时候,即使在受挫、流离困顿的时候,"君子"应当想的是"仁",说的是"仁",行的是"仁"。"仁"贯串在、落实在、融合在"君子"的一生中。

如今的"君子",当指中国特色的社会主义建设者。如今的"仁",当指社会主义道德、共产主义理想。孔子当年对"君子"的要求,我们如今的"君子"不应当牢牢记取吗?

4.6　子曰："我未见好仁者,恶不仁者。好仁者,无以尚之①;恶不仁者,其为仁矣,不使不仁者加乎其身。有能一日用其力于仁矣乎? 我未见力不足者。盖有之矣②,我未之见也③。"

【你解】　①尚:超过。②盖:句首语气词。③未之见:未见之,没见过这种情况(或这种人)。

【我读】　这则语录颇有些费解。各译本也不一致。按"信、达、雅"文言翻译原则,试作如下辨析。(1)"我未见好仁者,恶不仁者。"将中间逗号去掉,成一完整句,这样,"好仁者""恶不仁者"不作并列关系。句法同于后者"吾未见好德如好色者也"。句意:"我没有见过钟爱仁德的人厌恶没有仁德的人"。此句"好仁者"是主语,是施动者。(2)"好仁者,无以尚之;",中间去掉逗号,连读;句尾去掉分号改为逗号。(3)"其为仁","其身"两"其"均代"好仁者"。(4)"其身"后的句号改为逗号,"仁矣乎"后的句号改为感叹号。这样改动后的大意是,孔子说:"我没有见过真正钟爱仁德的人厌恶那些没有仁德的人。真正钟爱仁德的人(他的高尚品质)没有什么人可以超过他,他厌恶没有仁德的人,是为了自己实行仁德时,不至于受到没有仁德的人的影响、干扰,好使自己能终日致力于实行仁德。我没见过这种人力量不够。就是有这种情况,我也没有见过。"

仁者爱人。大凡真正钟爱仁德的人,都有坦荡宽厚的胸怀。他厌恶、憎恶没有仁德的人,大有父母对不肖子女"恨铁不成钢"的意味,是厌恶、憎恶其没有仁德的"言行",并不是没有仁德的"人"。他厌恶、憎恶其没有仁德的人,是考虑到实行仁德受到影响、干扰,于是以正压邪,不遗余力地实行仁德、推行仁德。行的力度来自于钟爱的信念。信念在,力量在,所以"力不足""未之见"。

这则语录启示我们:政治思想上,爱憎分明是人生观之首要,所以对没有仁德的人,持厌恶、憎恶的态度,是理所当然的;对没有仁德的人(包括品德恶劣、言行不轨的人以及各种犯罪分子),还应给予必要的惩治。惩治不是隔离、摒弃,而是出于关爱、挽救,通过帮教、矫正,让其去除不仁之心,抛弃罪恶之举,最后成为"仁者""好仁者"。这就是"仁者爱人"的真谛。

4.7　子曰:"人之过也,各于其党①。观过,斯知仁矣②。"

论语大家读

[你解] ①于：如。党：古代地方组织，五百家为一党。引申为朋辈，同类的人。②仁：假借为"人"。

[我读] 孔子关于"人之过"的论说较多，他以仁爱精神看待"人之过"。他说："过也，人皆见之；更也，人皆仰之"，他希望一个人有过能改。孔子善于观察、体验，他发现"人之过，各于其党"，就是说，一个人的过失与他从属的"那一类"先天性的弱点和后天的浸染有关，由此知道什么类型的人，容易出现什么过失。他想从源头上探寻"人之过"产生的原因。由于时代的局限性，他只能从君子与小人，仁与不仁这些大的方面，区分"其党"，大多从不良性格入手，如说："柴也愚，参也鲁，师也辟，由也喭"，在教育实践中，针对弟子们的不良个性，因材施教，帮助改过，也启发他们知过而改。我想，这段话也许是孔老夫子育人的经验之谈吧！但我们后人可以突破时代局限，结合现实生活，去发掘这段话更深的思想内涵。任何一种性格，如同一块硬币，都有两面性，教育者要善于调适与引导，帮助不同性格的人充分发掘优点中蕴藏的潜能，走向人生的正途，抵达"至善"的彼岸。

4.8 子曰："朝闻道①，夕死可矣。"

[你解] ①道：此指儒家之道，可泛指道理、原则、真理。

[我读] 早上懂得了真理，晚上死了也是可以的。朝、夕对举，极言时间之短，表明求得真理的欣慰之情。生命是最可宝贵的，得到了"道"，"死"也可以，表明真理比生命更重要，难怪屈原云："亦余心之所善兮，虽九死其犹未悔。"生命是短暂的，应努力使我们的生命少些遗憾。

古今中外，各个领域，为追求真理不惜献身的志士仁人，不计其数。孔子的话道出了求索真理者的共同心声。这话所体现的为真理而献身的精神，给了多少华夏儿女以鼓舞和力量！这精神早已成为我们民族精神的一部分！

4.9 子曰："士志于道，而耻恶衣恶食者①，未足与议也。"

[你解] ①耻：形容词意动用法，以……为耻。恶（è）衣恶食：粗劣的衣食。

[我读] 读书人有志于探求真理，却以粗劣的衣食为耻，（这种人）是不值得同（他）谈论的。

我们知道，探求真理的路上，长满了荆棘，布满了陷阱。荆棘撒下尖刺的罗网,让你举步维艰;陷阱设在鲜花绿草丛中,蛊惑你,引诱你。有志于探求真理的人,都有披荆斩棘的勇气,都有不被诱惑的清醒。探求真理的路是漫长的,每一步都与苦相伴。犹如在黑暗的隧道里踽踽独行,碰壁碰得头破血流是常事;犹如在茫茫的沙漠里长途跋涉,无食无饮、饿死渴死是常事。正所谓"无限风光在险峰",你想一路顺风、一路坦途,可能吗?你想一身锦衣、一肚玉食,上得了风光无限的真理之"峰"吗?不准备吃苦,不准备失败,不准备牺牲,那是没有探求真理的诚意和决心的。"道不同不相为谋"嘛,所以孔子说:"耻恶衣恶食者,未足与议也。"诚哉斯言!

4.10 子曰:"君子之于天下也,无适也,无莫也①,义之与比②。"

【你解】　　①适(dí),"適"的简化,厚;莫,薄。无适无莫,谓一视同仁。后因以"适莫"指用情的偏颇厚薄。②义:合宜的道德、行为或道理。比:旧读bì,相近,靠近,亲近。

【我读】　　对人没有亲疏厚薄,这正是孔子宽厚待人的仁爱精神和博大胸怀。亲近有道义的人,也正切合孔子"德不孤,必有邻"的论断。

　　读了这段话,我们会悟出这样的道理:社会是个大家庭,人与人之间理应以"义"(正义,合宜的道德、道理)为契合物,为衡量善恶的标尺,不应有形而上的尊卑、贵贱、属性之类强加于人,从而人为地造成人与人的"亲疏厚薄",破坏了人间应有的和谐。如今,以人为本,构建和谐社会,大力倡导公平正义,社会的人真正解除了形而上的桎梏,获得了空前的自由。这是孔子的仁爱理想无法与之比拟的,是望尘莫及的。

4.11 子曰:"君子怀德①,小人怀土②;君子怀刑③,小人怀惠④。"

【你解】　　①怀德:谓存其固有之德。②怀土:谓溺其所处之安。③怀刑:畏法,因畏刑而守法。④怀惠:谓贪利。

【我读】　　在《论语》中,孔子都是将君子、小人对举,持褒贬分明的态度。

　　关于君子的评说,历来无歧义,至今仍有警示作用。君子怀德:君子总是心存善心,想着做有益的事;君子怀刑:君子行事,总是想着法度,因而守法不做越轨之事。联系现实,我们今天的公务员们,不应当牢记"公民道德"吗?不应当在执政时刻刻想到头顶上悬着的那柄象征着法度的"达摩克利斯剑"吗?心中有"德""刑"(法)两字,就会在社会道德规范内恪守职责,慎言笃行,不会做出违背民意的

里仁篇第四

事,不会被形形色色的"诱惑"晕眩了"心"而走上邪路,即使不慎落入圈套,也会迅速"打住",不至于陷入泥沼而不能自拔。

关于小人的评说。按朱熹解释,也说得通。小人怀土:你沉溺在安乐窝中,浑浑噩噩,不思进取,有什么出息呢? 小人怀惠:你不致力于劳动所得,而想以旁门邪道贪得财利,这不是私欲太重、目光短浅的小人吗?

现在流行一句广告词:"角度改变观点。"换个角度看,"怀土",怀念故土,是人之常情,尤其现在正是改革开放的大好时期,你在外发展了,你在外有出息了不忘故土,不忘家乡父老对你的哺育之恩,常思回报,这样的"赤子之心",不应当受到称赞吗? 怀惠:想得到实际的好处,这也是人之常情。只要不侵犯别人利益,只要不损害集体、国家的利益,为了生活得更美好,作为个人,谁不想得到实际的好处呢? 如今公务员们"执政为民",不就是要让老百姓得到实惠吗?

由此看来,古人语录语言简练,字词多解,又缺少具体的语境,见仁见智是难免的。不过,孤立地看,能"古为今用"则取之;有歧义的,姑且存疑,留待学术研讨吧!

4.12 子曰:"放于利而行①,多怨。"

①放:放纵,放任。利:利益,好处。

做事总想得到利益,得到好处,这是无可非议的,但应有个"尺度",适可而止为好,不可放纵、放任。如果没有节制地谋取个人利益,甚至不择手段地谋取个人私利,必然有损于他人,有害于社会。招致怨恨是理所当然的,而且这种怨恨会随着放纵的程度同比增长。当前有句广告词说得好:"尺度把握人生。"你"纵(放)于利而行,多怨",自食苦果,何必哩!

4.13 子曰:"能以礼让为国乎? 何有①? 不能以礼让为国,如礼何②?"

①何有:有何,有什么,怎么样。②如礼何:把礼怎么样?

能用尊敬谦让(的原则)治理国家,(治国)有什么困难呢? 不能用尊敬谦让(的原则)治理国家,怎么谈得上用礼仪制度(或说周礼)(治国)呢?

"如礼何"的"礼",就是孔子竭力主张的"克己复礼曰仁"中的"礼"。可见,孔子倡导"仁"、推行"仁",目的是"复礼",而"礼让"则是实行"仁"的具体措施,或者说是孔子仁爱精神的具体内容。从"礼让"的外延来看,它为我们今天人民政府"执政为民"提供了很好的借鉴:服务广大百姓能不遵循尊敬、谦让的原则吗?"礼让"也是构建和谐社会的必要因素。

4.14 子曰:"不患①无位,患所以②立。不患莫己知,求为③可知也"。

【你解】 ①患:担忧,忧虑。②所以:用来……的东西。③为:成为。

【我读】 孔子务实,不图虚名。不必担忧没有职位,应担忧有没有任职的本领。有了任职的本领,再去任职就称职了。言外之意:你有了职位,却没有职位本领,岂不是虚有其职吗?俗话说:占着茅厕不拉屎。那是对职位的亵渎。

孔子"躬自厚而薄责于人"。他说,不要担忧别人不了解自己,应担忧自己值不值得别人了解。管子说:"身不善之患,毋患人莫己知。丹青在山,民知而取之;美珠在渊,民知而取之。"人民群众的眼睛是雪亮的,观察最细致,判断最公正,何患之有?

4.15 子曰:"参乎! 吾道一以贯之①。"曾子曰:"唯②。"

子出,门人问曰:"何谓也?"曾子曰:"夫子之道,忠恕而已矣③。"

【你解】 ①一以贯之:即"以一贯之",用一个基本的观点贯串着。②唯(wěi):答应声。③忠恕:儒家伦理思想。忠,就是尽心竭力,还有忠诚的意思;恕,就是用自己的心推想别人的心,还有宽恕、原谅的意思。

【我读】 在孔子学说中,"忠恕"是"仁"的基本精神,是实行"仁"的方法、途径,是贯穿孔子全部伦理学说的重要思想。忠,要求对人忠诚,尽心竭力地为人出主意、做事情。"为人谋而不忠乎?"把"忠"作为一个人每日"三省吾身"的第一条,可见孔子是十分重视"忠"的。恕,要求推己及人,凡事能换位思考、将心比心,对人宽容大度,"己所不欲,勿施于人"。反之,自己想要的东西,珍贵的东西,得先给人家,享乐在后,吃苦在前。

我国是文明古国,是礼仪之邦,忠恕精神是铸造"文明""礼仪"的重要思想资源。

4.16 子曰:"君子喻于义①,小人喻于利。"

【你解】 ①喻:知道,了解,明白。义:事之宜,正义,指思想行为符合一定的标准。

我读 　　孔子这话倒着看，很好懂。"只知道道义的是君子"，说得很对。只知道利的是"小人"吗？不一定。只能说"见利忘义"的是"小人"。孔子自己也说过："富而可求也，虽执鞭之士，吾亦为之。"这不是自相矛盾吗？从中国哲学史上孔子发端的"义利之辨"来看，一则，无物质利益作依凭，无论何种社会，伦理规范都将是"无用之虚语"。正所谓"皮之不存，毛将焉附？"二则，不可避免地为以后的统治者及其御用思想家如董仲舒、朱熹利用和发展为君主专制主义、等级主义的"护身符"。这种悲剧的结果，是孔子远没有想到的。

　　总之，孔子将"义、利"对立起来，孟子更进一步提出"仁义而已矣，何必曰利"。在"义、利"问题上，表现出重义轻利的倾向，片面夸大了道德的社会作用，严重忽视了经济对道德的影响，暴露孔子的伦理思想，存在着明显的缺陷。

　　如今，在科学发展观统领下，胡锦涛同志提出的"八荣八耻"，这是社会主义伦理道德最精辟的概括，"以团结互助为荣，以损人利己为耻，以诚实守信为荣，以见利忘义为耻"，旗帜鲜明地表明了社会主义的义利观。这与历史上任何义利观都有本质的不同。

4.17 子曰："见贤思齐焉①，见不贤而内自省也②。"

你解 　　①贤：有道德有才能的。②省(xǐng)：检查。

我读 　　一个人看到德行、才能胜过自己的人，顿生敬慕之情，主动视作楷模，向他学习，向他看齐。雷锋同志说过："在工作上，要向积极性最高的同志看齐；在生活上，要向水平最低的同志看齐。"孔子的"见贤思齐"精神，在新社会被赋予了崭新的内涵，焕发出时代的光彩。

　　一个人看见德行劣、才能差的人，心里就暗自比较，检查自己：我有这种毛病、缺点吗？有，就下决心痛改前非、及时补过。这种"自省"精神，应是修身的法宝，也是守住人生底线的防护堤。

　　目光转向现实，我们看到不少人嫉贤妒能，对贤者、能者，明里、暗里，千方百计地诋毁、拆台，多么狭隘的心胸，多么灰暗的心理！这种人对我们兴旺事业、辈出人才极为不利。我们还看到不少人"近墨者黑"或自陷泥沼，反以"特殊情况"为借口，同流合污，作茧自缚，多么脆弱的理性、多么低劣的素质！这种人是我们前进的绊脚石，必须搬掉它，转化它，变害为利。

4.18 子曰："事父母几谏①，见志不从②，又敬不违，劳而不怨。"

【你解】　①几(jī)："幾"的简化字，本义微，这里引申为轻微、委婉。谏(jiàn)：规劝君主、尊长或朋友，使之改正错误和过失。②志：心意。

【我读】　事奉父母，(他们有不对的地方)要委婉地规劝，看到(父母)心里没有听从意见的意思，仍要恭恭敬敬不违背(他们的意愿)，(为父母)操心(再苦)也不怨恨。

孝：旧指善事父母，无条件地顺从、服从父母。今指尊敬、奉养父母。

孔子提倡的"孝"，积极方面：做儿女的，要奉养父母，尊敬父母，父母有不对的地方还可委婉规劝。更值得称道的是，提倡儿女要为父母操劳，再苦再烦也不怨恨。这些，都是我们应当传承的美德，今天如此，永远如此。

消极方面："不违"，对父母要无条件地顺从、服从。关键是"无条件"，错了也得顺从、服从，简直是盲从了。这点不可取。而且，"这点"被统治阶级利用了，转化为"忠"——老百姓对统治者要无条件地顺从、服从，任其奴役，任其宰割。毕竟时代在前进，社会在发展。今天对"孝"的消极方面应当彻底清算，毫不留情地将其扫进历史的垃圾堆。

4.19 子曰："父母在，不远游①，游必有方。"

【你解】　①游：离家出游。在古代，主要指游学(远游异地，从师求学)、游宦(在外做官)。

【我读】　父母在世，不要长期远行。如果一定要远行，也必须(告诉)在一定的地方。儿女离家出游，离父母距离远了，时间长了，必然看望父母的次数少了，关心问候就很不够了。游子渐渐淡忘了父母，可父母却思念游子啊！亲情是人间第一真情。从保持亲情、密切亲情来看，父母在世，要求儿女不要远游，是完全可以理解的。在孔子那个时代，交通闭塞，传播信息全靠两条腿。如果父母病了，谁来照料？平时饥寒，谁来管问？无怪乎有"养儿防老"的说法。但从儿女的前程考虑，基于小农经济的这种认识，未免太狭隘了。儿女出生了，就是社会的人，不是父母的私有物。你只顾个人温饱、安危，却限制了儿女的发展，限制了儿女对社会的奉献。这种自私的观念，早就应该摒弃了，现在不是有很多父母送孩子出国留学吗？鼓励孩子到外地经营谋发展吗？话又说回来，做儿女的，尽管迢迢万里，远走天涯，应牢记"鸦有反哺之情,羊有跪乳之恩",挤点时间回家看看,或打个电话经常问问,对父母常"定省"、勤"音问",还是千古不变的。一曲《常回家看看》那么受人欢迎,不值得深思吗?

4.20　子曰:"三年无改于父之道,可谓孝矣。"

你解　《学而篇第一》(1.11)有此句。

我读　作一点补充解说。"无违",不违背父母的意愿,是孝;"无改",不改变父母的观点,也是孝。两个"无",要辩证地看,父亲的合理意愿、正确的观点,这是"孝"中的积极因素,应当继承发扬。父亲的悖理意愿,落后的、错误的观点,这是"孝"中的消极因素,应当否定、扬弃。对于"孝",应这么看;对于"忠",也应这么看。愚孝、愚忠,不可取;忘却缅怀,抛弃遗志,改弦更张,自行其是,也不可取。

4.21　子曰:"父母之年,不可不知也。一则以喜①,一则以惧。"

你解　①则:连词,用在表并列的句子中,一则……一则……,即"一方面……一方面……"。以:连词,用法相当于"而"。

我读　常知父母之年,既喜其寿,又惧其衰。做儿女的,时刻能为父母的健康长寿而高兴,能为父母的日渐衰老而担心,打心眼里关心父母,难能可贵啊!可现实生活中,常看到两种不正常的现象:一是有些年轻人希望父母长寿,担心衰老,是因为父母拿退休工资或有一定的积蓄,把父母视作摇钱树、聚宝盆,健康一天可以多啃一天,少生病一天钱可以多留一点,能不关心"父母之年"吗?二是有些年轻夫妇牢牢记住自己"宝贝"的出生年月,生日未到就念叨了,生日来临之日,简单一点的买生日蛋糕,唱生日赞歌"祝您生日快乐";隆重一点的办生日宴席,灯红酒绿,觥筹交错……可"父母之年"忘得一干二净,有的压根儿就没问过父母哪天是他们的生日,总借口工作忙,事情多……可悲啊!

4.22　子曰:"古者言之不出,耻躬之不逮也①。"

你解　①耻:耻辱、羞耻。这里是意动用法,以……为耻。躬:本义身体,引申为亲身、亲自。这里指自己的行动。逮(dài):及,达到,赶上。

我读　古代的人不(轻易)把话说出来,认为自己的行动赶不上说出的话是可耻的(因此要"慎言")。历来,言行关系最能看出一个人的人品。荀子有句名言:"口能言之,身能行之,国宝也;口不能言,身能行之,国器也;口能言之,身不能行,国用也;口言善,身行恶,国妖也。"

毫无疑问，我们应当"口能言之，身能行之"，以"国宝"标准要求自己。如果言已出，能尽力去行，一时达不到，可以谅解；仍然不懈地追求实现，应当受到鼓励。如果不考虑能不能做到，却不负责任地到处宣告，那是自欺欺人。

"言"好比种子，要播撒在深厚的现实土壤中，才可能"行"：生根、开花、结果；如果播撒在缥缈的天际浮云中，"行"将失去，只可能干涸，随风飘荡，直至化为乌有。言是承诺，行是兑现。兑现应大于承诺，起码得等于承诺。这是诚信所在，这是"慎言"之由。

4.23 子曰："以约失之者鲜矣①。"

你解 ①约：缠约，环约，引申为检约、检束。鲜(xiǎn)：少。

我读 "以约"的"约"，通常有二解："检约（检束）"和"俭约（节省）"。因为检束（自己），过失就少了。

因为什么检束自己呢？按孔子思想推论，"以约"是"以礼约之"（文言句法应是"约之以礼"）的节缩语。"礼"，广义地说是社会道德规范。用礼检束自己，就是用社会道德规范检束自己。这样做，"失之者鲜矣"，犯错误的人就少了。这是立身处世的一条箴言。再宏观地看，按规范要求自己、检束自己，除却修身，各个领域、各种工作都需要，堪称是一条普适性原则。大的方面不说，且说"养生"吧。现在生活好了，大家都讲求生活质量，于是许多富贵病也就应"运"而生了。因此人们普遍关注健康问题。著名心血管专家洪昭光教授提出"合理膳食，适量运动，戒烟限酒，心理平衡"，你想要健康，就得以这四句话、十六个字来检束自己。坚持这种文明健康的生活方式，患高血压、冠心病、肿瘤等疾病的人自然就减少了。

一个人为了避免过失、少犯错误，能不在各个方面，对照规范要求，时时处处检束自己吗？

4.24 子曰："君子欲讷于言而敏于行①。"

你解 ①讷(nè)：出言迟钝，这里指说话谨慎。②敏：敏捷。

我读 为什么"言"须"讷"，"行"要"敏"？畅所欲言，不受拘束，容易。俗话说："说大话，不要钱买。"对说的话不考虑负责，不考虑兑现，信口开河，那是很容易的。可有道德的人相反，自然谨言慎语。努力从事，尽力去做，就难了。"力行"中，定然有困难，有挫折，得付出汗水、心血，有时还不能达到预期的目的。有道德的人，做事讲信用，讲效率,所以只要做,就争分夺秒、闻风而动。

孔子谈言行关系,用"讷"与"敏"对举,是发人深省的。此意与《学而篇第一》"敏于事而慎于言"相同。

4.25 子曰:"德不孤,必有邻①。"

你解 ①邻:本义邻居,引申为邻近、亲近。这里指志同道合、与之为伴的人。

我读 天底下志同道合者多矣,"各从其类",有道德的人绝不会孤单的。不过,很多时候,有道德的人会落入"小人"之中,"如野鹤之在鸡群",孤独无友,这种现象难免。但有道德的人,只要涅而不缁,始终保持高洁,终会赢得人们的理解、信任,由接近而亲近。现代文学史上有个最好的例证:大革命时期,文学家、思想家、革命家鲁迅,"荷戟独彷徨",在孤岛(上海)上,四面受敌,但一些进步青年和革命者,还是不顾白色恐怖的威胁,毅然决然地追随他、亲近他,与他并肩战斗。

孔子把"仁"从人性与人际关系的立意上引申到了兼善天下这一层次,强调要把内在的精神修养扩展出来为他人、为天下作出贡献。他的这种思想深刻地影响了中国的士人。

4.26 子游曰:"事君数①,斯辱矣;朋友数,斯疏矣。"

你解 ①数(shuò):屡次,频繁,这里是烦琐、过于亲密的意思。

我读 君子之道,上交不谄,下交不渎。事奉君主,不必劝谏太多,太多则"烦而生厌";不必靠得太近,太近则"疑其有求",招致羞辱是必然的事。对待朋友,不要进言太多(要适可而止),太多则"渎其尊严";不要靠得太近,太近则"疑其别有用心",造成疏远这是必然的事。古人说"君子之交淡如水,小人之交甘如醴"是有一定道理的。

事君与交友,正确的方法是:尊重对方,把握好亲疏尺寸,保持一定的距离,就是对最亲密的人,也要留一点空隙,作为磕磕绊绊的空间,这样才能有持久的和谐。君不见,为防止铁轨热胀冷缩,铁轨之间总留那么一点距离,好让火车运行安然无恙。自然之理与人伦之理,不是有相通之处吗?

忽然想到一则有趣的故事:我国著名学者赵元任和医学博士杨步伟,1921年结为伉俪,1971年在他们金婚纪念日时,杨步伟当场作诗,前两句是:"吵吵闹闹五十年,人人都说好姻缘。"五十年好姻缘,却伴随着"吵吵闹闹",不是很耐人寻味吗?

公冶长篇第五

5.1 子谓公冶长①："可妻也②。虽在缧绁之中③，非其罪也。"以其子妻之④。

你解 ①公冶长：名长，字子长。鲁国人（一说齐国人）。孔子的弟子。传说懂鸟语。②妻：这里作动词，读 qì，以女嫁人。③缧绁(léi xiè)：拘禁，囚禁。④子：儿子，古时也可指女儿。此指自己的女儿。

我读 无论古今父母都重视择婿，"父母之命"时代也好，自由恋爱时代也好。

苦于文字材料的不足，我们对公冶长知之甚少。只传说他"识鸟音"，大概他是山民之子，很聪慧吧！在当时，能"识鸟音"，可算是个有特殊才能的人。大凡蹲过监狱，总是有问题、不光彩的事，可不是他的罪过，孔子也就不介意了。《孔子家语》上说：公冶长"为人能忍耻，孔子以女妻之"。由此可知，孔子在弟子中看中了公冶长"忍耻"的节操，符合"仁"的主张，才选他为婿。看来，孔子择婿标准是德行第一，也兼顾了才情。决不像后来西汉的卓员外择婿着意"门第"，也不像后来东晋的郗太傅择婿随意"东床坦腹"。孔子在择婿上也体现了大教育家的师表作用。

5.2 子谓南容①："邦有道②，不废；邦无道，免于刑戮。"以其兄之子妻之。

你解 ①南容：姓南宫，名适(kuò)，一作"括"，又名韬，字子容。谥号敬叔，也称南宫敬叔，孔子的弟子。②道：治理，有道，旧指政治清明。

我读 国家政治清明时，没废置不用，不等于重用；国家政治混浊时，没受到刑戮，说明还在"用"，起码人身是安全的。所谓"宦海风波"，南容虽没显贵过，却也没有大起大落，是很难得的。南容之所以能"出入风波里"，我想一个"智"字道出了个中秘密。南容作为孟僖子之子，官宦的后裔，他从政时，定然恪守君子之道，对上司敬而不谄，对下民使而有义，圆通处事，既不攀附，也无民愤。孔子尊重哥哥是毫无疑义的，为哥哥择婿自然是非常负责的。像南容这样的人，家境好,政治上可靠,生活上是可以信赖的,所以孔子"以其兄之子妻之"。

5.3　子谓子贱①:"君子哉若人②! 鲁无君子者,斯焉取斯?"

你解　①子贱:姓宓(fú),名不齐,字子贱,鲁国人,生于前521年,小孔子三十岁。曾任单父(今山东省单县)宰。②若:代词,这。

我读　孔子评论子贱说:"真是君子啊,这个人! 如果鲁国没有君子,子贱从哪里获得这样好的品德?"孔子这句话,一则肯定了子贱"仁爱百姓不忍欺"的君子品德。二则表明道德的师承性,鲁国还有君子在。你子贱不是师承我孔子吗? 你子贱不是还有许多贤者同窗吗? 三则印证了、呼应了孔子自己的观点"德不孤,必有邻"。

5.4　子贡问曰:"赐也何如?"子曰:"女,器也。"曰:"何器也?"曰:"瑚琏也①。"

你解　①瑚琏:古代宗庙中盛黍稷的祭器。竹制,上面用玉作装饰,很华美,有方形的,有圆形的,夏代称"瑚",殷代称"琏"。

我读　孔子按道德品行和专业特长,将弟子表现最为突出的分为四科,子贡是言语科代表,他以口才著名,似乎有点骄傲情绪。当子贡问老师"我怎么样?"孔子说他像个器物——祭器瑚琏。瑚琏外表华美,在宗庙中盛祭品黍稷,除祭祀外,别无他用。通过比喻,告诫子贡说,你口才好,即使立朝执政,可德行与颜渊、闵损比如何? 政治才干与冉有、季路比如何? 文学才能与子游、子夏比如何? 你应当虚心好学,加强进业修身,以"君子不器"为最高标准要求自己。

5.5　或曰:"雍也仁而不佞①。"子曰:"焉用佞②? 御人以口给③,屡憎于人。不知其仁,焉用佞?"

你解　①雍:姓冉,名雍,字仲弓,鲁国人,以德行著名,孔子的弟子。②佞(nìng):能说会道。③口给:口才敏捷,善于答辩。"给"(jǐ)本义是足,丰足,也指口齿伶俐。

我读　孔子反对能说会道(佞)有对的一面:用来与人顶嘴,影响和气,对人不恭敬不礼貌,遭人憎恶,有违仁爱精神,就是说只是善于口头争辩,而缺乏事实真情,近于夸夸其谈。孔子能听之任之吗? 孔子反对"能说会道"也有错误的一面。贤,谓有道德、有才能。当时是春秋时代,诸侯国甚多,战争频仍,外交游说,不能说会道行吗? "以佞为贤",可谓"合乎人群之需要,适乎时代之潮流"。孔子反复说"焉用佞",是不合时宜,带有偏见的。这与他一向主张"讷于言"一致。再说,冉雍是孔子弟子中德行科的代表,他不知道冉雍"仁"吗？他说："不知其仁"是对能说会道(佞)的一种委婉表示否定的方式。从"温良"角度看,能这么讲;从"知之为知之"角度看,就有点虚伪了。

5.6　子使漆雕开仕①,对曰:"吾斯之未能信。"子说。

【你解】　①漆雕开:姓漆雕,名开,字子开(一说,字子若)。蔡国人(一说,鲁国人)。生于前540年,卒年不详,孔子弟子。

【我读】　这里有两个问题:(1)孔子为什么让漆雕开做官;(2)漆雕开对做官没有信心,孔子听了为什么反而感到高兴。

孔子看漆雕开"真材可以仕",年纪渐渐大了,再不去做官,就失去机会了。出于对弟子的关心,所以"使漆雕开仕"。《孔子家语》记载,漆雕开"习《尚书》,不乐仕",研习先古史料,对做官不感兴趣。孔子不愧为教育家,他绝不勉为其难,对一个人,尤其年轻人笃志行事、量力为之深表赞同。

5.7　子曰:"道不行,乘桴浮于海①。从我者,其由与②?"子路闻之喜。子曰:"由也好勇过我,无所取材。"

【你解】　①桴(fú):荡船用的水上交通工具,用竹或木编成,大的叫"筏",小一点的叫"桴"。②其:犹"殆",语助词,表揣测,大概,可能。

【我读】　孔子说:"仁道不能实行,(我)就乘木筏飘到海上去。"子路,本是"卞之野人","请为弟子"后,在孔子循循善诱下,进步很快,全力支持孔子入世行道、淑世济民的主张,所以孔子说"跟从我去海上的,大概只有子路吧!"子路听了很高兴,却不知这是老师的假设之言。老师的职责,首要的是"传道",时时、处处都不忘教育弟子。当孔子看到弟子受到称赞时,有骄矜之意,便抓住机会,针对子路的缺点予以批评。"仲由啊,好勇超过我,可裁度事理方面没有什么可取的!"首先肯定了子路的勇敢果断,接着指出你子路不免粗犷,粗野,勇力有余,谋略不足,因此"不能裁度事理,以适于义"。果不出老师所言,子路最后死于救助孔悝(当时子路是卫国孔悝的宰臣)的莽撞的搏斗之中。子路之死,可谓"好勇"而"不适于义"导致的悲剧。

5.8　孟武伯问子路仁乎？子曰:"不知也。"又问。子曰:"由也,千乘之国①,可使治其赋也,不知其仁也。"

"求也何如?"子曰:"求也,千室之邑②,万乘之家③,可使为之宰也④,不知其仁也。"

"赤也何如?"子曰:"赤也,束带立于朝⑤,可使与宾客言也,不知其仁也。"

 ①千乘:诸侯大国,地方百里,出车千乘,称千乘之国。乘(shèng),量词,古时一车四马为一乘。②邑:古代人民聚居的地方,相当于后世的城镇,周围的土地也归属于邑。邑,又可分公邑,采邑。文中"千室之邑"指的是居有一千户人家的城邑,当指公邑。③家:奴隶社会大夫统治的地方叫"家",即大夫的采地食邑。家,可设"家臣",以管理政务。④宰:官名,殷代始置,掌管家务和家奴。⑤束带:穿着整肃,指公服。

孔子对三个弟子:其实都很了解,为什么都说"不知其仁"呢?

子路:《公治长篇五》(5.7)说"由也好勇过我,无所取材",就是说子路有勇力才艺而少谋略,见义勇为又很莽撞,敢当面谏诤却欠方法,也许孔子所指这些方面,才推辞说"不知其仁"。

冉求:孔子多次称赞他多才多艺,行政办事才能出色,在孔子弟子中被列为政事科之冠。冉求虽然谦逊能干,但对孔子之言却从不盲从,故多次受到老师的斥责。冉求好管理财物而不重仁德修养和礼乐学习。他当季氏宰时,帮助季氏征伐颛臾和聚敛民财,孔子极力反对:"非吾徒也,小子鸣鼓而攻之可也。"师生间思想深处的差距较大,故孔子说"不知其仁也"。

公西赤:从学于孔子后,对祭祀之仪、宾客之礼颇感兴趣。他自述其志趣是:"宗庙之事,如会同,端章甫,愿为小相焉。"因此孔子称赞他:"束带立于朝,可使与宾客言也。"公西赤被派遣出使齐国,同窗好友冉求替他母亲向孔子请求给些小米。可冉求未按孔子吩咐去给,擅自增至八十石,孔子很不满:"赤之适齐也,乘肥马,衣轻裘。"意思说他家庭很富,母亲还需要这么多接济吗?也许这就是说"不知其仁也"的缘由。

概而言之,对三个弟子都说"不知其仁也",孔子并非真的不知,而是委婉地批评他们"仁德不够",要虚心好学,加强"修身"。

5.9 子谓子贡曰:"女与回也孰愈?"对曰:"赐也何敢望回①?回也闻一以知十,赐也闻一以知二。"子曰:"弗如也,吾与女弗如也②。"

①望:通"方",比。②与:前一个"与",和,跟,同;后一个"与",赞许。

子贡(端木赐)是孔子"言语"科优秀弟子,能言善辩,又善于经商,家累千金,堪称巨富;颜回天资聪颖,勤奋好学,重道笃行,品格高尚,被孔子列为"德行"科之首。可家里常"箪瓢屡空",穷得叮当响。两人都是孔子喜爱的弟子,把他两人进行比较,是很有意思的。

人贵有自知之明。孔子问子贡,与颜回比,"孰愈",目的是看子贡"自知之如何"。

子贡没有让老师失望,从"类推思维"上进行比较,说颜回"闻一知十",说自己"闻一知二",远不如颜回,切入点很准确,既谦虚,又中肯。的确,子贡善于评论别人的是非高下,也善于掂量自己的长短优劣,有知人之智,也有自知之明。

5.10　宰予昼寝。子曰:"朽木不可雕也,粪土之墙不可杇也①;于予与何诛?"子曰:"始吾于人也,听其言而信其行;今吾于人也,听其言而观其行。于予与改是②。"

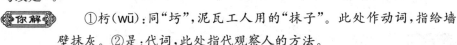 ①杇(wū):同"圬",泥瓦工人用的"抹子"。此处作动词,指给墙壁抹灰。②是:代词,此处指代观察人的方法。

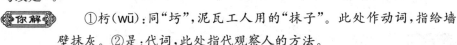 这段话是孔子针对"宰予昼寝"说的。那是宰予从师早年的事。孔子认为:"古之圣贤未尝不以懈惰荒宁为惧,勤励不息自强。"你小子正是奋发学习的时候,大白天竟然睡觉,于是用两个比喻"言其志气昏惰,教无所施也"给予严厉的谴责,同时也以此"立教"来警示众弟子。再说,那时宰予年轻,常常夸夸其谈,说得好听却做不到,这与孔子本来的想法"听其言而信其行"很不一致。孔子善于体悟生活、总结教训,于是从宰予的表现上进行深刻的反思,改变了观察人的方法。

宰予一向利口辩辞,孔子注意因材施教。后来孔子派他出使楚国,回报"言实",比之子贡"言华",两人同为孔门弟子中言语科的优秀代表,宰予却列于子贡之前,深受孔子器重。

两点启示:(1)"朽木不可雕也,粪土之墙不可杇也",仅仅是个比喻,并非弃而不教。所谓"响鼓不用重锤敲"。当时"宰予昼寝",在弟子中也少见,为了整肃学风,能不"重锤敲"吗?这也是一种教育手段。(2)孔子给我们提供了一个人很好的认识别人的方法:"听其言而观其行。""听"与"观"要进行比照,避免误"信"而上当。

5.11　子曰:"吾未见刚者。"或对曰:"申枨①。"子曰:"枨也欲,焉得刚?"

你解 ①申枨（chéng）：姓申，名枨，字周，鲁国人。孔子的弟子。

我读 欲（欲），欲望，它是把双刃剑，可以是不好的、罪恶的欲望，如贪欲；可以是好的、美好的欲望，如求知欲。显然，孔子在这里指的是前者。当一个人权位欲、金钱欲、色欲等不好的欲望，在心田滋生了、膨胀了，犹如锡铁之类受热，自然就变软了，不坚硬了。一个顺口溜说得好："吃人家的嘴软，拿人家的手软。"嘴软了，手软了，心中的道德天平就倾斜了，你还能坚持真理、维护正义吗？有个成语叫"欲壑难填"，你贪心太重，会使你沉溺，落入罪恶的深渊。清代著名政治家林则徐有副名联的下联说得精辟："壁立千仞，无欲则刚"，你心地光明，无纤毫私心杂念，就能"坚强不屈"，就能"壁立千仞"。我们对申枨的为人不知，但孔子的判断"欲，焉得刚"，则道出了深刻的人生哲理。

5.12　子贡曰："我不欲人之加诸我也①，吾亦欲无加诸人。"子曰："赐也，非尔所及也②。"

你解 ①加：加上，放上，引申为施加。②及：到，达到，做到。

我读 子贡所言是"仁者之事"，为什么孔子认为子贡做不到呢？答案还是从孔子批评子贡的话中去找。

子贡办事通达，却"好说不若己者"，"不能匿人之恶"，为此受到孔子的斥责："赐也贤乎哉？夫我则不暇。"是说："赐呀，你就那么好吗？那我可没有闲工夫（说人长短）。"子贡这种好评价他人的是非高下，在孔子看来，不符合恭、宽、恕。我想，这可算"仁者之事""非子贡所及"的例证之一。

子贡师从孔子后，从来未停止过经商，因善于经商，竟成巨富。孔子曾说："赐不受命，而货殖焉，亿（臆）则屡中。"是说："你端木赐呀，很不安分，私家经商，囤积投机，猜测行情，屡猜屡中。"孔子的言外之意是：你这种很不守本分的"致富经"，不合乎忠、信、惠。我想，这可算"仁者之事""非子贡所及"的例证之二。

5.13　子贡曰："夫子之文章①，可得而闻也；夫子之言性与天道②，不可得而闻也。"

你解 ①文章：礼乐法度。此指包括礼、乐、诗、史等各种古代文献中的字句。②性：中国哲学概念，指人物的自然属性，通常指人性。天道：中国哲学术语。最初包括有日月星辰等天体运行过程和用来推测吉凶祸福两个方面，亦即包含有天文学知识和关于上帝、天命等迷信观念两种因素。

【我读】 子贡说："夫子关于礼、乐、诗、史等文学方面的学问,我们经常听得到。"从《论语》中可知,孔子话语中提及礼、乐典章制度,几乎通篇;也涉及《诗》《尚书》等文献多处,所以子贡这么说。《论语·阳货》中提到"性"一次("性相近")未作论述;《论语》书中孔子多处提到"天""命""天命",但不见孔子有关于天道的言论,所以子贡说"夫子之言性与天道,不可得而闻也"。孔子不讲天道,显然是对自然和人类社会的关系取存而不论的态度。

需要说明两点:(1)性,本指人的自然属性。《礼记·中庸》说:"天命之谓性。"后来孟子提出"性善说",从此"性"被赋予道德属性了。再后来,朱熹注"性,即理也",从此泯灭了"性"的自然属性,扭曲为统治者钳制人民思想的所谓"天理"了。(2)我认为"天道"与"天命"不是同一概念。"天道"义广,含唯物、唯心两个因素,而"天命"纯属唯心色彩的东西。孔子说的"五十而知天命""畏天命"都带有迷信观念。

5.14 子路有闻①,未之能行,唯恐有闻。

【你解】 ①有,同"又"。闻:指听到孔子讲述的某一道理。

【我读】 在孔子弟子中,子路以好勇闻名。勇敢是优点,做事有胆量,不畏险阻。"勇"字前边加一"好"(hào)字,就不免"常容易发生"一些莽撞之事了。子路在老师循循善诱、谆谆教诲下,大多能勇而有义、勇而好学。现在,"子路听到(老师讲述的某一道理),在还没有实行的时候,唯恐又听到了一个道理。"这正是子路勇而好学——闻风而动、积极实践的生动反映。

5.15 子贡问曰:"孔文子何以谓之'文'也①?"子曰:"敏而好学,不耻下问②,是以谓之'文'也。"

【你解】 ①孔文子:卫国的执政上卿,姓孔名圉(yǔ),字仲叔,"文"是谥号,"子"是对孔圉的尊称,死于鲁哀公十五年(前480)。②耻:意动用法,"以……为耻"。

【我读】 孔子对孔圉谥号为"文"的解释,给人启迪主要有:

(1)"凡人性敏者多不好学,位高者多耻下问。"可孔圉生性聪敏却能"好学",身为执政上卿却"不耻下问","人所难也"。

(2)孔子认为做学问,应在"问"字上狠下工夫。所以,光是"敏而好学"还不够,还得放得下身分和架子,虚心向地位比自己低、学问比自己浅的人请教,真正做到"不耻下问",学问方可"日日新,又日新"。

5.16 子谓子产①:"有君子之道四焉:其行己也恭②,其事上也敬,其养民也惠,其使民也义。"

你解 ①谓:说,常用于评论人或物。子产:姓公孙,名侨,字子产,郑国大夫,春秋末期杰出的政治家和外交家。②行己:操行。

我读 孔子这样评论子产,我想是有一定道理的。

"其行己也恭":"子产不毁乡校"是个很好的例子。郑国人到乡校聚会,议论当政的人,郑大夫然明建议把乡校毁掉。子产却说:"其(郑国人)所善者,吾则行之;其所恶者,吾则改之。是吾师也,若之何毁之?"

"其事上也敬":"子产论尹何为邑"是个很好的例子。郑国的上卿子皮想要任命尹何担任私邑的大夫,子产认为尹何年轻,还不知道行政工作怎样做才妥当,怎样做不妥当,于是饱含诚意劝谏,打比方晓以利害,"子皮以为忠,故委政焉"。

他在郑简公、郑定公时执政的二十二年中,有过许多改革措施:整顿田地疆界和沟洫,有利农业生产,后又创立按"丘"征"赋"制度,把刑书(法律条文)铸在鼎上公布,不毁乡校,以听"国人"意见。这些改革给郑国带来了新气象,也是"养民也惠""使民也义"的具体表现。

5.17 子曰:"晏平仲善与人交①,久而敬之。"

你解 ①晏平仲:姓晏,名婴,字仲,夷维(今山东省高密县)人。齐国大夫,生年不详,卒于前500年,死后谥号为"平",故称他晏平仲,是春秋时期很有影响的政治家,也是我国历史上有名的"贤相"。传世有《晏子春秋》,由战国时人收集晏婴的言行编辑而成。

我读 孔子对早逝于自己21年的晏子,是持推崇和赞赏的态度的。举一个例子:晋国大夫范昭以考察齐国政治为名,行刺探之实,晏子和大师及时识破并挫败了他。孔子听到这件事后,称赞道:"夫不出于樽俎(酒宴的代称)之间,而知千里之外,其晏子之谓也。"就是说,不离开酒席,就能把千里之外的战车击退,大概说的就是晏子吧。

"晏平仲善于同人交友,相交愈久,愈得到别人的尊敬。"孔子为什么这么说呢?《晏子春秋》中有个脍炙人口的故事,可以帮助我们理解这句话。故事叫"晏子之御感妻言"。从"晏子怪而问之,御以实对,晏子荐以为大夫"这句话中可以看出,晏子虽贵为国相,却能与为自己赶车的车夫平等相交,而且相知甚深,不然车夫怎么能讲实话(妻子怪车夫身高八尺的大男子汉给人家赶车了,还趾高气扬,真没出息;人家身高不过六尺,名声显赫,还志向高远,谦逊有礼,妻子要求离去),而晏子听了实话后,就举荐车夫为大夫呢,车夫对他的知遇之恩,如何感激,如何敬仰,自不必说了。

5.18 子曰:"臧文仲居蔡①,山节藻棁②,何如其知也?"

你解 ①臧文仲:姓臧孙,名辰,字仲。生年不详,卒于前617年。死后谥号"文",所以又字文仲。居:居处,房子。这里使动用法,使居住的意思。②山节藻棁:节,房柱上的斗拱;山节,在斗拱上雕着山形。棁,房梁上的短柱;藻棁,在短柱上画着藻草。

我读 孔子说:"臧文仲使大乌龟住在房子里,在斗拱上雕着山形,在短柱上画着藻草,(这种人)怎么能算作聪明呢?"孔子为什么这么说呢?(1)当时天子才能将大龟藏在豪华的庙堂里,臧文仲是大夫,也这样做,孔子认为他违背了礼法,是不明智的。(2)当时认为臧文仲是明智的,孔子说他名不符实,而又谄媚亵渎了鬼神,怎么算是聪明呢?

5.19 子张问曰:"令尹子文三仕为令尹①,无喜色。三已之,无愠色。旧令尹之政,必以告新令尹。何如?"子曰:"忠矣。"曰:"仁矣乎?"曰:"未知;焉得仁?"

"崔子弑齐君②,陈文子有马十乘,弃而违之。至于他邦,则曰:'犹吾大夫崔子也。'违之。之一邦,则又曰:'犹吾大夫崔子也。'违之。何如?"子曰:"清矣。"曰:"仁矣乎?"曰:"未知;——焉得仁?"

你解 ①子文:姓斗(Dǒu),名榖於菟(gòuwūtú),字子文,是楚国著名的贤相。三:非确指,表示多数。②崔子,指齐国大夫崔杼(zhù)。崔杼弑君后出国,两年后返齐。弑:古代统治阶级称子杀父,臣杀君为弑。

我读 "仁"是孔子的最高道德标准。仁者爱人,推己及人,立足点在"当理而无私心",时时想到他人,处处关爱他人。

令尹子文,任和免"喜怒不形",有着"宠辱偕忘"的淡定从容,修身能达到这个境界,是了不起的。卸任时,没有丝毫怨气,还耐心地把令尹政务移交给下任,可谓恪尽职守了。孔子给他的评价是一个"忠"字,对令尹职责尽心竭力了。这是"仁"的部分内容,还侧重在自身修养,比照"无私心而爱人",还嫌不够,所以孔子反问:"焉得仁?"

大夫陈文子远逊于令尹子文。他纯属"洁身去乱",生怕惹火烧身,马也不要了,赶紧避开"危险区",想离得远远的,"脱然无所累"。孔子给他的行迹界定为一个"清"字;就弑罪来说,够干净了。可两年后,陈文子又返回了齐国,是个地地道道的"明哲保身"的庸人。比照"无私心而爱人",相距甚远。孔子当然要反问:"焉得仁?"

5.20　季文子三思而后行①。子闻之,曰:"再②,斯可矣。"

【你解】　①季文子:春秋时鲁国执政。姓季孙,名行父。"文"是他死后的谥号。生年不详,卒于前568年。历任相文公、宣公、成公、襄公。当时公孙归父欲除去三桓,被他驱逐。②再:两次,承前省略了动词"思"。

【我读】　成语"三思而行"源于此。通常认为:行事前,再三考虑为好。可孔子深谙辩证之理,认为并不是人人如此,考虑多少,因人而异。大凡浮躁的、易于冲动的、缺乏经验的,宜再三考虑引事;像季文子这样世故太深、过于谨慎、对祸福厉害计较太多的人,"再(思)则已审(明白),三(思)则私意起反而惑矣",行事就不用再三考虑,"再,斯可矣"。孔子说过:"事有贵于刚决,多思转多似。"也许指的就是这种情况吧。

5.21　子曰:"甯武子①,邦有道,则知;邦无道,则愚。其知可及也,其愚不可及也。"

【你解】　①甯武子:庄公之子,姓甯,"武"是他死后的谥号。

【我读】　本则显然是孔子对甯武子精于处世——为了免患,灵活地应付不利局面,假愚真智——的称赞。一般来说,从政的人在国家政治清明时,也就是遇到明君时,尽忠为国,表现出聪明才智,大多数能做到。岂止甯武子呢?可在国家政治昏暗时,也就是遇到昏君时,常常黑白不分、是非颠倒,以个人好恶衡量一切,你直言劝谏,他认为是蓄意挑刺;你尽忠为国,他认为是使奸拆台。在这种形势下,不论何时,大凡从政者面对四种选择:要么同流合污,极尽阿谀奉承之能事,大都仕途得意,节节荣升;要么众人皆醉我独醒,与恶势力毫不妥协,拼命抗争,大都碰得头破血流,弄得妻离子散;要么韬光养晦,隐逸山林,有机会东山再起,没机会老死沟壑;要么装疯卖傻,逍遥于政事之外,徜徉于红尘之中,远身免祸,安享余生。甯武子无疑属于第四类。孔子之所以称赞甯武子,是基于他的不偏不倚的中庸思想,这也反映了他对"邦无道"缺乏变革的精神。

　　一点辨析。成语"愚不可及",源于孔子这段话。本义是褒义词,称赞宁武子灵活应对政事的态度。在现代汉语中已成贬义词。演变的关键是"愚"的含义,其特定的"假愚"变成了一般的"真愚"。应用中,应有所了解。

　　5.22　子在陈,曰:"归与!归与!吾党之小子狂简①,斐然成章②,不知所以裁之。"

〖你解〗　　①吾党之小子:我家乡(鲁国)的弟子。狂简:急于进取而流于疏阔,以致行事不切实际。②斐然:有文采的样子。成章:成文章,成条理。

〖我读〗　　本则大意是:孔子周游列国,仁道不能实行而产生"回去吧!回去吧!"的叹息。孔子本意想在天下实行仁道,到头来才知道终不被列国采用。于是才想到培养弟子,希望他们向后世传道。没有得到切实可行的人,才又想到心志高远、做事不免粗率的一些年轻弟子们,他们或许可以继续推行仁道,只是怕他们热情高会"过中失正",走向极端,所以想回到家乡对这些弟子进行思想上节制、行动上指导呀!

　　透视这段话可知:孔子倡导"仁",推行"仁",对于"无义战"的春秋乱世来说,是百姓向往、社会需要的,可方法是改良的、中庸的,想通过宣传、劝谏来改变现实,是行不通的。但从历史发展的角度看,重视育人这个观点对后世却起到开先河的作用。这是不可磨灭的伟大贡献。

　　5.23　子曰:"伯夷、叔齐①,不念旧恶,怨是用希②。"

〖你解〗　　①伯夷、叔齐:商朝末年一个小国的国君孤竹君的两个儿子,姓墨胎。"伯""叔"是兄弟的排行,"夷""齐"是他们的谥号。初,孤竹君以次子叔齐为继承人,孤竹君死后,叔齐让位,伯夷不受,谁都不肯做国君。后来,两人都逃到周文王管辖的区域。周武王兴兵伐纣时,他们曾拦车马劝阻。武王灭商后,传说他们对改朝换代不满,逃到首阳山隐居,耻食周粟,采薇为生,终于饿死。②是用:因此。希:同"稀",少。

〖我读〗　　伯夷、叔齐不计过去个人间的仇怨,(心中)怨恨因此就少了。

伯夷、叔齐的传说很多，评论也很多，这里姑且不论。且就"不念旧恶"，为何怨恨就少，谈点浅见。常言道："冤仇宜解不宜结"，"冤冤相报何时了"。不弃前嫌，仇恨在心，不只会增加彼此的敌意，还会加重生活的不安和忧虑，既不利人也不利己。所以聪明人，应当学会"化敌为友"，当然不是无原则的妥协和让步。美国历史上的林肯总统，就善于"化敌为友"，对敌政策以宽容著称。后来终于引起一位议员的不满，他对林肯说："你不应该试图和那些人交朋友，而应该去消灭他们。"林肯微笑着回答："当他们变成我的朋友时，难道我不正是在消灭我的敌人吗？"这幽默的回答，闪现出智慧的火花，更体现出"不念旧恶"，岂止减少怨恨，并能真心化干戈为玉帛，化冲突为祥和，给人间增添多少温暖与和谐！

今天，我们说继承和弘扬民族优秀文化，处世"不念旧恶"，大概也是一个重要内容吧！

5.24 子曰："孰谓微生高直①？或乞醯焉②，乞诸其邻而与之。"

 ①微生高：姓微生，名高。鲁国人，传说以坚守信约著称。后世戏曲《兰桥会》，根据《庄子》中尾生守信的故事演绎而成。②醯（xī）：醋。

 微生高"素有直名"，孔子反问："谁说他性子直爽？"并从生活中举了个要醋的例子，说明微生高性子并不直爽。按如今文艺理论之"性格组合论"观点，一个人有多重性格乃至有相反的性格，都很正常。所以，就事论事，这句话看不出有什么深意，也没有明显的贬义。朱熹曾注曰："人来乞时，其家无有，故乞诸邻家以与之。夫子言此，讥其曲意徇物，掠美市恩，不得为直也。"我认为朱熹的发挥有两点不妥：其一是有违孔子原意。有人向微生高要点醋，他自己没有，却向邻人要点醋给别人，帮人排忧解难，怎能说夫子讥讽微生高呢？其二本是生活小事，理学家其学以"穷理"为主，出于"去人欲，存天理"的理学需要，强加给微生高以"曲意徇物，掠美市恩"罪名，很有点"以理学家之心度高行人之腹"的意味。

5.25 子曰："巧言、令色、足恭，左丘明耻之①，丘亦耻之。匿怨而友其人②，左丘明耻之，丘亦耻之。"

 ①左丘明：春秋时史学家，鲁国人。一说复姓左丘，名明；一说单

姓左,名丘明。双目失明,曾任鲁太史,与孔子同时,或谓在其前。相传曾为《春秋》作传(称为《左传》),又传《国语》亦出其手。②匿(nì):隐藏。

我读 有仁德的人,最讲诚敬。巧舌如簧,总想蒙欺人;假装和善,总想讨好人;过分恭敬,总想糊弄人。左丘明以这些为可耻,我孔丘也以这些为可耻。把仇恨藏在心里,表面上却装出一副与人和善的样子,对这种表里不一的两面派,左丘明以为可耻,我孔丘也以为可耻。

知耻心是一种可贵的品德。知耻心属于中国传统伦理学中最基本、最一般的道德范畴。

这段话表明两点:一方面表明孔子的荣辱观:以诚信为荣,以虚伪为耻;以表里如一为荣,以表里不一为耻。另一方面表明这种知耻心是前贤认同的:鲁国太史都认为可耻,我孔丘也认为可耻,有"窃比老彭"之意。

5.26 颜渊季路侍①,子曰:"盍各言尔志②?"

子路曰:"愿车马衣裘与朋友共敝之而无憾③。"

颜渊曰:"愿无伐善④,无施劳。"

子路曰:"愿闻子之志。"

子曰:"老者安之,朋友信之,少者怀之。"

你解 ①侍:在尊长旁边陪着,可引申为服侍、侍候。《论语》中,"侍"单用,指孔子坐着,弟子站着。"侍坐",指孔子坐着,弟子陪坐着。"侍侧"指弟子陪侍在孔子身边,或立或坐。②盍:何不。③裘:皮衣。敝:坏,破旧。成语"敝帚自珍"。④伐:夸耀。

我读 人须立志,志立才有根本,才有奋进的目标。这也许是孔子要弟子"言志"的目的。

子路、颜渊从各自的处境、立场谈了自己的志向。子路从现实情况正面说的,颜渊从预想情境反面说的。话题是共同的,都围绕"仁"。子路"好勇",于是说:"希望听听老师的志向。"孔子接过"仁"的话题,拓展开来,推己及人,想得更多更远。

子路曾是"卞下野人",现在追求仁德;颜渊谦虚好学,用行舍藏,从不背离仁德,比子路志向高远。尽管二人境界有高下,但都在"修身"范围,目光还不够远大。孔子对于"仁德"的施行,已不是"有意为之",而是真正进入到忘我的自觉状态了,时时、事事想到的是他人、是社会。

师生共谈志向,既是彼此内心的表白与交流,也是老师暗自的了解与激励。

5.27 子曰:"已矣乎①,吾未见能见其过而内自讼者也②。"

你解 ①已矣乎:复合感叹词,表绝望之情。②讼:责备,检讨。

我读 在《论语》中,孔子关于"过"的言论较多,他对"过"并不过多谴责,而是更寄希望于改正。他从认识的角度,对"过"强调自省、自责。

我们知道,在漫漫人生途中,谁也免不了犯错。朱熹说"人有过而能自知者鲜矣,知过而能内自讼者为尤鲜。能内自讼,则其悔悟深切而能改,必矣。"说明"过而能改"有个过程:人有过,大多不自知,通过反省、提醒,逐步自知,能做到这一步的人很少;自知有"过"后,能发自内心自悔、自责,能达到这一步的人就更少了。孔子担心"终不得见而叹之"。其实,能自责不等于能自改,只是有了能自改的可能性。如何让自责见之于行动,把可能性变为现实,这是最后一步,也是最难最可贵的一步。

5.28 子曰:"十室之邑①,必有忠信如丘者焉,不如丘之好学也。"

你解 ①室:家。邑:人民聚居的地方。十室之邑:是指不满三十二户人家的小村邑,极言村邑之小。

我读 孔子以仁爱之心看世界,自己有忠信品德,也相信有忠信品德的人很多,即使在十户人家的小村子里。孔子也很自信,于是实话实说:"可不像我孔丘这样好学呀。"是的,他的确好学。孔丘晚年很爱读《周易》,翻来覆去地读,竟使编联《周易》竹简的皮绳断了好几次。"韦编三绝"这个成语,不是孔子好学的最好佐证吗?他自己也说:"发愤忘食,乐以忘忧不知老之将至云耳。"

孔子其实是没有老师的,基本上是靠他自学,坚持思考和学习。孔子的好学,重行不重知,除书本知识外,更指多闻、多见、多实践,不迁怒、不贰过等。他给我们指出了一个方向,就是学不必有师,而在有无学习的习惯,也给我们做出了榜样,就是好学、乐学、终身学。

论语大家读

雍 也 篇 第 六

6.1 子曰:"雍也可使南面①。"

【你解】 ①使:"使"后边省略了宾语"之"。南面:古代以面向南为尊位,帝王之位南向,故称居帝位为南面。此指卿大夫一类的官。

【我读】 老师是了解学生的。孔子为什么说"冉雍呀,可让他做长官主持国政"呢?

冉雍出身贫贱,讷于言而敏于行。孔子把他列为德行科代表。他做季氏宰,常向孔子请教政事。他为人度量宽宏,为政"居敬行简"。《孔子家语·弟子行》记载他的特点说,他不以贫贱为累,仅将它当成临时过客;使用他的臣下,就如请来的客人那样谦恭;不拿别人出气,不过于怨恨,不记别人过去犯的罪过。冉雍之所以具有这样的德行,主要得益于老师——孔子的谆谆教诲。老师的话时时记在心头,指导自己行动,他表示:"雍虽不敏,请事斯语矣。""雍也可使南面。"孔子这么说,是因为冉雍具备了做官的条件吧!

6.2 仲弓问子桑伯子。子曰:"可也简。"

仲弓曰:"居敬而行简①,以临其民②,不亦可乎? 居简而行简,无乃大简乎③?"子曰:"雍之言然④。"

【你解】 ①居敬:字面意思"居心恭敬"。这里指做事时严肃认真,以礼严格要求自己。②临:面对。这里是治理的意思。③无乃:相当于"岂(难道)不是",用于反问句。④然:对,正确。

【我读】 孔子评价子桑伯子:"办事简约,还可以。"仅仅"可以",因办事有可取之处而"未尽善",大概在态度、办法、效率等方面还有待改进。

仲弓提出两种治理百姓的方法"居敬而行简",即态度严肃认真,以礼严格要求自己,这样办事求简约而"民不扰",所以可行。"居简而行简",即态度随便,没有法度可守,又贪图简单行事却"疏略"了百姓,未免太简单、草率了。

一"敬"一"简",态度、动机不同,治理效果迥异。孔子按"仁政"的尺子衡量,对仲弓的见解表示赞许。

6.3 哀公问:"弟子孰为好学?"孔子对曰:"有颜回者好学,不迁怒①,不贰过②。不幸短命死矣,今也则亡,未闻好学者也。"

你解 ①不迁怒:不将心中的怒气发泄到别人身上,或将对甲的怒气发泄到乙身上。迁,转移。②不贰过:不重复犯同样的过错。贰,二,再一次,重复。

我读 颜回是孔子最喜爱的学生,家境贫寒,终身未仕。孔子喜爱他,主要是它的勤奋好学,尊师尚仁,被孔子列为"德行"科之首。颜回生于前521年,卒于前481年,年仅41岁,所以孔子说:"不幸短命死矣。"

孔子说颜回"好学",不仅指研习礼、乐等文化知识,主要指学习修身做人。"不迁怒,不贰过"正是他修身做人达到的境界,非常难得,非常可贵。孔子说:"今也则亡,未闻好学者也。"我想,"好学"主要指"德行"(安贫乐道)。正因为颜回短短的一生"就有道而正焉",品德高尚,所以孔子对颜回的早逝十分痛惜:"有恸乎? 非夫人之为恸而谁为?"(是太哀痛了吗? 不为这样的人哀痛还为谁呢?)

6.4 子华使于齐,冉子为其母请粟①。子曰:"与之釜②。"

请益③。曰:"与之庾④。"

冉子与之粟五秉⑤。

子曰:"赤之适齐也,乘肥马,衣轻裘。吾闻之也:君子周急不继富。"

你解 ①冉子:即冉求。"子"是后世记录孔子和他的弟子的言行时加上的尊称。②釜:古代容量单位,六斗四升为一釜。古代斗小,一斗约合现在二升。③益:增加。④庾:古代容量单位,一庾等于十六斗。⑤秉:古代容量单位,十六斛为一秉。

我读 冉求多才多艺,长于政事,在孔门弟子中被列为政事科之冠。但时常随机应变,并不完全遵从孔子意见,因而受到严厉批评,这是典型的一例。同窗好友出使齐国,不在家,向老师要些小米,接济他的母亲,这是合情合理的帮助,老师立即应允,给他六斗四升。冉求嫌少了,要求增加。老师又答应给她小米增至十六斗。可冉求这时擅自做主,给的小米增加了十倍,已远远超出维持生计的数量了,老师很是不满,严肃指出:"君子应接济急需帮助的人,而不要增益富人,让富人更富。"公西赤家境比较富裕,出使齐国,俸禄也不少,只是"远水不救近火",老母在家暂时生活有些短缺罢了。冉求这样擅自做主,是关心公西赤老母,还是为了讨好公西赤呢? 姑且不论,值得我们深思的是"君子周急不继富"这句话。

"周急",北魏农学家贾思勰拓展为"周人之急","周济急需帮助的人"的意思更显豁。"继富",增加财富,很有点锦上添花的意思。"周急不继富",整体地看,既充满"雪中送炭"的仁爱精神,又颇有抑富济贫的平等思想。这种精神、思想,在中国历史上演绎为多少农民起义推翻黑暗王朝的战斗口号,演绎为多少政治家变革社会的理论、主张!

6.5 原思为之宰①,与之粟九百,辞。子曰:"毋! 以与尔邻里乡党乎②!"

[你解] ①原思:即原宪,姓原,名宪,字子思,又字仲宪。春秋时,鲁国人,一说宋国人。生于前515年,卒年不详。孔子弟子,孔子死后,隐居于卫。②邻里:五家为邻,五邻为里。乡党:周制五百家为党,一万二千五百家为乡。这里"邻里乡党",泛指原思家乡的人们。

[我读] "粟九百"。"九百"不言其量,不可考。禄,官吏的薪俸,现在叫工资。这里"九百",根据上则推想,可能省略了量词"斗"。"九百斗",可能是年薪。本则解释表明两点,一方面,所谓劳酬,有劳就有酬,你原思做总管颇劳神思,应当接受俸禄,"当仁不让"嘛! 另一方面,如果认为多了的话可以带回去周济家乡贫困的乡亲,这也是仁义嘛。总之,这件事体现了孔子的仁爱精神,也反映了弟子原思在孔子言传身教下,真正做到了"清静守节,贫而乐道"。

6.6 子谓仲弓曰:"犁牛之子骍且角①。虽欲勿用,山川其舍诸②?"

[你解] ①犁牛之子:仲弓的父亲虽称"下贱",而他的儿子仲弓却有"可使南面"之才。犁牛,喻指仲弓的父亲;子,喻指仲弓。骍:本指赤色马,此指赤色牛。周代崇尚赤色,祭祀用赤色牛。②山川:比喻君主或显赫的统治者。其:句中语气词,表反问,难道。

[我读] 杂色的普通耕牛生的小牛犊,长着红色的毛和周正的角,虽然不想用它(作祭品),山川之神难道会舍弃它吗?

孔子这话说在两千五百年前,仔细品味,字字铿锵,仿佛时光倒流,又响在耳畔。

历史上不是有"龙生龙,凤生凤,生了耗子会打洞"的血统论吗?

殊不知，孔老夫子竟有现代人的眼光，现代人的开明。他打比喻说，普通的父亲却生了个杰出的儿子。父亲虽然卑贱又做过坏事，但"不系于世类"，不能因为父亲而废弃儿子的才干不用，极力主张"不拘一格用人才"，真乃圣贤之言！反过来看，父亲显贵尊荣，脓包儿子受到荫护，也得以重用、升迁，此类例子还少见吗？这是启迪之一。孔子从"变"的角度看待父子关系，看待善恶的转化，赋予"孝"以辩证的因素，实在高明。这些文字，古今的血统论者读了，会不会汗颜呢？

6.7 子曰："回也，其心三月不违仁①，其余则日月至焉而已矣②。"

【你解】　①三月：非确指，言时间之久长。②日月：一日一月，言时间之短暂。

【我读】　守仁是一种定力的考验，凡事贵在坚持，尤其是做人的根本要时时牢记在心。这里孔子用抑扬法夸赞了颜回：能长时间从内心切实做到仁德。无怪乎孔子说他是"仁人"，甚至说"回之仁贤于丘也"，所以把他列为德行科之首。

6.8 季康子问："仲由可使从政也与？"子曰："由也果①，于从政乎何有？"曰："赐也可使从政也与？"曰："赐也达②，于从政乎何有？"曰："求也可使从政也与？"曰："求也艺③，于从政乎何有？"

【你解】　①果：有决断。②达：通事理。③艺：多才能。

【我读】　"不只是这三个人，人都各有所长，一个人有了长处就有了可用之处。"就一般情况而言，这句话很有道理。但具体到"从政"这个有着特定职能的工作，这话就显得片面了，特别是三个"何有"的回答，有武断之嫌。谁都知道，治理政事，单靠一个"果"、一个"达"、一个"艺"是远远不够的。这则语录，如果把三个人的才能结合起来整体看，从政者的条件就比较全面了。按如今管理者的要求：达，算政治素质；艺，算业务素质；果，算工作能力。具备这三个方面，也许才可以说"于从政者何有？"

6.9 季氏使闵子骞为费宰①。闵子骞曰："善为我辞焉！如有复我者，则吾必在汶上矣②。"

【你解】　①闵子骞（前536—前487）：春秋时鲁国人，名损。孔子弟子，在孔门中以德行和颜渊并称。费：季氏的封邑，在今山东省费县西北。因季氏不归顺鲁，他的封邑的总管经常同他作对，所以想请闵子骞去做邑宰（相当于一个县长）。②在汶上：即在汶水之上（汶水以北），暗指不愿做季氏宰,去了齐国。汶,今山东省的大汶河。当时汶水在齐之南、鲁之北,流经齐鲁之间。

我读 做官,有人求之不得,闵子骞为什么辞官不做呢? 这与他思想性格有关。

闵子骞清高寡欲,淡泊名利,在家孝顺父母,出门不事公卿,"不仕大夫,不食污君之禄"。闵子骞对季氏取不合作的态度,这段话把道理说得非常明白了,"道不同不相为谋"嘛。

6.10 伯牛有疾①,子问之,自牖执其手②,曰:"亡之,命矣夫! 斯人也而有斯疾也! 斯人也而有斯疾也!"

你解 ①伯牛:春秋时鲁国人。姓冉,名耕。孔子弟子,在孔门中以德行著称。疾:病。古时,病,常指病得很重;疾,则常指一般的生病。传说伯牛患的是"癞病"(即麻风病),在当时为不治之症。②牖:窗。古代的礼节,有病的人在家里睡到此窗下,君主如果去看他时,就搬到南窗下,让君主能从南面看他。当时伯牛家以这种礼节表示对孔子的尊敬。孔子认为不敢当,所以不到病人家,只从窗口伸手进去握住病人的手。

我读 伯牛一贯"危言正行",和颜回一样,以"行善"出名,所以同列在"德行"科。孟子曾说:"子夏、子游、子张皆有圣人之一体,冉牛、闵子、颜渊则具体而微。"意思是说:子夏、子游、子张都各有孔子的一部分优点,而冉伯牛、闵子骞、颜渊则大体接近孔子。如今伯牛患了恶疾,将不久于人世,孔子能不十分痛惜吗? 于是登门探望他,从窗口伸手进去握住伯牛的手,说:"要永别了,这是命中注定的吧!"反复哀叹:"这样的(好)人怎么竟得了这样的(怪)病哩!"埋怨命运的不公平。这为后来的"命定论"留下了话柄。这是口头语,并非一味的"唯心"。事实正是如此,多少好人不幸短命,而多少恶人竟长寿人间。这真的是命中注定,还是历史老人为警示活着的人而有意开的玩笑呢?

6.11 子曰:"贤哉,回也! 一箪食①,一瓢饮,在陋巷,人不堪其忧②,回也不改其乐。贤哉,回也!"

你解 ①箪:古代盛饭用的圆形竹器。食,特指饭。②堪:经得起,忍受。

我读 颜回家境贫困,终生不仕。但他从不埋怨,从不叫苦。他住在简陋的巷子里,饮食只是"一箪食,一瓢饮",一般人忍受不了这种清苦的生活,满怀忧愁;可颜回过这种清苦的生活,仍保持心灵的快乐。他是过惯了苦日子,不思进取,不想过好日子吗?在"景山言志"中,他"愿得小国而相之主以道制,臣以德化……",表明他是有高远的政治抱负的。现在,在这种清苦的日子里,他能以纯净的心灵面对生活,能以从容的气度看待生活,表现一种豁达的人生态度,显现一种安贫乐道的高洁精神。难怪孔子不绝地赞叹:"贤德呀,颜回!"

我们不妨再听听当今世界一位名人——美国的戴尔·卡耐基说的话:"我相信,我们内心的平静和我们在生活中获得的快乐,并不在于我们身处何方,也不在于我们拥有什么,更不在于我们是什么样的人,而在于我们心灵所达到的境界。"在这里,外界的因素与此并无多大的关系。

许多道理,古今中外相通呀!

6.12 冉求曰:"非不说子之道①,力不足也。"子曰:"力不足者,中道而废。今女画。"

你解 ①说:通"悦",喜欢,高兴。

我读 从《论语》和相关资料看,冉求师从孔子,是尊重老师的,对孔子"仁"的学说总体上是肯定的,但思想深处认识上有差距,做法也有违"忠恕"之处。孔子富于理想,极力推行仁德,重视礼乐;冉求则重务实,对礼乐、仁德比较淡漠。如冉求为季氏宰,尽力帮季氏聚敛民财,同意季氏讨伐颛臾,同学子华出使齐国,主动为子华母亲向孔子"请粟"……无论在政治、经济方面,还是军事方面,这些言行都有违孔子的忠恕之道。现在冉求说:"不是不喜欢夫子之道,是自己力量不够。"显然是遁词,是出于对夫子的尊重而找的借口。孔子是敏锐的,一眼就看出来了,于是尖锐地指出:"按我的忠恕之道行事,要是真的力量不足,走到中途才停止前进,可从你的行为看,还没迈步呢,怎么矫情地说喜欢我的学说呀?"

这段话至少反映了三点:(1)孔子作为老师,并非"一言谈",一人说了算。他是个开明的老师,师生间直言不讳,有什么说什么,弥漫"争鸣"的民主气氛。(2)"君子和而不同",师生间尽管意见有分歧,有争论,但师生关系仍至为密切,胜过父子。冉求是孔子弟子中,受

论
语
大
家
读

孔子斥责最多的人,而孔子仍信任他,把他列为政事科之冠,位在子路之前。(3)再好的学说,传承中总会发生变化。从关于"子之道"的争辩中,我们隐约听到儒学发展的前进声,儒学分化的潜流声……

6.13　子谓子夏曰:"女为君子儒,无为小人儒①!"

【你解】　①儒:古代从巫、史、祝、卜中分化出来的专为贵族相礼的一批知识分子,即赞礼者,亦称相。后指读书人。这里"君子儒",指通晓周礼典章制度、道德高尚的学者或读书人;反之,就是"小人儒"。

【我读】　相传子夏作《毛诗大传》,并善治《诗》,是与子游同列国文科的优秀弟子。朱熹曾说,子夏在通晓周礼文献典籍方面有可观之处,而想到他在为政、治学方面有愚暗的地方,夫子为引导他、激励他,才这么说。

子夏不负老师厚望,在孔子死后,子夏到卫国西河授徒讲学,自立门户,成一家学派。他对弘扬和传播孔子学说有重大贡献,对后世的实际思想影响,也比其他孔子弟子突出。子夏治学,有"圣人之才",特点是"博学而笃志,切问而近思,仁在其中矣",堪称"君子儒"。

6.14　子游为武城宰①。子曰:"女得人焉耳乎②?"曰:"有澹台灭明者③,行不由径,非公事,未尝至于偃之室也④。"

【你解】　①武城:春秋鲁地,又名南武城,在今山东省费县西南。宰,县官。②焉耳:犹言"于此"。"耳"同"尔"。③澹台灭明:春秋时鲁国武城人。姓澹台,子子羽。孔子弟子,貌丑,但品行端正。④偃:即子游。姓言名偃,字子游。这是子游自称。

【我读】　朱熹曾言:"为政以人才为先","取人以子为法,则无邪媚之惑"。就是说,学习灭明做人,就不会受到别人鄙视的耻辱;学习子游选取人才,就不会受到巧言令色的迷惑。

子游和孔子的对话,结合朱熹的解说,告诉我们几个道理:(1)作为长官——为政者,为有利于治理,选用人才是首要的事。(2)选用人才的方法:即小见大,透过小事、细节去看他的为人、大节。不要听其言而信其人,不要戴有色眼镜。(3)要善于发现各人的优点,灭明为人正派,子游选人公正。

6.15　子曰:"孟之反不伐①,奔而殿②,将入门,策其马③,曰:'非敢后也,马不进也。'"

①孟之反：鲁大夫，姓孟，名侧，字之反。《左传》作"孟之侧"，《庄子》作"孟之反"。伐：夸耀。②奔：本义，跑，特指战败逃跑。殿：本义，高大的房屋。此指行军在最后的。③策：本义，竹制的马鞭子。此处用作动词，鞭打。

大凡打仗，贵在勇敢。乘胜追敌，冲在前为勇；军队败退，殿后为勇。鲁哀公十一年，齐军进攻鲁国，鲁国季氏宰冉求率军迎敌战败，众军争先逃走，而孟之反放慢马速，将进城门时，故意挥鞭策马，说"不是我勇敢，有意留在最后面作掩护，是马乏力跑不快呀！"这么说有意掩饰他的真实动机。

把安全给予别人，把危险留给自己，不夸耀其功，反而说"马不进"，多么勇敢、多么谦逊！这非常符合孔子的仁爱精神，所以受到孔子称赞。

孔子赞赏的这种精神，已融入我们民族的优秀传统里。我想起当代流传的"彭德怀改诗"的故事：红军长征胜利之后，毛主席赠诗彭德怀"山高路远坑深，大军纵横驰奔。谁敢横刀立马，惟我彭大将军。"彭总战功赫赫，确如领袖所言，可他十分谦逊，事后把诗的最后一句改为"惟我英勇红军"。这个故事，不正是对我们优秀民族精神传承、弘扬的最生动的说明吗？

6.16 子曰："不有祝鮀之佞①，而有宋朝之美②，难乎免于今之世矣。"

①佞：能说会道。②而：从"之佞""之美"并列关系看，用法同"与""和"。

祝鮀、宋公子朝，史皆有其人其事。祝鮀能说会道，擅长外交辞令，又会阿谀奉承，受到卫灵公的重用。宋公子朝，以貌美闻名。《左传·昭公二十年》记述他"通于襄夫人宣姜。惧，而欲以作乱"；《左传·定公十四年》又记叙他，以貌美与卫灵公夫人南子私通，有一首野人之歌说得很难听，想不到又受到宠幸，孔子对此深恶痛绝。

6.17 子曰："谁能出不由户①？何莫由斯道也②？"

①由：本义"经由"，引申义"从"。户：本指单扇的门。此泛指"门"。②斯道：这条路。这里喻指孔子主张的仁义之道。

"谁能外出不经过屋门？为什么没有从这条路（走）呢？"孔子说理，"能近取譬"。他从一个平常而又平常的事实——人外出，谁能不经过屋门——引出"必然性"的道理，用来类比。言外之意，为什么不走仁义之道呢？比喻恰当，令人信服。

6.18 子曰："质胜文则野①，文胜质则史。文质彬彬②，然后君子。"

【你解】 ①质：实质，质朴。孔子认为，仁义是质。文：文采，华丽的装饰，外在的礼节仪式。孔子认为，礼乐是文。②彬彬：指文和质配合得很好。

【我读】 （内在的）质朴胜过（外在的）文采，就显得粗野；（外在的）文采胜过（内在的）质朴，就显得浮夸，缺乏诚意。只有（外在的）文采与（内在的）质朴配合得很好，这样才能成为君子。

孔子说："中庸之为德也，其至矣乎！"他把中庸当作最高的道德标准。他按这个伦理标准看待仁义礼乐，认为仁义是"质"，是内在的道德品质；礼乐是"文"，是外在的礼节仪式。就个人而言，重"质"轻"文"，就会粗野、无修养；重"文"轻"质"，就会虚浮、无诚意。"质"与"文"应当相互融合，配合适宜，只有二者兼备，不偏不倚，才能成为君子。"中和可常行之道"，孔子正是本着这"中和"精神说的。

用马克思主义哲学来审视，孔子的确是古代的大思想家，他关于"质"与"文"的认识，很有"内容与形式"对立统一的辩证意味。

6.19 子曰："人之生也直，罔之生也幸而免①。"

【你解】 ①罔：欺骗，虚妄。此与"直"相反，指行为不正直的人。幸：即侥，侥幸。

【我读】 高尔基说过：走正直诚实的生活道路的人，必定会有一个问心无愧的归宿。古希腊谚语："两腿直立的普通人，比屈膝下跪的名人高大。"这是对"活着的正直的人"的赞颂。可中国历史上行为不正直的"侥幸而免祸"，甚至荣华富贵，飞黄腾达，不乏其人。秦桧卖国，虽历千载，人犹骂之；周作人附敌，虽一代文学大家，也难抵消汉奸的罪名。二毛子、皇协军、黑狗子等"罔之生"，最后都一一被钉到历史的耻辱柱上。明末清初的吴梅村，先仕明，后降清，两头滑，道地的贰臣，其绝命词中说："追往恨，倍凄咽，故人慷慨多奇节。为当年沉吟不断，草间偷活……竟一钱不值何须说……"称自己草间偷活、一钱不值。这是一个不正直的文人，在民族气节的正义大旗下的哀鸣与战栗。

孔子不无遗憾地说："罔之生也幸而免。"但历史无情，"罔"者终留骂名，遗臭万年。

6.20 子曰:"知之者不如好之者①,好之者不如乐之者。"

你解 ①知之:知,知道,了解,懂得。之,代词,可指代学问或事业,可指代任何一项专一性事情。

我读 (对任何学问、事业)知道它的人,不如爱好它的人;爱好它的人,不如以从事它为快乐的人。

这段话里"之"是代词,指代什么,孔子并没有明确告诉我们,但从表述的道理来看,可指代学问、指代事业、指代任何工作。因为道理具有普适性。

王国维在《人间词话》里曾说:"古今成就大事业、大学问者,必经过三种之境界。"我们可套用一句:"古今从事任何工作(包括研究学问)的人,必有三个层次。"以会计为例。知道会计工作的性质、职责,天天去上班,该做则做,平常平淡,这是大多数财会人的工作状态,可算第一层次"知之者";工作做长了,业务熟悉了,换个工种不习惯,离开工作舍不得,可说进入了第二层次,属"好之者";对从事的会计工作不仅热爱,而且与枯燥的数字、钞票打交道感到是一种乐趣,仿佛生活就该如此,没有任何负累感,这可算进入了最高层次"乐之者"了。研究学问如此,干任何大事业、小行当也如此。知之到好之,是质的飞越;好之到乐之,也是质的飞越。这两个飞越,是每个人在人生过程中应当追求的,也是社会发展对每个社会成员的客观期待和要求。

孔子这段话用了两个"不如",富有深刻的社会内涵。他希望每个人,不管从事何种工作,都要自强不息,不懈努力,有所作为。

6.21 子曰:"中人以上①,可以语上也②;中人以下,不可以语上也。"

你解 ①中人:指才智被列入中间一等的人,介于"上智"与"下愚"之间。②语上:语,动词,相告;上,指高深的知识。

我读 朱熹为此则语录作注说,"言教人者,当随其高下而告语之,则言易入而无躐等之弊也"。就是说,老师教学生,应当随学生才智的高下确定传授知识的深浅,这样老师的话学生容易接受,就没有逾越才智等级的毛病了。朱熹的话是对孔子"因材施教"教育思想很好的诠释。

纵观《论语》。孔子按人的才智(今天叫智商)把人分为上、中、下三等。上智和下愚只是人群中极小的一部分,绝大多数的人是"中

论
语
大
家
读

人"才智,后者的作为全靠后天的教养。一般意义上讲,这话是正确的。但用现代教育理论审视,这话不够科学:没有用发展的、动态的眼光来看人的才智。因为人的才智可以开发,而且人的才智各有侧重(有的形象思维好,有的善于抽象思维),所以不能用"不移"的等级给它限定。第二,传授知识的深浅,不仅看对象的才智,也要看对象的知识积累,还要看教学的方式、方法,因为教与学是双向的,知识的接受是循序渐进的。

6.22　樊迟问知①。子曰:"务民之义②,敬鬼神而远之,可谓知矣。"问仁。曰:"仁者先难而后获,可谓仁矣。"

【你解】　①知:通"智",聪明,智慧。②务:致力,从事。

【我读】　义:事之宜,即应当做的事。樊迟问怎样做才叫聪明。孔子告诉他:"致力于为人民做应该做的事情。尊敬鬼神却要远离它。这样做,就算是聪明了。"

"为人民做应该做的事情",这是为政者的职责。当时樊迟年轻,跟老师学"文、行、忠、信",认为于社会、人生没有多大实效,有点急功近利,便想学点具体技能,好为民办点直接见效的事,于是向孔子请教"学稼""学圃"。孔子主张"学而优则仕",你来学习,学习好了,就得去做官。现在"学稼""学圃",不是你求学的人该想该做的。没有治国的雄心大志,是"小人"见识,要不得。目前应当专心学习"四教",将来做个好的管理者,致力于实行仁德政事。

"尊敬鬼神却要远离它。"当时生产力低下,自然科学知识甚少,人民迷信鬼神毫不奇怪,孔子作为圣人也难免。但孔子毕竟是圣人,他以"中庸"的哲学观点看待当时生活中的鬼神之事,认为对鬼神应当尊敬,但不可"惑于鬼神之不可知",要远离它,做到"能敬能远"。上述两点是为政者当务之急,做到了就算是聪明了。

樊迟又问怎样是才算有仁德的人。孔子说:"有仁德的人,要先于别人做艰难的事,得到好处要退在别人后面,这样的人才算有仁德。"这次孔子对樊迟问"仁"的回答,比另一次回答"爱人"两个字,具体多了,精神是一致的。北宋政治家、文学家范仲淹"先天下之忧而忧,后天下之乐而乐"的千古名言,大概也受到孔子"先难而后获"观念的启发吧。

6.23　子曰:"知者乐水①,仁者乐山;知者动,仁者静;知者乐②,仁者寿。"

①乐：动词，爱好，喜爱。②乐：形容词，快乐，高兴。

这是哲理名言，也是养生格言。这则语录表述了两类人：聪明智慧的人和有仁德的人各自的喜爱和特点，留下了为什么有这种喜爱和特点的疑问，让后人作不尽的哲学思考和科学探索。

聪明智慧的人有灵活性、变通性、创造性，好似水随物赋形、流淌不息、变化万千，所以"知（智）者乐水"。有仁德的人安于义理、胸襟宽广，好似山巍然屹立，厚重不迁，所以"仁者乐山"。

聪明智慧的人正因为爱水，水性易变，所以活跃；正因为像水，无拘束无挂碍，所以逍遥快乐。有仁德的人正因为爱山，山形固定，所以沉静；正因为像山，不动不移所以恒常长寿。"动、静以体言，乐、寿以效言。"大概是以物比人，从山水的形态和功效两方面感悟的吧。

6.24 子曰："齐一变①，至于鲁；鲁一变，至于道②。"

①变：变化，改变。这里指进行政治变革，推行教化。②道：指王道，先王之道。

孔子的仁政思想就是实现王道——先王之道。如何实现？他从现实出发，指出"变"的途径：齐国国力强盛，但有桓公霸政的恶习。从简尚功，先王之遗风殆尽，离王道甚远，只有进行政治变革，才能达到像鲁国这样。鲁国国力较弱，但"重礼教，崇信义"，周公法治犹存，实行政治改革，就可达到先王之道了。齐鲁两国，"政治有美恶"，国情有差异，所以"变"的结果离先王之道有远近之分。

《周易·系辞下》："穷则变，变则通，通则久。"孔子深谙"变"的道理：只有"变"，社会才能发展。就一国而言，因社会基础不同，"变"有难易，发展有快慢。不"变"，社会就会停滞不前。

6.25 子曰："觚不觚①，觚哉！觚哉②！"

①不觚：指当时失其制而不为觚。②觚哉：言不得为觚也。觚，有人说是盛酒器具，有人说是记事木简，无论是哪一件都是有棱角的。后来大概为了使用方便，没有棱角了，那就不像觚了。

孔子说："觚不像觚，这是觚吗？这是觚吗？"觚，作为古代酒器，到孔子时"失其形制"，没有棱角了，也就是不像觚了。觚的这种有名无实，名实不符，本是生活小事，但孔子联想到"为政不得其道"，由觚的"变形"生发感慨，从而喻指"变形"的社会现象："君不君，臣不臣，父不父，子不子"，孔子满肚子不高兴。从希望"不变"的角度来看，孔子又流露出对"失其制"的伦理、秩序的留恋了。

6.26　宰我问曰:"仁者,虽告之曰①:'井有仁焉②。'其从之也?"子曰:"何为其然也? 君子可逝也,不可陷也;可欺也,不可罔也③。"

你解　①虽:表假设,如果。②仁:假借"为人"。③罔:诬罔,欺骗。

我读　宰我思想活跃,许多事都有自己的见解。孝悌是仁的根本。孔子主张"三年之丧",宰我则主张"一年之丧",由于"信道不笃",受到孔子批评,说他"不仁"。这次提出假设:"仁德的人听到有个人掉到井里啦! 会跟着下去吗?"下边省略了一句"还是不跟着下去呢?"言外之意:跟着下去,救不了人,这能叫仁吗? 不跟着下去,不去救落井的人,这能叫仁吗? 对"仁"的可行性提出了质疑,也向老师抛出了一个难题。孔子立即反问:"为什么要这样做呢?"对宰我的提问予以否定。然后,从两个层面对提问进行了剖析。站在仁者立场,先从现象方面说,君子"爱人",可去井边察看,想方设法救人,不可跟着下去,好像在救人,其实没用,仁德的人不会做这种蠢事的。再从问题的实质方面反驳:君子可以被欺负,不可以被愚弄。这话的语义根据是:欺,欺负,用蛮横手段压人,偏在"负",背负,使人吃亏;罔,欺罔,用虚假手段骗人,偏在"罔",蒙蔽,使人上当。君子做事可以吃点亏,受点累,"有人掉到井里了",再苦再累时间再长,也得把人救上来;可决不会像你宰我所想的"跟着跳下去"那么愚蠢。你心中装着愚蠢,才会把仁德的人看得愚蠢吧!

6.27　子曰:"君子博学于文,约之以礼①,亦可以弗畔矣夫②!"

你解　①约:束缚,检束。②畔:同"叛",背叛,引申为背离。矣夫:连用语气词,相当于"了吧"。

我读　君子广泛学习文化典籍,用礼检束自己,也就会不背离(君子之道)了吧!

本则理解的关键是两个字:"学"与"约"。学,用广泛的文化知识,包括礼乐、典章制度,帮助自己掌握"道"的具体内涵,引领自己实践"道";约,用礼节、礼仪的种种规定,约束自己,按礼的规定行事,好规范自己遵循"道"。做到这两点,也就不会背离君子之道了。

注意:本则末句句首的"亦"字,颇值得玩味。"亦"可当"也"讲,表并列。就是说,上述两点不是唯一的、绝对的,还有其他甚至更重要的不背离"道"的途径。只是针对特定的情况,才这么说的。所以

雍也篇第六

对语录的理解,切忌孤立、断章取义。

6.28 子见南子①,子路不说。夫子矢之曰②:"予所否者③,天厌之! 天厌之!"

你解 ①南子:也称釐夫子。春秋时卫灵公夫人,姓子,宋国贵族。与太子蒯聩不和。卫灵公三十九年(前496),蒯聩因谋杀她未成,出奔到晋。后蒯聩回国即位,即卫庄公,她即被杀。②矢:通"誓",发誓。③所否者:所,假如,如果;否者,不妥或不对的地方。

我读 鲁定公14年(前496),孔子在卫。卫灵公夫人南子听说孔圣人来到卫都,便想瞻仰这位名人尊容,一则表示尊重,二则借以提高自己威信,便派人请孔子入官。对南子的邀请,孔子深感为难。因为她行为淫乱,与灵公大臣弥子瑕关系暧昧,名声不好。为避免是非,孔子辞谢。可南子执意要见孔子,其意难违。孔子为实现自己的抱负,不愿得罪南子和卫灵公,只能勉强答应。为接见孔子,南子着意整饰,把官廷装修一新,自己也打扮得花容月貌、珠光宝气、膏脂溢香,端坐在帷帐内接见孔子。那时男女不能直面相见、交谈,中隔一层薄薄的纱帘,南子看到孔子,孔子却看不到南子,只能隔帘听到言动之声。孔子拜见后,回到住处,怕弟子误解,特地详说实情:"我本不愿见,不得不拜见时,她却能以礼相待。"尽管详说,身为蒲邑宰的子路还是不以为然,觉得夫子已年逾半百,又周游在外,竟有兴致拜见风流女子,有伤大雅,因而流露出不悦的神色。孔子看他不理解,心里发急,无奈发誓道:"我如有不妥之处,老天会厌弃我! 老天会厌弃我!"

可见,人与人之间,由于认识的差异,对真情不了解,从而误解别人,或被人误解,都是常有之事。即使贤人、圣人,也在所难免。消除误解,解释往往很难奏效,最好、最终的办法是时间的见证。可惜,时不我待,误解常常留下千古遗憾。

6.29 子曰:"中庸之为德也,其至矣乎①! 民鲜久矣。"

 ①其:语气词,表推测,不肯定。至:极,最。

 这句话在《礼记·中庸》中是这样记载的:"子曰:'中庸其至矣乎'! 民鲜能久矣。"《论语》"民鲜久矣"比《中庸》中少一个"能"字,表述的意思相同。

"中者,无过无不及之名也。庸,平常也。""不偏之谓中,不易之谓庸。中者天下之正道,庸者天下之定理。"前两句,"中庸"的内涵明确,不偏不倚;后两句,说明"中庸"之所以是最高道德标准,因为它是天下的"正道""定理"。

孔子说"民鲜久矣",感叹"中庸"之道世教日衰,"民不兴于行"很久啦!

"中庸"的概念,《尚书》中就已提到,至孔子,将其提升为道德的最高准则,又成为权衡事物做到"时中"的哲学思想,这在中国乃至人类的认识史上都是富有开创性的贡献。作为儒家的价值观,把"中庸"作为大至治世、小至修身的一把尺子,彰显了中国传统文化的特色,对推动中国乃至世界的文明进步,已产生并将继续产生深远的影响。

6.30 子贡曰:"如有博施于民而能济众,何如? 可谓仁乎?"子曰:"何事于仁[①]! 必也圣乎! 尧舜其犹病诸[②]! 夫仁者,己欲立而立人,己欲达而达人。能近取譬[③],可谓仁之方也已。"

【你解】 ①何事:此处相当于"何啻",用反问语气表"不止"。②尧舜:传说中的上古时代的两位帝王,是孔子心目中的榜样,亦即儒家认为的圣人。病:担忧。诸:达到这样。③能近取譬:能够就近拿自己比作别人,意即替别人设身处地着想,推己及人,将心比心。譬,打比方。

【我读】 子贡用假设的情况请教孔子:"可以算作仁人吗?"孔子接过子贡话题,围绕"仁"字,顺理成章发表意见。(1)揭示了"仁"的内涵,或者说,提出了仁者追求的高尚境界。"仁者爱人",突出了两个字:"博"与"众"。给予民众,要广泛(博),不受地域、国界限制;救助民众,要多数(众),不受人数、亲疏限制,充分体现了"爱人"不分差等地"四海之内皆兄弟"的博大襟怀,并时刻担心着做不到哩! 无怪乎孔子说"何止是仁人,必定是圣人了"。其实,信念中的圣人就是现实中的仁人。(2)指出了实现"仁"的方法、途径。方法就是"能近取譬",按老百姓的说法,叫将心比心;用现代心理学的术语说,叫换位思考。具体途径就是"己欲立而立人,己欲达而达人",推己及人,你想怎样就要想着帮助别人怎样。一言以蔽之,想自己首先想别人:关心人,同情人,帮助人。

述 而 篇 第 七

7.1 子曰:"述而不作,信而好古,窃比于我老彭①。"

你解 ①窃:谦词,私自,私下。我老彭:"老彭"多数认为指彭祖,传说姓篯,名铿,颛顼(五帝之一)玄孙,生于夏代,至殷末时已767岁(一说八百余岁),殷王以为大夫,托病不问政事。"老彭"前加"我",表示孔子对"老彭"的尊敬和亲切,如同说"我的老彭"。一说,"老彭"指老子(聃)和彭祖两个人。在此只认同"老彭"好古,而不作一人或二人之辨。

我读 朱熹说:"孔子《诗》《书》,定礼乐,赞《周易》,修《春秋》,皆传先王之旧。"让我们明白孔子"述而不作"的情况。

孔子为什么"述而不作"呢? 大概是因为孔子不只不敢"当作者之圣",也不敢"自附于古之贤人"。大凡道德越是高尚者,态度越是谦虚。再说,夫子"集群圣之大成而折衷之",指上述的删、定、赞、修的圣贤之书,其"功则倍于作矣"。孔子只是谦虚地说:"述而不作",并不无诙谐地拿"好述古事"的老彭作比。

7.2 子曰:"默而识之①,学而不厌②,诲人不倦,何有于我哉③?"

你解 ①识:通"志",记,记住。②厌:通"餍",本义饱食,引申为满足。③何有于我哉:即"于我有何哉"之倒装,直译为"对我有什么呢?"

我读 默默地记,排除外在的一切干扰,伴随思辨,字字烙印,对于所见所闻所学的知识,真正做到"心到",这是有效的学习方法;学,永无止境,永不满足,这是谦逊的学习态度;传授知识,启迪思维,不厌其烦,不知怠倦,这是诚敬的教学态度。"默识"反映了刻苦精神;"不厌"反映了进取精神;"不倦"反映了敬业精神。刻苦、进取、敬业,对于仁者孔子来说,其言其行"有过之而无不及",却说"我能做到哪一点呢",真是"谦而又谦之辞也"。

我认为孔子之所以称"圣人",并誉为"万世师表",并非是先知先觉的超人,而是他热爱生活,对生活有深刻的感悟,及时总结出对社会、对人生有教益的经验。这些经验凝练为格言、睿语，成了后人取之不尽、用之不竭的精神财富。如"学而不厌，诲人不倦"，不已成了"放之四海而皆准"的真理之言吗？

7.3　子曰："德之不修①，学之不讲，闻义不能徙②，不善不能改，是吾忧也。"

【你解】　①修：本义修饰，引申为修养。②义：合宜的道德、行为或道理。徙：本义迁移。这里指徙而从之、近之、践之。

【我读】　孔子一连用了五个"不"字，概述了当时鲁国"礼崩乐坏"造成的衰败现象，倾诉了仁者之忧。

知人论世，让我们不由联想到，孔子生活在"周礼尽在"的礼乐之邦，三十岁便以明礼著称，致力于尊礼修德的教化，希冀统治者"导之以德，齐之以礼"，结果事与愿违，鲁国礼乐崩坏的状况还是愈演愈烈，于是陷入深深的忧虑之中。严酷的现实唤醒了他，由焦虑转入深思：靠推行礼乐、强调礼乐对人的外在制约，强调人对礼仪制度的遵从，是远远不够的；只有唤起人们进行仁化的自觉意识，将礼乐视为自我发展的需要，人人追求"文以益质"的效果，这样礼乐、礼治学说才能真正实行。正是在这个意义上，孔子由重礼而同时贵仁了。所以，孔子五十岁前很少谈到仁，五十岁后很多场合都谈到仁了。孔子仁的思想因现实的需要——为解除挥之不去的忧虑，于是有了长足的发展。孔子渐渐地，由礼乐大师而成为仁学的思想家了。

7.4　子之燕居①，申申如也②，夭夭如也③。

【你解】　①燕居：燕通"宴"，安逸，安闲。燕居同"宴居"，闲居。②申申：形容安详舒适。③夭夭：脸色和悦的样子。

【我读】　在弟子的眼睛里，这是夫子在课余休息的时候，那种和蔼可亲的长者形象；从社会的角度看，这是孔子在"天下滔滔皆是"的日子里，那种坦然面对的仁者形象。真正的大智大勇者，坎坷愈豁达，寻常更从容！为更好地理解"子之燕居"的形象的内涵，放眼中外文化，请听——

"笑容能照亮所有看到它的人，像穿过乌云的太阳，带给人们温暖。"美国著名企业家卡耐基如是说。

"开口便笑，笑古笑今，凡事付之一笑；大肚能容，容天容地，于人何所不容。"有一弥陀佛联如是说。

7.5 子曰:"甚矣吾衰也!久矣吾不复梦见周公①!"

你解 ①周公:西周初年政治家,姓姬名旦,是周文王姬昌的儿子,周武王姬发的弟弟,周成王姬诵的叔叔。武王死后,成王年幼,由他摄政。他是鲁国国君的始祖。周公是孔子崇尚的先圣先贤之一。

我读 相传周公为西周制礼作乐,建立典章制度,辅佐周成王,安天下,有德政。孔子盛年时,就景仰周公,想行周公之道,"梦寐之间,如或见之"。现在老了,不能"行"了,也不再"梦"求了。孔子慨叹心有余而力不足,"欲行周公之道"的壮志不可能实现了,深感遗憾!

7.6 子曰:"志于道,据于德,依于仁①,游于艺②。"

你解 ①仁:指欲尽去而心德之全。②游:游玩,游览。这里可当玩习,陶冶讲。艺:即指六艺。

我读 志向在道上,执守在德上,不违在仁上,玩习、怡情在六艺上。

语录总是言简意赅的。为了表述得清楚、条理,孔子将道、德、仁、艺并列,这四者是否就是并列关系呢?我们可按朱熹解释,结合词义,对这段话进行整体理解:为人处世应当遵循"仁"、不违"仁",因为"仁"合乎"道"(道理)、基于"德"(品德);为了使人"仁"化,要致力于"仁"的载体——"艺"(六艺,六种技能),因为"仁"之至理寓含在"艺"中。所以,一个人学道、修德、习艺,就是为了"成仁"、行仁。显然,这段话的中心是"依于仁"。

7.7 子曰:"自行束脩以上①,吾未尝无诲焉。"

你解 ①束脩:亦作"束修",脩,干肉,十条干肉捆在一起叫束脩。古代诸侯、大夫相馈赠的礼物,也指学生向老师敬送的礼物。

我读 不考虑社会背景,有人会下意识地想:孔子身为万世师表,素以"有教无类"、"诲人不倦"著称,竟然要交十条以上的干肉为见面礼,才收为弟子,不说"贪婪之徒",也有好吃之嫌吧!此想谬矣!一方面,圣人也是人,也得顺遂世俗,也有常人之情。如同朱熹所说,那时人们相见,必得带点礼物表示敬意,何况"束脩"是薄礼哩!另一方面,薄礼"束脩"也不是孔子索取的,而是自觉带来的,除了出于礼貌,更重要的是弟子表示"求教的诚意"。常言道"盛情难却"!

7.8 子曰:"不愤不启①,不悱不发②,举一隅不以三隅反③,则不复也。"

你解 ①愤:想要搞通却没有搞通。启:开导。②悱:心里想说而说不出来。发：启发。③举一隅不以三隅反：从懂得的一点，类推而知道其他的。形容善于类推，能触类旁通。隅，角落，角；反，推及，推论。

（教学生）不在他想搞通而实在搞不通的时候，不去开导他；不在他一心想说出来而实在说不出来的时候，不去启发他。告诉他一个角，他不能由此推知其他三个角，就不要用重复的方法（教他了）。

孔子这则语录，首创了两个教育理念："启发"与"举一反三"。

启发，什么叫启发呢？启，开导。发，启发。启发，后用作指点别人使有所领悟的意思。在什么情况下运用"启发"呢？对于教者来说，在学生想搞通而实在搞不通的时候，在学生想说出来却实在说不出来的时候，才去开导他、启发他。教育者面对受教育者的"思"要善于期待，要耐心等待。实在苦思不解时而告之，有所领悟尚不够深入思索时复告之。因势利导，因材施教。"启发"的意义有三：首先，在我国教育史上，首次提出了"启发"的教育方式，从此，与"灌输"教育方式相对立，二者的矛盾斗争，在教育领域延续两千多年，促进了教育的发展与进步。其次，在教育观念上，引发了对人培养重心的思考：是重知识的传授呢，是重人格的培养呢，还是二者并重呢？显然，孔子是主张"二者并重"的，他有句名言："学而不思则罔，思而不学则殆"。现代教育认为人格教育是首要的，传授知识是教育的第二意义。再次，在实践的意义上，也功不可没。不仅教育工作，凡涉及思想工作的部门，都应把"启发"作为教育手段。"引而不发，跃如也"（《孟子·尽心上》）教育者、管理者应引导受教育者、接受管理的人，主动地、自觉地认识，思考，执行。

"举一反三"的意义：（1）首次提出类推思维：举一角而知其他三角，举一个例子能用三个事例来反证，由此推演，求取结论。这种思维方式为以后的思维科学（如逻辑学）的发展提供了"形而上"的内容。（2）补充说明了"启发"的内涵，也从逻辑思维的角度丰富了"启发"的方式。

一点辨析。"举一隅不以三隅反，则不复也"的"复"解释为"告"，"不再教"（认为教，受教育者不能接受）了。我认为这样解说，与孔子"诲人不倦"的精神相悖，应解释为"重复"。"不复"，不再用重复（老的）方法去教，就是换一种方式去教，直到受教育者明白为止。这更切近孔子"诲人不倦"的精神。

7.9 子食于有丧者之侧①，未尝饱也。

【你解】 ①丧：死亡，这里指死人的事情。

7.10 子于是日哭①，则不歌②。

【你解】 ①哭：流泪而放悲声。②歌：唱。

【我读】 九、十两则都围绕丧事，写孔子之"哀"，所以合读。

孔子早年就是相礼之儒，为人家主持丧祭是常有的事。35岁时又赴周都洛邑，问礼于老聃。他总是怀有一颗仁爱之心，看着有丧事的人失去亲人，能不抛洒同情之泪吗？生理常识告诉我们：大凡人在悲痛时，总是"茶不思，饭不想"，所以孔子在这种情况下，从没有吃饱过。有时，去亲朋好友家吊丧，"一日之内，余哀未忘，自不能歌也"。可见，圣人也有常人之心：他人的不幸，感同身受，自然满怀悲悯之情。

7.11 子谓颜渊曰："用之则行，舍之则藏①，唯我与尔有是夫！"

子路曰："子行三军②，则谁与？"

子曰："暴虎冯河③，死而无悔者，吾不与也④。必也临事而惧，好谋而成者也。"

【你解】 ①用行舍藏：谓见用则出仕，不见用则退隐。②行：这里可当"代理（官职）"讲。三军：春秋时，大国多设三军，如，晋设中军、上军、下军，以中军之将为三军统帅。楚设中军、左军、右军。这里是三军统帅的意思。③暴虎冯河：比喻有勇无谋，冒险行事。④与：赞许，赞成。

【我读】 这段话涉及了两个弟子：德行科代表颜渊，政事科代表子路。孔子对颜渊正面热情夸奖，给从政者昭示了一条进退智慧：用行舍藏；对子路侧面委婉批评，首创了一个有勇无谋的比喻性成语：暴虎冯河。

用行舍藏。这是正常社会，一个正常的从政者应有的正常态度。所谓正常社会，是指广义的相对稳定、相对宽松的社会。如果在正常社会，从政者"用之不行"，任用他却不愿意干，那是厌世，不愿效劳社会；"舍之不藏"，不被任用或任用届时下来了，不愿退隐，还拼命往官场钻、挤。这是没有正常态度的不正常的从政者。联系如今社会，不仅是正常的社会，而且是制度最优越的社会，"用之则行"者求之不得，"滔滔者天下皆是也"；而"舍之则藏"就不多见了，即真正隐退、乐

论
语
大
家
读

于隐退的就不多见了。这里"舍之",是指从政者到了退休年龄从官场退下来的人,这些人理应快快乐乐接受现实,安度晚年,或做点力所能及的公益事,奉献余热。可不少人偏偏"恋栈",实质就是"恋权",恋在位时享有的各种"特权",特别怀念前呼后拥的风光场面……于是到一些单位担任顾问、名誉会长之类,捞取"外快"外,还干扰了人家的正常政事;真心要他为老、为小做点社会义务工作又嫌低贬了。

暴虎冯河。孔子善于"能近取譬",用生活中的两个小事例阐述了一个大道理,有针对性地教育自己喜欢的弟子子路。常识告诉我们:凡事不谋无成,不惧必败。孔子先打比方,否定莽撞好勇,然后正面回答:"(我要共事的人)一定是面对战事小心谨慎,善于谋划又能完成(打仗任务的)。"委婉地批评了子路。

7.12 子曰:"富而可求也,虽执鞭之士①,吾亦为之。如不可求,从吾所好。"

你解 ①执鞭之士:执鞭,为人驾驭车马,意谓给他人服役。另说,指市场财富聚集处的守门人,手执长鞭来维持秩序。士,通"事",事情。

我读 这段话,表明孔子对财富的基本观点:

(1)富"可求"。财产多,生活富裕,是可以追求的。因为人活在世上,要有基本的物质保障。财产多,生活过得舒适一点,不更好吗?求富,从更高层面说,是为了丰富人们的精神世界,如同管子所言:"仓廪实,而知礼节;衣食足,则知荣辱。"这样看来,用自己的汗水、心力去追求财富,不是天经地义吗?说来好笑,曾几何时,社会上谈"富"色变,一说到"富"就与拜金主义、资本主义尾巴联系到了一起。人人讳言"富",差一点"富"字就从字典中消灭了、消失了。还有一种阿Q式的陈腐观念,自己已经很穷了,不"穷则思变",反而认为"求富"是钱迷心窍,人格低下,似乎穷得叮当响才值得夸耀。如今,价值观念不同了,鼓励发家致富,只要"取之有道",越"发"越好,越"富"越好,"下富"才能"上富"嘛!

(2)富"如不可求"则"从吾所好"。这是非常明智的决断。富"如不可求"就不要强求;强求往往偏"道",劳心竭力,到头来,人财两空。殊不知,人生短暂,何苦徒劳哩;倒不如规规矩矩,去做自己喜欢做的事。孔子正是这样:"述而不作,信而好古","申之如也,天天如也"。

"从吾所好",是人生最大的快乐。如一味"求富",丢掉"吾好",纵然物质上"富"了,精神上却"穷"了,一个灵魂空虚的富有者,活着也没有多大意义。孔子"求富"只是手段,根本目的是为了更好地推行仁道、为了更好地"从吾所好"。这不正是"品格最高尚、智慧最高超"的圣人之举嘛?

上述观点,也表明孔子持有朴素的人生观:尊重现实,直面人生,物质是第一位的,精神是第二位的。人活着,要生存,要发展,"求富"是人之所欲。只有物质上富裕了,精神上富足才有保障,"从吾所好"也才有实现的可能。

7.13 子之所慎:齐①,战,疾。

【你解】 ①齐:通"斋",古人在祭祀前或举行典礼前清心洁身以示庄重。

【我读】 齐,即"斋",戒斋。古代祭祖先、祭神灵或举行典礼(如小王登基、更换年号等),都得清心(烧香拜天,不存杂念)、洁身(沐浴、不吃荤、不饮酒、不与妻妾同房),以示庄重、以示虔诚。戒斋之事年年有,涉及千家万户。战,战争。"春秋无义战",大国争霸,兵戈不息。"斋"与"战",在古代是国家的两件大事,所以孔子告诫要小心谨慎地对待它。至于"疾",疾病,更是上至天子,下至庶民,涉及每个人的"生死存亡",自然孔子慎之又慎地对待它。

7.14 子在齐闻《韶》①,三月不知肉味②。曰:"不图为乐之至于斯也。"

【你解】 ①《韶》:传说中的虞舜时代的乐曲名。水平高,曲调优美。②三:在古代汉语中,和"九"一样,往往不是实指,而泛指"多"。

【我读】 《史记·孔子世家》中,有相同而稍详的记载:"与齐太师语乐,闻《韶》音,学之,三月不知肉味,齐人称之。"稍详的文字具体了语境,帮助我们更好地领会语意。孔子三十六岁时在齐,与齐国的乐官探讨音乐,了解到《韶》乐的情况,并有幸聆听到《韶》乐。孔子本来就爱好音乐,现在听到仰慕已久的《韶》乐,深深地被吸引了。这是难得的机遇,于是"学之"。他潜心在学习的氛围里,沉迷在美妙的乐曲声中,如痴如醉。那时,生活水平很低,生活中的肉类可谓美味甘旨,可孔子竟几个月都没感受到肉味的快感,可见《韶》乐的尽善尽美,孔子学乐的至专至诚。他的事迹传播开来,齐人无不称道。《韶》乐久久萦绕在耳畔,孔子深情地赞叹道:"真料想不到呀,舜时的音乐竟达到了这样美妙绝伦的地步。"

"三月不知肉味"，通常形容沉醉在美妙的乐曲声中。我想，用来形容读书或某种技艺学习的专、诚，不也很形象吗？

7.15　冉有曰："夫子为卫君乎①?"子贡曰："诺,吾将问之。"

入,曰:"伯夷、叔齐何人也?"曰:"古之贤人也。"曰:"怨乎②?"曰:"求仁而得仁,又何怨?"

出,曰:"夫子不为也。"

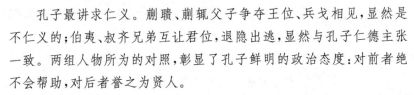

①卫君:指卫灵公的孙子卫出公蒯辄。②怨:后悔。

孔子周游列国时，正是诸侯争霸的动乱之秋。此刻，孔子在卫。朝廷父子相争的政局剧烈，何去何从，孔子在静观默察，跟随在身边的弟子们也密切关注时势的发展，并想揣度夫子的态度行事。性格爽朗的冉有禁不住发问："老师会帮助卫君吗?"（在一旁的）子贡接嘴道："好吧，我去问问夫子。"（于是，子贡）进屋去，问："（老师），伯夷、叔齐是怎样的人啊?""古代的贤人啊。""（他们互让君位而逃，心里）有怨恨吗?""（他们）求仁德而得到了仁德，还有什么怨恨呢?"（子贡）走出屋来，（对冉有）说："老师是不会帮助卫君的。"

孔子最讲求仁义。蒯聩、蒯辄父子争夺王位、兵戈相见，显然是不仁义的；伯夷、叔齐兄弟互让君位，退隐出逃，显然与孔子仁德主张一致。两组人物所为的对照，彰显了孔子鲜明的政治态度：对前者绝不会帮助，对后者誉之为贤人。

7.16　子曰:"饭疏食饮水①,曲肱而枕之②,乐亦在其中矣。不义而富且贵,于我如浮云。"

①饭疏食:吃粗粮。疏,粗糙。饮:喝。②肱:胳膊由肘到肩部的部位,泛指手臂。枕:用作动词,枕着。

快乐是一种好的心境，物质条件并不是决定性因素，主要取决于对幸福的理解。人生有穷达，如同自然有寒暑风雨一样，时时处处要从容淡定。孔子正是这样，吃粗粮，喝冷水，苦则苦矣，但无饥渴之忧；弯着手臂当枕头，睡醒了吟唱疲劳了再睡，何等闲适！这比"出仕"，一切听从君侯意旨行事，不知自由多少倍了；这比"游说"，到处碰壁，"累累若丧家之狗"，不知轻松多少倍了⋯⋯现在可以"从吾所好"：白日里，与弟子促膝谈心；青灯下，与古代文化典籍作伴⋯⋯真是"无'意旨'之噪耳，无奔波之劳形"，乐趣不就在这清贫与自由之中吗？

述而篇第七

孔子说:"富而可求,虽执鞭之士,吾亦为之。"我想,"贵而可求",孔子亦然。儒家后学荀子说得更直率:"穷年累世不知足,是人之情也。"(《荀子·荣辱》)可用不合道义的手段取得富足(财利)和尊贵(名位),孔子视之如天上的浮云。谁都知道,浮云,看得见,抓不着,风一吹,瞬间就消逝得无影无踪。这样的"富与贵",对于人生又有什么意义呢?"不义而富且贵,于我如浮云。"但愿这个比喻能成为从政者的座右铭,时时警示自己。

7.17 子曰:"加我数年①,五十以学《易》,可以无大过矣。"

【你解】　①年:年龄,年岁。

【我读】　近年来,读《易》研《易》者日渐增多,各地相继成立了不少《周易》学会,太极图成了会徽,易学成了热门话题。营销热的加温,易学热也有不断升温之势。为了弘扬民族文化,让《周易》从封建迷信蛊惑中彻底解放出来,真正"古为今用",读《易》研《易》还是必要的。不过,读研中要注意两点:一方面,易学不易学,要有孔子"韦编三绝"(把编穿书简的熟牛皮绳子翻断了多次)的刻苦钻研精神,才能拨开云雾见真"金"。另一方面要密切联系实际,发掘出对我们切实有用的东西,如同欧洲研究计算机的先驱莱布尼兹,从中国《周易》的六十卦中发现了数字二进制原理,广泛应用于电子计算机,有力地推进了以计算技术为代表的科技领域的"第三次浪潮",席卷全球。

7.18 子所雅言①:《诗》、《书》、执礼②,皆雅言也。

【你解】　①雅言:古代指共同语,即以周王朝京都地区的语音为标准的"官话",相当于现在的普通话,与方言相对。"雅"有雅正的意思。②执礼:主持仪礼,当司仪。

【我读】　孔子不愧为教育家,他身体力行:平时讲话,用的是标准的"官话";教《诗》《书》、主持仪礼时,仍用的是雅正的合乎规范的共同语。我们今天推广普通话,是因为我国是一个多民族、讲多种语言的国家,为了便捷地交流思想、沟通情感,促进民族大家庭的和谐、融洽、团结。当年,孔子重视"雅言",大概是因为他的学生来自各地,语言有隔阂的缘故吧,也因为学生以后要离开故土到异地"工作"的缘故吧。总之,两千多年前的孔子,能意识到共同语在人际关系中的重要性,真乃圣贤!

7.19 叶公问孔子于子路,子路不对①。子曰:"汝奚不曰,其为人也,发愤忘食,乐以忘忧,不知老之将至云尔②。"

你解 ①对:在古代汉语中多用于对上的回答或者对话。②云:如此,这样。尔:通"耳",罢了,而已。

我读 孔子"发愤时忘记了吃饭",并非夸张之词。他早年"在齐,闻《韶》音,学之,三月不知肉味";晚年喜《易》,读之,"韦编三绝"。这两例,不是最确切的证明吗?"快乐时忘记了忧愁",也并非虚浮之言。孔子多次说自己"好古",《韶》乐,《周易》,都是古代文化,孔子自然好之。孔子"从吾所好",能不快乐得忘记了忧愁吗?常言道:"欢娱嫌夜短"。沉醉在"所好"之中,忘记了时间,忘记了衰老,也是人之常情啊!

7.20 子曰:"我非生而知之者,好古,敏以求之者也①。"

你解 ①敏:努力,奋勉。求:寻求。

我读 辩证唯物主义否认不以感性经验和实践为基础的认识。这个理论告诉我们:一切知识和理论都是以感性经验和实践为基础的。书本是前人感性经验和实践的记录和反映。孔子虽然说过:"生而知之者,上也",那是他缺乏科学知识(当时不可能有这种科学知识)的揣测之词;这里他断然否认自己是生来就有知识的人。这认识基于他尊重客观事实,来自于切身体会。就这认识而言,孔子是个朴素的唯物主义者。紧接着说:"(我是)爱好古代文化,努力寻求知识的人。"正是他由认识到实践的过程。

朱熹曾引尹焞的话:"盖生而可知者义理尔,若夫礼乐名物、古今事变,亦必待学而后有以验其实也。"这个解说,是非参半:生来就知义理,孔子并没有这个意思,这是道地的先验论、唯心主义观点;后面说"待学而后""验其实",即通过学习、实践来检验义理是否真实可靠,这是合乎唯物主义观点的。可见,后人在传承孔学时,常有违背孔子原意之处。我想,要理解真实的孔子,最好从源头(如《论语》)去学习、去寻找。

7.21 子不语怪,力,乱,神①。

你解 ①怪,力,乱,神:一种观点是并列关系"怪异、暴力、变乱、鬼神",另一种标点为"怪,力"并列,逗号后,"乱神"连读,可解释为"搅乱了正常秩序"。神,指自然规律,可引申为"正常秩序"。

述而篇第七

— 87 —

按通常标点解释：孔子不谈论怪异，暴力，变乱，鬼神（一类事情）。

我赞成另一种标点："孔子不谈论怪异，暴力，（怕谈论）搅乱了正常秩序。"怪异之事、杀伐之事悖离了伦常、仁德，谈论这些容易产生恶念，引发不轨行为，会产生负面影响，导致正常秩序的混乱。孔子总是从正面引导弟子，教之以"文，行，忠，信"。我想，作为老师，多加强正面教育，对年青一代的成长是有好处的。

7.22　子曰："三人行①，必有我师焉，择其善者而从之②，其不善者而改之。"

①三：非实指，泛指多数。②善者：指优点、长处。

"君子以自强不息"，这是孔子仁学的重要内涵之一。立足这种精神，孔子在这段话中隐含了一个重要观点：君子要以修身（努力提高自己的品德修养）的态度处人。谁都知道，一个人接触的人群，无论年龄大小、学问深浅、地位高低、是男是女、或亲或疏，他（她）们的思想品德总是有差异的。接近品德高尚的人，便于学习他们的优点、长处，所谓"近朱者赤"，这是人们共有的美好愿望，但在现实生活中，古今中外，一个人不可能一辈子时时、处处有此良机。大多数情况下，所接触的人群，是良莠同在、泥沙俱存。作为君子，要善于学习。为什么孔子肯定地说"几个人同行，必定有我的老师在里面"呢？这里的"老师"，联系后文来看，不是通常意义（尊称，值得学习的人）下的"老师"，它具有二重性，既指正面的老师，也指反面的教员；既指值得效法的优点、长处，也指值得借鉴、可引为教训的缺点、过失。这就自然衔接下文："选择他们的优点、长处，而跟从（学习）；看到他们身上的缺点、过失，就（用来反省自己）加以改正。"这正是"见贤思齐，见不贤而内自省也"的修身态度。因此，一个人与人相处，时时、处处从两面来学习、借鉴，自己的品德修养自然提高得就快了。

接触他人，与人相处，都属人文环境。由此联想到一个著名典故：孟母三迁，择邻而居。这个典故历来受到赞扬。我想，这种赞扬是"环境决定论"的偏颇所致。正面的影响固然有利于人的成长，但也容易产生依赖性、趋同性；负面的影响看似不好，若能对照、自省更有利于磨砺人，变得更坚韧、更执着、更有为。

今天我们学习孔子这段尽人皆知的语录，应跳出人云亦云的窠白,作更深入的理解。

7.23 子曰:"天生德于予,桓魋其如予何①?"

你解 ①桓魋:宋国司马。本名向魋,因是宋君桓公的后裔,又称桓魋,颇受宋景公宠爱,当上司马后,命工匠造大型石椁三载,奢靡骄横,孔子对他不满,多有非议。桓魋想伺机报复。

我读 孔子说:"上天把道德赋予了我。"这句话可从唯心的角度,理解为"我是天生的圣人"的自负,亦可以从唯物的角度,理解为"正义在我"的自信。从孔子一贯重人事、轻鬼神的立场看,认同后者为好。当时,孔子和弟子们在大树下弹琴鼓瑟,演习礼仪,桓魋闻知,领着人马来阻拦,先派人把大树刨倒,气势汹汹,欲加害孔子,情势万分危急。可孔子十分坦然,因为他自信"正义在我",心中充满浩然正气;在他眼里,嚣张的桓魋已经矮了三分,"你不过是色厉内荏的小人,有何惧哉!"于是说:"桓魋能把我怎么样呢?"非常从容镇定。我想一个人面对恶人、面对恶势力应作如是想。现代伟人毛泽东,在写到"敌军围困万千重,我自岿然不动"时,是否联想到两千多年前孔子说的这句话呢?

孔子与桓魋的对峙,可放大为正义与邪恶的较量。这种对峙亘古有之,这种较量无处不在。每当对峙、较量时,要想想孔子这句话,应坚信:仁者无畏,正义必将战胜邪恶!

7.24 子曰:"二三子以我为隐乎①?吾无隐乎尔,吾无行而不与二三子者②,是丘也。"

你解 ①二三子:这里是孔子客气而又亲昵地称呼弟子们。②与:犹示也。这里可做"明示,告诉"讲。

我读 朱熹为此作注:诸弟子以夫子之道高深不可几及,故疑其有隐,而不知圣人作、止、语、默无非教也,故夫子以此言晓之。这个解说,对我们很有启发。一个人总有工作、休息、言谈、沉默的时候,孔子是大教育家、大思想家,学问高深,自不必说,在教学之余作沉默状,边休息边思考,也是常人之态。见此情状,弟子误认为"夫子之道高深不可几及",定然有"隐",隐匿着宝贵的知识、道理,不愿传授弟子;甚至有秘密的隐私,不可告人……实是以"弟子之心度夫子之腹!"殊不知,夫子的一言一行、一颦一笑,甚至一个眼神、一种姿态……都是一种教育方式。教学之余,端坐在那里做沉默状,就"疑其有隐"吗?孔子明确告诉学生："吾无隐乎尔。"善于洞察,善于释疑,真乃圣哲!

7.25 子以四教:文①,行,忠②,信。

[你解] ①文:古代文化,包括礼乐、典章制度。②忠:尽心竭力,忠于君主。

[我读] 孔子从四个方面教导学生:典籍文献、道德实践、为人忠诚、讲究信用。

可以看出:孔子教导学生,不仅重视文化知识传授,更重视思想品德教育;不仅重视思想上的传"道",更重视道德付之于实践。特别强调为人要忠、信为本。这些教育思想,尽管出现在两千五百多年前,对我们21世纪的教育工作者仍有启迪。

忠、信二字,是育人的根本。当然,不同的时代有不同的道德内涵。从其外延看,如今建设和谐社会,没有对祖国、对人民的忠诚之心不行,人与人、人与自然之间没有信用——不信守承诺、言行一致也不行。

当前社会存在着严重的道德偏颇:不是不懂得"四德"(社会公德、职业道德、家庭美德、个人品德)的意义,而是说一套,做一套,"台上讲得鱼都跳,台下却是黑心猫"。且看公共场所:车上争抢座位、路上乱扔果皮纸屑、嘴上脏话无遮拦……都是生活小事,可在这"道德考场"上得满分者比例多少?"道德付之于实践"重要啊!

7.26 子曰:"圣人①,吾不得而见之矣;得见君子者②,斯可矣。"
子曰:"善人,吾不得而见之矣;得见有恒者③,斯可矣。亡而为有,虚而为盈,约而为泰④,难乎有恒矣。"

[你解] ①圣人:谓道德智能极高的人。当指古代贤王,如尧、舜、禹。②君子:春秋时起,与"小人"相对,是"有德者"的称谓。③恒:恒心。非通常意义的"恒心"。这是古代儒家的一种道德观念,指人所常有的善良本性。④约:穷困。泰:宽裕,大方。

[我读] 孔子是个重实际的人。古圣,固然德智极高;先贤,固然尽善尽美,俱往矣,"不得而见",还是面对现实吧!能见到有道德的人,作为"吾师",就可以了。孔子不是赴周都洛邑问礼于老聃、学乐于苌弘吗?这里,他强调了儒家一个重要的道德观念——恒,恒心,人们常有的善良本性。为追求"有恒而能至于圣者",孔子一针见血地指出了三种时弊:"亡而为有,虚而为盈,约而为泰,难乎有恒矣。"

孔子为实行仁德主张,不耽于古圣先贤的美好憧憬中,而能将立足点放在当下。在"坚持育人为本、德育为先、实施素质教育"的今天,孔子重视"有恒"的见解,不是很值得我们学习、借鉴吗?

7.27 子钓而不纲①,弋不射宿②。

你解 ①纲:渔网上的总绳。这里指横在河面上的一根大绳,系有许多鱼钩,用以钓鱼。②弋:用带绳子的箭射。宿:指代归巢宿窝的鸟。

我读 孔子钓鱼,不用系有很多鱼钩的大绳横拉在河面上钓;用带绳子的箭射鸟,不射宿窝的鸟。

我认为此则不仅主观上体现了孔子的仁爱精神,而且客观上也反映孔子本能的保护原生态的文明意识。常识告诉我们,如果"竭泽而渔",放干池水捉尽了鱼,明年还有鱼吗?宿鸟也许在孵化、哺育,宿鸟都射光了,以后还有鸟吗?

如今,构建和谐社会,人与人、人与社会要和谐,人与自然也要和谐;如今,科学发展观统领一切,人文社会要全面协调可持续地发展,自然生态也要全面协调可持续发展,联想孔子"钓而不纲,弋而不射"之举,让我们体会到"待物如此,待人可知;小者如此,大者可知"的真知灼见。

7.28 子曰:"盖有不知而作之者,我无是也。多闻,择其善者而从之;多见而识之①;知之次也②。"

你解 ①识:通"志",记忆,记住。②知之次:参看《季氏篇第十六》(16.9),前省略了"生而知之者,上也;学而(知之)者"等字。

我读 孔子曰:"生而知之者,上也;学而知之者,次也;困而学之,又其次也;困而不学,民斯为下矣。"——这段话见《季氏篇第十六》(16.9)。

除了"上",下边"次,其次,下"三等,都是围绕"学"划分的。由于孔子把"生而知之者"列为上等,历来都把唯心主义天命论、先验论的帽子,扣在孔子头上。我要为孔子一辩:那时生产力低下,自然科学还处于蒙昧状态,他怎么会知道"生而知之"不可能呢?古圣先贤德智高超、尽善尽美,也只是民间传说、文籍追述而已,不得亲见,只能揣想。他也说过:"天生德于予",那不过是特定情况下的自负自慰之词,不能就这句话把孔子界定为"自命天生的圣人",他一生"发愤忘食",不就是最有力的否定吗?当时,对读书求知的人,能从学习态度、学习效率方面去评定,就很有见地了。

如今已是信息化时代了,高科技飞速发展,中国人千百年来"嫦娥奔月"的梦想,已成为现实,今人何必再用时下尺子去度量古人呢?

再回过头来看,孔子这段语录讲了三个问题:有不知而作,"知之"的途径,"知之"在求知者中的等第。按逆向次序,联想后文,先讲了"知之"在求知者中的等第。现在讲第二个问题:怎样获得知识呢?孔子指出学习的途径:多听,多看。这里孔子仍贯穿着他一贯主张的学思结合的思想,并不是把听到的、看到的、全都记住,而是经过"思""辩","选择那些好的"去接受。第三个问题,从反面说。孔子反对不爱学习,强不知以为知,尤其反对"不知而作",并直率声称"我不是这样的人"。古时认为圣人是"生而知之",孔子也被后人称作"圣人"。这个声称,不正是孔子对"生而知之"的否认吗?这与孔子自己说的"生而知之者,上也"显然自相矛盾。难怪林语堂说:"孔子缺点难免,言行不一,经常疏忽大意。"所以,我说孔子讲"生而知之者,上也",只是揣测之词,也不是没有道理的。

7.29 互乡难与言①,童子见,门人惑。子曰:"与其进也,不与其退也,唯何甚?人洁己以进②,与其洁也,不保其往也。"

〔你解〕 ①互乡:可能是少数民族地区或荒僻落后地区。②洁:干净,清洁。这里是比喻义"纯洁"。

〔我读〕 本则语录原文文字浅显,却颇费解,大概有错简、脱漏之处吧!

不过,抓住关键词"惑",结合孔子为人,还是可以讲得清楚的。

互乡的人,可能方言重、开化不够,有些粗鲁"不善"之处,所以很难交谈。一天,互乡的一个小青年来到孔子处,大概是来讨教吧,孔子出于仁爱,接见了他,当然要讲些教化他的礼乐之理,对此,弟子不解:"来自蛮荒之乡的小儿,有什么可谈的?夫子太愚拙了。"孔子察觉到弟子有疑惑,于是解惑道:"他来,或许代表家乡人,到我这儿来讨教怎么样摒弃恶俗、纯洁乡风,我赞许这种追求进步的做法,才接见他,有什么过分呢?"并且强调:"人家(为摒弃不善)纯洁自己而求进步,我赞许他们(追求)纯洁呀,(你们)不要再保守过去(的成见)!"

关于语录中几个字的解释。我认为,"洁"不应作"清洁"讲,把互乡当作肮脏的地方,未免粗俗,不如解作"纯洁、纯朴",把互乡看作需要进行教化的荒蛮之乡为好。"保",当"守"字讲,可以,但引申为"追

—— 92 ——

究、纠缠",似乎与文字应有之义离得太远。"童子"解作"儿童",孔子接见他,与之交谈,似与情理不合。上述解释,在流行的《论语》译注中常见,故作一辨。

7.30　子曰:"仁远乎哉? 我欲仁,斯仁至矣①。"

你解　①斯:连词,那,就。

我读　"仁者,心之德,非在外也。"仁是一种内在之德,就是心中有一种美好的愿望,你想要追求它,即使一时没有外化——变成现实,那"仁"的理念已扎到你心中了;如果"放而不求",自然感到"仁"远不可及。如同理想,正像陀思妥耶夫斯基所说:"没有理想,即没有某种美好的愿望,也就永远不会有美好的现实。"

可见,孔子重理想,更重实践。仁是美德,在实践过程中,追求它要尽心竭力,要贯之以恒。"违仁"是放弃,"力不足"是缺乏信心,所以"为仁由己"。类推之,一切愿望的实现,莫不"由己"。在《论语》中,孔子一再勉励人努力实践仁,实在是因为"仁"是人类内心深处最真诚无私、最纯洁无瑕的一份关爱,只要有适当的机缘,便应让它萌生仁爱的行为。

7.31　陈司败问昭公知礼乎①,孔子曰:"知礼。"

孔子退,揖巫马期而进之,曰:"吾闻君子不党②,君子亦党乎? 君取于吴③,为同姓,谓之吴孟子④。君而知礼,孰不知礼?"

巫马期以告。子曰:"丘也幸,苟有过,人必知之。"

你解　①昭公:鲁国国君,姓姬,名裯。"昭"是死后的谥号。②党:袒护,偏袒。③取:娶妻。这个意义后来写作"娶"。④吴孟子:鲁昭公夫人,吴国人。吴与鲁皆姬姓,按周礼,不娶同姓。鲁昭公为避讳,不称她"吴姬",而称她"吴孟子"("孟",指她是长女;"子"是宋国的姓)。

我读　本则,起码让我们明白了这样几个道理:

(1)按周礼规定"不娶同姓",娶同姓就是违背周礼。吴国、鲁国同姓姬,鲁昭公娶吴国女子,显然是不懂得周礼。可孔子回答陈司败,却说鲁昭公懂得礼。这是孔子不知"周礼规定"吗? 绝对不是,而是他尊崇周礼的另一种规定:"为尊者讳",替鲁昭公避讳才违心地说的。可见,孔子在信奉周礼上,有扞格之处。可贵的是:孔子"毋固"(不固执),有勇于认错的精神。当弟子巫马期转告陈司败对他批评——偏袒鲁昭公,他不但不生气,不掩饰,反而由衷接受:"丘也幸",有了过失别人能指出来,让自己知道。诚然,圣贤也有过错。闻过则喜,过而能改,是谓圣贤!

（2）这段话的记录者堪称大勇。敢于冒犯神圣的周礼,不"为尊者讳"如实记述"(鲁)君取于吴,为同姓,谓之'吴孟子'",同时揭出鲁昭公不称"吴姬"而称"吴孟子"来掩饰"娶于同姓"的丑行。又不"为贤者讳",如实记述尊敬的老师那种前言不搭后语的矛盾心理。

（3）它让我们看到了真实的君主面目。在传统的观念中,君主是神圣的、威严的,其实并不如此。昭公,堂堂的礼仪之邦——鲁国的君主,公然从私欲出发,不守周礼,同姓通婚;又千方百计掩人耳目,"纸(更名)是包不住火(丑行)的",寥寥十二个字,将他暴露在光天化日之下,永远钉在历史的耻辱柱上。

（4）周礼规定"不娶同姓",自然更不娶近亲。这一规定,让我们透过历史的迷雾,感受到古人的现代意识;在人类繁衍上,两千多年前,我们的祖先就重视"优生"。当然,这是基于生活的经验,而不可能是科学的认识。但我们的老祖宗能有这种感性的"远见",实在是了不起呀!我国有几千年的文明史,这也算作一个"文明"的例证吧。

7.32 子与人歌而善,必使反之①,而后和之②。

你解 ①反:同"返",归,还。引申为回转,反复。②和:跟着唱。

我读 孔子以礼乐教弟子,自己也爱好音乐。每当与别人一起唱歌时,发现别人唱得好,便生羡慕之心,于是请人再唱,自己认真听,跟着学,跟着唱。说不定受到唱得好的启发,触动灵感,自己也创作一首歌曲哩。此例是孔子"择其善者而从之"主张的身体力行,也是"学而不厌"精神的生动写照。

7.33 子曰:"文,莫吾犹人也①。躬行君子②,则吾未之有得。"

你解 ①莫:大多注家作推测之词"也许"解,不确。因"莫"有"勉励"义项,在此可作"勤勉"讲。②躬行:亲自实行。

我读 孔子向来"毋我",不自以为是。首先实话实说:对于文化包括礼乐典章制度,学习、掌握和别人差不多。把礼乐典章制度广泛应用到实践中,我还没做到。其实,孔子是礼乐大师,又精通典章文籍,他这样说,是对自己的高标准要求了。他这么说,一则表明"越是有学问有建树的人越谦虚",二则表明君子贵在"躬行",强调亲自实践的重要性。

7.34 子曰:"若圣与仁,则吾岂敢? 抑为之不厌①,诲人不倦,则可谓云尔已矣②。"公西华曰:"正唯弟子不能学也。"

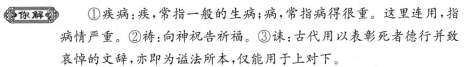①抑:连词,表示轻微的转折,只不过。为之:为,动词,追求;之,代词,指代"圣与仁"。②云尔:这样,如此。

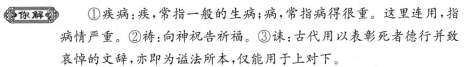孔子之所以被后人称作圣人,并非他的自诩自封,而是他把"圣与仁"当作人生理想终生追求着,从不满足;教诲弟子,又从不厌倦,这正是他被誉为圣人和仁者的缘由。弟子们尊崇老师,师从老师,"仰之弥高,钻之弥坚",难以企及,难以超越,正如公西华所言:"正唯弟子不能学也。"弟子比夫子是稍逊一筹的,所以有"七十二贤人"之称。

7.35 子疾病①,子路请祷②。子曰:"有诸?"子路对曰:"有之。《诔》曰③:'祷尔于上下神祇。'"子曰:"丘之祷久矣。"

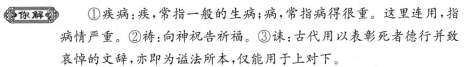①疾病:疾,常指一般的生病;病,常指病得很重。这里连用,指病情严重。②祷:向神祝告祈福。③诔:古代用以表彰死者德行并致哀悼的文辞,亦即为谥法所本,仅能用于上对下。

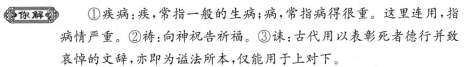孔子重实际,他对是非、真伪、有无的判断,都得看事实真相如何,不主观臆断。在《子罕篇第九》(9.4),他明确地说,我杜绝四种缺点,第一就是"毋意",不要凭空猜测。他病重了,也按世俗做法,向天神地祇祈祷,可病情照常加重,可见神灵并没有降福给他。这是亲历的事实,他能信得过神灵吗? 从他朴素的唯物观出发,他不能苟同世俗,违心说有;也没有科学依据(当时只能凭耳闻目见),断然说无,于是对神灵之有无将信将疑。弟子子路关心夫子健康,请求祈祷,鉴于"祈祷过了,神灵并没有降福给他"的事实,所以,他婉言谢绝了。

7.36 子曰:"奢则不孙,俭则固①。与其不孙也,宁固②。"

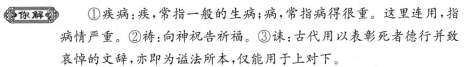①固:固陋,鄙陋。②与其……宁:表选择关系。

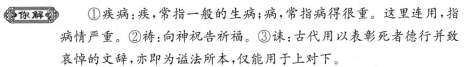孔子秉持中庸的观点,认为"奢"和"俭"是用度上的两个极端,都不好,都会导致不良的德性:奢侈了,待人就会不恭顺,显得骄纵狂妄;节俭了,接物就会固塞鄙陋,显得保守寒酸。骄纵狂妄与保守寒酸,都是不良德性。如果二者非得选一不可的话,他又从"礼之用,和为贵"的角度进行抉择:宁可自己由于节俭而显得保守寒酸,也绝不由于奢侈而对人骄纵狂妄,从而伤了和气。

再引申说一点,孔子事事处处都把握一个"度",所以既反对奢侈

浪费,也不赞成过分节俭,他主张,该用则用,该享受则享受。按照语义逻辑,如果钱物匮乏的话,那就"与其奢也,宁俭";如果钱物丰赡的话,"与其(独)享也,宁济(周济贫困)"。

总之,这则语录从财物用度与做人态度两方面的鲜明比照,彰显了孔子的人生观和价值观。

7.37 子曰:"君子坦荡荡①,小人长戚戚②。"

你解 ①坦荡荡:泰然安闲的样子。②长戚戚:经常忧惧的样子。

我读 春秋时,君子指有德者,小人指无德者。有德与无德的根本区别在于:公与私,为人与为己。大凡君子,立足于大众,一心想着别人,忘怀个人得失,宠辱不惊,超然于物,富贵于我如浮云。常言道,心底无私天地宽,自然心胸泰然安闲。而小人,一心想着自己,为着自己,锱铢必较,得之嫌少,失之更悲,钻营名利,贪恋财色,为物所役,无休无止,总处在忧愁焦虑之中,怎能不"长戚戚"哩!

"坦荡荡"与"长戚戚",是两种不同的心态,也是两种不同的思想境界。对个人而言,是"君子",还是"小人",绝不是先天的命运安排,而是后天的个人选择。关键在"修身"——努力提高自己的品德修养。每个人,不管是什么社会角色,都应当从言到行、从表到里,力争做一个名副其实的"君子"。

7.38 子温而厉①,威而不猛,恭而安②。

你解 ①温:温和,面色和顺。厉:严肃,严厉。②恭:恭敬(着重在外貌),谦逊有礼。安:安详,从容自如。

我读 这是与老师朝夕相处的弟子对孔子神情态度最直观、最生动的追述,也是弟子们心目中的老师最深刻、最难忘的总印象。

温,温和,首先给人和蔼可亲、如沐春风的感觉,但绝不溺爱,对你的学业严格要求,对你的行止非常关注,有越礼之处,会严肃批评。他平时形容端庄,可教诲你时总那么恳切耐心,尽管是受业弟子,有的也小不了多少。可总是谦逊有礼,从不呵斥责罚,与弟子周游列国,即使境遇再险恶,总那么从容镇定,坦然面对。

后来,这些关于孔子神情态度的描述,就定格成老师的"标本",即真正意义上的老师就应当这样! 推而广之,真正意义上的长者、管理者是不是也应当这样呢?

泰伯篇第八

8.1 子曰:"泰伯①,其可谓至德也已矣。三以天下让②,民无得而称焉。"

〖你解〗 ①泰伯:周代吴国的始祖。周太王古公亶父有三个儿子:长子泰伯(又称太伯),次子仲庸,三子季历。太王欲立幼子季历,泰伯与仲庸同避江南,改从当地风俗,断发文身,成为当地君长。②三:泛指多数,也可实指。据传泰伯"三让天下":一让,离开国都;二让,知悉父亲去世,故意不返回奔丧,以避免拥立王位;三让,发丧后,在荆蛮断发文身,以示永不返回。

〖我读〗 至德,旧称最高的德行,也就是最高尚的品德。孔子为什么说泰伯是最高尚的人呢?基于两点:一方面,泰伯"无违"父志,恪守孝道。其父发现孙儿姬昌(幼子季历之子,即周文王)有"圣瑞",并说,"我世当有兴者,其在昌乎?"便想把王位传给季历,以谋求扩展周朝基业,泰伯体察到父亲的意愿,于是把长子继承王位的当然权主动让给三弟季历,这就是有了"三以天下让"的美誉。另一方面,"薄帝王将相而不为。"谁都知道,拥有天下是人间名位权势之极,历史上多少人为"拥有天下"梦寐以求,肝脑涂地、粉身碎骨而不惜,泰伯竟"弃天下犹弃敝屣也"(《孟子·尽心上》),把多少人觊觎的"天下"当做旧鞋子弃之不顾,说起来容易,真正做到确实很难!君不见,标榜淡泊名利者比比皆是,可一遇到蝇头小利或一见到萤火微明就趋之若鹜。无怪乎孔子站在百姓立场,对泰伯极为推崇:太高尚了,真不知道该怎样来称赞他!

8.2 子曰:"恭而无礼则劳,慎而无礼则葸①,勇而无礼则乱,直而无礼则绞。君子笃于亲②,则民兴于仁;故旧不遗,则民不偷③。"

〖你解〗 ①葸:畏缩,胆怯。②笃:忠诚,厚道。③偷:刻薄,不厚道。此处指人情淡薄。

〖我读〗 这则讲了两层意思。前四句为一层,围绕"礼"(此处的"礼"不是外在的礼仪制度,而是指内在的品节精神),阐述的是儒家的道德哲学——中庸:不偏不倚,无过无不及。恭、慎、勇、直本是美德,在为人处世的社会实践中,若不"以礼节之",就容易产生徒劳、胆怯、作乱、尖刺的弊病。有了这些弊病,就会导致碰壁、失败乃至悲剧的结局。生活小事如此,社会大事亦如此。

后四句为一层,围绕"仁"阐述的是儒家的政治观点——推己及人,以德化人。仁者爱人。爱人,要从身边做起,从当下做起。作为居上位的君子,对身边亲人情意深笃,广大百姓受到熏陶风塑,也会对人满怀仁爱之心;对往昔老友不忘旧情,广大百姓长期耳濡目染,自然民风淳朴,为人厚道。

显然,儒家的道德哲学用以规范"修身",儒家的政治观点用以指导"治国"。两者联系起来看,彰显了儒家的政治特色:实行的是仁政,是道德政治,即以德治国;强调以"礼"来规范社会、规范人的行为。同时,表明了儒家的政治理想:为了"治国",必须"修身",也就是说,只有提高了自身素质,方能治理好国家、管理好国家。

这些认识和思想,对于今天的治国理政很有镜鉴价值。

8.3 曾子有疾,召门弟子曰:"启予足! 启予手!《诗》云:'战战兢兢,如临深渊,如履薄冰①.'而今而后,吾知免夫! 小子②!"

【你解】①战战兢兢,如临深渊,如履薄冰:出自《诗·小雅·小旻》。曾参借用这句话,表明自己一生处处小心谨慎,避免自己受损伤,算是尽了孝道。②小子:旧时长辈称晚辈,或老师称学生。

【致读】曾参笃信孔子及其学说。据《孝经》记载,孔子曾对曾参说:"身体发肤受之父母,不敢毁伤,孝之始也。"曾参把老师的话牢记在心,一生付诸行动,于是才有曾子晚年病重时叮嘱弟子的这番话。所以,从字面上看,曾子是怀着"战战兢兢"的心情爱护着"受之父母"的手足,实质上是恪守"无违"以尽孝道。

孔子还教诲曾参说:"夫孝,始于事亲,中于事君,终于立身。"(引自《孝经》)就是说,孝是从侍奉父母做起,然后为君主效力,最后是自己建功立业。可见,孝是道德的根本,一个人不能诚敬"事亲",何谈忠诚"事君",更谈不上为社会、为国家建功立业!

曾子正是践行师教的典范。早年,学有所成后,为养活父母,曾子到莒国做了个"得粟三秉"的官;之后回到故乡,收徒讲学。父母去世后，"南游于楚得尊官焉"，弟子日众，声誉日著，齐、晋等国慕名延请，而曾参重身轻禄，概不就位，专心致力于学业和从事教学活动，最终成为孔子的最好传人，并开创了思孟学派。特别是在曾子身上体现出的自省自律精神，凝聚为中华民族的一种传统美德。

8.4　曾子有疾，孟敬子问之。曾子言曰："鸟之将死，其鸣也哀；人之将死，其言也善①。君子所贵乎道者三：动容貌，斯远暴慢矣；正颜色，斯近信矣；出辞气，斯远鄙倍矣②。笾豆之事③，则有司存④。"

【你解】　①也：前后两"也"，均为句中语气词，表示语气的停顿，以引起下文，兼有舒缓语气的作用。②倍，同"背"，背理，不合理。③笾豆：笾和豆，古代礼器。笾用竹制，盛果脯等；豆用木制，也有用铜或陶制的，供祭祀和宴会之用。笾豆之事，指祭祀或礼仪方面的事务。④有司：古代设官分职，各有专司，因称官吏为"有司"。这里具体指管理祭祀或礼仪的小官吏。

【我读】　君子应重视的道德有三个方面：注意自己的容貌真诚谦和，就可远离粗暴、放肆；注意自己的脸色正派庄重，就接近于诚实守信；说话注意言辞得体、语气合宜，就可以避免鄙陋、错误。至于祭祀和礼仪方面的事务，可由主管的官员去负责。

曾子面对孟敬子，开门见山地以"鸟之将死，其鸣也哀"作比，表明自己的临终之言是善言——发自肺腑的真心话。他强调君子处事待人，在容貌、脸色、辞气三方面要做到得乎体、合乎礼，方可避免态度上的粗暴、放肆，行为上的鄙陋、错误，就能"养于中而见于外"，从脸色上表露出你内心的诚实守信。这是"修身之要，为政之本"。君子不必挂怀"器用事物之细"，要在"修己"这个"本、要"上狠下功夫！确如朱熹所言，曾子所贵乎此三事，是"学者所当操存省察，而不可有造次、颠沛之违者也"。

8.5　曾子曰："以能问于不能，以多问于寡；有若无，实若虚，犯而不校——昔者吾友尝从事于斯矣①。"

【你解】　①校：计较。从事：参加做某种事情。

【我读】　这里"吾友"是不是指颜渊，没有确证，姑且不议；总之是曾子敬重的好友，无疑。他以好友为例，提出了治学、处事应有的高尚品德。

"以有才能向没有才能的人讨问，以学识丰富向学识浅薄的人讨问。"这两"问"告诉我们，一个人不要以"有才能"、"学识丰富"为满

— 99 —

足,更不要以此自居自傲,要能下问比自己才能小、学识比自己浅薄的人。尺有所短,寸有所嘛,从而表现出虚心好学的精神。有了这种精神,自然"才能"更精进、"学识"更丰富。"(自己)有本事像没本事一样,(自己)满腹经纶像胸无点墨一样。"这两个"像"(若)告诉我们,一个人尽管有本事,还要像没本事的人那样如饥似渴地学本事、练本事;满腹经纶了,还要像胸无点墨的人那样不舍昼夜刻苦地学,不间断地学,从而表现出"苟日新,日日新,又日新"的积极进取精神。有了这种精神,自然更有本事,更有学问。

"别人冒犯(我)也不计较。"这是儒家处世的"恕"道,曾经被视为统治阶级虚伪的反动说教,被批判过。如今,在新的历史条件下,我们应重新审视。对于他人的冒犯(触犯、侵犯),我们反对无原则的一味忍让,甚至姑息纵容,可在分清是非的前提下,摒弃前嫌,不记怨仇,以豁达大度的胸襟予以原谅、宽宥。只要对方不再冒犯,能体察到我们的大度,还可重新携手,再度友好相处。近代史上有个很好的例子。1896年孙中山先生在伦敦遭清驻英使馆羁囚,经英国朋友设法营救始得脱险。这次伦敦蒙难,是清使馆翻译邓廷铿对孙中山先生进行诱捕的。应该说邓廷铿对孙中山的这次险遭不测负有严重的罪责。但1912年,孙中山在南京就任临时大总统后,有一天,邓廷铿持名片来总统府求见,随从副官请求孙中山下令将其逮捕,然后枪毙,孙中山却立主不可,并说:"已经过去的事不必再追究了。"还一再叮嘱下属不可与他为难。这个例子很好地道出了"犯而不校"所体现的宽容美德,它不仅显示了巨大的人格力量,也折射出人生的大智慧,客观上化冲突为祥和、化干戈为玉帛,从而改善了人与人的关系,为社会增添了一分温暖与和谐。

8.6　曾子曰:"可以托六尺之孤①,可以寄百里之命,临大节而不可夺也②——君子人与? 君子人也。"

【你解】　①六尺之孤:指未成年的孤儿。古代的"尺"短,一尺合现代市尺6.9寸,六尺,只合现代4.14尺(约138公分)。②临大节而不可夺:临,面对;大节,指关于国家生死存亡安危的大事;夺,强行改变。

【我读】　曾子这段语录,主旨是:具备什么样品质的人才称得上是君子。

他从大处着眼,首先以两"可"一"不可",列出主要品质。两"可":"可以托六尺之孤,可以寄百里之命",正面肯定斯人是忠义之士，"辅幼君，摄国政"，社稷江山托付给他，信得过，靠得住；一"不可"："临大节而不可夺也"，显然不是指一般的道德行为，而是指气节，当国家民族处于安危、存亡的紧急关头，能坚守爱国立场、坚持民族大义、不畏权势、不怕高压、不被软化利诱，置个人得失生死于度外，从否定的角度进一步强调斯人忠义的坚定性、彻底性。两"可"的典型史实有三国时期的先主刘备，临终时，白帝城托孤于诸葛亮："君才十倍曹丕，嗣子可辅则辅之，不可辅则取而代之。"诸葛亮果然不负重托，真正做到"鞠躬尽瘁死而后已"。一"不可"的典型史实有南宋的文天祥，他被元军俘房后，坚贞不屈，特别是元主忽必烈深爱其才，空着宰相之位三年等他投降继任，可他决"不毁节以求生"。当代史上也有一个很好的例子。如倡导"自由之思想，独立之人格"的一代史学大师陈寅恪，晚年贫病交加，足膑目瞽。当时，康生提出要见见他，这对一些人来说，也许是求之不得的，至少久拖未出的书稿可以藉此问世。但他为了捍卫人的尊严、坚守人的良知，铁骨铮铮，断然拒绝。

列出主要品质后，"设为问答"，语义坚决地界定了君子一类的人。正如朱熹所言："其才可以辅幼君，摄国政，其节至于死生之际而不可夺，可谓君子矣。"其才（才干）、其节（气节），是"君子人"两个度量标准啊！

8.7 曾子曰："士不可以不弘毅，任重而道远①。仁以为己任②，不亦重乎？死而后已，不亦远乎？"

【你解】 ①任重而道远：负担沉重，路程遥远。成为成语后，泛用以比喻担负的责任重大，而且要经历长期的艰苦奋斗。②仁以为己任：即"以仁为己任"，把实现"仁"看作自己的任务。

【我读】 孔子一生倡导仁学，推行仁政。曾参不愧为孔子的传承人，这段语录显然是借曾参之口的"夫子自道"：把实现"仁"当作他必须负起的历史责任。在"无义战"的春秋时期，称霸行暴是诸侯施政的主流，想仁化天下，德政于民，何其难哉！所以"任重而道远"。一个有志气、欲作为的男子，或者直白地说，一个胸怀大志的读书人，没有宽广的胸襟，没有坚强的意志行吗？"仁化天下"，涉及政治、文化、经济等方方面面，有多少亲亲、仁民、爱物的事要做，单有宽广的胸襟而没有"修身齐家治国平天下"的种种"规矩"，是难于成事的；单有坚强的意志而没有爱社会、爱国家、爱天下的胸怀气度，也是狭隘而短见的。所以只有"弘大刚毅"二者必备，"仁化天下"的重任，方可通过"身体而力行之"，再接力奋斗，才有希望成为现实。这里一个"重"字，一个"远"字，把"仁"的重要性及实行、实现"仁"的艰巨性表述得多么深刻啊！同时，也暗暗昭示孔学的继承人，应把弘扬"仁"的精神、实现仁政理想，当作人生的追求，只要一息尚存，就要不懈奋斗啊！

8.8　子曰："兴于《诗》①，立于礼②，成于乐。"

【你解】　①兴：激发人的情感。②立于礼：立，指在社会上立足，安身立命；礼，此指国家、社会、人生的规范。

【我读】　兴于《诗》：这里的"兴"，义同"《诗》，可以兴"（《阳货篇第十七》）的"兴"。这句话是说，弟子提高自己的品德修养，当先学《诗》接受诗教。因为在孔子看来，"无邪"的诗是很好的"德行"教材，而且语言"易知"，反复吟咏，"感人又易入"，能激发学习者"好善恶恶之心而不能自已"。

立于礼：礼，本于《礼记》，指原有的种种礼节仪式，这里可泛指社会规范和道德规范。这句是说，学习礼节仪式，要领会精神。遵循了社会规范和道德规范，就能立足于社会，成为社会乐于接纳的人。

成于乐：《乐记》云："乐者，天地之和也……和，故百物皆化。"可见，音乐能陶冶性情，涵养高尚的人格，促进人际、社会的和谐。成，完成，实现。这句是说，受到音乐的熏陶、浸润，可以完成修身之业，实现社会仁和之治。

这段语录，孔子用排比列举的语言形式，为弟子们修身指明了学习的途径，同时指明了具体的学习目标：诗，感发志意；礼，立足社会；乐，实现仁和。从社会演变和时代发展的角度来观照这段语录，发人深省，令人惊讶：作为个人、社会所终极向往和追求的真、善、美，两千多年前的孔子，不就昭示了我们吗？

源于《诗》《礼记》《乐记》具体文本而抽象出的广义的诗、礼、乐，从三个角度共同诠释着修身这个总目标。

诗，有启发鼓舞人的感化作用，教人向善除恶。启示我们：首先，对受教育者要带着情感用生动的形式进行思想品德教育，是为善；礼，有他律自律的规范作用，教人求真去伪。其次，对受教育者要进行诚敬为人处世的伦理教育，是为真；乐，有情感操守陶冶的作用，教人爱美憎恶。第三,对受教育者要进行崇尚精神、守护心灵的审美教育,是为美。

真、善、美是一个有机的整体,缺一不可。任何社会任何时候,谁都向往着美好的生活、美满的人生。因此,每个人都必须接受思想道德教育、伦理教育、审美教育,从而端正思想品德,规范行为习惯,纯洁情感操守,积极追求真善美。修身如此,治国更如此。试想,一个国家没有千千万万积极追求真善美的个人,哪有处处和谐的崇尚真善美的社会呢?

8.9 子曰:"民可使由之^①,不可使知之。"

【你解】 ①由:听从,随顺。如事不由己、言不由衷等。

【我读】 这段话反映了孔子认识的局限性,或者说是站在读书人的立场产生的偏见。他曾说"困而不学,民斯为下矣","唯上智与下愚不移"。他认为百姓天生愚钝,又遇到困难不想学习,道理讲了,往往不能理解,只管去做好了,何必徒费心思呢?他寄希望于当政者,当然这个当政者是孔子心目中实行仁政的人。仁者爱人嘛,这样的当政者政令是有利于百姓的,百姓随顺着做就是啦。孔子对"民"还是关心的,这只说并无贬义、恶意,迥异于对"小人"的态度。可孔子再也没有想到自己本然的认识局限性,被统治者(多为不同程度的暴君)利用了,把这句话作为制定愚民政策钳制百姓的理论依据,也使孔子高尚的仁学瑜中见瑕了。

这段语录曾有另外两种句读:(1)民可使,由之;不可使,知之。(2)民可,使由之;不可,使知之。尽管各有其理,但解释出来的意思,与传统看法,特别是联系《论语》全文所体现出来的孔子思想,两相比较,还是按普遍认同的句读所表达的意思合理一些。

8.10 子曰:"好勇疾贫^①,乱也^②。人而不仁,疾之已甚^③,乱也。"

【你解】 ①疾:厌恶,憎恨。②乱:无秩序,不太平,与"治"相对。③已甚:已,副词,太过分;甚,厉害,严重。

【我读】 这段话是以社会为背景说的。"乱"的意思是"无秩序,不太平",与"治"(太平,有秩序)相对。两个"乱",引发的动因不同。

"好勇疾贫,乱也。"喜好勇敢又憎恨贫穷,会(为贫富差距感到不平而)作乱。勇敢是一种可贵的性格。喜好勇敢,为"义"而"气之所至",诚然是好事。所以"好勇"者无论不满足于个人贫穷,还是在憎恨社会上的贫穷现象,从而奋起打乱当局看似"太平"的社会秩序,正是呼唤财富平均的正义之举。在当政者看来,是犯上作乱;在百姓看来,是造反有理!

"人而不仁,疾之已甚,乱也。"对没有仁德的人,恨得太厉害,会惹出乱子的。在这里,没有仁德的人,可泛指偷、盗、匪、淫一类直接危害社会秩序的"小人"。孔子从中庸的观点看,思想上鄙视可以,但行动上不可采取极端的强暴之举,如此,往往越想太平,越不得太平。

分别地看,前一个"乱"是针对君子说的。为求得社会太平避免"乱",提倡君子要加强"修身",以颜渊为榜样,"安贫乐道""无所争"。后一个"乱"是针对当政者说的。为求得社会太平,避免"乱",劝勉当政者要以"仁"的精神对待"人而不仁"者。"仁"的精神就是"道之以德,齐之以礼,有耻且格"。即用道德教化来治理,用礼来检束,(作乱的人)就会有羞耻心而(自觉地)改正过失。

明白地指出"乱"的根源,也暗示着"治"的途径,却体现着孔子的仁政理想。

8.11　子曰:"如有周公之才之美①,使骄且吝,其余不足观也已②。"

①之才之美:前一个"之",用在主语和谓语之间,取消句子独立性;后一个"之",用在定语和中心语之间,为强调中心语,定语置后。才,才能。②不足观:没有值得看的了。足,值得;观,看,观赏。

一个人值得赞赏,无非才、德、学三方面。

周公,西周初年政治家,曾助武王灭商,武王死后,又摄政年幼的成王,平定反叛,统一天下。还相传周公制作礼乐,建立典章制度。"一沐三握发,一饭三吐哺"是赞颂他勤政的有名典故。周公堪称"才之美"的典范,谁能比得上周公呢? 就是像周公那样好的才能、才干,假如自满也不好。北宋林逋说"自满者败"。何况再加上"吝"——大都译为"吝啬",我认为作"吝惜"解释为好。虽然两词都有"过分爱惜自己"的意思,但"吝啬"偏于"财物","吝惜"偏于"力量"或"东西"。古时,贫与富相对,穷与达相对。"吝",显然是对处于窘迫中的"不得志"(穷)者不体恤,不怜悯,也就是没有同情心,即后来孟子说的"恻隐之心"。所以,对于"像有周公那样好的才能"的人,把"吝"诠释为"过分爱惜自己的力量,没有体恤他人的同情心"比解释为"过分爱惜自己的财物,舍不得周济人"更合情理。至于"其余",我想当指学问、学识、学养了。

可见，孔子评价一个人才、德、学三个方面，是看重"德"的，是把"德"放在首位的。"德"中，"骄"、"吝"是两个致命的弱点。如果这两个弱点出现在"如有周公之才之美"的人身上，你学问方面再好也就不值得一谈了。因此，每个人要加强道德修养，切忌自满和没有同情心。这里，孔子提醒我们：成才固然是好，成人更重要。要成才，必须努力培养虚心和仁爱之心，这是人生道德的基点和起点！

8.12　子曰："三年学，不至于谷①，不易得也。"

【你解】　①至：到，这里是"想到"，朱熹疑作"志"，其义一也。谷："穀"的简化字，是庄稼和粮食的总称。（许多注家指谷子即小米，我认为狭隘了）古代以"穀"为官吏的俸禄，进一步指代做官。

【我读】　在孔子弟子中，子张与子游、子夏齐名，品德高尚，志向高远，像子张这样贤明的人，学习时还问做官的事。现在"学了多年，还没想到做官"。难怪孔子赞叹："这样的人难得呀！

这话至少启示我们两点：一方面，做学问要耐得住寂寞，别急着想去做官。现代史学家范文澜说过："板凳要坐十年冷"嘛！另一方面，没有学好，就想着去做官，能把官做好吗？子夏说得好："学而优则仕"，应当学有余裕再去做官。

8.13　子曰："笃信好学，守死善道。危邦不入，乱邦不居。天下有道则见①，无道则隐。邦有道，贫且贱焉②，耻也；邦无道，富且贵焉，耻也。"

【你解】　①天下：指西周周天子统治下的各国。②贫：与"富"相对，指经济上贫穷。贱：与"贵"相对，指地位低下。

【我读】　孔子这则语录含两层意思。前两句为一层。孔子申明自己的立场、观点：对于喜好的学业——周礼（严格地说，是礼的精神），坚定地信仰；对于至高至善之道——"中庸"，誓死固守。后边三组内容为一层，是孔子立场、观点的具体体现。参照《曲礼》《中庸》记述，礼的本质是"行脩，言道"（行为有修养，言谈符合道理）；中庸是"中立而不倚"（立定中庸而不偏倚），"国有道，不变塞焉。国无道，至死不变"（国家政治清明，不改变志向。国家政治混乱，宁死不变操守），"君子和而不流"（君子和顺不随波逐流）。为坚守礼的精神、秉持中庸之道，所以孔子教诲弟子："危邦不入，乱邦不居。天下有道则见，无道则隐。邦有道，贫且贱焉，耻也；邦无道，富且贵焉，耻也。"

这则语录典型地反映了儒家思想：既有积极的出世用世的一面，也有消极的明哲保身（这里是原指义：明智的人不参与可能危险的事）的一面。它与以老庄为代表的一味退隐、追求"逍遥游"的出世思想不同。

8.14 子曰："不在其位①，不谋其政②。"

你解 ①位：职位，与"政"相关，当指官位。②政：政事。

我读 "不在那个职位上，不要谋划那个职位的政事。"孔子这话是对"不在那个职位上"的人，却"要谋划那个职位的政事"的告诫——你不在那个职位，不了解或不甚了解那个职位具体的职责职能，或者你曾任过这个职位，而今时过境迁、情况已有变化，现在却去"谋划那个职位的政事"，往往与事实相违，不能助益反而添乱，再加上政事与敏感的权力有关，难免有"逾节"（超越节度）、越位甚至窃权之嫌。此举吃力不讨好，所以在通常情况下，你"不在那个职位上"就"不要谋划那个职位的政事"。

孔子这话隐含的一层意思是："在那个职位上，（定）要（认真）谋划那个职位的政事。""君子务本"嘛，这是对"在那个职位上"的人提醒："在其位"，必得尽其"政"之"谋"。无论古今，可事实上常常是：不少人空有其位，不仅心思不用在政事（正事）的谋划上，反而用在私事的惨淡经营中，诸如怎样升官、怎样发财、怎样掠美等。

孔子这话，明有告诫，暗有提醒，以仁者的胸怀给古今从政者提供了一个座右铭。"政者，正也。"从政者当永远记取！

8.15 子曰："师挚之始①，《关雎》之乱②，洋洋乎盈耳哉！"

你解 ①师挚：此处"师"是古乐官的称谓。西周金文称乐官为辅师或师，春秋时各国多称乐官为师。始：是乐曲的开端，即序曲。古代奏乐，开端叫做"升歌"，一般由乐师演奏。②《关雎》之乱：《关雎》，《诗》的第一篇；乱，乐曲的最后一章。

我读 "从乐师挚演奏开始，到演奏最后一章《关雎》，满耳都是丰富而优美的乐曲呀！"这是记述孔子对一次乐曲演奏过程的赞美。

序曲由鲁乐官挚演奏，内容不知，演奏的技巧一定是高超的；乐章结尾演奏了《关雎》，这是《诗》首篇。孔子曾评价它"乐而不淫，哀而不伤"。显然这是一次声情并茂的演奏，深深打动了孔子。此时此刻，对于历尽辛劳、刚自卫返鲁、十分疲惫的孔子来说，无异于受到一

论语大家读

次音乐的心灵抚慰!

我进而思量,这次演奏之所以使孔子难忘,是不是《关雎》那笃于伉俪的恋情唤起了孔子青春年华的美好回忆?是不是那久违的音乐使孔子倍感乡情、亲情的弥足珍贵?……那动人的乐曲诉之于心灵。仿佛干涸的土地期盼到甘霖,疲惫的心灵需要音乐。"饮食男女,人之大欲也。"圣人也是人,饱含真情的音符能不久久地停留在耳际、萦绕在心头吗?

8.16 子曰:"狂而不直①,侗而不愿②,悾悾而不信③,吾不知之矣。"

你解 ①狂:有进取心,敢作敢为。②侗:童蒙无知。③悾悾:诚恳的样子。

我读 狂者看起来有进取心,敢作敢为,实际上却邪曲虚伪;侗者看起来浑厚稚拙,实际上却不谨慎老实;有的人看起来真诚恳切,实际上却不讲信用。"狂""侗""悾悾"都是表象,都是伪装;骨子里是"不直""不愿""不信"。通过"而"的转折(不少译文译为并列,我认为有违原意),揭穿了伪君子的本质,刻画出了伪君子的真面目,表明了孔子一贯对人的一个基本看法:"巧言令色,鲜矣仁。"——说好听的,显出伪善样子的人,很少有仁爱精神的。孔子的爱恶观十分鲜明。

8.17 子曰:"学如不及①,犹恐失之。"

你解 ①不及:赶不上。这里把"学习"比作"追赶什么",唯恐赶不上。

我读 "玉不琢,不成器;人不学,不知道。"(《礼记·学记》)人非生而知之者,岂能不学?百姓中流传着一句生活谚语:"做到老,学到老,还有三桩没学到。"孔子正是这样好学,有自觉学习的紧迫感。他首次把"学"比作"追赶什么",时时有一种"赶不上"的急迫心态。的确,学是动态的,学就进步,不学就退步,好比赶路,要始终向前走,"不怕慢,就怕站"。后人受孔子"学如不及"的启发,演变成"学如逆水行舟,不进则退",这话成了千古常新的真理。

"人生有涯而知无涯。"知识,经验,技能……人直接学到的,毕竟有限,大多是间接(通过媒介)学到的。这些学到的,一则得来不易,二则用时恨少,三则容易遗忘,所以对学习成果应特别珍惜,"犹恐失之"。

同时,孔子这话之所以亘古常新,在于它顺应了历史潮流:社会在发展,时代在前进,新事物层出不穷,任何人任何时候,不努力学习,就会落后于形势,就必然被淘汰。现在,我们国家高举中国特色社会主义伟大旗帜，大力构建和谐社会，向全社会的人提出"终身学习"的理念，我想其深层含义在此吧！

8.18 子曰："巍巍乎①，舜禹之有天下也而不与焉②。"

你解 ①巍巍：形容山的高大雄伟。这里用以赞美舜和禹的崇高伟大。②与：私有，享受。

我读 舜、禹，既非打下，亦非世袭，而是经过考验，事实证明贤能，取得部落联盟信任，而推选为领袖的，也就是说，是在禅让中拥有天下的。可贵的是，舜禹成为这样的领袖，不把天下占为私有、贪图个人享受，而以服务天下，造福苍生为己任。这样的领袖，非高高在上、拥有特权的统治者，乃真正身先"士卒"的公仆也。

舜、禹确乎是孔子仁政理想中的"国君"，所以孔子以山的巍峨来盛赞舜、禹的崇高。

8.19 子曰："大哉尧之为君也！巍巍乎！唯天为大，唯尧则之①。荡荡乎，民无能名焉。巍巍乎其有成功也，焕乎其有文章②！"

你解 ①则：准则，法则。引申为动词"效法"。②焕乎其有文章：焕，光明；文章，礼乐法度。文是各种事业，章是一事有一事之规矩，有章不乱。

我读 孔子叙述历史，从尧开始。这则语录，他盛赞上古圣君尧：能效法高大的"天"，像"天"那样有博大的气度，有仁爱的襟怀，只求恩施万物、德布大众，不求任何回报。立出法度，为的是维护公平；制定礼乐，为的是营造和谐。孔子用"巍巍"、"荡荡"来形容尧的功绩、恩德，是由衷地表达对以尧为代表的上古三代（尧、舜、禹）的推崇之意。

其实，推崇的潜台词是："为政以德，譬如北辰，居其所而众星共之。"——藏着一幅早日成为现实的仁政蓝图！

8.20 舜有臣五人而天下治①。武王曰："予有乱臣十人②。"孔子曰："才难，不其然乎？唐虞之际，于斯为盛。有妇人焉，九人而已。三分天下有其二，以服事殷③。周之德，其可谓至德也已矣！"

你解 ①五人：禹、稷（jì）、契（xiè）、皋陶（gāo yáo）、伯益。②乱臣十人：乱，治理；十人，谓周公旦、召公奭（shì）、太公望、毕公、荣公、太颠、闳夭、散宜生、南宫适，其一人为文母。③事：奉事。

我读 这则语录，提到两个重要理念："才难"与"至德"。

论语大家读

"才难"。孔子从舜的"有臣五人而天下治",从武王"有乱(治)臣十人"而赞之曰"于斯为盛",推导出一个重要理念:"才难",人才难得! 古今中外,不正是这样吗? 记得一位伟人说过:"人民,只有人民,才是创造世界历史的动力。"这句话从理论上看,完全正确。但联系具体历史,谁都知道,"人民"是非常宽泛的群体概念,成就任何事情,政治大事也好,生活小事也好,都得落实到个体的人的身上,特别是国家的兴衰、政权的更迭,离得开有才能的人吗? 这"有才能的人",毕竟是少数,是从人民之"海"中凸显出来并能代表人民意愿的英才。战争中,将才不可少,帅才更难得;治理中,干部不可少,领袖更重要。稍有历史常识的人都知道,汉代的开国皇帝刘邦不就靠的是张良、萧何、韩信这"三杰"吗?《史记·高祖本纪》中记述了刘邦一段精彩而又耐人寻味的话:"夫运筹策帷帐之中,决胜于千里之外,吾不如子房(张良)。镇国家,抚百姓,给馈饷,不绝粮道,吾不如萧何。连百万之军,战必胜,攻必取,吾不如韩信。此三者,皆人杰也。吾能用之,此吾所以取天下也。项羽有范增而不能用,此其所以为我擒也。"外国历史,如意大利复兴时期(14—16世纪)立下大功的,也只三个人。当代中国的巨变,改革开放的参与者固然千千万万,但绘制蓝图、指明方向的设计师不就一个人吗? 诚然,"才难"! 一个时代,一个国家,能有这么几个"人才",真是人民之幸、历史之幸!

不过,"才难",得才难,用才更难。其间有两点值得注意:一是周武王说有治臣十人,孔子却说:"有妇人焉,九人而已。"显然把这位"妇人"排除在治臣之外。这反映了孔子轻视女性从政的历史局限性。这"妇人"在效劳周武王的政权中,以"一"对"九",发挥了"半边天"的作用,怎能排除在治臣之外呢? 二是得才要善用:会用得天下,不会用失天下。楚汉相争的经验教训,应当永远记取。

"至德"。孔子曾赞扬周先君古公亶父的长子泰伯:"泰伯其可谓至德也已矣,三以天下让,民无得而称焉。"(见本篇"8.1")这"至德"显然是指禅让之德。这里又说:"(周文王)三分天下有其二,以服事殷。周之德,其可谓至德也已矣。"当时的商纣王"昏乱暴虐"日甚。是贤能之君,经考验,可以禅让,是谓至德;面对暴虐之君,足可取代时,"乃不取",仍执诸侯之礼这种"以德服天下"的气度,"天与之,人归之"。孔子赞扬周文王为"至德",则从另一个侧面表现为"则天至德"——效法天的宽厚、严明。坚信善恶有报,"昏乱暴虐"必然自食其果。

历史证明,禅让之德、则天之德都是理想的政治道德,堪称"至德"——最高尚的道德。

8.21 子曰:"禹,吾无间然矣。菲饮食而致孝乎鬼神,恶衣服而致美乎黻冕①,卑宫室而尽力乎沟洫②。禹,吾无间然矣。"

你解 ①黻冕:古代贵族祭祀时戴的蔽膝,用熟皮做成,遮在膝前。此处借指祭祀时穿的礼服。冕,大夫以上的贵族所戴的礼帽。②卑:本义位置低下,与"高"相对。这里即"卑陋"的略词,低矮简陋的意思。沟洫:田间的水道,也有以沟洫借指农田水利。

我读 孔子把舜禹并列,他说:"巍巍乎,舜、禹之有天下也,而不与焉。"可见舜禹共同的伟大之处在于:"有天下而不与","天下"之位似乎与己无关,自然毫无占为私有、独自享用之意。孔子对禹"无间然矣",正是基于这一点,从"修身"说开去。禹,"菲饮食""恶衣服""卑宫室"。人生必需的衣、食、住,禹"薄于自奉"。这完全合乎孔子对于儒行"其居处不淫,其饮食不溽"(《礼记·儒行》)的理想要求。在孔子看来,修身是治国平天下之本。

禹"敏给克勤"、"薄于自奉",却以诚"致孝乎鬼神",以敬"致美乎黻冕"——以丰洁的祭品尽心孝敬鬼神,不惜物力把祭服尽量制作华美。禹,不只与舜一样,以身垂范,以德化民,而且前进一步,重视祭品、祭服,推而广之,由讲求具体的礼仪,升华为追求社会秩序的礼治。这正表明孔子心目中的"我爱其礼",确乎天经地义。

禹"所勤者民之事"。据《史记·夏本纪》记载,"当帝尧之时,鸿水滔天",禹"奉帝命"治水,"劳身焦思,居外十三年,过家门不敢入"。从这一实例可以看出,禹"致力乎沟洫"(把资财尽力用来兴办农田水利),并非虚词。

这则语录中,孔子为何两次说"禹,吾无间然矣"? 于此作一补充说明:

(1)通常译文都将"间然"解释为"批评、挑剔",我的想法却稍有不同,解释为"责备",成语"求全责备"中的"责备"亦即"求全"之意。我认为这样解释,更贴近原意,也和朱熹《论语集注》观点一致。孔子既然在禹的修身、礼治、勤民几个根本问题上"无罅隙之可议"(没有缺点可以非议)，"夫何间然之有?"(有什么必要求全责备呢?)

(2)"致孝乎鬼神"中的"鬼神"，孔子所言，并非通常迷信者所指"人死后精灵不灭"之"鬼"，主宰世界的超自然的人格化的"神"，而是哲学层面的，指天地间一种精气的聚散变化。由于当时的自然科学还处于蒙昧状态，"存在决定意识"，孔子虽是智者，也只能从现实生活中朦胧地感觉到天地间有一种主宰世界的力量，即我们今人所认识到的客观规律。对孔子而言，当时只能是猜想，是模糊感觉。这个判断，来自孔子两句话:《雍也篇第六》"务民之义，敬鬼神而远之，可谓知矣";《先进篇第十一》"未能事人，焉能事鬼?"足见"鬼神"在孔子心目中，与通常迷信者所指，是两码事。朱熹为此作注云:"致孝鬼神，谓享祀丰洁。"只是表示对未知的"主宰世界的力量"的崇敬之意。我们今人对"客观规律"，不应有敬畏之心吗? 基于此，说孔子是"鬼神"的怀疑论者也未尝不可。

子罕篇第九

9.1 子罕言利与命与仁①。

你解 ①利：利益，与"弊""害"相对。与命与仁：两个"与"字，这里读yù，赞许，赞同。另一说，"与"是连词"和"。

我读 关于句读。一种是连读，源于宋儒程颐对这句话的解释："计利则害义，命之理微，仁之道大，皆夫子所罕言也。"后来许多读者认同程颐的观点："孔子很少谈财利、天命和仁德。"一种是断成两句，在"利"字后加逗号，句意就大不相同了。我赞成后者，有两个理由：

从《论语》用字的频率看，全书共用"命"字 21 次，含"命运"、"天命"意义的，有 10 次；用"仁"字 109 次，含"仁德"意义的达 105 次。据此，说"罕言命、仁"，是不合实际的。

从"与"字的词义看，在《论语》全书中，找不到"与"字当连词"和"字讲的例句。"与"字不当连词"和"字用，连读就不妥。"与"字在《论语》中读"yǔ"，义项有：(1)心许，赞许。《述而篇第七》："暴虎冯河，死而无悔者，吾不与也。"(2)给予。《雍也篇第六》："与之粟九百，辞。"(3)等待。《阳货篇第十七》："日月逝矣，岁不我与。"(4)同，跟，均作介词。《阳货篇第十七》："来！予与尔言。"与，读"yú"，句末语气词。《学而篇第一》："孝弟……仁之本与。"与，读"yù"，义同"在其中"。《子路篇第十三》："虽不吾以，吾其与闻之。"经由孔子整理的《诗》，"与"字也无此用法。如《小雅·车舝》："虽无德与女，式歌且舞。"诗句中的"与"，用法同"于"，助，赋予。

在稍后的《孟子》中，才出现"与"作连词，当"和"讲。如《离娄上》："道二，仁与不仁而已矣。"

按后者句读，这段话可译为：孔子很少谈（关于）利益（的事），赞同天命，赞同仁德。

"罕言利"。(1)"利"字在《论语》中当"财利"讲，少见。有几处文字中有"利"字，是当动词，形容词用的。《里仁篇第四》中两见："放

（仿）于利而行，多怨。”“君子喻于义，小人喻于利。”《子路篇第十三》中一见：“毋见小利……见小利，则大事不成。”《宪问篇第十四》一见：“见利思义……亦可以为成人矣。”(2)四例中的“利”与“义”对举。义者宜也。“利益”的取得，有应当、不应当的。应当取得的“利益”，就有利；不应当取得的“利益”，就有害。这样义利之辩，在中国历史上成为争辩千年直至现在的哲学话题——关于如何对待伦理与物质利益的义利观。可见，义利关系之现实的复杂性、思辨的深刻性，尤其具体到某个人、某件事，要处理得恰到好处，是非常不容易的。尽管是圣人，如孔子，也会觉得尺度把握难、真正做到更难。这大概是“子罕言利”的主要原因吧！若直言之，就是孔子明确宣示一事当前，要少谈“利”，多想“义”，更体现了孔子“仁”的理念。

　　“与命”。命：命运，天命。孔子之所以赞同“命”，一是认为“命”是与生俱来的，客观存在的，“命”在冥冥之中主宰着一个人的生死、祸福、贫富、尊卑。他的学生子夏的“死生有命，富贵在天”的观点，也正是孔子的观点。二是面对现实，朦胧地觉得“命”是人对之无可奈何的某种必然性，很有点像我们今天所说的客观规律，人生在世，要积极探求它，努力顺应它。他说：“五十而知天命”，“畏天命”，“不知命，无以为君子也”。正表明孔子对“命”是持敬畏态度的。可见，孔子赞同“命”，既有宿命的唯心的一面，也有求实的唯物的一面。

　　“与仁”。孔子赞许仁德，主张仁政，这是不争的事实，无须赘言。

　　9.2　达巷党人曰[①]：“大哉孔子！博学而无所成名[②]。”子闻之，谓门弟子曰：“吾何执[③]？执御乎？执射乎？吾执御矣。”

你解　　①党，古代的一种居民组织。五百家为一党。②执：这里是“选取”的意思。

我读　　达巷党人的话是从世俗的眼光看待孔子的，既有赞美，也有质疑：你孔子学问是广博的，可没有一样突出的专长为人所称道。孔子不愧为圣人，听了这充满揶揄意味的话，未做解释，更无愠色，“恭而安”，那么坦然地接过话题，面对弟子不无风趣地说：“我选取什么专长成名呢？”于是随口说出当时弟子们必学的两门技艺：御、射。很快决定了“执御”。看似平平常常的一段话，反复读之，觉得大有深意，这使我想起林语堂在《孔子的智慧》中所言：《论语》里记载的孔子对弟子的谈话，只可以看作一个风趣的教师与弟子之间的漫谈，其中偶尔点缀着几处隽永的警语。以这样的态度去读《论语》,孔子在最为漫不经心时说出一言半语,那才是妙不可言呢。诚然:射(箭),可打猎,可御敌,总之与杀伐有关,有违于"仁",孔子不"执射"是情理中的事;御,驾车,做驾车人,其职责是侍奉人,也为人带路。《庄子·达生》:"桓公田于泽,管仲御。"孔子作为老师,既要为弟子辛勤"授业",也要为弟子学道、修炼引路;进而孔子又以"文王没,文在兹"作为己任,既要修《礼》作《乐》,序《易》删《诗》,又要成为开启民族文化之先驱。"执御"不正类似于一个时代的、历史的驾车人吗?

达巷党人对孔子的求全责备、不甚理解,正印证了老子的话:"大方无隅","大象无形"。

9.3 子曰:"麻冕①,礼也;今也纯②,俭,吾从众。拜下,礼也;今拜乎上,泰也③。虽违众,吾从下。"

你解 ①麻冕:黑色的绩麻礼帽。②纯:丝。③泰:骄恣。

我读 孔子说:"恭俭庄敬,礼教也。"这话所要说明的是,谦恭、节俭、端庄、诚敬,是用礼对民众进行教化的目的,或者说是用礼对民众进行教化应遵循的原则。可见,孔子对于现实生活中的种种礼仪,是赞同、继承,还是反对、摒弃,"恭俭庄敬"就是衡量、评判的标准。

这则语录,涉及两种礼仪:一种是制作礼帽,传统用麻料,繁难费工;现在改用丝料,显然制作比较省约。虽然变革了古礼,但符合礼教原则"俭",所以孔子"从众"。一种是臣见君之礼,传统是跪拜两次,先在堂下拜,再升堂拜;现在改为一次,直接到堂上拜。孔子认为这样变革古礼,是臣对君的不尊重——态度骄慢,不符合礼教原则"恭",所以孔子"违众",坚持古礼的"跪拜两次"。

对于前一种变革古礼的做法,孔子"从众",体现了孔子礼教思想进步的一面:能顺应民情,崇尚俭约,尔后俭约发展成为中华民族的传统美德,融进炎黄子孙的血脉中。对于后一种变革古礼的做法,孔子"违众",反映了孔子礼教思想落后的一面:维护君臣有别、尊卑有序的等级制度,与后来孟子的"人皆可以为尧舜"的民本思想相差甚远。这种君臣对立、官民对立等级思想的流毒,在历史的演变中积淀成"官本位"思想。直到如今,这种凌驾于民的"官本位"意识与行为,还在相当多的场合、相当多的人群中被视为天经地义。也许,这就是我国大力倡导政治文明的根本原因吧!

需要辨析的是,孔子把谦恭与节俭、端庄、诚敬并列,都视作用礼对民众进行教化的目的,这是非常好的道德理念。但在具体礼仪的评判、评价中,却精华与糟粕混同难辨,甚至误判。如后一种礼仪的变革,把臣见君行跪拜礼由两次简化为一次,本是克服礼"失之烦"的有益之举,合乎礼教"俭"的精神,孔子由于戴着等级观念的有色眼镜误判成"泰"——态度骄慢,对君不恭。后世批评孔子保守、复古,恐怕主要是指孔子竭力维护的"君臣有别、尊卑有序"等级思想的"制度品节"吧!

9.4 *子绝四:毋意①,毋必,毋固②,毋我③。*

〔你解〕 ①意:猜想,想来大概是。②固:坚持成见,不肯变通。③我:私己,有"自以为是"的意思。

〔我读〕 这则语录中的"毋"字,注家解释有分歧,一说"非禁止之辞",作"无"字讲;一说禁止之词,作"不要"讲。我认为都讲得通,只是解说的角度不同。

从学生对老师的推崇、评价的角度解说:夫子断然没有四种(毛病),即没有悬空揣测(的毛病),没有绝对肯定(的毛病),没有固执拘泥(的毛病),没有唯我独是(的毛病)。

从老师对学生谆谆教诲的角度解说:夫子(要求弟子)杜绝四种(毛病),即不要猜想,不要武断,不要固执,不要凭个人主见。

孔子真正是为人师表,他教育学生要做到的,首先自己做到,他常说,己不正岂能正人? 所以两种解说,字面虽有不同,重视思维品质的观点是一致的,只是表述不同罢了。

由此可以看出,孔子不愧是伟大的教育家,两千多年前他就不仅重视知识、技能的传授,同时重视思想道德、思维品质的培养。现代教育有个著名理念:方法比知识更重要。真正的教育是培养一个人的人格,知识的传授只是教育的第二意义。这里的"人格",我认为可指社会学上所言的人格——个人的道德品质;也可指心理学意义上的人格——人的性格、气质、能力等特征的总和。两者兼有。

认识论告诉我们,思维方法取决于思维品质,思维品质体现着人格,并受人格影响、制约。所以一个人要培养高尚的人格,就要有正确的思想方法,必须重视思维品质的培养。孔子正是从"仁"——"人"出发,抓住了这个教育的"关键",从反面立意的。他谆谆告诫弟子,判断事物、事理,要从客观实际出发,不要主观猜测,重视思维的客观性;要谨慎地辨别,不要武断,重视思维的科学性;要灵活、机动,不要固执拘泥,重视思维的变通性;要善于集思广益,不要单凭个人主见,强调思维的开放性。

9.5 子畏于匡,曰:"文王既没,文不在兹乎①?天之将丧斯文也,后死者不得与于斯文也②;天之未丧斯文也,匡人其如予何③?"

 ①兹:指示代词。此,这里。②后死者:指孔子,也可指后人。③如予何:即"奈我何",把我怎么样。予,我。

这则语录,联系《史记·孔子世家》所述,我们可以直接感知两点:一是孔子有着"天降大任于我"的自觉的历史使命感和文化责任感。"文王既没,文不在兹乎?"谁都知道,孔子不得干"政",只是个饱学的文化人,却与圣君文王相提并论,看似不自量的狂妄,其实,这并非是无知的自负,而是秉持着一个文化人的良心,表现着一个文化人的大智大勇。历史的发展正是这样,大多数情况下,如果没有这种大智大勇的圣哲的思想启蒙,一味祈盼"圣主、圣君"的降临,历史的车轮能滚滚向前吗?二是孔子以自己的言行彰显了"师表"的形象。他不仅孜孜不倦传授学问于弟子,更在品德上言传身教。就"子畏于匡"这件事而言,匡人拘之甚急,"弟子惧",在这生命攸关的危难时刻,作为老师的孔子,一方面"临大难而不惧",表现出"圣人之勇";一方面慰勉弟子:任何时候,只要正义在我(文不在兹乎?),敌对者(误解的匡人)"其如予何!"他始终以勇者的姿态站在危难的最前列,鼓舞着、教育着、护卫着弟子。

如果再高一点、远一点,从我国文明史的角度看,透视这则语录,我们将在感知的基础上有进一步的认识:(1)孔子之前,我国的社会,传说的三皇五帝也好,有史的文武周公也好,基本上都是政教合一的社会,就是说,政治的统治权和意识形态的教化权、掌控权,都掌握在最高统治者的手中。孔子说"文王既没,文不在兹乎?"(这里的"文",已从具体的礼乐典章制度泛化为"文化",抽象为"意识形态"),显然,他是站在野的民间立场,以一个学者型的文化人公开宣称:"文"——意识形态的教化权、掌控权在"兹"——在承传文化人的手里,并不依附于政权,非得政权运作不可,划时代地把"教"从"政教合一"的模式里第一次分离了出来。这是文明史上的一大飞跃、一大进步。(2)孔

论
语
大
家
读

子首开私人讲学之风，毕生"以诗书礼乐教弟子"，堪称"师"之鼻祖，不仅在学识上，更在人格上为弟子树立了"高标"，后世"尊师重教"成为优良传统，成为一个时期、一个国度文明进步的标志，岂能忘记孔子的开山之功吗？

9.6　太宰问于子贡曰①："夫子圣者与？何其多能也。"子贡曰："固天纵之将圣，又多能也。"

子闻之，曰："太宰知我乎！吾少也贱，故多能鄙事②。君子多乎哉？不多也。"

【你解】　①太宰：宰，官名。殷代始置，掌管家务和家奴。西周时沿置，掌王家内外事务。春秋时各国沿用，多称太宰，此处具体指谁，不可确考。②鄙事：低下卑贱的事，旧社会指下层人从事的各种劳动。统治者称说，是阶级偏见；下层人自称，是谦词。

【我读】　太宰对孔子"多能"置疑，大概当时孔子尚未成为公认的圣人吧！子贡的回答一方面肯定了孔子"多能"，一方面也告诉太宰"孔子将圣"。两人都持"天命"观点，上天将使孔子成为圣人，又让他"多能"。这里孔子表示了不同的看法：你太宰不了解我，我孔子所以"多能"，不是什么天命，而是年少时家里贫贱，为了生计，不得不从事各种低下卑贱的劳动，在劳动中才练就了"多能"。尽管孔子说过"畏天命""五十而知天命"的话，但他以亲身的经历、切身的体验，给"天命"注入了唯物的成分：在一定条件下，"天"被看成自然的、物质的"天"，"命"也有着朦胧的客观必然性的意思。后来的荀子在《天论》中说："从天而颂之，孰与制天命而用之。"大概承继、发展了孔子这唯物的一面吧！总之，孔子这么说，表明他尊重事实，重视亲自感知。在生产力还非常低下、迷信盛行的情况下，能认识到才能、技能不"受命于天"，是来自于底层的劳动，来自于亲身的实践，非常难能可贵。连满脑子理学的朱熹都承认孔子"所能者鄙事尔，非以圣而无不通也"。

两点辨析：(1)在这段语录里，"多能"一词出现三次，前两次，一般都解作"多才多艺"(多种能力)；后一次解作"(学)会了很多(才艺)"。区别在"能"字，前两次当作名词"才能、技能"讲，后一次当作动词"学会"讲。根据朱熹《论语集注》："言由少贱故多能，而所能者鄙事尔。"显然，"多能"与"鄙事"所指相同。所以我认为，这则语录里的"多能"都应作"多才多艺"(多种才能)讲。

（2）这样解释带入文中，与"鄙事"相接，意思重复；朱熹《论语集注》所言，也解说牵强。于是我大胆设想：若于"故多能"后加句号，"鄙事"前补一个"能"字，"鄙事"后改逗号。这样连起来说："我年轻时贫贱，所以才多才多艺。能从事这些低贱劳动的能力，（那些地位高的）君子多吗？不多呀！"

9.7　牢曰①："子云：吾不试②，故艺。"

你解　①牢：孔子弟子，姓琴，字子开，一字子张。《史记·仲尼弟子列传》无此人。②试：用，任用，此处被动用法。

我读　上则孔子说："吾少也贱，故多能。"这里孔子说："吾不试，故艺。"表述方式相同，结果也相同，可缘由不一样，感情色彩也不一样。前者是不带主观色彩的实话实说，后者是带有强烈不满的愤慨语：我孔子十三年周游列国，推行仁政，却不被任用，可有精力在"艺"上下功夫！反之，如若被任用，忙于国事治理，哪能在"艺"上有成就哩！耐人寻味的是，愤慨语揭示了中国历史上一个普遍现象：做官的人，少有专业知识、技艺；若想精于某种知识、技艺，就不要从政做官。不过，这只是普遍现象，并没有必然性，尤其在社会主义制度下，二者完全可以得到调适、统一。

9.8　子曰："吾有知乎哉？无知也。有鄙夫问于我①，空空如也。我叩其两端而竭焉②。"

你解　①鄙夫：这里指乡村里的人。鄙，周代基层行政区划，五百户为"鄙"。②叩：发问、询问。两端：比喻事情的始末。

我读　本则开头通过设问，孔子说自己"无知"，《论语》评析者几乎众口一词，说是孔老夫子谦虚的表现。我认为这里孔子说的是实话。为什么呢？这则语录不妨倒过来看，乡下人"问于我，空空如也"，对乡下人的发问，孔子答不出来，于是不由得自责："谁说我有知识？没有呀！"显然是心里话，是愧疚之词。再联想到《子路篇第十三》："樊迟请学稼。子曰：'吾不如老农'。请学为圃。曰：'吾不如老圃。'"可见孔子的态度是真诚的："知之为知之，不知为不知"，绝无自许"完人"、无所不知的虚伪。这倒是孔子真正令人尊敬的地方。最难能可贵的是，回答不出来并不放弃，而能"叩其两端"继续探寻，把探寻的结果再尽力告诉对方。这与孔子"学而不厌，诲人不倦"的精神是一脉相通的。

这则语录有两处给我们启迪颇深:(1)任何人,即使圣人如孔子,也不是"无所不知"的全知全能者,总有自己"无知"的一面;(2)对未知的问题,决不能轻言放弃,要"叩其两端"去深思,去发问,去求索。四字耐人咀嚼!

9.9 子曰:"凤鸟不至①,河不出图②,吾已矣夫!"

【你解】 ①凤鸟:即凤凰,雄的叫凤,雌的叫凰,古代传说中的鸟王。②图:传说伏羲氏时,有龙马从黄河出现,背负河图,图为"八卦图"。

【我读】 "凤鸟不至,河不出图",孔子用流传的两个传说,喻指当时没有圣王,所以天下混乱,社会黑暗。

《儒林传》中有一段记述,把孔子这句话的时代背景交代得很具体:"周道既衰,坏于幽厉,礼乐征伐自诸侯出,陵夷二百余年而孔子兴,以圣德遭季世,知言之不用而道不行,乃叹曰:'凤鸟不至,河不出图,吾已矣夫'!"一个"叹"字昭示我们:孔子这么说,是感叹当时"遭季(末)世""道不行",是感叹自己"言之不用"(仁政主张各诸侯国不采用)。十三年周游列国,齿渐增,志难酬,不由得发出无可奈何的嗟叹:"吾已矣夫!"

如果说孔子真的想看到传说中的"凤鸟至,河出图",那是患了幼稚病,那是误解、曲解。不过,孔子把"天下太平"寄希望于"圣王",远如尧舜,近如文王周公,诚然是时代局限造成的偏见,是不切实际的幻想。这句话确乎是"圣德遭季世"之叹!

9.10 子见齐衰者①、冕衣裳者与瞽者②,见之,虽少,必作;过之,必趋③。

【你解】 ①齐衰:衰通"缞"。旧时丧服名,为五服之一,次于斩衰。服用粗麻布做成,以其缉边,齐为下衣的边,故称"齐衰"。②冕衣裳者:穿着礼服(官服)的人。冕,古代地位在大夫以上的官戴的礼帽。古时,上曰衣,下曰裳。③趋:小步快走,表示恭敬。

【我读】 理解这则可参看《乡党篇第十》:"见齐衰者,虽狎,必变。见冕者与瞽者,虽亵,必以貌。"

"见之,必作;过之,必趋",一"作"一"趋"两个礼仪动作,再加上两个"必"字强调,特别补充一句"即使(他们)年轻"也同样看待,表明孔子对这三种人的诚敬和礼貌,也折射出孔子重视人文关怀,身体力行尊重人,平等待人的圣德品格。

具体地说,这三种人:穿丧服的人,心情总是沉重、悲痛的,不能漠然视之，推而广之，一个人惨遭不幸的时候，应当同情；穿礼服（官服）的人，孔子看中的是"人"，更是"礼"（礼仪、礼貌），推而广之，对践行文明的人，应当敬畏；盲人，残疾人，不能歧视，不能鄙视，推而广之，对弱势群体要同样尊重，应加倍关爱。这样展开来看，孔子"仁者爱人"的博大胸怀得到了充分的展现。两千年后的今天，在物欲横流的世界，为营造和谐的社会，多么需要这种"仁者爱人"的博大胸怀！

9.11 颜渊喟然叹曰①："仰之弥高，钻之弥坚。瞻之在前，忽焉在后。夫子循循然善诱人②，博我以文，约我以礼。欲罢不能。既竭吾才，如有所立卓尔③。虽欲从之，末由也已。"

你解 ①喟然：叹息、叹气的样子。②循循然：有步骤的样子。③卓尔：形容道德、学问等的成就超越寻常，与众不同。

我读 本则是弟子颜渊对孔子满怀崇敬之情的评价。

前四句用形象描述的文学手法，高度赞颂了老师的道德学识。"仰之弥高"让人联想到《诗》名句"高山仰止"，比喻孔子的品德像大山一样崇高。"钻之弥坚"比喻孔子的学识像大地一样厚实。"瞻之在前，忽焉在后"，用魔幻小说的手法，概说孔子道德学识高深无比，多角度去看，就像神龙一样，看不清，摸不透，极力夸赞，近乎宗教膜拜，把孔子神化了。

中四句，客观评述了作为大教育家的孔子的教育特色：教育方法好（"循循然善诱人"——这是中国教育的优良传统），教材选得精（"文""礼"），教学目标明（"博我"），教育要求严（"约我"）。"欲罢不能"是说教育效果无与伦比：一个人遇到这样一位"德艺双馨"的好老师，你就是像白天睡大觉的弟子宰予那样"朽木不可雕"，如此不想学习也不可能！因为老师的人格魅力、学识魅力太大了。

最后四句。"既竭吾才"两句，仍用比喻夸张，称赞老师的道德、学识超乎寻常，与众不同。"虽欲从之"两句，特意用假设的口吻，进一步表明自己追随老师的仰慕心情和坚定态度。

9.12 子疾病，子路使门人为臣①。病间，曰："久矣哉，由之行诈也！无臣而为有臣。吾谁欺？欺天乎！且予与其死于臣之手也，无宁死于二三子之手乎②！且予纵不得大葬③，予死于道路乎？"

你解 ①臣：这里指家臣，是春秋时各国卿大夫的臣属。此时孔子已去职,本没有家臣,而子路为了尊敬孔子,便安排门人充当孔子的家臣,负责料理孔子死后的丧事。孔子认为子路所为是欺骗,故在下文责备了他。②无宁:亦作"毋宁"。此"无(毋)"字作语助词,无义。这里作"宁可,不如"讲。③大葬:这里指按葬大夫的礼节安葬。

我读　　本则记述,突出了两点:一方面,孔子"约之以礼"教育弟子,更要求自己。姑且不谈"礼"的具体内容,只看作是文明的要求吧。孔子要弟子用"礼"规范自己,自己更恪守"礼":我已去职,本来没有家臣,怎能僭用"家臣"来越"礼"呢?图这样的虚荣岂不是自欺欺人吗?这种重实际、严要求的品格是难能可贵的。

　　另一方面,孔子践行"礼,宁俭;丧,宁戚"的一贯主张。《八佾篇第三》:"林放问礼之本。子曰:'大哉问! 礼,与其奢也,宁俭;丧,与其易也,宁戚。'"子曰:"予纵不得大葬,予死于道路乎?"就是说:我孔子只要不死在路上、弃尸荒野,何必一定要行"大葬"之礼、讲求丧事的排场呢? 孔子说:"予与其死于臣之手也,无宁死于二三子之手乎!"就是说"我孔子与你们是亲密的师生关系,何必要变成君臣关系硬要隔着'等级'一层呢? 我死了。丧事办得隆重与否不重要,只要你们真心悲痛就行了"。"礼,宁俭;丧,宁戚"是"礼之本"。这些道理,这种做法,在建设中国特色社会主义,大力倡导社会"节约型",积极构建"防腐倡廉"体制的今天,不无借鉴意义。

　　此外还有耐人寻味的一点:作为弟子子路为了尊敬老师,特意在老师病重期间,让弟子做老师的家臣,负责料理日后的丧事。这本是"尊师"之举,无可非议,作为老师的孔子也应领会弟子敬重之情。可孔子从"礼"出发,严格地说,是从实际出发,反而责备了弟子,而且责备得很严肃、很严厉:"由(子路)之行诈也",上升到人品的高度。这就是正直、正派、不徇私情。换个角度看,子路这么做,拿今天的话来讲,就是捧,大凡被捧者总是乐于接受的。于是,捧与被捧,常常演绎出一场光怪陆离的名利闹剧。孔子不愧是圣人,那么清醒、那么"无情"地断然制止了。联想当下盛行的"炒"、"捧"之风,不值得深思吗?

　9.13　子贡曰:"有美玉于斯,韫椟而藏诸①? 求善贾而沽诸②?"子曰:"沽之哉! 沽之哉! 我待贾者也!"

你解　　①韫椟:藏在柜子里,常表示怀才未用。韫,蕴藏,包含;椟,又写作"匵",柜子。②沽:买,又当"卖"。这里是后者。

子罕篇第九

我读 子贡与夫子这段对话,幽默、风趣,极富文学味,很像一个精短的寓言故事。为理解它的深刻寓意,让我们先读两段话,再作分析。

冉有曰:"夫子为卫君乎?"子贡曰:"诺。吾将问之。"入,曰:"伯夷、叔齐何人也?"曰:"古之贤人也。"曰:"怨乎?"曰:"求仁而得仁,又何怨?"出曰:"夫子不为也。"(《述而篇第七》)

"子贡以孔子有道不仕,故设此二端以问也。""孔子言固当卖之,但当待贾,而不当求之耳。范氏曰:'君子未尝不欲仕也,又恶不由其道。士之待礼,犹玉之待贾也。若伊尹之耕于野,伯夷、太公之居于海滨,世无成汤、文王,则终焉而已,必不枉道以从人,衔玉而求售也。'"(朱熹《论语集注》)

这第二段话看似谈论美玉的藏与卖,实际隐喻孔子(可泛指君子)的不仕与出仕。

因孔子"有道不仕,"子贡于是设问。果真如此吗?用"美玉"之喻来窥探孔子对出仕的态度,方法是巧妙的,但揣想的原因不确当。孔子并非"不欲仕",如同美玉"固当卖之",只是"世无成汤、文王"这样"有道"的圣君,"卫君"之类的"无道"君主,夫子"枉道以从人"是决然"不为"的。所谓"待贾者",表面上是等"好价钱",实是等"明君""明时。"有道则仕,无道则隐——这正是孔子,也是古之贤人"伯夷,太公"们共同的价值理想。

9.14 子欲居九夷①。或曰:"陋②,如之何?"子曰:"君子居之,何陋之有?"

你解 ①九夷:夷,中国古代对东方各族的泛称,亦称"东夷"。如夏至周朝有九夷之称。②陋:狭小,简陋。这里引申为"(经济、文化)落后"。

我读 这里有两个问题:(1)孔子为什么想去九夷居住呢?我们联想到《公冶长篇第五》(5.7),孔子说:"道不行,乘桴浮于海。"就是说,我孔子的仁政主张在这里推行不了,我就乘木筏漂到海上去。这儿的"九夷"也就是"海"的意思。我要继续寻求实行仁政的地方,哪怕是落后的边远地区。表明孔子对自己的人文理想充满着信心、执着地追求。

(2)人说"九夷"落后,孔子为什么不认为落后呢?"九夷"落后是客观事实,但君子(孔子)可施行教化。亦可"洁己以进"。正像《述而篇第七》(7.29)说"互乡(落后闭塞地区)难与言",孔子却接见了互乡一童子,门人疑惑不解,孔子说:"与其进也,不与其退也,唯何甚?"越是落后的地方,越是君子能有作为的地方。越是偏远之处,越是君子远离世俗尘埃之处。孔子时时表现了仁者爱人的博大胸怀,处处体现了"文不在兹乎"的历史使命感和文化责任感。这句话对高洁人格的塑造,影响至深至远。殊不知,唐代诗人刘禹锡的《陋室铭》之所以脍炙人口,不正因为结句引用了孔子的话"何陋之有"吗?

9.15　子曰:"吾自卫反鲁,然后乐正,《雅》《颂》各得其所①。"

你解　①雅颂:与"风"并列为《诗》的三大类。这里指雅颂的乐章内容和曲调,都得到孔子的整理与订正。《诗》中的诗,在古代都是能唱的,不同的诗配有不同的乐曲。

我读　孔子说:"我从卫国回到鲁国后,才把《诗》的乐曲进行了整理、订正,使雅乐、颂乐各得到适当的位置。"

这话启迪我们:孔子"知道终不行",政治上是失败了,但"君子自强不息",他并没放弃人文理想的追求,只是改变了途径,转而在文化教育方面,致力于古代文化典籍的整理、考订,并将其成果汇为六经,授之于徒,传之于世。终于,从另一方面,对社会、对历史做出了卓越的贡献。

9.16　子曰:"出则事公卿,入则事父兄,丧事不敢不勉,不为酒困①,何有于我哉?"

你解　①丧事不敢不勉,不为酒困:办理丧事,不敢不尽力以按礼去办,喝酒有节制,不被酒困扰。

我读　孔子曾说:"入则孝,出则弟(悌)。"其弟子有若说:"其为人也孝悌……孝悌也者,其为仁之本与。"其弟子卜商说:"事父母,能竭其力;事君,能致其身。"这些话与此处孔子所言"出则事公卿,入则事父兄"意思完全一致,就是说,君子修身,出仕当"忠",入居当"孝"。

孔子曾说:"丧,与其易(礼仪周到)也,宁戚(内心悲哀)。"这里又说"丧事不敢不勉。"可见,对于丧事(古人视作大事),孔子一则强调真情,一则强调合"礼"。

《乡党篇第十》(10.8)说:"唯酒无量,不及乱。"这里说"不为酒困",可见孔子有饮酒的嗜好,但能把握"度",绝不喝醉到神志昏乱的地步。

用现代人的眼光来审视,孔子的话不无借鉴意义。在社会主义时代,尤其在强调以人文本、构建和谐社会的今天,我们每个人为社会为国家做事都应当恪尽职守,在生活中都应当孝敬长辈,友爱亲人、朋友。无论为家人还是他人办事,丧事也好,喜庆事也好,都得真心、尽力、合理行事。爱酒,是常人之欲,推而广之,爱美色、爱名利,也是常人之欲。但"爱"得有"度"。这个"度"靠理性去把握。禁"欲"是痛苦,纵欲是戕害,惟适度才是享受。

孔子也是人,但为什么誉之为圣人呢?我想"圣"就"圣"在:他有最高尚的品格,时时、事事能用清醒的理性去节制令人迷恋、甚至迷醉的各种欲望;他有最高超的智慧,表现为社会的担当意识、修身的自觉意识。

9.17 子在川上,曰:"逝者如斯夫①!不舍昼夜②。"

①逝者:指逝去的岁月、时光。斯:此,这里指河水。夫:语气词,放在句尾表示感叹。②舍:止息,停留。

孔子说这话,大概在周游列国期间。他宣传"仁"学,游说诸侯,时日渐多,到处碰壁,内心十分焦虑;又目睹周礼受到僭越,日益沦丧,"复礼"责无旁贷。在这种心境下,作为思想家的孔子,一日来到河边,看到奔流的河水,不由得发出慨叹:"逝去的时光就像这河水一样啊,日夜不停地流去。"表达了对一去不复返的时光的惋惜之情,表现了"人生苦短",当"自强不息"之志。

这发人深省的话,来自孔子切身的情感体验,又是孔子阅历积淀的升华,因此富有抒情性、哲理性;更由于出自先哲之口,又具有经典性、普适性,所以成为千古名言。连伟人毛泽东在表述"不断变化,不断革新"的思想时,也触景生情地联想到这句话,可见孔子这话影响多么深远啊!

再从学说的角度看,儒、道、释三家都从"水"生发出各自的观点。儒家从"不舍昼夜"的水,产生"时不我待"的紧迫感。无论从政、治学,都要争"时间",从而反映了儒家积极入世的人生观。老子名言"上善若水",说水"善利万物而不争"。这"不争",集中体现了道家淡泊、无为的人生态度。佛家提出"色即是空,空即是色",所谓镜花水月,把现实世界看得过于虚幻。各自的"水"喻,折射出不同的学派观点,论学理意义,各有千秋。论社会价值,我认为,儒家着眼于当下,有强烈的担当意识,借鉴儒家思想意义最大。

9.18 子曰:"吾未见好德如好色者也①。"

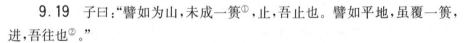 ①色:本指"脸色,表情",这里指"女色"。

先读几段语录,再来理解这句话。

《礼记·大学篇》:"所谓诚其意者,毋自欺也。如恶恶臭,如好好色,此之谓自谦"。《孟子·告子上》:"食色,性也。"

从上述引言看,孔子并非如后来的道学先生那样讳言"色",反对"好色"。因为"色"(男女情)与"食"(生存的首要条件)同是人之本性;"好好色"与"恶恶臭"同是"毋自欺""诚其意者"。

"吾未见好德如好色者也。"反复品味,这里既有孔子的憎恶之意,也有孔子的期待之情。联系语境,具体是指孔子对卫灵公的不满:你卫灵公作为一国的君主,国家不安定,内乱频起,不把心思用在理政上,却带着夫人"招摇过市",只顾自己逍遥快乐,背离"仁"远矣,我怎能不"丑之","去卫"? 同时也表达了孔子对为政者的期待:你们如能像"好色"那样"好德"就好了。孔子一贯重视"进德修业",曾说过"德之不修……是吾忧也。"(《述而篇第七》)这里的"德"可宽泛解,既指个人品德,也指社会公德。孔子"依于仁"、基于仁,希望通过个人修炼,君主乃至人人追求"德"、笃行"德",如同本性、本能地喜爱美色一样,这是多么真诚、多么美好的愿望呀!

9.19 子曰:"譬如为山,未成一篑①,止,吾止也。譬如平地,虽覆一篑,进,吾往也②。"

①篑:盛土的竹筐。②往:去,前往,前进。

孔子"为山、平地"的比喻是用来勉励学者自强不息,积少成多;若中道而止,则前功尽弃。特别强调学业的停止与前进,"皆在我而不在人也。"用现在的话说,即全在自己的主观努力而不依赖他人的督促、帮助啊! 由此,我们想到,治学如此,进德、为政等一切事情都如此。孔子这个比喻,对前进道路上,特别是缺乏自律精神、进取精神的人,堪称金玉良言。

再从修辞的角度看,孔子在《尚书》的比喻"为山"之后,又增加了一个比喻"平地",前者从反面说,后者从正面说,使说理更充分、更令人信服。孔子在《尚书》中的格言"功亏一篑"的基础上,又创造出一段经典睿语,丰富了中华语言宝库。

9.20 子曰:"语之而不惰者①,其回也与!"

你解 ①语:这里读"yù",告诉。惰:懈怠。

我读 　孔子向颜回(渊)"语之"什么,没有说。联系《颜渊篇第十二》颜渊问仁,并"问其(仁)目"。孔子一一解答后,颜渊当即表态:"回虽不敏,请事斯语矣。"再联系《雍也篇第六》,孔子说:"回也,其心三月不违仁,其余则日月至焉而已矣。"从而推知,孔子"语之"的内容是"仁",较合乎逻辑。

　　当然,向老师孔子问"仁"的,还有弟子仲弓(冉雍)、司马牛、樊迟等人,有的还不止问一次,如樊迟。不同的是,未见对他们表态性的话。从上边《雍也篇第六》引用的孔子的评语来看,仲弓等弟子远不如颜渊崇尚仁、笃行仁。我们知道,孔子思想的核心理念是"仁",像颜渊这样对"仁"心系之、行贯之的"不惰者"的确不多。孔子夸赞他,喜欢他是理所当然的。我想,这也是孔子把颜渊列入"德行"科之首的主要原因吧!

9.21　子谓颜渊,曰:"惜乎①!吾见其进也,未见其止也。"

你解 　①惜:这里作"可惜"讲。

我读 　据《史记·仲尼弟子列传》记载:颜回"少孔子三十岁","年二十九,发尽白,早死,孔子哭之恸",约生于前 521 年(一说前 511 年),卒于前 481 年,享年四十一岁(一说,三十一岁)。

　　孔子谈到颜渊时说:"真可惜啊(他不幸早死了)!(在世时)我只见他不断进步,没见他停止过。"对颜渊勤奋好学、坚持上进的精神,由衷地赞赏,对颜渊"不幸短命死矣",深情地惋惜。

9.22　子曰:"苗而不秀者有矣夫!秀而不实者有矣夫①!"

你解 　①苗、秀、实:谷之始生曰苗,吐华曰秀,成谷曰实。盖学而不至于成,有如此者,是以君子贵自勉也。

我读 　孔子说:"(庄稼)出苗却不吐穗扬花,有这种情况吧!吐穗扬花了却不结果实,有这种情况吧!"用庄稼生长过程(出苗、吐穗扬花、结实)的不正常状况来描述一个人学业,乃至道德、事业在修炼过程中的不正常现象,非常形象,非常贴切。

　　这段语录的意义,至少有两点:

　　(1)弟子颜渊不幸早逝,尽管他"进德修业"勤勉、上进,在七十二贤人中成为佼佼者(好比苗壮,又吐穗扬花了),却惋惜他没有来得及为后人留下成果(诉诸文字的著作)啊!

（2）孔子教育弟子，很少板着面孔率直说教，大多数情况下，总是就近取譬，营造思考的氛围，让人不由得产生联想，通过内心的对照、比较，渐渐受到启发，获得感悟，明白应当怎样，不应当怎样。这种饱含"善诱"精神的委婉教育方式，给我们当教师的、做家长的，树立了多么好的榜样啊！

9.23　子曰："后生可畏①，焉知来者之不如今也？四十、五十而无闻焉②，斯亦不足畏也矣。"

【你解】　①后生：青年人；后辈。畏：敬服。②焉：第一个是疑问代词"怎么，哪里"，第二个是语气词。

【我读】　年轻人值得敬服，怎么知道将来的人不如现在的人呢？（一个人到）四、五十岁还默默无闻，那也就不值得敬服了。

年轻人值得敬重佩服，因为孔子坚信将来的人定然超过现在的人。这是超越时代的卓越见解。两千年后的伟人毛泽东不是说过这样的名言吗？——"青年人朝气蓬勃……好像早晨八、九点的太阳。"后人超过前人，一代胜过一代，这是不以人们意志为转移的历史发展规律。当然，规律是普遍的。孔子这么说，并不意味着所有的"后生"（就个体而言），都超过今人。警告后生应当"勉学"，趁"年富力强"时积极进取，否则会"四十、五十而无闻"，那就不值得敬重、佩服了。

这里补充两点：一方面，把"后生可畏"的"畏"字解释为"可怕，畏惧"，似不妥。孔子是"仁者爱人"，自然更爱后人，何惧之有？解释为"敬服"是比较切合孔子一以贯之的仁爱精神的。另一方面，"言此以警人"。我认为警示的对象不只是后生，也指今人、年长者。告诫今人、年长者务必不要倚老卖老、轻视"后生"，应当看到后生"前途似海"未可限量，也要"自勉"，不然就会落伍。这也符合孔子"君子以自强不息"的精神的。

9.24　子曰："法语之言①，能无从乎？改之为贵。巽与之言②，能无说乎？绎之为贵③。说而不绎，从而不改，吾末如之何也已矣。"

【你解】　①法：法则，准则。②巽与：巽，恭顺；与：赞许。③绎(yì)：本义抽丝，引申为寻究事理。

【我读】　孔子观点：对于合乎准则的话，能听从固然好，但强调用准则规范自己，如同镜子用来对照自己，改掉自己不符合准则的思想认识、行为习惯，才是可贵的。"然不改，则面从而已。"这样的"面从"，岂不是现在所指只说不做的"口头革命派"吗？好听的话、赞许的话，谁不爱听？如同艳丽的花、娇美的草，谁不爱看？爱看好看的，爱听好听的，古今中外，人同此心，无可非议。但好听的话，固然顺耳、悦耳，若不加分析鉴别，遇到说者在诱惑你、蒙骗你，岂不上当了吗？轻则受到愚弄，重则落入陷阱。所以，孔子强调"改之为贵"。

"说而不绎，从而不改，吾末如之何也已矣。"这话听起来如同"举一隅不以三隅反，则不复也"的口吻一样："我拿这样的人实在没办法了"，"我不再教他了"。从字面上看，似乎是失望了，放弃了，其实不然。孔子是伟大的"仁者"，他永远"爱人"、"诲人不倦"。他这么说，意在警示别人"不断上进"，也在反省自己"教法不当"，于是另辟蹊径，寻找更好的教育方式，正如他表态的"吾未尝无诲焉"。

补说一点。著名学者南怀瑾先生在《论语别裁》中对"法语"的解释："'法语'，就是我们现在普通说的'格言'，有颠扑不破的哲理。"这种解说，颇有道理。

9.25 子曰："主忠信，毋友不如己者，过则勿惮改。"

你解 这段文字是《学而篇第一》(1.8)后一部分的重出。"我读"略。

9.26 子曰："三军可夺帅也①，匹夫不可夺志也②。"

你解 ①三军：春秋时，大国多设三军，如晋设中军、上军、下军，以中军之将为三军统帅；楚设中军、左军、右军。又作军队的统称。夺：这里不作"夺取"讲，作"丧失"讲也不妥。这里是"强行改变"的意思。②匹夫：古指没有爵位的平民男子，也泛指寻常的个人。

我读 "三军可夺帅"：将帅统领三军，固然必要，但指挥才能有更高明者，可更而换之，更有利于增强部队的战斗力；"匹夫不可夺志"：对一个人来说，志向体现他的人格道德、气节操守，也就是折射出他的精神、灵魂。无怪乎《礼记·儒行篇》假托孔子之口，说："身可危也，而志不可夺也。"

这句话，"三军"与"匹夫"对举，"帅"与"志"对比，运用烘云托月的手法，从修身的角度，强调"志"对于一个人成长、成就的意义和作用。孔子自己就身体力行，"吾十有五而志于学"，一辈子"志于道"。

这句至理名言，实乃无价的精神乳汁，不知哺育了中华文明史上多少可歌可泣的仁人志士呀！远如明清之际的大思想家王夫之，明亡后，隐居石船山，从事著述。晚年贫病交加，仍勤恳著述，以致腕不胜砚,指不胜笔。71岁时,清廷以看望、接济为名派官员前来拉拢,他宁卧病挨饿,拒不接见、接受,并撰一联:"清风有意难留我,明月无心自照人",表现出他光风霁月之人品,坚如磐石之志向。近如大学者梁漱溟,在是非颠倒的日子里,"欲加之罪,何患无辞",身心倍受摧残,名副其实斯文扫地,真正"身可危也,而志不可夺",他始终高昂着头,坦然面对"群众"狂潮……

9.27　子曰:"衣敝缊袍①,与衣狐貉者立,而不耻者,其由也与?'不忮不求,何用不臧②?'"子路终身诵之。子曰:"是道也,何足以臧?②"

你解　①衣敝缊袍:衣,作动词用,旧读"yì",穿(衣服);敝,坏,破旧;缊(yùn):新旧混合的丝绵。②不忮不求,何用不臧:出自《诗·邶风·雄雉》,意谓:不嫉妒,不贪求,什么行为能不好呢? 忮(zhì),忌恨,嫉妒;求,贪求;用,行;臧(zāng):善,好。

我读　一个人穿着破旧,与一个穿着华贵的人站在一起,不觉得羞愧。我想这个人此时的心情,一定是平静的、坦荡的。这个人要么家境贫寒,如此平静,是洁身自爱的本能反映,要么穿着不讲究、不追求,甚至把"衣狐貉"与"衣敝缊袍"等同视之,如此坦荡,是淡薄物欲的人品表现。记得一位老翻译家说过:"穿着细事,且莫等闲看。"在重利轻义的古代社会,这种品质是非常可贵的。孔子说:能做到这样,"大概只有仲由吧!"这是孔子对子路高洁品质的赞赏。这句话与孔子在《里仁篇第四》里说的"士志于道,而耻恶衣恶食者,未足与议也"的观点是一致的,就是肯定了子路"志于道""足与议也"。接着,又引用《诗》里的两句诗,从思想本源上予以揭示:子路之所以不觉得羞愧,是因为他"不嫉妒(穿着华丽的富贵者),不贪求(锦衣玉食的享受)",自然哪有不好的呢? 这可以说是老师孔子给子路奖励式的评语。子路确实不错,勇敢果断,信守承诺,敢于直言。但也有缺点,据《史记·仲尼弟子列传》记载:"子路性鄙,好勇力,志伉直",就是说,他性情粗朴,志气刚强,好逞勇斗力,有时不冷静,缺乏理智。所以孔子曾说:"由也升堂矣,未入于室也",形象地指出子路修身进业的不足。

子路听了老师夸赞他的两句诗"终身诵之",很有点自满自傲之意,却严重阻碍了他的进步。作为老师,出于对弟子的爱护,不得不及时向子路击一猛掌——提醒他:你以为懂得了这个道理,做到了"不忮不求",就算很好了吗? 从而进一步引导他懂得勇而有义、勇而好学的道理。在孔子严格要求、谆谆教诲之下,子路终于成为孔门善于"政事"的头号人物。

9.28　子曰:"岁寒,然后知松柏之后凋也①。"

①凋:草木萎谢、衰落。

孔子说:"到了一年最寒冷的时节,才知道松柏是最后萎谢的。"《淮南子·俶真篇》:"夫大寒至,霜雪降,然后知松柏之茂也。"解说近似。《文选·左思招隐诗》注引《荀子》曰:"桃李蒨粲于一时,时至而后杀。至于松柏,经隆冬而不凋,蒙霜雪而不变,可谓得其真矣。"解说增加了"桃李"的对比。运用类比联想,以自然景物喻指人事品德,这是中国文学的特征,也是中国文化的特色。

"岁寒",可喻指自然灾难,由天灾引发的危及生命的种种恶劣环境;更多的喻指社会苦难,包括人为的迫害、冤屈、困厄、战乱,生理的不幸残缺、遭逢绝症等。"松柏"经冬不凋,喻指人品的坚贞不屈、民族气节、非常之举。

后来出现许多近似这个句子比喻义的成语:士穷显节义、世乱识英雄、路遥知马力、疾风知劲草、烈火见真金……能担当得起这个"喻义"的人,不胜枚举。这里中、外各举一例以证之。

塞万提斯:他是16世纪文艺复兴时期西班牙的伟大现实主义作家。小时,家境贫寒,随父奔走谋生,吃尽辛苦。22岁时参军,在一次与土耳其的海战中,身受重伤,左手致残。28岁时离开军队,回家途中不幸遇到海盗,被抢至阿尔及尔,作为奴隶出卖,又遭到诉说不完的折磨、艰辛。五年后被父母赎身获得自由。为了生计,到海军中谋职,涉嫌挪用公款,蒙冤入狱,三个月后,无罪释放,生活却无着落,一直沉沦在饥寒交迫中。苦难砥砺了他的意志,就在这种恶劣的条件下,创作出流传于世的不朽之作《堂吉诃德》。

司马迁:他是西汉的伟大史学家、文学家。38岁时继父职任太史令。42岁承父志着手写《史记》。五年后因替被迫投降匈奴的李陵辩解而获罪下狱,次年受腐刑(宫刑)。"会遭此祸",痛不欲生!他说:"悲莫痛于伤心……垢莫大于宫刑。刑余之人,无所比数,非一世也,所从来远矣。"但为了"究天人之际,通古今之变,成一家之言",忍辱负重,以"就极刑而无愠色"的勇气,在血水与泪水中发愤著述,终于在五十三岁左右完成了《史记》。鲁迅称赞它是"史家之绝唱,无韵之

《离骚》"。

9.29 子曰:"知者不惑,仁者不忧①,勇者不惧。"

【你解】 ①仁:对人亲善,仁爱。

【我读】 聪明智慧的人,通达事物,明辨是非,善于捕捉时机,严于把握自己,所以不会被物欲(名利、权势,美色)迷惑。反过来说,只有"审物明辨","明足以烛理",不为物欲所惑,才算是聪明智慧的人。

仁德的人,对人亲善、仁爱,处处为他人着想;顺应自然之理,不计个人得失荣辱,常怀坦荡之心,所以没有忧愁。反过来说,只有"乐知天命""理足以胜私",没有一己之忧,才算是仁德的人。

真正勇敢的人,大凡具有三性:正义性(见义勇为)、利他性(设身处地地考虑别人)、忘我性(见不义、不平之事,敢于斗争,置个人于不顾),所以无所畏惧。反过来说,只有"定心致公"、"气足以配道义",无所畏惧,才算是真正勇敢的人。

《礼记·中庸》曰:"知、仁、勇三者,天下之达德也。"诚然,我们今天讲道德修养,讲提高素质,我想,一个人只有兼备这三种传统美德,才称得上有完美的人格修养,才算是真正意义上的素质提高。

9.30 子曰:"可与共学,未可与适道①;可与适道,未可与立;可与立,未可与权②。"

【你解】 ①未:未必,不一定。疑似之语,与否定词"不"有异。适:往,去。这里含有达到、学到的意思。道:指一定的人生观、世界观、政治主张或思想体系。②权:本义秤锤或秤,引申为权宜、权变,即衡量是非轻重,以因事制宜,有变通、灵活的意思。古代常与"经"(指至当不移的道理)相对。

【我读】 这段话中的"道",就是后来韩愈在《师说》中说的"师者所以传道授业解惑也"中的"道",宽泛点讲,也包含着"授业解惑"。

孔子首创私人讲学,开旧时私塾之先河。孔子收徒传"道"的方式与现代的教学方式是很不相同的。他一个人教很多弟子,授以"六艺",有经书,有技艺,弟子年龄、程度差距大,也没限定的学习年限,师生朝夕相处,后来离开老师了,或谋职,或出仕,或回家,师生仍保持着密切联系。所以孔子对每一个弟子,不限于求学时,离开后(即现在的"走上社会")也十分了解。于是孔子将众多(传说三千)弟子进德修业的过程大致概括为两大阶段、四个层次:学习阶段(拜师求教),学道、明道;实践阶段(运用道),创业、立业。

这段话从两方面看:

从"可"(能够)的方面看,围绕"道",求教时有所共学,有所领悟;独立时有所建树,有所创造,揭示了弟子"进德修业"的普遍性,这普遍性表明弟子们的共同愿望、共同追求。孔子从弟子学道、明道的共同愿望中,从弟子创业、立业的共同追求中,折射出孔子"志于道"、"依于仁"的人文理想。

从"未可"的方面看,基于道,不是每个弟子都能达到进德修业的四个层次,这体现了个体的差异性。这差异是由每个人生理的、心理的、出身的、环境的等等内外条件不同所致。孔子观察到了个体的差异,于是通权达变,有了"因材施教"的做法。这在当时是非常先进的教育理念。

9.31 "唐棣之华①,偏其反而。岂不尔思?室是远而②。"子曰:"未之思也。夫何远之有?"

【你解】 ①唐棣(dì):又作常棣、棠棣,杨柳科,落叶乔木。也叫郁李。华:同"花"。②室:家。即居住之处。

【我读】 "(古诗说)唐棣的花儿,翩翩翻舞。难道我不思念你吗?(只是)你居住的太远!"诗句出处不可确考。按《诗·常棣》诗意推测,这是借"唐棣之华"起兴,从花与萼的相依相托,比喻兄弟的亲密关系和相亲之情。兄弟间乃手足之情,自然比朋友之情更亲。套用曹植《煮豆》诗,可以说是"本是同枝生,相念何太远。""君子无终食之间违仁",大概孔子有感于某兄弟间的隔阂、疏远,想到古诗"棠棣之华",不由得发出感慨:"(这是)没真正思念啊,(如果真的在思念)那还有什么远不远的呢?"

孔子这番话,仍是他一以贯之的仁爱精神的反映。

乡党篇第十

10.1 孔子于乡党①,恂恂如也②,似不能言者。其在宗庙朝廷,便便言③,唯谨尔。

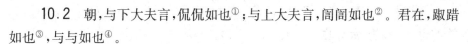

①乡党:周制以五百家为党,一万二千五百家为乡,后因以"乡党"泛指乡里。②恂恂(xún):亦作"恂恂",谦恭谨慎貌。如:此处作形容词词尾,表示"……的样子"。③便便(pián):同"辩辩",言论明晰畅达。

10.2 朝,与下大夫言,侃侃如也①;与上大夫言,訚訚如也②。君在,踧踖如也③,与与如也④。

①侃侃:说话和睦快乐、理直气壮,又从容不迫。②訚訚(yínyín):和颜悦色,又能尽言相诤。③踧踖(cù jí):恭敬又局促不安的样子。④与与:行步徐徐的样子。

("10.1"与"10.2"合读)

我国是礼仪之邦。古代社会礼与仪可分开讲:礼,重在指准则、法度等理性的行为要求;仪,重在指礼节、仪式等感性的行为方式。大多数情况下,礼即礼仪,含义合二为一。

孔子十分重视"礼",立足理性的行为要求,认为礼是国家的纲纪,主张"为国以礼";认为礼是人们行为的准则,提倡"齐之以礼"。

上述两则,孔子基于礼与仪的规范性,身体力行,说话及其表情、态度十分注重场合与对象。就场合而言,在家乡,在生于斯、长于斯的地方,说话应当谦恭,态度应当诚挚,如同后来人——唐代大诗人贺知章,身为朝廷重臣,晚年归里,鬓发疏落,可本色依然,"乡音未改",无怪乎"儿童相见不相识,笑问客从何处来"。若在宗庙祭祀、在朝廷议事,则可明晰畅达地陈述、申辩,以显露自己的才智,只是小心慎重罢了。就对象而言,位,同级的,侃侃而谈,从容不迫;位,高于己的,尽管和言相诤,却表现得合适恭顺。"下大夫"、"上大夫"虽有差别,但都是"臣"。"君在"则不同,"臣"要表现出"事君以忠"的态度,

乡党篇第十

所以，这时孔子说话特别小心谨慎，连行走也显得敬畏不安。

　　孔子弟子对孔子因场合、对象不同而说话及其表情态度也不同的描述，生动地凸显了孔子的礼仪观。这礼仪观在中国文明史上有积极的一面：礼作为理性的行为要求，能规范人们的行为，能和谐人际关系；仪作为感性的行为方式，能反映个体的差别，能使社会有序。但也随之产生消极的一面：礼作为理性的行为要求，在"规范行为"的同时，也限制了行为的"自由"，而趋向单一、封闭；在"和谐关系"的同时，易于混淆是非，而变成调和、折中；仪作为感性的行为方式，在"反映差别"的同时，客观上为贵贱、名位的等级观提供了事实依据；在"能使有序"的同时，客观上为社会的种种不平等现象提供了存在的理由。对孔子的礼仪观作如此评价，推而广之，对一切文化遗产都应辩证地看，积极的一面为我所用，消极的一面应予摒弃。

　　10.3　君召使摈①，色勃如也②，足躩如也③。揖所与立，左右手，衣前后，襜如也④。趋进，翼如也。宾退，必复命曰："宾不顾矣。"

【你解】　①摈：同"傧"。古代称接引招待宾客的负责官员。这里用作动词，指国君下令，派孔子去接引宾客。②勃如：心情紧张而变色（变得庄重矜持）的样子。③躩如：走得很快的样子。④襜如：衣服飘动的样子。

【我读】　此则记述孔子在外交场合，作为接引宾客的负责官员。"傧"，按"傧"的职守依"礼"而行的容貌行动。

　　10.4　入公门①，鞠躬如也，如不容。立不中门，行不履阈②。过位③，色勃如也，足躩如也，其言似不足者。摄齐升堂④，鞠躬如也，屏气似不息者。出，降一等，逞颜色⑤，怡怡如也。没阶⑥，趋进，翼如也。复其位，踧踖如也。

【你解】　①公：古爵位名，为五等爵的第一等，亦为诸侯国君之通称。②履阈：履，践踏、踩；阈，门槛。③过位：经过君主的座位。按照古代礼节，君王上朝，与君臣相见时，前殿正中门屏之间的位置是君王所立之位。到议论政事进入内殿时，君臣都要经过前殿君王所立的位子，这时君王并不在，只是一个虚位，但大夫们"过位"时，为了尊重君位，态度仍须恭敬严肃。④摄齐：拉起衣襟。朝臣升堂时，一般要双手提起官服的下襟，离地一尺左右，以恐前后踩着衣襟或倾跌失礼。摄，拉、拽；齐，下衣的边。升堂：这里指向堂上走去。⑤逞颜色：逞，快心，称意，引申为"放任"。⑥没阶：指走完了台阶。没，尽、终。

我读 此则记述了孔子进公门、出公门依"礼"而行的容貌动作,通过六个带"如"的形容词,生动描绘了臣"事君以忠"的谨慎小心的形象。

10.5 执圭①,鞠躬如也,如不胜②。上如揖,下如授。勃如战色③,足蹜蹜如有循。享礼④,有容色。私觌⑤,愉愉如也。

你解 ①圭:用作凭信的玉,形状上圆(或上尖)下方。这里指大夫出到别的诸侯国去,手里拿着代表本国君主的圭,作为信物。②如不胜:手执玉圭像是举不起来的样子。胜,能承担,能承受。③勃如战色:脸色庄重而昂奋,好像战战兢兢。④享礼:向对方贡献礼品的仪式。⑤私觌:这里指用私人身份和外国君臣会见。觌,见,相见。

我读 此则记述了孔子受君命出使外国,严格按照使臣的身份、恪守使臣之礼行事,连用五个比喻性的"如……"极生动细致地再现了当时的情景。

诚然,上述三则是描述孔子在三种场合(接待宾客、出入公门、出使诸侯国)下的"生活态度"、报道孔子有趣的生活细节,因描述逼真、报道生动,让我们在两千五百年后的今天,透过这些文字,还可以想象出当年孔子作为一个臣"中乎礼"应持的行为要求和行为方式。正如南怀瑾先生说的"要为孔子立一个塑像,或演一出孔子的戏,就要拿这一篇好好研究了"。当然这么说还包括本篇后边的章节。我想当今拍孔子的戏,当反复研读此篇无疑。

10.6 君子不以绀緅饰①,红紫不以为亵服②。当暑,袗絺绤③,必表而出之。

缁衣,羔裘;素衣④,麑裘⑤;黄衣,狐裘。亵裘长,短右袂⑥。必有寝衣,长一身有半。狐貉之厚以居⑦。去丧,无所不佩。非帷裳⑧,必杀之⑨。羔裘玄冠不以吊。吉月⑩,必朝服而朝。

你解 ①绀緅饰:绀,深青带红的颜色,古斋戒服装用色;緅,黑中带红的颜色,古丧服用色;饰,装饰,这里指衣服领子、袖子上的镶边等。②亵服:私居服,贴身内衣也称亵服,红紫色是制作礼服的庄重的颜色。③袗絺绤:指穿细麻或粗麻布做的单衣。袗,单衣;絺,细麻布,葛布;绤,粗麻布,葛布。④素:没有染色的绢。这里是引申义"白色"。⑤麑裘:以幼鹿皮为裘。⑥短右袂:右手袖子要短些,便于做事。袂,袖子。⑦居:一解"坐",指坐垫;一解"处于",指居家。宜解作后者。⑧帷裳:朝拜和祭祀时穿的礼服。⑨杀:减除。这里指(布)裁去。⑩吉

乡党篇第十

月:月朔,即每月初一。

【我读】 此则详细记述了春秋时期君子(像孔子这样的大夫)在各种情形下的着装,从中可以看出孔子对君子上朝时、祭祀时、服丧时、平时乃至睡觉时穿的衣服,都有不同的要求(色泽、质地等),不同的规定(长短、形制、穿法等),表现他恪守礼仪的行为方式,更表现他倡导的礼仪思想,正如《礼记》中说的"礼者,天地之序也。……序,故群物皆别"。孔子强调这个"别"字,通过"礼"的践行,分别各种等级秩序,以表示上下左右、尊卑贵贱。"红紫不以为亵服",因为红紫是君王用的贵重色彩,不能随便使用。"吉月,必朝服而朝",因为君王至上,必穿特制的朝服以示尊崇。可见,色彩、服型已体现出上下尊卑了。更不必说,只有君子穿皮袍、戴饰物、"有寝衣";小人(草野之民)"衣不遮体",岂能妄想! 社会生活中,衣着上的贵贱等级之分再清楚不过了。

孔子的礼仪行为、礼仪思想,"序"的规范一面,有利于社会生活的和谐、统一;"别"的等级一面,流毒至深,不利于社会生活的民主、文明的构建。

10.7 齐①,必有明衣②,布。齐必变食,居必迁坐③。

【你解】 ①齐:通"斋",斋戒。②明衣:古人在斋戒期间沐浴后所换穿的干净内衣。③迁坐:古代上层人物的寝室有内寝(又称燕寝)与外寝(又称正寝)之分,平常时日与妻妾同居于燕寝,斋戒或有疾时则在正寝独居。坐,位置所在,指斋戒时从内室迁到外室居住,不与妻妾同房。

【我读】 此则"记孔子谨斋之事"。古人认为,祭祀前斋戒沐浴,净身净虑,以示"敬""畏",此乃古代巫术仪式的残存,愈诚愈有效应。孔子斋戒,做到三"必":"必有明衣""必变食""必迁坐",诚哉"谨"也。可见孔子十分重视斋戒。这种宗教性的禁欲(食色)特征,为后来的宋明理学"灭人欲存天理",提供了产生、发展的基础。此流弊,当引起后人辨析二者之间的源流关系。

10.8 食不厌精,脍不厌细①。

食饐而餲②,鱼馁而肉败③,不食。色恶,不食。臭恶,不食。失饪④,不食。不时,不食。不正,不食。不得其酱⑤,不食。

肉虽多,不使胜食气⑥。唯酒无量,不及乱。沽酒市脯⑦,不食。不撤姜食,不多食。

①脍:细切的肉、鱼。**②食饐而餲**:饐,食物放久而发臭;餲,食物放久而变味。**③馁、败**:鱼烂曰馁,肉腐曰败。**④失饪**:不熟或过熟。饪,烹饪,煮熟。**⑤不得其酱**:凡鱼肉各有其气味,吃不同的鱼肉要配置相宜的酱。**⑥气**:"同"饩",本指赠送人的粮食或饲料,此指粮食。**⑦沽酒市脯**:沽、市皆买也;脯,熟肉干,干肉。

此则详细记述了孔子的饮食规矩。"食不厌精,脍不厌细。"饭菜的制作力求"精"与"细",这是孔子对饮食的总原则,后边连用了八个"不食",从负面具体提出了饮食要求。前三个"不食",提出食物要趁新鲜吃,切不可吃变质、变色、变味的食物;中三个"不食",提出了烹煮要得当、食物要合时、切取要合适,否则影响食物的营养价值;后两个"不食",主要从讲卫生的角度说的。最后还连用两个"不"字,更进一步提出进食要求:用姜(去秽恶,助消化),适量,带有明显的科学养生性质。

从儒家的观点来看,孔子对于饮食也是立足于"礼"的,从食物的制作、质量、佐料、取用等方面提出了规范要求;从今天科学膳食的角度看,孔子讲究饮食,重视提高生活质量,是无可非议的。"唯酒无量,不及乱",这种主张、这种观点,在先秦诸子中也是很突出的:一则体现了"唯……无量"追求自由的理想,一则表现了"不及乱"的中庸观点,为中国"酒文化"的形成,开启了先河。

10.9 祭于公①,不宿肉②。祭肉不出三日。出三日,不食之矣。

①祭于公:指士大夫等参加国君举行的祭祀典礼。公,此指国君。**②不宿肉**:肉,指"胙肉",祭祀所用的肉。这肉已有两天时间了,当天必须食用,否则就会变质。宿,住宿处,引申为"隔夜的"。

祭祀,在古代社会是一件大事,最能反映对待"礼"的态度。此则专门说孔子如何对待祭肉:公祭的肉"不宿",私祭的肉"不出三日",都得在这个时限内食用,一则及时,表明对神灵、先人的诚敬,二则新鲜,表明对现实人生的专注。反之,"肉败""色恶""臭恶",弃之,是对神灵、先人的亵渎;食之,是对人自身的戕害。孔子重视祭肉,正是以"礼"从一个侧面规范社会生活。

10.10 食不语,寝不言①。

①语、言:论难曰语,直言曰言。

"吃饭时不交谈,睡觉时不说话。"孔子这么说,如果在祭、斋期间,可能出于对神灵、祖先的敬畏;如果在平时,可能出于养生的考虑。二者都体现了"礼"与'仁'。

10.11 虽疏食菜羹①,瓜祭,必齐如也。

①羹:用肉或菜调和五味做成的带汁的食物。

虽然是粗米饭蔬菜汤,也一定要祭一祭,一定要像斋戒那样恭敬严肃。

孔子认为,祭祀是对先人、神灵的追念和尊敬,选择鱼肉等精美食品可以表示,粗糙的饭菜也可以表示,贵在"诚敬",贵在"不忘本"。

10.12 席不正①,不坐。

①席:芦苇竹篾编成的席子,古代没有椅凳,都是在地上铺席子,席地而坐。

坐席摆放不端,不去坐。

席正,就是坐席要整洁,要合标准,要按"礼"摆放:席子四边必须与墙壁平行,象征尊卑秩序合理适当。"席不正",打乱了应有的秩序,失去了严肃性,"圣人心安于正,故于位之不正者,虽小不处"。

10.13 乡人饮酒①,杖者出②,斯出矣。

①乡人饮酒:指古时的乡里饮酒之礼,即同一乡的人在一起饮酒聚会。②杖者:拄拐杖的人,即老年人。

乡饮酒礼是周代仪礼的一种。"乡饮酒之礼,六十者坐,五十者立侍以听政役,所以明尊长也。""五十杖于家,六十杖于乡,七十杖于国,八十杖于朝。九十者,天子欲有问焉,则就于其室。"(《礼记》)《仪礼》中的《乡饮酒礼》也有对乡人饮酒仪式的具体规定。总之,在乡饮中,必须尊敬老人,年龄最长者坐上席。

尊老敬老是中华民族传统的美德。孔子在"乡人饮酒"这种聚会后,要求与会者"杖者出,斯出",如同今人乘车"让座",是对老年人的关爱,避免老年人在拥挤中意外受伤。这对祭祀礼来说,既是对神的尊重,更是对现实中老者的尊重。

10.14 乡人傩①,朝服而立于阼阶②。

①傩:古代腊月驱逐疫鬼的一种仪式。②阼:大堂前东面的台阶。古代宾客相见时,客人走西面的台阶,主人走东面的台阶。常

"阼阶"连用。

古代习俗,在节日和祭祀的仪式结束后,要举行傩舞,即迎神和驱除疫鬼的活动。《周礼》中记载,周夏官方相氏,蒙熊皮,穿黑衣,执戈持盾,戴着绘有四只金黄色眼睛的面具,率百隶及童子,敲着鼓,跳着舞,口里发出傩傩之声,表演着驱疫逐鬼的内容。

据古注所言,孔子遇见"乡人傩",怕惊扰先祖的神灵,所以"朝服而立于阼阶",以示"诚敬"。同时,这样做也给百姓作出表率,让大家尊重、重视"傩"这种宗教仪式。

10.15 问人于他邦①,再拜而送之。

你解 ①问:问候,这里指托别人代为致意。邦:诸侯的封国。

我读 孔子认为,"礼"是国家、社会最高的行为规范,时时、处处举手、投足,都必须依"礼"而行,他要求别人严格遵守,自己更是身体力行。这里记述的,不是孔子亲往问候,而是托人代为问候在他国的朋友。古代士人相见,理当"再拜"(拜两次)。孔子对所托之人"两拜",不是拜谢所托之人,而是对身在"他邦"的朋友的遥拜,因此所托之人无须还礼。孔子在"问人于他邦"这种小事上,也恪守"礼"的规定。

10.16 康子馈药①,拜而受之。曰:"丘未达③,不敢尝。"

你解 ①康子:即季康子,鲁哀公时的正卿(宰相),姓季孙,名肥。"康"是谥号,"子"是尊称。

你解 联系《礼记》所记,可知古礼:收到他人馈赠的食物时,"必尝以拜,"应当着馈赠者的面,品尝馈赠品,以示不虚所馈。这里赠送的是"药",不是一般意义上的食物,孔子虽"拜而受之",但没有依"礼"当面品尝。所以,孔子作了解释:"丘未达,不敢尝。"因不了解药性,出于"谨疾"的缘故,故"告之"。表明孔子事事遵"礼",有不能依"礼"而行时,必得直率说明,一则显示诚意,二则能够变通。可见孔子是用"礼"规范行为,而不一味束缚行为。

10.17 厩焚①。子退朝,曰:"伤人乎?"不问马。

你解 ①厩:马圈。焚:烧。

你解 孔子家里马圈失火,他退朝回来知道后,只问伤人没有,并不问马是否受伤。当时的马匹是劳动工具、交通工具,非常贵重。只问人不问马,说明孔子对人的重视。所以儒家的仁学就是"人学",在处理人与物时,人是第一位的,人是"本",中国人道主义思想由此发端吧。

10.18　君赐食,必正席先尝之。君赐腥,必熟而荐之①。君赐生,必畜之。

侍食于君,君祭,先饭②。

【你解】①荐:献,进献祭品。这里指把腥(生肉)煮熟了放在祖先灵位前上供,表示进奉。②先饭:在君主举行饭前祭祀时,抢先替君主尝饭。

【你解】"君赐食,必正席先尝之","必正"表示敬受国君的恩赐;"君赐腥,必熟而荐之","熟荐"表示荣归于祖,无比光耀。"侍食于君","为君先尝之","礼"所当然。

此则详记孔子感恩"君赐",定当尽臣事君之礼。

10.19　疾,君视之,东首①,加朝服,拖绅②。

【你解】①东首:即"首东",头朝东。②绅:古代士大夫系的大带子。

【你解】这里两个问题:第一,"疾,君视之",孔子为什么躺在床上头朝东? 古人一般"寝恒东首",君主来,从东阶上,这东阶原来是主人的位向,现在孔子病卧在床,不能起身,头朝东正好方便迎接君主。第二,"疾,君视之",孔子为什么"加朝服,拖绅"? 因为病卧既不能着衣束带,又不可以亵服见君,故加朝服于身。

臣子生病,国君前来探望,是国君对臣下的关心和尊重。这是比较正常的君臣关系。

此则用具体行动表明孔子即使在病中,仍严格遵循臣尊君之礼。

10.20　君命召,不俟驾行矣①。

【你解】①俟:等待。驾:把车套在马身上。

【我读】《礼记·玉藻篇》曰:"凡君召以三节:二节以走,一节以趋。在官不俟屦,在外不俟车。"意思是说,国君派使臣召见某臣,手持玉制信物(一节一节的,有三节),持两节来,某臣要快跑前往;持一节来,要快走前往。如果在朝中官署,某臣不等鞋穿好就要前往;如果在家中,不等马车驾好就得前往。此则表明,孔子是在家中受到国君召见,是突然的召见,必有重要事情相商。作为臣下的孔子,自当立即前往,为节省时间,先得步行,让车马备好随后赶上吧!

此则真实地再现了孔子应"君召"之礼。臣侍君之忠,栩栩然矣!

10.21　入太庙,每事问。

【你解】此则与《八佾篇第三》之"3.15"文字相同,"我读"略。

10.22 朋友死,无所归①,曰:"于我殡②。"

【你解】①归:归宿。这里指后事的安排。②于:犹"由",让。

【我读】朋友死了,没有人料理后事,(孔子)说:"让我来负责安葬吧。"

据《孔子家语》记载:孔子厌恶那只为死者流泪却没有实际表示的人啊,故要行赠礼,你就照我的话去实行吧。

本则表明孔子倡导"仁"并不是说说而已,而是能切切实实贯彻在他的实际行动中。

10.23 朋友之馈,虽车马,非祭肉①,不拜。

【你解】①祭肉:指祭祀祖先用的胙肉。

【我读】孔子对他人的馈赠品,也是依"礼"而行的。《礼记·玉藻篇》曰:"君赐车马,乘已拜。"而朋友的馈赠,"虽马车……不拜",因为朋友是平等身份,有"通财之义"。如果朋友馈赠的是"祭肉",则"拜";这"拜"不是拜朋友,而是"敬其祖考"(敬朋友的祖先神灵)。可见,孔子十分重视生活中的下拜礼节,只有对国君、神灵、长辈等身份地位高于自己的人才行跪拜之礼。

10.24 寝不尸,居不客①。

【你解】①居不客:居,坐;不客,不像作客或客人那样郑重、规矩。有的版本,"客"为"容"。

【我读】由此可见,孔子并非一味板着面孔,俨然,肃然,"非礼勿行"。他恪守"不逾矩",同时追求"从心所欲"。家居就不同于出入公门,诚如弟子记述的:"子之燕居,申申为也,夭夭如也",是比较随意、随和、安详自适的。这样忠于生活的记述,活脱脱地再现了真实的孔子。孔子是圣人,圣人也是人,他有圣人崇高伟大的一面,也有常人"饮食男女"的一面。当今,塑造孔子形象,当从两面视之、把握之,切不可偏颇、拘泥。

10.25 见齐衰者①,虽狎②,必变。见冕者与瞽者③,虽亵④,必以貌。凶服者式之。式负版者。有盛馔⑤,必变色而作。迅雷风烈必变。

【你解】①齐衰(zīcuī):古代用麻布做的丧服。②狎:亲近,亲热。③冕:大夫以上所戴的礼帽。④亵:亲近,熟悉。⑤盛馔:丰美的食品,也指盛大的筵席。馔,食物,多指美食。

【我读】见到穿丧服的人,虽然关系亲近,也一定变得严肃起来。见到戴

乡党篇第十

礼帽的人和盲人,虽然熟悉、常见,也一定礼貌相待。(乘车遇上)穿丧服的人,便俯身伏在车前横木上(表示敬意)。遇上传送国家图籍的人,也得俯身伏在车前横木上(表示敬意)。(作客)遇有丰盛的筵席,一定站起来神色庄重表示谢意。遇有雷霆和大风,神态一定变得庄严(以示对天地神灵的敬畏)。

孔子重视"礼",不仅表现在礼仪上,更表现在礼貌上。这"礼"的核心是"诚""敬"二字,体现到待人接物上,则是"仁"。

此则记下了孔子在生活中所"见"的六种情况,小至对弱者、残者,大至对国家、天地,神情上突出一个"变"字,态度上紧扣一个"貌"字,折射出孔子待人接物的诚敬精神,也使我们看到一个身体力行的真正的仁者。

10.26 升车①,必正立,执绥。车中,不内顾,不疾言②,不亲指。

【你解】 ①升:登上。②疾:急速;猛烈。

【我读】 登车,一定端正地站立,拉着扶手的绳索(上车)。在车上,不回头看,不高声说话,不随便指划。

这虽然是生活小事,可孔子不苟且、马虎,严格遵循着礼制:上车时,"必正立",表明体正心诚;"不内顾",表明庄重,恭敬;"不疾言"表明不骄矜,怕"惊众";"不妄指",表明不随便,怕"惑众"。孔子说:"文质彬彬,然后君子。"从"立正"和三"不"这些细节上,可以看出孔子非常重视"修身",他以君子的"文质"要求自己,对生活、对人生是持严肃、认真态度的。

10.27 色斯举矣①,翔而后集。曰:"山梁雌雉②,时哉时哉!"子路共之,三嗅而作。

【你解】 ①色斯举:色,脸色,表情,引申为变色,作色;斯,连词,那么,就;举:起飞。②雉:野鸡,雄的羽毛华丽,雌的砂褐色。

【我读】 本则放在篇末,带有总结性质,并未直说,似是隐喻性故事。孔子倡"仁"复"礼",周游列国,游说诸侯,到处碰壁,累累如丧家之犬。一日,与子路等弟子在奔波途中,偶见一群野鸡,见人惊飞了,飞到一安全处才停下来,于是产生类比:这些出入山野的野鸡时运多好呀,趋利避害,进退自由,当飞则飞,当止则止,我生于乱世却不知避隐,"人不如鸟"呀,生出无限感慨。

孔子毕竟是圣人,是积极的入世者,虽然逐渐老迈,政治上是没有希望了,可他并不颓丧,晚年仍致力于著述、育人。

先进篇第十一

11.1 子曰:"先进于礼乐,野人也①;后进于礼乐,君子也②。如用之,则吾从先进。"

【你解】 ①野人:一作鄙人。古时称四郊以外地区为"野"或"鄙","野人"是指在"野"的农业生产者。此指没有爵禄的平民。②君子:此处与"野人"对举,指有爵禄的贵族。

【我读】 此则,注家对"先""后""野人""君子"的解释不同,因而对全篇的理解有异。

孔子为什么说"如果让我选用的话,那我将选用先学习礼乐的人?"

从当时形势看,"春秋无义战",是混乱时期,诸侯争霸,各自为政,迫切需要人才;从个人阅历看,孔子"少也贱","多能鄙事",当然包括礼乐。孔子一贯注重实际,基于这两点,才有这样的用人观:尽管是在野的平民,没有爵位,只要认真进修了礼乐,在崇尚礼乐治世的社会,具备了礼乐就能"入仕",就会把官做好,有利于统治。如果没进修礼乐,凭世袭"入仕",尽管"后进",总不如"先进"称职。好比现在,"先进"是内行领导,"后进"是外行领导。特殊情况,"后进"作为权宜之计可以,形成制度,就有害于事业了。所以,孔子不论出身选择人才是值得借鉴的。这种人才观,在当时,算是一种"不拘一格"的革新见解;在今天,也不失为是一种破除"官本位"的改革行为。

11.2 子曰:"从我于陈、蔡者①,皆不及门也②"。

【你解】 ①从我于陈、蔡者:当时跟随的弟子有子路、子贡、颜回等。②不及门:指到不了、不在他的门下受教育。"门",此指学习场所。"及",到,在。

【我读】 前484年,孔子返鲁后,回想当年在陈"绝粮"、在蔡受困那段最艰难、最危险的岁月,依然触目惊心。如今都过去了,人也老了,那些跟随自己、患难与共的弟子们,有的做官去了,有的回老家去了,有的不幸病死了。抚今追昔，人事沧桑，不胜感慨。鲁迅诗云："无情未必真豪杰，怜子如何不丈夫。"师生情胜过父子情。艰难岁月难忘，艰难岁月的师生情更难忘！

11.3 德行①：颜渊，闵子骞，冉伯牛，仲弓。言语：宰我，子贡。政事：冉有，季路。文学②：子游，子夏。

①德行(xíng)：谓道德品行。此指能实行忠恕仁爱孝悌的道德。
②文学：指诗书礼乐等文化知识。

《史记·孔子世家》记载："孔子以诗书礼乐教，弟子盖三千焉，身通六艺者七十有二人。"《史记·仲尼弟子列传》说："受业身通者，七十有七人，皆异能之士也。"曹魏之时，王肃撰《孔子家语·七十二弟子解》说收列弟子七十六人。诸说未免有夸大之嫌，但孔子一生大部分时间从事教育活动，确实培养出不少有才干的弟子，无愧"桃李满天下"之称。

此则未有"子曰"，很可能是孔子门人，根据弟子品德与专长，将表现突出者分列四科，各科代表人物分别是：道德品行好的是颜渊、闵子骞、冉伯牛、仲弓；擅长辞令的是宰我、子贡；会办理政务的是冉有、季路；通晓文献典籍的是子游、子夏。

11.4 子曰："回也非助我者也，于吾言无所不说①。"

①说：同"悦"，心悦诚服。

孔子曾说过："吾与回言，终日不违，如愚。"就是说颜回一贯听老师的话，认为老师的话都是正确的，从不提不同意见，认真到像呆子似的。不仅听，而且私下里的言行"无终食之间违仁"，这真是忠顺的弟子啊！可孔子为什么说"非助我者也"？我想这正是圣人高明处。

孔子把"修身"放在第一位。他是大教育家，自然深谙教学相长之理：学"知不足然后能自反也"，教"知困然后能自强也"（《礼记》）。实现后者就需要教学对象不断提问、追问，像很多弟子的问"仁"、问"孝"；更希望乃至诘问、质问，如子夏问诗："何谓也？"孔子答后，又问："礼后乎？"这样的"问"，孔子非但不会不高兴，反而赞赏："起予者商也，始可与言《诗》矣。"正因为这样的"问"，让孔子"知困"，从而启发思考、激发自强。

把这句话倒过来看，"于吾言无所不说(悦)"，一般人是喜欢的，是求之不得的，可孔子认为无助于"修身"、治学，所以说"回也非助我者也"。

11.5 子曰:"孝哉闵子骞①!人不间于其父母昆弟之言②。"

你解 ①闵子骞:与颜渊并列德行科代表。他是当时有名的孝子,其孝行被后人列入《二十四孝》。②间(jiàn):间隙,引申为"挑剔、批评"。昆:兄。

我读 闵子骞的孝行家人称赞,邻里传颂,并非虚言,有事实依据。《艺文类聚》引《说苑》曰:"闵子骞兄弟二人,母死,其父更娶,复有二子。子骞为其父御车,失辔,父持其手,衣甚单。父则归,呼其母儿,执其手,衣甚厚,温。即谓其妇曰:'吾所以娶汝,乃为吾子。今汝欺我,去,无留!'子骞前曰:'母在,一子单;母去,四子寒。'其父默然。故曰:'孝哉闵子骞,一言其母还,再言三子温。'"

11.6 南容三复白圭①,孔子以其兄之子妻之。

你解 ①三复:多次反复(诵读)。复,反复。白圭:意谓说话要小心谨慎。

我读 南容反复诵读《白圭》诗句,孔子把他哥哥的女儿嫁给了南容。
孔子谈论南容,曾说过:"邦有道,不废;邦无道,免于刑戮。"有道、无道之世,南容都能安然处之,为什么?从他平日"三复《白圭》"可知。正因为南容谨言慎行,"夫子信其仁",才"以其兄之子妻之"。

11.7 季康子问:"弟子孰为好学?"孔子对曰:"有颜回者好学,不幸短命死矣,今也则亡。"

你解 本则文字,似节录于《雍也篇第六》(6.3),故"我读"略。

11.8 颜渊死,颜路请子之车以为之椁①。子曰:"才不才,亦各言其子也。鲤也死②,有棺而无椁③。吾不徒行以为之椁。以吾从大夫之后④,不可徒行也。"

你解 ①颜路:姓颜,名无繇,字路,鲁人,颜渊(回)之父,孔子"始教学于阙里"时的早期弟子。②鲤:孔子19岁时,娶宋国人亓官氏,生子伯鱼。鲁昭公以鲤鱼赐孔子,故给儿子起名孔鲤。孔鲤50岁死,孔子时年70岁。③棺、椁:棺,棺材,直接装殓死人,有底;椁,棺外的套棺,无底。

我读 颜渊是孔子喜爱的弟子,孔鲤是孔子亲爱的儿子,两人都不幸死了,都只用棺埋葬,没有用套棺——椁。为什么?朱熹曾引胡氏的话作注"夫君子之用财,视义之可否,岂独视有无而已哉?""用财视义",这话对我们很有启迪。

　　颜路请求孔子卖掉车或拆掉车,替儿子置办椁,表明他家里穷,置办不起;也表明信任孔子向来仁义,何况对自己喜爱的弟子哩!可孔子并没有答应。我想,他不是不喜爱颜渊,也不是舍不得车子。主要原因:颜渊和孔鲤一样,没有出仕过,按礼不能享用套棺——椁,所以"鲤也死,有棺而无椁"。再说,车卖了或拆了,孔子曾为大夫,现在回到鲁国,虽没有什么正式官职,有时应召上朝议事,步行是不合规矩的。这件事,从另一个角度证明孔子执着于礼:"非礼勿视,非礼勿听,非礼勿言,非礼勿动。"

11.9 颜渊死。子曰:"噫!天丧予①!天丧予!"

〖你解〗　　①丧:亡。这里为使动用法"使……亡"。予:第一人称代词,我,我的。

〖我读〗　　孔子十分悲痛,连声说"天丧予,天丧予",表明他是一位既重礼(理)、也重情的人。他之所以如此悲痛,我认为主要原因有二:一则应当"仁者寿",可颜渊这样一位"仁贤于丘"的仁者却"不幸短命死矣",大大出乎孔子的意料之外,能不感到彻骨的痛心吗?二则孔子想到毕生为之奋斗的"仁道"由谁去传承呢?颜渊"其心三月不违仁",这最好的传人死了,有"无传"之虞,想到此,自然"哭之恸"。

11.10 颜渊死,子哭之恸①。从者曰:"子恸矣!"曰:"有恸乎?非夫人之为恸而谁为②?"

〖你解〗　　①恸:大哭;哀痛之至。②非夫人之为恸而谁为:即"非为夫人恸而为谁"的倒装。夫,指示代词,代指死者颜渊。

〖我读〗　　再次表示,孔子对颜渊之死"哀伤之至,不自知也",陷入深深的哀痛之中,"言其死可惜,哭之宜恸,非他人之比也"。

11.11 颜渊死,门人欲厚葬之①,子曰:"不可。"

门人厚葬之。子曰:"回也视予犹父也,予不得视犹子也②。非我也,夫二三子也。"

〖你解〗　　①门人:门生,弟子。②予不得视犹子也:意谓我不能像对待亲生儿子那样按礼来安葬。

〖我读〗　　颜回死了,孔子不赞成"厚葬",我认为主要理由有二:一不合礼制。据《史记·檀弓上》记载，子游问丧具，孔子说"称家之有无"，并说"有，毋过礼"，就是说丧具厚薄当视家庭经济情况而定，即使家中富有，也不能"过礼"。颜回生前没有"出仕"过，不能享有"厚葬"之礼。颜回家境贫寒，以"无"充"有"，不当。二违背颜回本性。他活着的时候生性俭朴，一贯安贫乐道，"一箪食，一瓢饮，在陋巷，人不堪其忧，回也不改其乐"，现在死后反而厚葬，他若黄泉有知，岂不反对吗？

最后，孔子说"非我也，夫二三子也"。这是老师对死者颜渊倾诉心曲：你的同窗好友包括你的父亲颜路都不理解我呀，我是按礼行事、按你的心愿行事！你生前视我为父，可你死后我没有做到视你为子——像安葬鲤那样安葬你，深感愧疚！

一个"立乎礼"又重乎情的仁者形象，栩栩然如在目前矣！

11.12 季路问事鬼神。子曰："未能事人，焉能事鬼？"曰："敢问死①。"曰："未知生，焉知死？"

【你解】 ①敢：谦词，有冒昧的意思。

【我读】 孔门弟子中"政事"科代表、性格耿直的的子路，一向敢于直言。一次两问（问事鬼神、问死），孔子态度鲜明地以两"未"（未能事人、未知生）对其舍本逐末的认识予以批评；又以两"焉"（焉能事鬼、焉知死）的反问，表露了自己的观点：应正视现实、立足现实，以"能事人"为本，以"知生"为要。就是说，作为社会的人，只有学会了侍奉父母、侍奉长辈，进而侍奉执政者、侍奉君主，才说得上侍奉鬼神；作为社会的人，只有明白了活着的意义，才谈得上去了解死的道理。孔子说过："敬鬼神而远之"，"祭如在"。由于当时生产力低下，科学尚在蒙昧时期，孔子不可能进行"科学实验"以证实鬼神的有无，不否定也不肯定，只能疑而不论；至于"死"，那是常见现象，死后如何，与上同理。无法说清，也只能存而不议。

由此看来，孔子是个地道的实用理性主义者，他不像道家消极"出世"，而能积极"入世"；也不像后来的释家口口声声修"来世"，而能倾力作为在"今世"。所以，孔子的"重实远虚"，与其说是儒家为人处世的理念，不如说是儒家为人处世的智慧。我们今天讲传承中华民族的优秀文化，就是要学习这种智慧、运用这种智慧。

11.13 闵子侍侧，訚訚如也①；子路，行行如也②；冉有、子贡，侃侃如也。子乐。"若由也，不得其死然③。"

这段记述,彰显了《论语》两个鲜明特色:

第一,语言风格上以情采胜。对四位弟子,用"訚訚如"、"行行如"、"侃侃如"三个形容性词语,极精炼而又生动地素描了三种性格类型,他们的个性、风貌,通过词语的联想、暗示,宛然在目。正如美学家李泽厚在《论语今读》中所言:其他著名经书、子籍,或以道理(包括孟、荀)、或以想象(如庄子)、或以故事(如韩非子)胜,却缺乏更可感触的现实氛围。

第二,思想内容凸显教育家本色。孔子时刻不忘教育弟子,也时而评论弟子。他看到这些可爱的各有所长的弟子,亲近在身旁,的确有"得天下英才而教育之"之"乐"。为什么在快乐的同时,又担心子路的未来呢?从"子路行行如也",作出"不得其死然"的预测,似有相术之嫌。其实不然。孔子说过:"人之过也,各于其党。观过,斯知仁矣。"他是把一个人的性格与过失联系起来思考。任何性格都有两面性:优点和缺点。如若调适不当,就会犯错。子路刚勇有余,冷静不足,一事当前,尤其是突然出现的大事,容易产生置生死于不顾的过激行为。孔子担心他不得善终,与现代心理学揭示的"性格决定命运"的道理是相通的。需要明确的是,孔子这种忧虑,完全出于老师对弟子的关心、警示,并无任何恶意。至于后来,子路果然猝死于孔悝(kuī)之乱,而且"结缨而死",死得惨烈、悲壮,不能误解为应验了孔子的"谶言",只能说是子路的性格使然。

11.14　鲁人为长府①。闵子骞曰:"仍旧贯,如之何? 何必改作?"子曰:"夫人不言,言必有中②。"

这段话的历史背景是:当时鲁昭公执政,贵族季氏专权,昭公改修府库,积蓄力量,是想对季氏采取行动,可季氏深得民心,根扎得牢,难以动摇。闵子骞对政治形势看得很清楚:昭公如若改修府库,惊动了季氏,鲁国将会发生战乱,且昭公君位难保。为稳定大局,也避免"劳民伤财",所以生性正直持重、惜言如金的闵子骞,在这关键时刻,以商量的口吻委婉地表述了他的主张:"仍旧贯。"这正符合孔子尚仁宁俭的观点,所以孔子对闵子骞的话充分肯定:"夫人不言,言必有中。"这八个字已成了评价"一语破的"的褒义成语了。

11.15 子曰:"由之瑟奚为于丘之门①?"门人不敬子路。子曰:"由也升堂矣,未入于室也②。"

你解 ①瑟(sè):拨弦乐器,形似琴,但无徽位,通常二十五弦,每弦一柱,古时常与琴或笙合奏。②升堂、入室:登上厅堂,进入内室。这里比喻造诣高深的程度:入室喻指最高境界,升堂仅次之。后泛用以赞扬人在学问或技能方面有高深的造诣。升,登上;堂,即正厅,古代宫室的前屋;室,即内室,古代宫室的后屋。

我读 子路在"丘之门"(我孔丘这里)鼓瑟,一向"诲人不倦"的孔子为什么表示出不满?"言其声不和,与已不同也。""盖其气质刚勇,而不足于中和,故其发于声者如此。"孔子主张"温良",鼓瑟也得心平气和,表现出君子和乐、坦荡之情,而子路气质刚强,不足于中和,鼓瑟有北鄙杀伐之声。显然孔子对子路鼓瑟的声调不满。弟子们误以为子路鼓瑟于"丘之门"是不自量力、是卖弄,所以"不敬子路"。孔子察觉弟子们误解了他不满的缘由,于是说:"仲由(鼓瑟的技能)已达到'升堂'的水平了,只是还没到'入室'更高妙的境地呀!"

由此可见,孔子还是按"仁"的标准评人论事的:子路鼓瑟的发声有违"仁",所以"不满";门生因此对子路"不敬",孔子从"爱人"出发,给子路鼓励的同时,对门生也作了间接的解释,其不失仁人之心!

可贵的是,孔子从对子路的鼓励中,提出了学习由浅入深的"三阶说":入门—升堂—入室,客观上给学习者进修技能、升造学问,指出了努力的方向。

11.16 子贡问:"师与商也孰贤①?"子曰:"师也过,商也不及。"曰:"然则师愈与?"子曰:"过犹不及②。"

你解 ①师:即子张。商:即子夏。孰:疑问代词,此处用于比较,哪一个。②犹:如,同。

我读 孔子为什么说"师也过,商也不及"呢?朱熹《论语集注》解答明确:"子张才高意广,而好为苟难,故常过中。""子夏笃信谨守,而规模狭隘,故常不及。"

子贡问"师与商也孰贤",实际是问"做事过分"与"做事不够"哪个好些,并通过"再问"明确表示倾向前者。子贡的观点很有代表性。

古时关于"利",就有两个极端的例子:杨朱"拔一毛而利天下吾不为",墨子"摩顶放(fǎng,至)踵以利天下",都是"过中"的表现。

孔子在答子贡问中,提出了合乎中庸之道的著名观点"过犹不及"。这个观点具有普适性,无论何种领域都适用,堪称"放之四海而皆准"的真理。孔子在《中庸》中说:"道之不行也,我知之矣:知者过之,愚者不及也。道之不明也,我知之矣:贤者过之,不肖者不及也。人莫不饮食也,鲜能知味也。"(没有谁不喝水吃饭,但很少有人能品尝到其中滋味。)最后这两句最耐人寻味。孔子"就近取譬",用日常饮食的适度,揭示了一个深刻的人生哲理:凡事得有个"度",不"过",也"不及",以做到"恰到好处"为最高原则、最高追求。自古以来,"人莫不饮食",可真能"知味"者少呀! 时隔两千多年,孔子的感叹仍发人深思。

11.17　季氏富于周公,而求也为之聚敛而附益之①。子曰:"非吾徒也。小子鸣鼓而攻之,可也②。"

论
语
大
家
读

【你解】　①而求也为之聚敛而附益之:求,冉求,亦称"冉有",政事科代表人物;也,助词,用于句中,表停顿,以引起下文;之,指代季氏。②鸣鼓而攻:指公布罪状,加以声讨。

【我读】　根据《左传》中《哀公十一年》和《哀公十二年》记载,季氏已富可敌国了,还"贪得无厌",想以"田赋"(按每户田亩数)取代以"丘"(一丘为四邑,相当于124户的村落)来征收赋税,进一步敛财。当时冉求是季氏家臣。季氏派冉求去征求孔子意见。孔子不回答,私下对冉求说:"君子之行也度于礼,施取其厚,事举其中,敛从其薄,如是则以丘亦足矣。若不度于礼,而贪冒无厌,则虽已田赋,将又不足。且子季孙若欲行而法,则周公之典在;若欲苟而行,又何访焉。"季氏没有接受孔子意见,冉求还是帮助季氏实行了"田赋"。这种不义之举,与孔子"薄敛厚施"的主张背道而驰,孔子自然极其愤慨,于是大声疾呼:"非吾徒也,小子鸣鼓而攻之,可也。"听这疾呼声,好像孔子宣布把冉求开除孔门,并且大加责难;实质上是公开表示,对季子为富不仁的不满和声讨。可见孔子的政治态度非常鲜明,即使是自己喜爱的弟子,僭礼违仁,绝不宽恕,仍坚定地"立于礼""依于仁",毫不留情地严厉批评。

11.18　柴也愚,参也鲁,师也辟①,由也喭②。

①辟：通"僻"，不诚实，邪僻。②喭：强横，粗鲁。

此则没有"子曰"二字，或许脱漏了，根据表述形式，姑且看作孔子的评说吧！

朱熹曾为此作注说，高柴忠厚老实，曾参反应迟钝，不够聪敏，但"学也确"。扎实肯下苦功，故能"深造乎道"。子张偏好仪容，举止轻浮，应收敛骄矜，注重诚实。仲由刚强勇猛固然好，而冷静、文雅不足，要加强这方面的修养。

柴、参、师、由，都是孔门有成就的弟子；愚、鲁、辟、喭，都是有偏激的个性。指出弟子身上存在的个性缺点，正是提示弟子要时刻注意克服，为人处世不要犯这方面的过失。"寓教于评"，这是孔子因材施教的独特方式。正如朱熹引言："四者性之偏，语之使之自励也。"此引深刻揭示了孔子的良苦用心。

11.19 子曰："回也其庶乎，屡空①。赐不受命，而货殖焉②，亿则屡中③。"

①屡空：常常贫困。孔子称赞颜回品行好，能安守贫困，后用以指安贫乐道。②货殖：经商。③亿：推测。这个意义后来写作"臆"。

颜回是孔子最得意的弟子；子贡是孔子最得益的弟子。

颜回安于贫困，终生不仕，一直处于贫穷之中，生活清苦，一介寒士；子贡从未停止过经商活动，又多次出仕，声名显赫，家累千金。颜回"受命"却"屡空"（常常贫困），子贡"不受命"却"屡中"（连连发财）。孔子这么说，不少注家认为孔子是"贤颜回而讥子贡"，赞颜回而罪子贡，我认为这种看法不符合孔子原意。子贡经商发财孔子能反对吗？他说过："富而可求也，虽执鞭之士，吾亦为之。"（《述而篇第七》）李泽厚在《论语今读》中分析中肯："孔子对子贡此语并非贬词，毋宁有赞许意。颜回接受官禄安排而安贫乐道，固然好；子贡不接受官禄安排而凭才智致富，也不坏。"我认为，"不接受官禄安排"改为"不接受安于贫困"更好。

我认为孔子将"屡空""屡中"对举，表达对命（天命、命运）的追问：一个人真的要受"命"主宰吗？他说过"生死有命"、"知天命"、"畏天命"、"与命"（赞同命），好像信奉"命"，其实不然，孔子一直是尊重事实、正视现实的。他看看两个弟子的境况差异，陷入了深思：人，不听"命"的安排，按自己的意愿努力去做，也许更好。这样想着"命"的决定性,他动摇了,怀疑了。这种对观点、对信仰的独立思考,鲜明地彰显了思想家的特色。

11.20 子张问善人之道。子曰:"不践迹①,亦不入于室②。"

①践:此处可作"实践"讲。迹:脚印。引申为"痕迹,行迹,事迹"。②入室:进入内室,引申为学问、修养精深,还可泛指更完善的追求。

本则通常这样翻译:"子张问做善人的道理。孔子说:'不踩着前人的脚印走,学问修养就不能达到高深的境界。'"把"道"解作"道理","践"解作"踩着"或"循着","入室"用喻指义。

我的译文是:"子张问做善人的方法(或原则)。孔子说:'(做了善事)不留实践行迹,也不一味追求做更完善的事。'"

理由如下:(1)从语法角度看,"不……,亦不……",应是并列关系,而不是因果关系。"亦"(也)是并列关系明显的语法标志。(2)从修辞角度看,通常的翻译视孔子的话为"直说",拘泥于词语表象,我认为孔子的话是婉言,着意于词语的内涵。(3)从逻辑角度看,"善人"做的是"善事",反过来说,只有做"善事"才能成就"善人",问题在"真善"与"伪善"。孔子的回答很尖锐、很深刻,他指出做到真善,一要真诚。他反对伪作,《述而篇第七》(7.26)中孔子说"善人…….亡而为有,虚而为盈,约而有泰,难乎有恒矣"。反对显摆,做了善事"不践迹",自觉地、悄悄地去做就是,何必张扬?二要"有恒",经常地保持善良的本性,不刻意唯大善事是求,能"善小"而为之。

这样理解,我认为更切合当时的实际,在《述而篇第七》中,孔子将"圣人"与"善人"并举,虽然都用了"吾不得而见之","圣人"是理想中的"人","不得见"是事实;"善人"是现实中的"人",只是少见罢了。孔子是"仁者",他对人充满了厚望,仰慕"圣人",虽不能成为"圣人",但努力"修身"却可成为善人,善良的合乎"仁"的人。怎样成为真正的"善人"呢?当子张发问时,孔子借此机会从反面委婉地提出了两条途径,也可以说是两条原则:行善,要实实在在去做,不虚假,不张扬;行善,要保持善良本性,不好高骛远,经常做,一辈子做。

我想,在全民中贯彻执行《中共中央公民道德建设实施纲要》的今天,孔子的话依然有借鉴意义,特别对青少年年年开展的"学雷锋,见行动"活动,更有教益。

论
语
大
家
读

11.21 子曰:"论笃是与①,君子者乎? 色庄者乎②?"

你解 ①论笃是与:论,讲述;笃,诚恳,厚道;是,此处无意义,起提前宾语"论笃"的语法作用;与,赞许。②色庄:神色端庄。庄,端庄,严肃,这里指伪装神色端重。但"庄"不作"伪装"讲。

我读 赞许一个人讲述诚恳时,(要注意辨别这个人)是君子呢? 还是伪装神色端庄的人呢?

孔子在《季氏篇第十六》中提出"君子有九思",其中有"言思忠",即:说话,考虑是否忠诚老实。若是忠诚老实,言为心声,那就是君子;若是伪装端庄厚道,表里不一,那就是小人。

孔子对人和事,都重视"思"和"观"("听其言,观其行"),不急于表态,不轻易下判断,这种勤于、善于"察言而观色"(《颜渊篇第十二》)唯实是从的态度、方法,都非常值得我们学习。

11.22 子路问:"闻斯行诸①?"子曰:"有父兄在,如之何其闻斯行之?"冉有问:"闻斯于诸?"子曰:"闻斯行之。"

公西华曰:"由也问闻斯行诸,子曰,'有父兄在';求也问'闻斯于诸',子曰,'闻斯行之'。赤也惑,敢问。"子曰:"求也退,故进之;由也兼人②,故退之。"

你解 ①闻斯行诸:听到了道理就行动。闻,"闻义"之省,听到了道理,听到了应做的事;斯,连词,就。②兼人:胜过人,一人抵得两人。

我读 弟子同样的问,孔子不同的回答:"求也退,故进之;由也兼人,故退之。"这就是孔子因材施教典型的一例,也具体反映了孔子对弟子进行思想品德教育,能抓住"过犹不及"的性格、心理特点,"长善救失"的辩证教育思想。

11.23 子畏于匡①,颜渊后。子曰:"吾以女为死矣。"曰:"子在,回何敢死?"

你解 ①畏:吓唬。被动用法,"受到吓唬"。根据语境,被围困拘禁"受到吓唬"。

我读 "子畏于匡",根据《史记·孔子世家》记载:"将适陈,过匡,颜刻为仆,以其策指之曰:'昔吾入此,由彼缺也。'匡人闻之,以为鲁之阳虎。阳虎尝暴匡人,匡人于是遂止孔子。孔子状类阳虎。拘焉五日。"这是当时的情况。

"患难见真情。"在师徒被冲散后,孔子检点从己一行,发现颜渊不在,忧其不测,现在他回来了,十分高兴,表明夫子对弟子甚于亲子的关心。颜渊的话，从貌似玩笑中，表明对夫子的由衷尊敬。

11.24 季子然问："仲由、冉求可谓大臣与?"子曰："吾以子为异之问，曾由与求之问①。所谓大臣者，以道事君，不可则止。今由与求也，可谓具臣矣。"曰："然则从之者与?"子曰："弑父与君②，亦不从也。"

你解 ①曾:乃;竟。②弑:古代称臣杀君、子杀父母为"弑"。

我读 季子然是鲁国大夫季孙氏的同族人，仲由、冉求是季孙氏的家臣。季子然有可能受季孙氏之托，向孔子打探仲由、冉求能不能忠于季氏、听从季氏，为季氏效犬马之劳。孔子首先解说大臣之责，明确地告诉季子然：只有"以道事君，不可则止"才能称作大臣。如今"季氏将伐颛臾"，仲由、冉求虽"不欲"，但"远人不服，而不能来也；邦分崩离析，而不能守也；而谋动干戈于邦内"，这显然不是"以道事君"。再说冉求为"富于周公"的季氏"聚敛而附益之"，更是助纣为虐。所以孔子说仲由、冉求不是"大臣"，而是"具臣"。这里，孔子明里批评弟子做"大臣"不够格，暗里在指责季氏不仁不义，同时向季子然明确表态：我的弟子仲由、冉求作为季氏家臣，虽然帮季氏做了一些违背仁道的事，但还不至于"犯上作乱"——帮季氏"弑父与君"。

刘宝楠在《论语正义》中言："具臣者，其位下，其责薄，小从，可也，大从，罪也。大臣者，其任重，其责厚，小从，罪也，大从，恶也。"这段引言，对于理解孔子的话，有参考价值。

11.25 子路使子羔为费宰。子曰："贼夫人之子。"
子路曰："有民人焉①，有社稷焉②，何必读书，然后为学?"
子曰："是故恶夫佞者③。"

你解 ①民人:民，这里偏指"民"。古代泛指庶人。人，士大夫以上统治者，多指贵族。②社稷:古代指祭祀土地神和谷神，后来用作国家的代称。社，土地神;稷，谷神。③佞:巧言，谄媚。

我读 子羔少孔子30岁，少子路21岁，年龄上差不多隔了一代。子路为鲁季孙氏家臣，与子羔同为孔门弟子，出于同学情谊，也由于相同的直爽性格，他发现子羔有办事能力(后来子羔先后任武城宰，孟孙氏之成邑宰，均"善为吏"，说明子路有眼力而非徇私情)，便举荐"子羔为费宰"，这应是好事，本无可非议。可子路的这种做法，由于认识上的原因，孔子不赞同，并谴责了他。分歧在：孔子主张"学而优则仕"，认为子羔年纪轻，性"愚"，学业尚未完成就出仕，这是害了他，也

论语大家读

是对费地百姓、社稷没有好处。子路认为子羔虽年轻却有政治才干，费地那里"有民人焉，有社稷焉"，可以在治民事神的实践中求得"学问"，增长才干，不必等读好了书、有了"学问"再去出仕。孔子认为子路违背了"仁"，还"巧言狡辩"，于是非常不满地说："是故恶夫佞者"。

这件事如果放到今天，平心而论，孔子出于对子羔的爱护，出于对费地"民人"、"社稷"的负责，在子羔年轻、学业未竟的情况下出仕，表示反对，动机是好的，的确合乎"仁"，但说子路此举"贼夫人之子"，害了人家，未免言过其实，也冤枉了子路。在特定情况下，尤其在急社会之所需的情况下，学业未竟，提前出仕（广义地说，提前工作）有何不妥呢？到实践中"为学"或"仕"余再学，又有何不可呢？客观地说，真正"学而优则仕"少，而"仕而优则学"多。

现在提倡"干中学"，只有实践才能出真知、出真才。从这个意义上讲，子路不仅不是"巧言狡辩"，倒是说出了孔子的"本意"，道出了学问的真谛；不是"贼夫人之子"，倒是"利夫人之子"。

我认为，圣人也有偏见的时候。孔子曾说："加我数年，五十以学《易》，可以无过矣。"这绝非他的谦逊之词。

11.26　子路、曾皙、冉有、公西华侍坐。

子曰："以吾一日长乎尔①，毋吾以也②。居则曰：'不吾知也！'如或知尔，则何以哉？"

子路率尔而对曰③："千乘之国，摄乎大国之间，加之以师旅④，因之以饥馑；由也为之，比及三年，可使有勇，且知方也⑤。"

夫子哂之⑥。

"求！尔何如？"

对曰："方六七十，如五六十，求也为之，比及三年，可使足民。如其礼乐，以俟君子⑦。"

"赤！尔何如？"

对曰："非曰能之，愿学焉。宗庙之事，如会同⑧，端章甫⑨，愿为小相焉⑩。"

"点！尔何如？"

鼓瑟希，铿尔，舍瑟而作，对曰："异乎三子者之撰。"

子曰："何伤乎？亦各言其志也。"

曰："莫春者，春服既成，冠者五六人，童子六七人，浴乎沂，风乎舞雩⑪，咏而归。"

夫子喟然叹曰："吾与点也！"

三子者出，曾皙后。曾皙曰："夫三子者之言何如？"

子曰："亦各言其志也已矣。"

曰："夫子何哂由也？"

曰："为国以礼，其言不让，是故哂之。"

"唯求则非邦也与？"

"安见方六七十如五六十而非邦也者？"

"唯赤则非邦也与？"

"宗庙会同，非诸侯而何？赤也为之小，孰能为之大？"

【你解】 ①长乎尔：比你年长。长，年长；乎，相当于"比"；尔，你。②毋吾以：不要（因为）我停止了（说话）。毋，不要，"毋吾"之间省略了介词"以"，当"因为"讲；以，同"已"，停止。③率尔：贸然，轻率地。④师旅：古代军队编制，有师有旅，500人为旅，五旅为师（2 500人）。后来"师旅"为军队的通称。⑤知方：指懂得道义、遵守礼义。方，方向，引申为准则。⑥哂：微笑。此处有"讥笑"义。⑦俟：等待。先秦时，"俟"和"待"都有等待义。"等"和"候"，当等待讲，是后起义。⑧会同：指古代诸侯会盟和朝见天子。⑨端章甫：穿礼服，戴礼帽。端，古礼服名；章甫，古代的一种帽子，这里用如动词。⑩相：指在祭祀、会同时行礼赞的人。相有不同职位等级，故文中有小相、大相之说。⑪浴乎沂，风乎舞雩：浴，洗澡；两"乎"同"于"，在；风，用如动词，乘凉；舞雩，因求雨时伴有乐舞，又叫舞雩。雩，古代求雨的祭坛。

【我读】 这则是四位高足"侍坐"孔子"各言其志"的纪实，也客观地反映了孔子首创的私学课余生活的一个侧面。

志，志向，最富个性色彩，最具时代特色。春秋时期，战乱频仍。治理国家，希冀太平，是人们共同的愿望和追求，所以四子"述志"都是围绕"为国"（治理国家）说的。如何"为国"？孔子态度鲜明："为国以礼"，用"礼"去治理国家。何谓"礼"？"礼者，天地之序也。""礼者，所以辍淫也。"弟子子游在问"如此乎，礼之急也？"孔子说："夫礼，先王以承天之道，以治人之情……礼，必本于天，殽于地，列于鬼神，达于丧、祭、射、御、冠、昏、朝、聘。故圣人以礼示之，故天下国家可得而正也。"

子路首先述志："千乘之国，摄乎大国之间，加之以师旅，因之以饥馑;由也为之,比及三年,可使有勇,且知方也。""率尔而对"四字凸显了"子路,卞下野人"的本色,也无愧于政事科代表,"述"得有气魄,有豪情,充满自信。按如今的价值观看是个主动作为者,敢于推荐自己。可是孔子以"礼"衡量,因"其言不让,是故哂之"。

冉有述志:"方六七十,如五六十,求也学之,比及三年,可使足民。如其礼乐,以俟君子。"国无论大小,"为之"之道大体相同。冉有曾因帮助季氏"聚敛"而受到孔子的训斥,今"学之"可使足民。立足于民,合乎"仁"。再说,冉有有自知之明,谦让地说"如其礼乐,以俟君子"。作为政事科之冠的冉有,"为国"既想到了政治、经济,也想到了礼乐教化,孔子以"礼"衡量,虽未"评"而评在"不言"中,不言即默许。

公西华述志:"非曰能之,愿学焉。宗庙之事,如会同,端章甫,愿为小相焉。"他年龄虽小(少孔子 42 岁),却擅长祭祀之仪,宾客之礼。孔子曾称赞他:"束带立于朝,可使与宾客言也。"子贡也说,他"志通而好礼"。可见他极具外交才干。他说:"(治理国家)不敢说有能力,但愿意学习。"态度很谦虚。又说:"像宗庙祭祀、诸侯会盟这些国家大事,愿意做个'小相',"讲得很诚恳。所以孔子以"礼"衡量,用反问的语气予以肯定:凭你的才干岂止胜任"小相",还能担当大的职事哩。

曾皙述志:"莫春者,春服既成,冠者五六人,童子六七人,浴乎沂,风乎舞雩,咏而归。"孔子当即赞叹道:"我赞同点(的想法)啊!"为什么? 我认为曾皙的话形象而富有诗意地描述"为国以礼"实施后所显现的美好前景,这美好的前景正切合了孔子"依于仁"的礼乐之治的理想:社会安宁和乐,没有"盗窃乱贼","谋闭而不兴","户外而不闭","大道之行也,天下为公,选贤与能,讲信修睦"。"天子以德为车,以乐为御,诸侯以礼相与,大夫以法相序,士以信相考,百姓以睦相守。"天下"大顺",这是礼乐之治的最高境界。

弟子"述志",直观地展示了年轻一代关心政事,胸怀治国之志;夫子"评志",也间接折射出先哲悲悯人类、追求大同世界的崇高人生理想。

颜渊篇第十二

12.1 颜渊问仁①。子曰:"克己复礼为仁②。一日克己复礼,天下归仁焉③。为仁由己,而由人乎哉?"

颜渊曰:"请问其目④。"子曰:"非礼勿视,非礼勿听,非礼勿言,非礼勿动。"

颜渊曰:"回虽不敏,请事斯语矣⑤。"

【你解】 ①仁:古代儒家的一种含义极广道德范畴,本指人与人相互亲爱。孔子言"仁",包括恭、宽、信、敏、惠、智、勇、忠、恕、孝、弟等内容;而以"己所不欲,勿施于人"和"己欲立而立人,己欲达而达人"为实行的方法。②克己复礼为仁:检束自己(使视听言动)回复和符合礼就是仁。③归:一说"归顺",一说"趋向"。我认为译作"趋向"好,既合词义,也合文义。④目:条目,细目。此指具体途径。⑤事:用作动词,从事,可作"实行、实践"讲。

【我读】 颜渊问仁,由于文言问语简练,他问仁之体、仁之用,还是仁之现象,不得而知。只从孔子的回答中知道,孔子是从实现"仁"的角度解说的。孔子明确提出实现"仁"的四字之纲:"克己复礼"。"礼"的具体内容,孔子没有说,我们也不必追问(留给研究上古历史的人吧),因为每个社会、每个时代都有它特定的内容,不过"礼"作为社会的、道德的规范要求,那是每个社会、每个时代所共有的。从这个意义上说,回复周礼就是要合乎礼的规范要求。"克己"就是克制自己身上的种种不合礼的规范要求的方面。

孔子接着说,一旦天下的人都能这么做,也就如同后来《孟子·梁惠王上》上所说:"民归之,由水之就下,沛然谁能御之。"这里的"民归之"情况,可理解为"天下归仁"的形象描述。孔子又进一步指出,实现"仁",对个体的人来说,全在自己的主观努力、主动修为,决非他人的督促要求、外力推动,强调修身重在"自省""慎独"。颜渊好学,听夫子讲了实现"仁"的纲,还不甚明白具体怎么去实行,于是又问"细目"。孔子当即以"礼"作尺子,提出从"视、听、言、动(行为)"四个

论
语
大
家
读

方面克制自己、检束自己,讲述具体全面。颜渊听后,心领神会,非常谦虚地说:"我虽然不聪明,请让我按照您说的去做。"的确是个言听计从的好弟子!

这段师生对话,把"礼"与"仁"的关系讲述得很透辟:礼是有形的、外在的,仁是精神的、内在的。孔子重视"礼",是作为手段强调的,目的是实现他的"仁"的理想:大同世界,社会安宁,百姓以睦相守。

12.2 仲弓问仁[①]。子曰:"出门如见大宾,使民如承大祭。己所不欲,勿施于人。在邦无怨,在家无怨。"

仲弓曰:"雍虽不敏,请事斯语矣。"

【你解】
【我读】
①仲弓:姓冉,名雍,字仲弓,鲁人,小孔子29岁。

《左传襄公三十三年》记载:"臼季使,过冀,见冀缺耨,其妻饁之,敬,相待如宾。与之归。言诸文公曰:'敬,德之聚也,能敬必有德,德以治民,君请用之。臣闻之,出门如宾,承事如祭,仁之则也。'"这段话可佐证孔子之言"出门如见大宾,使民如承大祭",敬是实现"仁"的第一个准则。

《卫灵公第十五》(15.24):"子贡问曰:'有一言而可以终身行之者乎?'子曰:'其恕乎!己所不欲,勿施于人。'"孔子答子贡问,明确提出"恕"是实现"仁"的又一个准则。

《礼记·中庸》中说:"正己而不求于人,则无怨。上不怨天,下不尤人。"这段话印证孔子"在邦无怨,在家无怨",仍属于推己及人的"恕"。

朱熹一语中的,"学者诚能从事于敬恕之间而有得焉",明确指出:克己复礼(具体途径)与主敬行恕(基本准则)是实现"仁"相辅相成的两个方面。

我们知道仲弓为人度量宽宏,为政"居敬行简"。所以孔子将他列入"德行"科代表,并说"雍也可使南面",能做大官,主持国政。当仲弓问怎样是"仁"时,孔子因材施教,根据仲弓为人、为政的特点,于是从实现"仁"的基本准则、具体途径作了上述的回答。

12.3 司马牛问仁[①]。子曰:"仁者,其言也讱[②]。"

曰:"其言也讱,斯谓之仁已乎?"子曰:"为之难,言之得无讱乎?"

颜渊篇第十二

你解 ①司马牛：孔子弟子，姓司马，名耕，一名犁，字子牛，宋国人。相传是宋国大夫桓魋(tuí)的弟弟。②讱(rèn)：言语迟缓，出言难貌，言若有忍而不易发。引申为说话十分谨慎，不轻易开口。

我读 司马牛，根据《史记·仲尼弟子列传》所记，他有"多言而躁"的毛病。现在他来问(怎样是)仁，孔子就不能像回答颜渊、冉雍那样，从途径准则方面"大概语之"，诚如朱熹所言"以彼之躁，必不能深思以去其病"，只能从一个侧面、一个问题善于去解说、去疏导。于是孔子针对司马牛"多言而躁"的毛病，教育他"说话要慎重，不要轻易开口"，这符合"克己"的"非礼勿言"的要求，也符合"主敬"的"如宾如祭"的要求。对不同人提出的同一问题，从不同角度回答，体现孔子"因材施教"的教育理念，从"切于学者之身"出发，达到"入德之要"的目的。

据说，司马桓魋是司马牛的哥哥。当时桓魋企图谋害宋景公，欲弑君篡位，司马牛既担心国家将遭战乱，又担心兄长之举招致灭族之祸，想进言，又不好明说，左右为难，进退维谷，于是以问"仁"为借口委婉地向老师讨教。孔子明白他的心意、来意，顺便针对他的毛病，以"言"为切入口，一语双关地告诫他"做起来难，所以说话要十分慎重"的道理。

12.4 司马牛问君子。子曰："君子不忧不惧。"

曰："不忧不惧，斯谓之君子已乎?"子曰："内省不疚①，夫何忧何惧?"

你解 ①内省：内心的省察，儒家的修养方法。省，检查，反省。疚：忧虑，因歉疚而内心不安。今有双音词"负疚""愧疚"。

我读 此则是上则的继续，司马牛问"仁"后，接着又问"君子"，一方面看出他的确"多言而躁"，一方面反映他仍处于兄长谋反的忧虑之中。从两问来看，司马牛的本质还是积极向善的。不仅想修养成"仁者"，还想做个真正的"君子"。孔子因势利导，告诉他："君子之所以不忧愁、不畏惧，是因为能不断地进行内心的省察，检查自己有无过错。过而则改，做到问心无愧，那还忧愁什么、畏惧什么?"诚如《礼记·中庸》所言："君子内省不疚，无恶于志。君子之所不可及者，其唯人之所不见乎?"亦如俗语所说："为人不做亏心事，半夜敲门心不惊。"无恶于志，无愧于心，所以"君子坦荡荡"。

12.5 司马牛忧曰："人皆有兄弟，我独亡。"子夏曰："商闻之矣：死生有命,富贵在天。君子敬而无失,与人恭而有礼^①。四海之内,皆兄弟也——君子何患乎无兄弟也?"

你解 ①恭、敬:同义,都有尊敬、尊重、谦逊有礼的意思。区别在:恭,着重在外貌方面;敬,着重在内心方面。

我读 首先讲清一个问题:司马牛有兄弟,为什么说"我独亡(无)"呢?根据《左传·哀公十四年》记载,司马牛是有兄弟的。杨树达在《论语疏证》中说:"牛为桓魋之弟,牛云无兄弟者,谓无贤兄弟也。"朱熹曾注云:"牛有兄弟而云然者,忧其为乱而将死也。"两说意思大体相同:司马牛有兄弟,无贤或将死,等于没有兄弟。

联系上则可知,司马牛正处在忧虑中而不能自拔,子夏出于同窗情谊,主动为其解忧,首先用"闻之"引出一个影响至今的观点:"死生有命,富贵在天。"就是说,死生、富贵,不是你想怎么样就怎么样的,先立足认识,从心理方面去开导,得过且过吧,想开点,忧愁有什么用呢?接着立足现实,从积极方面去引导,只要谦逊慎重,没有过失,待人恭敬有礼貌,天下的人不是兄弟也都像兄弟一样,何必担心没有好兄弟哩!

这段弟子对话,首创了两句名言:

一句是"死生有命,富贵在天"。历来认为这是儒家的宿命论观点,把死生归之命运主宰,一个人生命长短、好差,前生注定;富贵归之上天安排,一个人活着贫富、贵贱,与生俱来。但从《论语》中孔子的言论来看,不尽如此。孔子在《雍也篇第六》中感叹颜回"不幸短命死矣";伯牛有病,孔子看望他时,说:"亡之,命矣夫!斯人也而有斯疾也,斯人也而有斯疾也!"这些话很有点他们生病未得到挽救,而有人为的遗憾。孔子在《述而篇第七》中说:"富而可求也,虽执鞭之士,吾亦为之。""不义而富且贵,于我如浮云。"不难看出,在孔子心目中,人的死生、富贵,都不是绝对听从"命"与"天"的。孔子重实际、重实践。他强调人的主观努力、主动修为,只有在主观、主动难以奏效的情况下,才无可奈何地用"命"与"天"来权且解释、权且解脱。当时的生产力极其落后,能有这样的认识水平,就很了不起了。

一句是"四海之内,皆兄弟也"。这句话脍炙人口,流传千百年,曾作为侠义精神,鼓舞着、团结着多少农民起义英雄!可在"以阶级斗争为纲"的年代,被视作反动谬论——以调和矛盾的人性论来反对、消解马克思主义阶级论——而大加挞伐；如今，据说联合国总部挂着这条语录，可见它的生命力、影响力；对于"同住地球村"的60亿村民来说，有着消除民族隔阂、民族歧视，共建美好家园，共创世界和平的现实意义。

12.6 子张问明。子曰："浸润之谮①，肤受之愬②，不行焉，可谓明也已矣。浸润之谮，肤受之愬，不行焉，可谓远也已矣。"

【你解】 ①谮：进谗言，说人的坏话。②肤受之愬：是说好像皮肤刺痛般急迫切身的诽谤、诬告。肤受，切身的遭受；愬，"诉"的异体字，进谗言，诽谤。

【我读】 作为君子，对于暗中的如同水悄无声息地慢慢地渗进的那种谗言，败坏着你的名声，玷污着你的尊严，你能明察其恶毒用心，不为其谗言所迷惑，而动摇自己的信念；对于明里中伤你、诽谤你，如同灼伤、刺痛你皮肤的直接诬告，你能看清其卑劣手段，不为其诬告所激怒，而改变自己的节操，依然从容淡定，做到明辨"非礼"，心明行正，可算是明智的君子了。如果对方不甘失败，继续进谗言、说坏话，明里暗里、千方百计造谣、诽谤，你仍然以"复礼"为己任，坚定信念，坚守节操，不忧不惧，可算是有远见的君子了。

众所周知，在现实生活中，是与非、善与恶、礼与非礼，并非像黑、白那样容易分辨。常常是，"非"、"恶"、"非礼"以"是"、"善"、"礼"的面目出现，以假充真，以假乱真，所以做到明辨很难。

庄子在《逍遥游》中说："举世誉之而不加劝，举世非之而不加沮。定乎内外之分，辨乎荣辱之境，斯已矣。"从修身的角度看，"全世界都赞誉你却不更加奋勉"，容易做到；"全世界都非议你却不更加沮丧"，做到就难了，何况是多次的恶意的中伤、诽谤哩！所以以"礼"为尺子，能认清"内外之分"，辨别"荣辱之境"，可算是认识上"明"且"远"了。

12.7 子贡问政。子曰："足食，足兵①，民信之矣。"

子贡曰："必不得已而去，于斯三者何先？"曰："去兵。"

子贡曰："必不得已而去，于斯二者何先？"曰："去食。自古皆有死，民无信不立②。"

【你解】 ①兵：武器，军队。这里泛指军备。②立：设立，建立，可引申为存在,生存。

我读 这是孔子借回答子贡"问政",先择要列举,后按轻重取留的方法,表明自己的政治观点:在社会处于正常的承平时期,当政者要治理好国家,必备三个条件:首先"足食",民以食为天嘛!"足食",不只使百姓粮食充足,也泛指使百姓生活充裕,这是立国之本,应放在首位。二是"足兵"。百姓富裕、安定的生活须得守护,精良的武器、强大的军队不可少,此处"足兵",泛指军备充实。三是"民信之",由于"足食""足兵",当政者一定做了不少有利百姓的事,百姓自然信任政府,无叛离之心了。这是孔子理想的以"仁"治理国家。若社会处于非常的忧患时期,如出现战争、旱涝、疾病等天灾人祸,治理国家的三个必备条件不能并存,须进行必要的舍弃,怎么办?孔子仍以"仁"为准绳,权衡轻重。比较而言,可先"去兵",因为"足兵",不管出于何种目的,总会给百姓带来负担;再说,即使无"兵"或"兵"不"足",有了"足食"的百姓,一旦遭遇侵害,定会听从信任的政府的召唤,"斩木为兵,揭竿为旗",奋起守卫社稷江山。"足食""民信"二者,不得已而去一的话,当政者当忍痛"去食"。就是说,即使物质上的"粮食"一时没有了,只要精神上的"信"(可托付、可信赖的对象)还存在,没有"食"可创造"食",欲"信"没有了,即使"足食",也有山穷水尽的时候。可见,精神支柱的"信",比物质生活的"食"更重要。

须辨明一点:孔子对子贡"问政"的解答,是从为政者的视角说的。"足食,足兵,民信之矣。"解作"要治理好国家,当政者要让百姓粮食充足,军备充实,信任政府啊!"这是毫无疑义的。顺着这条思路,把"民无信不立"解作"百姓不信任为政者,那么当政的政府就会不复存在了",可谓文从字顺。在这样的语境下,如果解作"百姓没有信仰就不能自立了",我以为犯了偷换概念的逻辑错误。当然,若离开这个语境,"民无信不立"作为独立短语,这样理解自然无可非议。

还补说一句:"取信于民"是孔子提出的一条真理性的政治理念。古今中外,不乏其例。《史记·商君列传》记载的商鞅立木取信,从而新法顺利推行,秦崛起之势迅速形成,这个成功的事例,值得借鉴。

12.8 棘子成曰:"君子质而已矣,何以文为①?"子贡曰:"惜乎,夫子之说君子也!驷不及舌②。文犹质也,质犹文也。虎豹之鞟犹犬羊之鞟③。"

你解 ①质、文:质,实质,质朴、朴实的内容,内在的思想感情;文,文采,华丽的装饰,外在的礼节仪式。孔子认为,仁义是质,礼乐是文。为:句末语气词,此处表示反问。②驷不及舌:话一说出口,四匹马拉的车也追赶不上。驷,古代一车所驾的四马或四匹马拉的车;舌,指说出来的话。③鞟(kuò):同"鞹",去了毛的兽皮。

我读 对于"君子",孔子是这样解说的:"文质彬彬,然后君子。"

显然,棘子成为"矫当时之弊"而"失之过":"质胜文则野"了,有质而无文岂不更"野"吗? 棘子成心目中的君子,不符合孔子"文质彬彬,然后君子"的要求。

至于子贡说"文犹质也,质犹文也",并以"虎豹之鞟犹犬羊之鞟"作形象的喻证,认为质与文同等重要,二者"无本末轻重之差",所以朱熹云"子贡矫子成之弊……胥失之矣。"这样批评子贡,是很有道理的。

孔子对君子的理想要求,是文质兼备,但在"时人文胜"("奢""易""不孙")的情况下,"宁俭""宁戚""宁固""宁质"。孔子这种对"质"与"文"有"本末轻重之差"的认识、见解,与两千多年后的现代人对内容与形式的辩证看法不谋而合,真堪称有先见之明的思想家!

12.9 哀公问于有若曰①:"年饥,用不足,如之何?"

有若对曰:"盍彻乎②?"

曰:"二③,吾犹不足,如之何其彻也?"

对曰:"百姓足,君孰与不足? 百姓不足,君孰与足?"

你解 ①有若:姓有,名若,字子有。孔子的弟子。后世,有若的弟子也尊称有若为"子",故称"有子"。②盍(hé):"何不"的合音,为什么不。③彻:旧经学家对"贡"和"助"争论较少,而对"彻"的看法,分歧较多。就是说,"彻"是一种合作均收下的什一实物租赋制度。③二:即鲁国自宣公起,不再实行"彻"法,而是以"二"(国家从耕地的收获中抽取十分之二)抽税。

我读 弟子有若主张"礼之用,和为贵",又说"信近于义""恭近于礼"等,不仅"状似孔子",而且善言孔子之意,故后人尊之为有子。

这里,有若在回答哀公问政时,提出减轻百姓田税、"百姓足君足"的以民为本的思想,深得孔子博施济众的仁字真谛。但基于原文,比较"论""注",还须进一步辨析两点:

(1)"国"与"君"不能绝对等同视之。"国"有整体性、区域性特

论语大家读

— 164 —

征,"君"有个体性、权力性特征。就共性言,"君"一般可指代"国";就个性言,君则有寡欲与厚敛、爱民如子与视民如草芥之别,所以"人民富足,国家自然富裕",但"民贫",则"君"未必不能"独富"。放眼古今,不都有这种现象吗?

(2)"用"——国家用度、资财,全靠田税吗?春秋农耕时代的鲁国,哀公把田税作为国家用度的唯一来源,自可理解,但百姓"年饥"时,不考虑"节用",反而"加赋",岂不是"视民如草芥"的昏君吗?看如今的中国,近年来彻底废除了中国农村的千年一贯制——免除了田税,而且还为发展农业给农民予以补助,不真正体现了"国、民一体"的社会主义制度的优越性吗?

12.10 子张问崇德辨惑①。子曰:"主忠信②,徙义,崇德也。爱之欲其生,恶之欲其死。既欲其生,又欲其死,是惑也。'诚不以富,亦只以异'"。

你解 ①崇:尊崇,推崇。②主:意动用法,"以……为主。"

我读 子张,姓颛孙,名师,子张是他的字。他出身贫寒,学习勤苦,虽性情偏激(孔子说"师也辟"),却志向高远,"尊贤而容众",气度恢宏。他曾设教授徒,名显天下,影响很大,无怪乎韩非把他列于儒家八派之冠。

一次,他向老师讨问"崇德辨惑",即怎样尊崇德性、分辨迷惑。孔子明确回答:"以忠诚信实为主,按合乎义的事去做,这就是尊崇德性。"孔子对于"德",先从"知"上说,要把握"忠、信",这是德性的主要内涵;再从"行"上说,要按合乎"义"即合情合理,应该做的事去做,实际上是说光有"忠、信"的认识不够,还要把"忠、信"付诸实践。至于"辨惑",首先要明白何谓"惑"。"爱、恶、既、又"四句,钱穆在《论语新解》中说"皆譬况之辞",很有见地。孔子只是打个比方而已。"既欲其生,又欲其死,惑也。"就是说,假若一个在上位者对下属"好恶无常,先后反复","好"时,恨不得搂抱着把他放到膝上;"恶"时,恨不得立刻把他推到深渊里。这种社会现象,子张感到迷惑不解。"爱之欲其生,恶之欲其死",我把这两句调到"既、又"两句之后,再把"是惑也"补充为"是惑之辨也",意思就十分显豁了:这个在上位者之所以"好恶无常,先后反复",神经病似的,并不奇怪,那是由于他出于个人好恶,在感情用事啊!分辨迷惑,应当用理性的是非标准。这个是非标准就是"德":是否"忠、信",是否合乎"义"。

颜渊篇第十二

崇德、辨惑，看似两个问题，实质是一个问题，都是围绕"仁"，前者从正面说，后者从反面说。问，抓住了关键；解说，更借题发挥，达到了解惑、传道的双重目的。

12.11　齐景公①问政于孔子，孔子对曰："君君②，臣臣，父父，子子。"公曰："善哉! 信如君不君，臣不臣，父不父，子不子，虽有粟③，吾得而食诸?"

【你解】　①齐景公：姓姜，名杵臼。齐庄公异母弟。鲁昭公末年，孔子到齐国时，齐大夫陈氏（即田氏）权势日重，而齐景公"好治宫室，聚狗马，奢侈，厚敛重刑"，不立太子，不听晏婴劝谏，国内政治混乱。这是孔子与齐景公对问的背景。②君君：第一个"君"，名词；第二个"君"，动词，"像君"或"是君"。下文"君不君"，古汉语名词前可加副词，说"不君"可以，现代汉语则不行。

【我读】　孔子来到齐国，耳闻亲见，知道齐景公是个贪婪的暴君，正为自己不能安享奢华、政局日趋混乱而发愁。当齐景公主动向孔子询问政事时，孔子借机宣传自己的"复礼"主张，而很有针对性地对齐景公说：要想治国平天下，君要像君，臣要像臣，父要像父，子要像子。只有君仁、臣敬、父慈、子孝，政治局面才能稳定，家庭关系才能和谐。一言以蔽之，君、臣、父、子，只有各守其位、各尽其责，社会才能实现秩序规范，家庭才能实现伦理规范。

齐景公听了孔子的话之所以夸赞，可能只想到"臣不像臣"（陈氏权势日重、忘乎所以，还像个臣吗）、"子不像子"（欲废太子而立庶子，诸"子"混乱），而忘了自己"君不像君"、"父不像父"（没有想到自己作为"君"、作为"父"，"皆失其道"）。他发出忧心的感叹："即使有食禄，我能享用得到吗?"又对直臣晏婴的劝谏屡次拒听，也就毫不奇怪了。最后，齐景公招致"陈氏弑君篡国之祸"，那是必然的结果。

这段语录的经典意义在于：高度凝练地、深刻地反映了孔子以礼立国的仁学观。关于君臣，从阶级社会的等级划分看，有维护旧秩序、旧制度的保守、落后的一面，应当彻底破除、摒弃；从人类发展的平等共处看，有维护群体稳定、体现个体素质的积极、先进的一面，应当批判地借鉴、利用。关于父子，任何时候，都得坚持孝慈理念，这是中华传统美德，永远具有传承意义。

12.12　子曰："片言可以折狱者①，其由也与?"子路无宿诺。

①片言：简短的几句话，古人也叫做"单辞"，打官司的原告、被告的一方之辞。折狱：断案。狱，讼事，俗称官司、案子。

断案，常识告诉我们，都是重证据、贵公平的，而子路"片言折狱"，固然果敢，但不免有证据不足、轻率断案"失之公平"之嫌。孔子用揣测的语气说这话，我认为并非如朱熹所云"子路忠信明决，言出而人信服之，不待其辞之毕也"，夸赞之情，溢于言表，而是用此例中肯地评价子路的个性。

"子路无宿诺"一语，不少注家（如《论语补疏》的焦循、《经典释文》的陆德明等）认为与上文没有什么逻辑联系，当为"别章"。我认为是《论语》编纂者记录孔子评价子路的另一补充例证，只是"子曰"多少带点贬义，而补充的"重诺"则纯属褒义了。

12.13 子曰："听讼①，吾犹人也。必也使无讼乎②！"

①听讼：听，处理，审理；讼，诉讼，打官司。②无讼：没有诉讼案件，不发生诉讼案件。

从《史记·孔子世家》中知道，鲁定公时，孔子曾为大司寇。大司寇是国家最高司法长官，掌管刑狱、纠察等事务，审理诉讼案件是他应有之责。《荀子·宥坐篇》记载了一件孔子"听讼"之事，很能为这段话做佐证，曰："孔子为鲁司寇。有父子讼者，孔子拘之，三月不别。其父请止，孔子舍之。"鲁国的司寇本由孟孙氏世代兼任。据说这案件给冢宰季桓子知道了，他主张"杀之"，可孔子没有采纳季氏意见，这父子关押三月之后，其父主动撤诉，不再告儿子了，于是孔子把父子俩都释放了，其间孔子自然会对父子俩进行调解、教育的。读了这个故事，孔子"听讼"高于一般人就不言而喻了。

朱熹在《论语集注》中引范氏的话，更从本质上揭示了孔子"必也使无讼"的原因："听讼者，治其末，塞其流也。正其末，清其源，则无讼矣。"就是说，对诉讼案子中的人进行刑罚、制裁，只是治其"末"、塞其"流"。这个案子处理了，那个案子又出来了，若审理不当，案子可能层出不穷，所以必须"为政以德"，对广大民众加强道德教化，多做正本清源工作，才能防患于未然，以立长治久安之计。

孔子这番话，对于我们治国，特别对司法管理工作是有启发意义的。孔子说"不教而杀谓之虐"，是耐人寻味的。

值得注意的是，在通篇《论语》记录孔子的直接言论中，用"必也……乎"这种句式仅五处,但都是孔子突出重要理念时用的。这样的句式,乍听,似乎是委婉的商榷口吻,实际上领起的一个"必"字,道出了孔子对中庸、正名、礼治等重要思想理念的坚定信念和执着追求。

12.14　子张问政。子曰:"居之无倦①,行之以忠。"

①居之:"居",当,任;"之",指代职位。

子张问怎样为政。孔子说:"任职时不要松懈倦怠,做事时要尽心竭力。"

孔子的回答,是从从政者的素质要求说的,这个观点带有普适性。一个从政的人,理应坚守岗位,兢兢业业,毫不倦怠;理应认认真真做事,尽心尽力。不只从政,从事任何工作都得有这样的态度、这样的素质。如今倡导勤政爱民、爱岗敬业,大概就是这种传统美德的继承、发扬吧!

12.15　子曰:"博学于文,约之以礼,亦可以弗畔矣夫①!"

①此则重出。见《雍也篇第六》(6.27),"盖弟子各记所闻,分见各篇不及删者",故不再解读。

12.16　子曰:"君子成人之美①,不成人之恶。小人反是②。"

①成人之美:成,成全,造就。勉励并帮助别人为善,后亦谓帮助别人实现其愿望。②反是:与此相反。

成全人、帮助人是对的,但应当有所区分:积极成全人从善,那是善举,为社会做好事,堪称"君子";帮助人从恶,那是助纣为虐,有害于社会,是道地的"小人"。现实生活中,孰善孰恶,该不该成全、帮助,分辨难啊! 常常是,想"成人之美",结果却是"成人之恶"。

"成人之美"已成格言,启示我们:要以君子标准要求自己,不仅自身行止美善,还要满怀教化热诚,尽力引导、鼓励、帮助别人做好事,努力营造良好的社会风气。

12.17　季康子问政于孔子①。孔子对曰:"政者,正也。子帅以正,孰敢不正?"

①季康子:就是季孙肥,"康"是谥号,"子"是尊称,他是三桓(孟孙氏、叔孙氏、季孙氏)中最有权势的。政:源于"正",通"正",正直、端正,引申为正道。

我读 春秋中叶开始，三桓就把持鲁国国政，其中季孙氏权势最大。哀公时，季孙肥（季康子）任正卿，溺于利欲，僭礼越位，"家臣效尤，据邑背叛，不正甚矣"。季康子大概就是在这种情况下向孔子"问政"的。孔子立足于"仁"，便直言不讳地从正面警示他："政就是正。你带头走正道，谁敢不走正道？"这个观点，孔子多次进行申述。

在《子路篇第十三》中先后说："其身正，不令而行；其身不正，虽令不从。""苟正其身矣，于从政乎何有？不能正其身，如正人何？"

孔子的话对当时的统治者，如鲁哀公、季康子，对他们的"为政"有警示作用。我想这些话对我们今天的当政者——公务员们，如何做好自己的政务，也不失为金玉良言。

12.18　季康子患盗①，问于孔子。孔子对曰："苟子之不欲，虽赏之不窃②。"

你解 ①盗：抢劫财物的人。②窃：偷。

我读 与上则同理。这则是从另一个角度说的："假如你不贪求财货，那些你认为的盗贼怎么会抢劫财货呢？""上梁不正下梁歪"。上行下效，自古皆然。

这话的潜台词是："你只要收敛了贪欲（要他不贪是不可能的），盗贼之害，何患之有？"

12.19　季康子问政于孔子曰："如杀无道，以就有道，何如？"孔子对曰："子为政，焉用杀？子欲善而民善矣。君子之德风，小人之德草。草上之风，必偃①。"

你解 ①君子之德风，小人之德草，草上之风，必偃：小人，指人民；上，加；之，指'草'；偃，仆倒。

我读 孔子在《为政篇第二》中说过："道之以政，齐之以刑，民免而无耻；道之以德，齐之以礼，有耻且格。"他一贯主张以德教化百姓，以礼规范百姓，让百姓有羞恶之心，且能自觉改过；反对用政令遏制百姓，用刑罚钳制百姓，纵然一时奏效，百姓"犯上作乱"少了，但心里并不知道"犯罪"是可耻的，而且怨恨日增，只不过暂时隐藏到心底罢了。所以孔子说："子为政，焉用杀"，接着用"尧舜行德则民仁寿"的善善相生之理予以引导：你想做好事，百姓自然也会做好事的。为了启发季康子进一步领会"以德化民"的道理，孔子就近取譬，以"风行草偃"的自然现象让季康子去悟为政之理。

颜渊篇第十二

169

千百年来，草、风之喻已成为为政者须进行教化应遵循的通则，有一定的积极意义。我认为，如同"比喻都是跛足的"一样，草、风之喻有严重的消极的一面：一则过分夸大了"君子"（历史上的统治者、今日的管理者）的教化作用，二则贬低了"小人"（广大民众）的自我反省、自我教育的能力。这个比喻严重违背了"群众是真正的英雄"、群众是推动历史前进的动力的唯物史观。所以不要盲从，要辩证地看待这个比喻。

12.20　子张问："士何如斯可谓之达矣①？"子曰："何哉，尔所谓达者？"子张对曰："在邦必闻，在家必闻②。"子曰："是闻也③，非达也。夫达也者，质直而好义，察言而观色，虑以下人④。在邦必达，在家必达。夫闻也者，色取仁而行违，居之不疑⑤。在邦必闻，在家必闻。"

你解　①士：男子能任事之称。这里的"丈夫"犹言"大丈夫"，即泛指那些有大志、有作为、有气节的男子。许多注家把这里的"士"解作知识分子，我认为欠妥，不如看作"能任事"之男子，无论从当时的个人情况和时代背景看，都更为贴切，可以不译。达：通达。达人，指通达事理的人，即具有仁德与智慧名实相符者。②家：卿大夫统治的地方。③闻：此处读"wèn"，声誉，名声。④下：动词，在（人）之下，表谦虚。⑤居之不疑：以仁人自居而不知怀疑自己。

我读　子张曾向老师问过"干禄"（谋求做官），这次又问"何如斯可谓之达"表明"务外"、"有意近名"（专务虚名），不"务实"（致力德修），孔子"已知其发问之意，故反诘之"："你所说的'达'指什么？"当子张说出自己的真实想法"在邦必闻、在家必闻"，一心想着自己"有声誉"时，孔子紧紧抓住子张把"闻"当成"达"这个认识误区，及时对这两个概念进行了阐释。孔子"既明辨之，又详言之"。在对闻、达的具体阐释中，非常尖锐地指出子张不应"务外"，沉溺在贪求"近名"的虚伪心志中，缺乏"务实"的"质直好义，虑以下人"的仁德精神，从而达到夫子对弟子"发其病而药之"的目的。

这里"达""闻"的褒贬色彩非常鲜明。后来"闻""达"二字连用，有扬名、显达的意思，不同于通达、贤达的褒义，如诸葛亮《前出师表》"不求闻达于诸侯"。

按：一味"务外"，贪图虚名不可取，但与"务实"相结合，必要的"外"、该要的"名"还是需要的。

12.21 樊迟从游于舞雩之下①,曰:"敢问崇德,修慝②,辨惑。"子曰:"善哉问! 先事后得,非崇德与? 攻其恶③,无攻人之恶,非修慝与? 一朝之忿,忘其身,以及其亲④,非惑与?"

①舞雩:古代求雨的祭坛,有坛有树。②修慝:修,整治,消除;慝,邪恶,恶念。③攻:抨击,诘责,责备,批判。④亲:特指父母,亦可泛指亲人。两者均可。

上则弟子子张曾向夫子问过"崇德、辨惑"问题,本则弟子樊迟也以同样问题向夫子请教,并增加一个问题:如何"修慝"。如同问"仁"一样,孔子不是千篇一律地回答,而是根据对象个性特点、思想状况,从不同角度、用不同方式给予解惑。樊迟好勇好学,但"粗鄙近利"、悟性较差,所以他"敢问"时,孔子看他"善其切于为己",便首先肯定("善哉问"),给予鼓励。接着用反诘口吻强调指出:要"先事后得"(忠),"无攻人之恶"(恕),无任"一朝之忿",说得非常明白、具体,易于理解、接受。用现代人的话来说,就是孔子从行为、伦理、心理等不同方面点拨樊迟,指出矫正的途径,培养他健康的人格。

12.22 樊迟问仁。子曰:"爱人。"问知①。子曰:"知人②。"

樊迟未达。子曰:"举直错诸枉③,能使枉者直。"

樊迟退,见子夏曰:"乡也吾见于夫子而问知④,子曰,'举直错诸枉,能使枉者直',何谓也?"

子夏曰:"富哉言乎! 舜有天下,选于众,举皋陶⑤,不仁者远矣。汤有天下,选于众,举伊尹⑥,不仁者远矣。"

①知,通"智",聪明,智慧。②知:知道。③举直错诸枉:选拔正派的人放在邪曲的人之上。直,枉,形容词用作名词;错,通"措"。④乡:通"向",过去,从前。此处犹"刚才"。⑤皋陶:传说中的东夷族首领,偃姓,相传曾被舜任为"士师",掌管刑法,后被禹选为继承人,因早死,未继位。⑥伊尹:名伊,一说名挚;尹是官名。汤先用其为"小臣",后任以为阿衡(宰相),执掌国政,助汤灭夏兴商。

读此则要明确两点:

一方面,樊迟为何"未达"。当樊迟两问后,听到夫子的回答,犯疑了:"既仁爱人,又要识别人,这不有些矛盾吗?"就"仁"言,既要"周"(广泛),又要"择"(选择)。悟性较差的樊迟,一时自然不解。但他好学,见到同学子夏,又不耻下问。子夏举了两个"举直错诸枉"的实例,告诉樊迟夫子的话内涵深刻,要好好领悟啊!

另一方面,"仁"与"知"(智)的关系。乍读,仿佛本则语录,偏重对樊迟"问知"的解惑,实际通则说"仁"。仁与智是目的与手段的关系。我们知道,"仁"是儒家思想的核心内容,也是儒家的最高道德原则。对人"爱",是孔子政治思想、伦理观的出发点,但他知道人是形形色色的,不能无区别地说"爱一切人",须用"智"(智慧)识别贤愚(直枉)、忠佞(正邪),然后通过"用""化"等途径,扬善改恶,使人都成为真正意义上的"人",最后还是归宿到"爱人"。语录中"不仁者远"正是"言人皆化而为仁"。

儒家之所以受到尊崇,儒家思想之所以值得弘扬,主要在于真正以人为本,对每个人都有博大的至诚的人文关怀。

12.23 子贡问友。子曰:"忠告而善道之①,不可则止,毋自辱焉。"

①道:通"导",引导。

孔子教导我们,在交友中,发现朋友有缺点或过失,要劝告他改、引导他改,并要做到"忠"(诚恳、尽心)、"善"(善意、讲求方法)二字。不过,人往往很固执,所谓"江山易改,本性难移"。再说,"良药"多苦口,"忠言"总逆耳,人总是喜欢听奉承的话。所以,不易接受朋友的意见。朋友之间是平等的,没有强制性、检束性。讲多了,还生反感。因此,孔子从中庸观点出发,告诫我们"不听就算了,不要自讨侮辱!"

我认为"不可则止"是明智的,也是暂时的,但不可"言弃";等适当时机,再去"忠告而善道之",坚信人是可以改变的。这才是合乎"仁"的真正的交友之道。

12.24 曾子曰:"君子以文会友,以友辅仁。"

①文:泛指文化活动,包括礼、乐典章制度。

古代以"文"会友,主要是通过讲习诗、书、礼、乐来结交朋友;现代"文"的内涵丰富多了,有学术研讨、各类论坛、诗词咏唱、文化沙龙、汇演、笔会等。

古人云:"独学而无友,则孤陋而寡闻。"(《礼记·学记》)说明独学无友之弊。交友,好处多:可以互学、互补,达到知识、认识、品德共进的目的。《说苑·说丛篇》讲得好:"贤师良友在其侧,《诗》《书》《礼》《乐》陈于前,弃而为不善者,鲜矣。"

子路篇第十三

13.1 子路问政。子曰："先之^①，劳之。"请益。曰："无倦^②。"

【你解】 ①先之：先，走在前面。之，指代百姓。②倦：倦怠。

【我读】 孔子回答季康子问政时说："政者，正也。"这个"正"（正直、正派、公正）字是对为政者（包括主政者和从政者）的一个基本素质要求。

这里的"先"、"劳"二字，是对为政者提出的两条工作原则。孔子为什么对为政者提出这两条工作原则呢？因为为政者的对象是广大百姓，你没有担当意识，战争和祭祀是古代两件大事，为政者不走在百姓的前面行吗？还有农耕、水利、抵御自然灾害……你不走在百姓前面行吗？这是从正面职责说的，不是说为政者凡事都要走在百姓前面。《国语》中有篇《敬姜论劳逸》，母亲教训做官的儿子要"劳"不要"逸"："劳则思，思则善心生；逸则淫，淫则忘善，忘善则恶心生。"历史上企图"逸"的为政者，比比皆是。我认为"先之，劳之"是并列关系，而且是修辞格中的互文见义。就是说，孔子要求为政者要走在百姓前面，并态度鲜明地强调要"劳"（亲自动手，带头干事）在百姓前面。"先之劳之"是孔子送给弟子子路为政的座右铭，如果转赠给今日的为政者，不也很有警示意义吗？

子路进一步请教夫子时，孔子说"不要倦怠"。可以说这是对"劳"字的补充说明。为政者勤政一时容易，勤政一辈子难啊！在子张问政时，孔子说过"居之无倦"（《颜渊篇第十二》），又一次子张问政，孔子说"（要）劳而不怨"）（《尧曰篇第二十》）。这里，孔子针对子路好勇易冲动、重义常浮躁的性格弱点，勉励他为政一定要勤敏、不要怠惰！

13.2 仲弓为季氏宰^①，问政。子曰："先有司^②，赦小过，举贤才。"
曰："焉知贤才而举之？"曰："举尔所知；尔所不知，人其舍诸^③？"

【你解】 ①宰：卿大夫所属私邑的长官。②有司：古代设官与职，各有专司,因称官吏为"有司"。③其舍诸:其,句中语气词,此处表反问,相当于"岂",难道;舍,舍弃,放弃,此为不推举。

"仲弓为季氏宰",他的政事就是为季氏这个权臣效劳,下属还有众多各司其职的官吏,可谓"季氏之下,众官之上"的长官,怎样当好这个长官呢?他请教老师,孔子告诉他,必须努力践行三条履职理念:(1)做事要带头做,身先众官,率先垂范;(2)对属下要宽容,不要计较小的过失,多鼓励属下大胆做事;(3)要善于选拔人才,只要真心重用人才,何愁选拔不到人才?三点归纳起来,都是从"仁者爱人"出发,政事是管理人的工作,要做好这个工作,必须做到:身先、恕人、任贤。

仲弓经夫子的谆谆教诲,确实"德行"有很大提高,无怪乎荀子把他与孔子并称为"大儒"。孔子还赞赏他:"雍也可使南面。"(可做长官主持国政。)

13.3 子路曰:"卫君待子而为政①,子将奚先?"

子曰:"必也正名乎②!"

子路曰:"有是哉,子之迂也!奚其正?"

子曰:"野哉,由也!君子于其所不知,盖阙如也③。名不正,则言不顺;言不顺,则事不成;事不成,则礼乐不兴;礼乐不兴,则刑罚不中;刑罚不中,则民无所错手足。故君子名之必可言也,言之必可行也。君子于其言,无所苟而已矣④。"

你解 ①卫君:卫出公蒯辄(卫灵公之孙),与其父蒯聩争位,引起国内混乱。是时鲁哀公十年,孔子自楚返卫,弟子高柴、子路仕于卫。②正名:辨正名义、名分。名,此处特指合于礼的名义、名分,与后来的名实之"名"的泛指不同。③阙如:谓缺而不言,后常用为欠缺之意。④苟:苟且,马虎,草率。

我读 理解这则语录必须明确几个问题:

(1)孔子在什么情况下提出"正名"主张的?

就本段对话看,子路发问:"如果卫君(当指在位的卫出公辄)请你去治理政事,你打算先做什么?"孔子自然联想到卫国的现状,于是孔子借题发挥,提出正名的"主张";就历史背景看,卫灵公在世,对世子蒯聩欲杀其母南子不满,下令驱逐,欲立公子郢,郢辞。卫灵公死后,孙子蒯辄即位,为卫出公。不久,逃到晋国的蒯聩,又以武力进攻在位的儿子蒯辄,夺得王位,为卫庄公。这种君主间、父子间嗣位、争位的事,完全背离了孔子的"为政之道"。孔子在回答齐景公问政时明确地说:"君君臣臣父父子子。"而卫国的现状恰好相反:"君不君,臣不臣,父不父,子不子。"(《颜渊篇第十二》)

(2)正名观的实质是什么?

"君要像君,臣要像臣",这是维持统治秩序的等级观;"父要像父,子要像子",这是谨守伦常的伦理观,二者融为一体,皆基于"礼","像"则循礼,"不像"则逆礼。君、臣、父、子,就是孔子心目中的"名"。"正名"的实质,就是在"礼"的规范下,一切合于"名"(名分、名义)。治理政事,只有"名正",诸事(礼乐文化、刑罚法制等)才能行得通、办得成。

(3)"正名观"对后世思想有何影响?

如前言,孔子"正名"之"名"是特指"立于礼"的"君、臣、父、子"之"名"。后来由特指的名分、名义抽象为泛指的名称、概念了,于是引发了历史上名实问题,即名称(概念)与实际事物之间关系问题的长期争论。孔子之于"名实",实质上是要用事实去迁就名称。墨子说"非以其名也,以其取也",实质上是承认名称(概念)是事实的反映。庄子说"名者实之宾也",意思相近。荀子认为"名无固宜",应根据变化了的现实,"制名以指实"。他们对"名实"的认识,都前进了一大步。战国时期,名辨思潮沸沸扬扬,流派纷呈,名家辈出。法家韩非等注重综核名实,作为法治理论基础,对实际政治影响颇大。

(4)今天如何看待孔子的"正名"观?

孔子的"正名"观,摒弃其具体的政治内涵,从道德层面看,"名"要"正","名正"才能"言顺",这是无远弗届、无处不在的客观真实,可谓"放之四海而皆准"的普遍性真理。在今天大力建设精神文明的中国特色社会主义的历史条件下,本着古为今用、"化废为宝"的精神,对于弘扬求真务实的优良传统,对于推进防腐倡廉的廉政建设,大有裨益。

战国时期的著名法家韩非有言:"以名责实,循名求实",在名实之间,提出"责""求"两字要求,更使孔子的"正名"观趋于科学、合理,对我们如今为政、经商、治学……方方面面,更有启迪和警示意义。以为政者为例,不妨自问:我有公务员之"名",可有为"公"服务之

"实"？名实之间若有差距，甚或有背离，怎样改弦易辙、克己奉公，做到名近其实、名副其实？以此类推，人人皆反躬自问，会大大提高个人的道德修养，全面提升全社会的道德水准。

13.4　樊迟请学稼。子曰："吾不如老农。"请学为圃①。曰："吾不如老圃。"

樊迟出。子曰："小人哉②，樊须也！上好礼③，则民莫敢不敬；上好义，则民莫敢不服；上好信，则民莫敢不用情。夫如是，则四方之民襁负其子而至矣，焉用稼？"

①为圃：为，治理；圃，种植蔬菜瓜果的园子。②小人：此处不是与"君子"相对的"小人"，而是指"细民"，犹言小民，即普通劳动生产者。③上：位置在高处。此指居于上位的人。

樊迟自入孔门后，常随夫子，或御车，或从游，曾三次问仁，乐知好学。不过，在学习中，他觉得孔子到处碰壁，其学说于社会人生并无多大实效，便想学些具体技能，好为百姓做点实事。于是才有樊迟"学稼"、"学为圃"之请。

士，古为四民（士、农、工、商）之一，是低级的贵族阶层。春秋时，士多做卿大夫的家臣，有的有食田，有的以俸禄为生。春秋末年以后，逐渐成为统治阶级中的知识分子的通称。《论语》中多次出现"士"，从学孔子的三千弟子，未出仕时，当属"士"这个阶层。孔子说："士志于道。"又说："士而怀居，不足以为士矣！"曾子说："士不可以不弘毅，任重而道远。仁以为己任。"就是说，士应当志向高远、胸怀宽广，以推行仁德作为自己的责任，并为之奋斗终生。在孔子心目中，你樊迟"学稼""学为圃"，这是"小人之事"，即普通老百姓之事，不是你"士"之所为。孔子两度说"吾不如"，一是"不知为不知"的实说，二是委婉拒绝樊迟"不务正业"的请求。这里须辨明三点：

（1）这里的"小人"，不是与通常的"君子"相对，因此与道德高下无涉，而是指普通劳动者，不带道德贬义。

（2）孔子说"吾不如老农、老圃"，由此推断孔子反对"学稼""学为圃"，轻视、卑视体力劳动，有违"毋意（臆）"之"绝"。

（3）从语录后边的论述可知，孔子是强调社会分工有不同，应先"立足本职尽其责"。

"上好礼""上好义""上好信"，三个"上"反复申明你樊迟作为

"士"是个"居上位的人",应当全力推行"仁"——礼、义、信是其具体内涵,用以教化百姓,比"以稼穑教民",其泽民安邦的效果大多了。"夫如是,则四方之民襁负其子而至矣",是对"尽责"效果的生动描述。

13.5 子曰:"诵《诗》三百,授之以政,不达①;使于四方②,不能专对③;虽多,亦奚以为④?"

你解 ①达:通晓;明白。②四方:指四方之国。③专对:奉使他国,独自随机应答。④为:句末语气词,此处表示反问。

我读 这则语录的积极意义在于:从读《诗》、为政能通晓政事推而广之,读书,是为了实用。反之,不是死记文句,成为摆设的两脚书橱,就是夸夸其谈、脱离实际的空谈家。孔子以"《诵》诗"为例,首倡"学以致用"的观点,绵延千年,形成我们中华民族读书"致用"的优良传统。

我认为伴随这个优良传统,派生出一条负面暗流,这就是:混淆了主要诉诸感性的文学作品和主要诉诸理性的理论作品的不同功能,后来的"文以载道"又泛化为一切文学作品都强调要突出政教作用,乃至近世提出"政治性第一"的偏颇。不知不觉中,淡化了文学作品的审美功能,导致文学作品受制于传统意识偏见、过分重视功利的教条主义、狭隘经验主义倾向,社会生活的"本来面目"得不到真实的再现,那种充满生动性、丰富性、深刻性的震撼人心的文学杰作怎能问世呢?我想,从根本上反思,我国文学作品迟迟进入"诺贝尔"视野,也就不足为怪了。

13.6 子曰:"其身正①,不令而行②;其身不正,虽令不从。"

你解 ①其:人称代词,此处指执政者。②令:命令,如政令、军令等。

我读 执政者自身正派,不下达命令(百姓)也会自觉去做;执政者自身不正派,即使下达命令(百姓)也不会执行。

从百姓执行政令的情况来看,执政者"身正"极为重要。"不令而行",是百姓出自内心的自愿行为;"虽令不从",是百姓不满执政者的对抗行为。前者"身正",是执政者仁爱百姓的表现;后者"身不正",是执政者视民如草芥的表现。孔子通过百姓"行"与"不从"的对比,强调执政者要"身正",实质是强调执政者要有仁爱精神。

推而广之,凡居上位者,如领导者、管理者、长者乃至名人,都得

"身正"。上行下效,是人类习以为常的本性。居上位者"身正",在其影响下,社会的正派之风自然得到弘扬,人间的正义之举自然潜滋暗长。反之,"上梁不正下梁歪"的连锁反应,社会的颓然之风,人间的互相倾轧,定然日盛一日。

13.7 子曰:"鲁卫之政①,兄弟也②。"

【你解】 ①鲁卫:鲁国是周公(姬旦)的封地,卫国是周公弟弟康叔的封地。②兄弟:比喻事物相似。

【我读】 鲁国、卫国皆周王朝的封地,分封时两国都政治清明,现在都面临着衰败:鲁国的政权旁落在三桓手里,卫国也出现父(蒯聩)子(蒯辄)争夺王位、君臣(卫庄公蒯聩和大臣孔悝)争夺君权的混乱局面,盛衰何其相似,莫非兄弟之国命运也相同啊! 这是孔子对"礼崩乐坏"政治形势无可奈何的感叹。

13.8 子谓卫公子荆,善居室①。始有,曰:"'苟合矣';少有,曰:'苟完矣。'富有,曰:'苟美矣②。'"

【你解】 ①卫公子荆:卫国的大夫,字南楚。春秋时期,诸侯之子继君位者称世子,其余称公子。他是卫献公的儿子,故称公子荆。②苟:苟且,草率,马虎。

【我读】 所谓"花花公子",生活在"富贵温柔之乡",一般来说,游手好闲、奢侈挥霍是通病,而荆南楚,身为卫献公之子,能够"善于居家过日子",家业、财富增长,欲望并不随之增长,总说"够了,好了",非常知足,实属难能可贵。在"合""完""美"前连用三"苟",表明荆南楚对家业、财富并不看重,而是以"苟且"态度视之的。当时吴公子季札把荆南楚列为卫国的君子,我想,与这个态度不无关系吧。孔子视富贵如浮云,赞赏"卫公子荆善居室",也就不足为怪了。

13.9 子适卫①,冉有仆②。子曰:"庶矣哉③!"
冉有曰:"既庶矣,又何加焉?"曰:"富之④。"
曰:"既富矣,又何加焉?"曰:"教之。"

【你解】 ①适(適):到……去。②仆:驾车。③庶:众多。此处特指人多。④富:富裕,这里是使动用法:"使(之)富。"

【我读】 面对人口众多,孔子提出"先富(之)后教(之)"的主张,非常富有预见性,堪称治国真理。
从理论上说,辅佐齐桓公成就霸业的管仲,曾说"善为国者,必先富民"，又说"仓廪实则知礼节，衣食足则知荣辱"，这是管仲的经验之谈，印证了孔子主张的正确性。马克思主义哲学一个最基本的观点就是，物质是第一性的，精神是第二性的。这也说明两千年前的孔子"先富后教"的主张符合人类认识世界的客观规律性。

再从实践看，管仲辅佐齐桓公成就霸业，已是中国历史上一个较近的很好的例证。如今的社会主义中国，改革开放三十年，国家快速发展的事实，则是更好的例证。邓小平说："我的一贯主张是，让一部分人、一部分地区先富起来，大原则是共同富裕。"又说"四化建设的实现要靠知识、靠人才。……这就要抓教育……"可以说，没有这种科学思想的指引，就不可能有国家快速发展的现实。

13.10 子曰："苟有用我者①，期月而已可也②，三年有成。"

【你解】 ①苟：连词，如果。②期月：一整年。

【我读】 孔子说："如果有人用我（治理政事），只要一年就能（小有成效），三年就能大有成效。"

这是孔子对不重用自己的当政者的宣传和承诺，相当于现在自我推介的广告语。大凡这样的广告语，分为两大类：一类广告与事实相符，目的在积极入世，有所作为；一类广告与事实不符或不甚相符，目的在招人青睐，不说欺世盗名，起码有混入之嫌。不难看出上属孔子的自我推介，绝无虚语，当属前一类无疑。

孔子为发挥自己的政治才干，主动、如实推介自己的毛遂自荐精神，按如今的价值观来审视，不失为一个开明的前卫人士，值得效法。

13.11 子曰："'善人为邦百年，亦可以胜残去杀矣①。'诚哉是言也②！"

【你解】 ①胜残：胜，克制；残：凶暴。②诚哉是言：是"是言诚哉"的倒装。诚，确实，的确。

【我读】 史称"春秋无义战"。可见那时杀伐连连，民生凋敝，苦不堪言。执政者为争霸、防民，凶暴刑杀，血雨腥风，社会动荡不安。这与儒家的理想政治大相径庭。作为以倡导、推行仁爱精神为己任的孔子来说，很希望尽快改变这种世道。联系前则来看，圣贤孔子极力推介自己："如有人用我（治理政事），只要一年就能（小有成效），三年就能大有成效。"孔子这话并非虚语，可如今只是美好的愿望而已。他只得把希望寄托在"善人"身上，凶暴刑杀尽管积重难返，可"善人"坚持礼乐教化，哪怕百年，总有一天通过以善化民能"克制凶暴免除刑杀"而

子路篇第十三

使"仁爱"精神深入"人"心的。我认为这里的"人",既指不再"为恶"的人,也指"不用刑杀"的在上位者。

"善人为邦百年,亦可以胜残去杀矣。"这是一句古语,孔子之所以赞同它,因为它道出了孔子的人生追求——"依于仁"治国的政治理想;也道出了孔子的伦理信念——刑罚杀戮等暴力手段,终将从人类社会逐渐消除。

13.12 子曰:"如有王者①,必世而后仁②。"

你解 ①王者:指治世的圣贤之王。②世:古称三十年是一世。

我读 在"残""杀"横行的时代,要想在天下施行仁道,有两个必要条件,一是要有"王者兴"。这个"王"中的圣王极少,如尧、舜、禹,难以再现;而贤王,如周武王等却可能"受命而兴"。若无贤王,起码也得"善人为邦",才能"胜残去杀"。二是要有时日。"善人"治理,要百年功夫;贤王治理,三十年才见成效。孔子说他"苟有用我者……三年有成",也只是一国(小范围)而已,"天下大同"恐怕百年也只是理想吧!

从"两个必要条件"来看,仁道施行天下,将是一个漫长的历史过程,"胜残去杀"绝非一朝一夕能够成为现实,必经剧烈的变革、长期的教化,痼疾才能慢慢革除,仁性才能渐渐"浃于肌肤,沦于骨髓",社会才能一步步逼近理想的仁爱世界。

13.13 子曰:"苟正其身矣,于从政乎何有①? 不能正其身,如正人何②?"

你解 ①何有:即"有何",有什么,通常可补"困难"二字。②如……何:相当于"怎么"。

我读 联系《子路篇十三》(13.6)"其身正,不令而行;其身不正,虽令不行";再联系《颜渊篇第十二》(12.17):"政者,正也。子帅以正,孰敢不正?"孔子"一以贯之",都是抓住"政"的本质属性"正",强调为政者要加强"身正"修养。近代革命先行者孙中山先生说政治是"管理众人之事",这个解释很有见地。为政者要把众人管理好,必须"身正";反之,"身不正",怎能把众人管理好?

古今中外,这样的例子太多了。

在中国历史上,最为脍炙人口的例子莫如"大禹治水"。圣王大禹,整治水患十三载,栉风沐雨,"三过家门而不入","勤劳天下,日夜不懈",为民造福,百姓拥戴、支持,心甘情愿地跟随大禹劳碌奔波,奋战治水第一线,赢得"绩莫九卅万事重"。

再如春秋时的贤相晏婴,不因位高权重而奢侈,仍自觉保持平民身份。齐景公更换他的住宅,他以"君之先臣容焉"为由,坚辞不受;又赐他"辂车乘马",使者"三返",终不受。他明确表示身为"臣",应当"节其衣服饮食之养,以先国之民"。如果自己鲜衣良马"不顾其行",那么"民"(包括下属)追求奢靡,你就"无以禁之"了。此例是在上位的人"正人"必先"正己"的最好例证了。

13.14 冉子退朝①。子曰:"何晏也②?"对曰:"有政。"子曰:"其事也。如有政,虽不吾以,吾其与闻之③。"

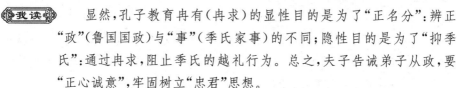①朝:季康子虽在鲁哀公时做过正卿(宰相),毕竟其家不能称朝廷。此处当指官府的大堂或官府办公处。②晏:晚,迟。也:句末语气词,表疑问。③其与:其,句中语气词,表揣测,犹"殆",大概;与,在其中。

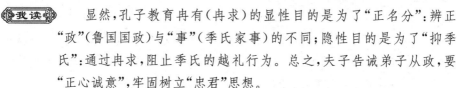显然,孔子教育冉有(冉求)的显性目的是为了"正名分":辨正"政"(鲁国国政)与"事"(季氏家事)的不同;隐性目的是为了"抑季氏":通过冉求,阻止季氏的越礼行为。总之,夫子告诫弟子从政,要"正心诚意",牢固树立"忠君"思想。

13.15 定公问:"一言而可以兴邦,有诸?"

孔子对曰:"言不可以若是其幾也①。人之言曰:'为君难,为臣不易。'如知为君之难也,不几乎一言而兴邦乎?"

曰:"一言而丧邦,有诸?"

孔子对曰:"言不可以若是其幾也②。人之言曰:'予无乐乎为君,唯其言而莫予违也③。'如其善而莫之违也,不亦善乎? 如不善而莫之违也,不几乎一言而丧邦乎?"

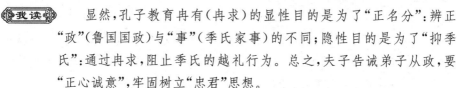①幾:通"冀",盼望。②幾:将近,接近。③莫予违:"莫违予"的倒装,没有人违抗我。

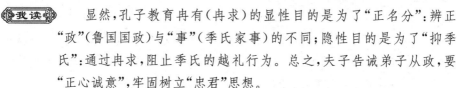鲁定公问"一句话就能兴盛国家,有这话吗?"本想孔子能作肯定性的回答,得到夫子权威的验证,他只需下一道圣旨或发一纸诏令,就能使国家兴盛,不必在治理上下功夫了。孔子委婉地告诉他"一言兴邦"是有这样的话,但没有"为政以德"的前提条件,那期望"一言兴邦"就未免过甚其词了。于是孔子借用"人之言",指出"如知为君之难",那么君"必敬谨以持之",此时,一句话的作用不接近于能兴盛国

家吗？

　　鲁定公又换一种说法问："一句话就丧失国家，有这话吗？"看来鲁定公并未听懂孔子的话，于是孔子又重复了前一次的回答，并进一步引"人之言"，对君主之"善"与"不善"作了对比分析，明确指出"如果（君言）不正确而没有人违抗，不接近于一句话就丧失国家吗？"

　　我想，孔子通过这样的说理，鲁定公应该懂得："为政"应"先行"——先"据于德、依于仁"而行，不要做"一言兴邦"的"终南"美梦了。

　　写到这里，不由得想到荒唐岁月的"一句顶一万句"，不重实际，轻视践行，过分夸大、盲目迷信"一言"的作用，祸害无穷啊！

13.16　叶公问政。子曰："近者说，远者来①。"

【你解】　①近者说，远者来：被其泽则说（悦），闻其风则来。

【我读】　这个叶公，原名沈诸梁，担任叶县令尹，历史上是个颇有作为的官吏。按玄学思维推断，出任前可能如刘向在《说苑》中描述那个"好龙"的叶公，至爱龙却又惧怕真龙；出仕后讨教孔子，改变了自己，接受了孔子的"仁政"主张，以"近者说，远者来"为治理目标，才有了选贤举能、仗义勇为、兴修水利、发展农业的善行。

　　春秋战乱年代，一个地区、一个国家能治理得"近者说，远者来"，那是多么令人向往的美好社会啊！叶公执政，在多大程度上实现了孔子的愿景，不得而知，但他在努力……反之，一个地区、一个国家出现"近者不悦乃至怨恨，远者不来乃至避离"的局面——执政者当作何感想呢？此时此地，"叶公"可当"镜子"看。

13.17　子夏为莒父宰①，问政。子曰："无欲速，无见小利。欲速，则不达；见小利，则大事不成。"

【你解】　①子夏：家境贫寒，入孔门后学习勤劳，相传作《毛诗大传》，善治《诗》，与子游同列孔门"文学科"优秀弟子。莒父：鲁国邑名，今山东莒县西南。

【我读】　弟子子夏想做好地方长官，讨教老师。孔子根据"女为君子儒，无为小人儒"的修身要求，再结合子夏拘谨保守，做事常有"不及"之处的弱点，便从警示的角度提出为政要做到两"无（毋）"：无欲速，无见小利。并从辩证的观点指出"欲速""见小利"的危害性在"不达"，在"大事不成"。

两"无"涉及功、利两方面，二者相对相关。历来对功、利的观点，反映了人们的认识水平和道德水平。

孔子对为政的两"无"要求，对今天的国家治理，乃至一切工作，仍有教益。

"无欲速"。今天，大则进行社会主义建设，小则开展一项工作，都想快一点实现目标，出发点是好的。殊不知，事物的发展是有"序"的，欲不按"序"行事，一味求"速"，常常事与愿违。记得大跃进年代，为赶超英美，高喊"一万年太久，只争朝夕"，于是乎全民动员，用小煤窑、小坩埚大炼钢铁，遍地炉火，冲劲冲天，结果劳民伤财，铁还是铁，成不了钢。这教训太深刻了！

"无见小利"。当官者犹忌这一点。《淮南子·道应训》记载：春秋时一个在鲁国当宰相的公仪休，他喜欢吃鱼，多少人给他送鱼，他"弗受"，不贪这个小便宜。他看得远，想到：我若"受鱼而免于相，能长自给鱼"吗？他"无见小利"，立足于个人享受固不足取；但换个角度，从"不免于相"能长期效劳朝廷来看，却耐人寻味。如今多少贪官，差不多都从"见小利"，踏上不归之路的。正是"好见小利妨于政"，"惑于小利而忘其大害"，看不到美好前程，何谈成就大事呢？生存之道亦如此。曾几何时，为了尽快富起来，多少山民，多少地方，看到林木有"材"可发，看到煤炭有利可图，大肆攻伐，任意挖掘，没有想到生态平衡，没有想到可持续发展，这种短视行为，带来的危害还小吗？

孔子对为政的两"无"要求，演化成一个成语："急功好利"。董仲舒在《春秋繁露》中叫"急功近利"，只有一字之差，义近，都是贬义词，告诫人们不要贪图眼前利益，急于求成。这个词，表达了一种思想观念，也算是一份精神遗产吧！

13.18 叶公语孔子曰①："吾党有直躬者②，其父攘羊，而子证之③。"孔子曰："吾党之直者异是：父为子隐，子为父隐。——直在其中矣。"

你解 ①语：此处是动词，告诉。②直躬者：自来直率的人。直，此处作直率讲；躬，身体，引申为自身，亲自；者，当"的人"讲。③攘：偷，窃取。

我读 叶，旧读"shè"，古邑名，在今河南叶县南，春秋楚地。叶公，原名沈诸梁，曾任叶县令尹。叶公说的"吾党"，当指"楚地"；孔子是鲁国人,他说的"吾党",当指"鲁地"。

从这段对话可知:当时的楚国社会已重视了法治,视"其父攘羊而子证之"为直率行为,是顺应社会之举;而鲁国社会仍固守伦理,视"其父攘羊"、"子为父隐"为直率的本性显现,是"天理人情之至"。

两相比照,以今天的眼光来看,楚地之"直",凸显了社会性公德,有利于社会安定;鲁地之"直",凸显了伦理性私德,不利于社会公平。而"直",就当时而言,虽谈不上法律是非,却有道德高下之分。

对话中都口称"吾党",实际上隐含着说话人的观点。由此可以看出,孔子由于过于强调"孝悌为仁之本",于是带来认识上的偏颇:重"德"而轻"政",重"礼"而轻"刑"。此例正好印证了他曾说过的话:"道之以政,齐之以刑,民免而无耻;道之以德,齐之以礼,有耻且格。"

13.19　樊迟问仁。子曰:"居处恭,执事敬①,与人忠。虽之夷狄②,不可弃也。"

【你解】　①恭、敬:恭、敬为同义词,皆有尊敬、慎重义,恭,着重在外貌方面;敬,着重在内心方面。夷狄:中国古代对东方民族称夷,对北方各族称狄。这里连用,泛指四方的少数民族。

【我读】　樊迟是孔子晚年的学生,尊师好学,他曾三次问仁。"仁"的内涵丰富,每次孔子都从不同角度、不同层面,针对他的修养程度予以教育。这次是立足个人修养,从践行的角度说的。孔子看到樊迟在真心追求仁,于是告诉他要真正做到"仁",不得好高骛远,要从眼前做起,要从日常生活做起,牢牢把握践行"仁"的三字真经:恭、敬、忠。这是生活准则,也是一个人立身处世的底线。所谓仁道,就是人与人的相处之道。有了这样的修养,即使到了缺乏文明的蛮荒之地,也会固守仁德,不会丢弃、放弃仁人本色。

13.20　子贡问曰:"何如斯可谓之士矣?"子曰:"行己有耻①,使于四方,不辱君命,可谓士矣。"

曰:"敢问其次。"曰:"宗族称孝焉,乡党称弟焉②。"

曰:"敢问其次。"曰:"言必信,行必果。硁硁然小人哉③!——抑亦可以为次矣④。"

曰:"今之从政者何如?"子曰:"噫!斗筲之人⑤,何足算也?"

【你解】　①行己:即"己行"的倒装,自己的行为(立身处世)。②弟:通

"悌"，敬重兄长。③硁硁然：浅陋而固执的样子。硁，击石声。④抑：连词，此处表示较轻微的转折，"不过"。⑤斗筲之人：才识短浅之人。

我读 这段语录里，孔子把"士"分为三等，是凭什么来区分的呢？显然是在"仁"这个大标准下，具体从"内在道德"所涵盖、影响的范围来划分的，当然也兼及"外在学识"、才干。

第一等，从国家层面说，知辱近"勇"，擅长外交，"忠"于君命，捍卫国格，可谓有德有才，当然这是孔子心目中的理想之士。像后来的不畏强秦的唐雎、完璧归赵的蔺相如、牧羊北海的苏武、用生命书写《正气歌》的文天祥，都是范例。

次一等，从宗族、地方层面说，孝顺父母，敬重兄长，作为一个人，这是最基本的伦理道德。《论语》开篇就引孔子的话"孝弟也者，其为人之本与"。一个人尽管不知学识、才干如何，但有了"孝"、"弟"这个"仁之本"，极少"犯上"，不会"作乱"，基本上合乎"士"的道德要求了。

再次一等，从个人层面说，做人守"信"，做事"果"断，尽管"不务求大义，而专自守于言行之必信必果，此见其识量之小"，"虽乏才识，亦尚有行"。一个人立身处世，守"信"、"果"断，有了这些良好的品德，可以说达到"士"的"内在道德"的底线了。

按高标的人生理想，按"义"这个判断是非的唯一标准来衡量，"今之从政者"——当时执政的人，目光短浅，只知区区"斗筲"之利，不知"有耻"，忘却"君命"，心中没有孝、弟、信、果……这些才识短浅之徒，背离"士"的标准，君问"何如"，答曰"不足挂齿！"

最后，谈两点。

一点解说。"言必信，行必果。硁硁然小人哉。"孔子为什么这么说？联系《孟子·离娄下》一段话可知。"大人者，言不必信，行不必果，惟义所在。"就是说，有德行的人，说话不一定兑现，行动不一定坚决，只要做到义就行。义者宜也，言、行如何，要适应变化着的客观情况，不必拘泥迂腐，以得当、合理为好。孔子这么说，通融了常理与变通，结合了原则性与灵活性。所以这里的"小人"是指固执浅陋之人，而非道德败坏之人。

一点启迪。对"士"——读书人的要求，自古以来，都有物质的低标与精神的高标这两个要求。这两个要求，是互为因果、相辅相成、缺一不可的。比照今天，每一个读书人是不是都应扪心自问：我达到

子路篇第十三

这两个要求了吗？如果没有，或有某一方面的缺失、薄弱，该怎么去补救、追求呢？

13.21　子曰："不得中行而与之①，必也狂狷乎！狂者进取②，狷者有所不为也③。"

　①中行：即"行中"，行为合乎中庸之道，无过与不及。②狂者：纵情任性、狂放不羁但又志向高远、积极进取。③狷者：拘谨，洁身自好。有所不为：指不随波逐流、不同流合污。

　这则语录，让我们看到孔子在交往中也贯穿着中庸思想、实践着择善而从的修身精神。

现实生活中，无论古今，一个人的言和行都合乎中庸之道，是少之又少的，但却是孔子交往中的理想人物。既然仰慕却又难遇，用"仁"这把尺子度量，只能向往和狂者、狷者交往了。狂者纵情任性、狂放不羁，但却志意高远、勇于进取；狷者拘谨、安分，但能洁身自好、守节无为。他们的思想性格有局限的一面，却又有可贵的一面："见危授命，见得思义。"就个人而言，堪称仁人志士；就社会而言，常勇当民族脊梁。我国近现代，像梁任公、鲁迅，就是典型的狂者；像朱自清、陈寅恪，就是典型的狷者。孔子对狂者一向是持肯定态度的，正如周游列国时在陈国所说"吾党之小子狂简，斐然成章"。

交往的意中人，常常像一面镜子，照出了自己。所以孔子说："中庸之为德，其至矣乎！"一生倡导"中庸"、践行"中庸"。交往中，不得"中行"，"过"与"不及"的狂者与狷者，也可择善而处之，充分表现了一个仁者的博大襟怀和远见卓识。

13.22　子曰："南人有言曰①：'人而无恒，不可以作巫医②。'善夫！""不恒其德，或承之羞。"子曰："不占而已矣③。"

　①南人：南方人，指吴、楚等国的人。②巫医：古代用祝祷、占卜等迷信方法或兼用一些药物以治病为业者。③占：这里略去了"卜"字。在中国古代，卜是观察的意思。"卜"是以火灼龟壳，看出现的裂纹形状，预测吉凶祸福，是一种迷信形式。

　这则语录，孔子通过南人的话（相当于谚语），告诉我们：没有恒心，巫医这样的"贱业"都不能做，推而广之，什么"业"能做得成？又暗引《易经》上的话（相当于格言），告诉我们：没有恒心保持操守，将蒙受他人的羞辱，不难想象，道德继续滑坡后果会是怎样？孔子两引南人之言,揭示了一条真理:恒心是"进业修德"成败的关键。

后来的无数事实印证了这个观点。

进业方面:歌德六十载创作《浮士德》,司马迁十五个春秋完成《史记》,王清任四十二年如一日画出一张准确的人体解剖图,曹雪芹"披阅十载、增删五次",杰作《红楼梦》得以问世……

修德方面:乐羊子妻的故事非常典型。《后汉书》载,羊子尝行路,得遗金,还以与妻。妻曰:"妾闻志士不饮盗泉之水,廉士不受嗟来之食,况拾遗求利以污其行乎?"羊子大惭,乃捐金于野,而远寻师学。一年来归,妻跪问其故。羊子曰:"久行怀思,无它异也。"妻乃引刀趁机而言曰:"……夫子积学,当日知其所亡,以就懿德;若中道而归,何异断斯织乎?"羊子感其言,复还终业。

13.23　子曰:"君子和而不同,小人同而不和①。"

【你解】　①"和"与"同"是两个对立的概念。和:和谐,和洽,调和;同:相同,共同,同一。和、同两字,是春秋时代常用的术语。

【我读】　君子讲和谐却不求同一,小人求同一却不能和谐。

孔子创造性地提出"和而不同"理念,它具有包容性、真理性,内涵极为丰富,运用极为广泛,这是典型的中国智慧、中国哲学。

和,如五味之调、五声之谐,承认多样性,尊重差异性,并通过调、谐,"济之不及以泄其过",成为佳肴美曲,食之听之,"以平其心";同,则不然,一味求"专一",如同清水调和清水,琴瑟老弹一个调,同物复叠,单调、单一。所以,和,充满生气、活力;同,趋于枯萎、死寂。

从哲学层面说,和,两方两物,互依互存,是矛盾的化解,是对立的统一,是唯物的、发展的、辩证的;同,两方两物,不合不容,是异类的排斥,是克隆式的同一,是唯心的、僵化的、机械的。

从伦理层面说,和,人与人之间讲尊重、讲宽容,又保持主体的原则性、独立性;同,人与人之间只知利益均沾、绝对一律,于是曲从阿比、尔虞我诈的恶俗随之而生。

从国家治理说,和,容许不同观点、不同信仰、不同意见的存在,能在法制不到的地方,和谐理念充分发挥调节作用;文明欠缺的地方,伦理道德自发起着规范作用。这样不忘法治、依礼治国,不忘和心、依德正人,社会必将和谐,国家必将太平。同,则反之,生产一个模式,经济就不能发展;体制一成不变,社会就不能前进;舆论一个声音,政治思想就没有生命力……这样的国家,哪有兴旺可言呀!

从国际交往说,和,能与不同体制、不同国力、不同意识形态的国家为友,相互借鉴,相互帮助,共同发展。同,则不然,否定对方,兼并对方,互相倾轧,互相争夺,只能成仇。21世纪初叶,美国对阿富汗、伊拉克发动的战争,就是"同而不和"的悲剧。

2010年孔子生日之际,在其诞生地山东尼山举行了"尼山世界文明论坛"。来自世界三大洲十多个国家的70多名高端学者,进行了一次有益的探讨。

我们知道,世界是多样性的,有各种不同的文明。各种文明之间,存在着许多矛盾、冲突。如何处理文明间的关系,影响人类的前途和命运,是21世纪"世界应当怎么办"的大问题。

出席尼山论坛的各国代表,尽管观点不同,但有一个共识:赞成文明对话,反对文明对抗;赞成"和而不同",反对"同而不和"。显然这是与会人员之所以选择尼山举行"世界文明论坛"的缘由,也表明大家寻求孔子智慧用以解决"世纪大问题"的良苦用心。会议期间,法国前总统希拉克发来贺信,他指出:"今天的世界正承受着许多动荡的煎熬,在这种情况下,中国的智慧和对和谐的追求是富有教益的。尼山论坛从孔子那里汲取了灵感。孔子告诉我们,没有对多样性的尊重,就不可能追求和谐,这个思想为我们指明了前进的道路。"

实践证明,孔子"和而不同"的理念,能和洽不同形态的文明,能引导世界走向和平与繁荣。感谢希拉克总统对"和而不同"思想的高度评价,感谢尼山论坛对"和而不同"思想的尊重和传播。

这表明:"和而不同"——中国智慧不仅造福中国,也造福世界。

13.24 子贡问曰:"乡人皆好之①,何如?"子曰:"未可也。"

"乡人皆恶之②,何如?"子曰:"未可也;不如乡人之善者好之,其不善者恶之。"

【你解】 ①好之:好,喜好;之,代词,他。②恶之:恶,讨厌。

【我读】 子贡善思。当他问:"全乡的人都喜欢他,怎么样?"又问:"全乡的人都厌恶他,怎么样?"孔子的回答都是两个字:"未可",即不能(肯定这个人是好人还是坏人)。联系《卫灵公篇第十五》(15.28)子曰:"众恶之,必察焉;众好之,必察焉。"两处中的"乡人"、"众",所指大体相同。表明孔子评价人的观点:不能以乡人(众)的好恶为标准,只能作参考,切忌盲目从众;应通过观察、考察,以一个人的善恶,即其思想、行为于社会、于人民是有利还是有害为标准,才客观、公正。为使子贡更明确地领会他的观点,又从"物以类聚,人以群分"的常理,告诉他:判断一个人的好,不如看全乡善良的德行好的人喜欢他,全乡的邪恶的不好的人厌恶他。

13.25 子曰:"君子易事而难说也①。说之不以道,不说也;及其使人也,器之②。小人难事而易说也。说之虽不以道,说也;及其使人也,求备焉③。"

你解 ①君子:与下句的"小人"均指在位者。"君子"指品格操守好的在位者,"小人"指品格操守不好的在位者。事:奉事,为……服务。②器:才能。器之:即按才能合理使用。③求备:求全责备。

我读 显然,君子与小人的本质区别,在于君子处事、"使人"皆"以道"——按合乎仁道的正当途径;小人反之,处事、"使人"皆"不以道"——不按合乎仁道的正当途径。

君子处事,立足于"忠"——你事奉他,只要尽己所能就行了。你恪尽职守、尽心竭力地做事,他就喜欢。你若违"仁",用"巧言、令色、足恭"去迎合他、讨好他,他不会喜欢的。这就是事奉君子容易却难以讨他喜欢的道理。君子坚守仁道,推己及人,所以能量才用人。你不是有用的"器",却伪装成有用的"器",妄想用不正当的手段取悦他,难啊!

小人处事,出于私利——你事奉他,他总想着得到好处。于是眼睛盯着"一己之私利",诸如钱、物、位、势乃至色,你只要送上这些"利",他就喜欢。至于这些"利"从何来,他管你用什么手段哩!你若规规矩矩办事,他反而不喜欢。这就是"事奉小人难却易于讨他喜欢"的道理。小人见利忘义,自然心中有"物"没有"人",所以"使人"时,真正有用之"器",则求全责备了。一些心术不正的人,却很容易与这些品行操守不好的当政者同流合污啊!

联系现实生活,这样的"君子",自然让我们联想到积极推行廉政建设的公务员们;这样的"小人",也让我们联想到执政部门中形形色色的腐败分子。

唐太宗说:"以人为镜,可以明得失。"堪称箴言!

13.26 子曰:"君子泰而不骄①,小人骄而不泰。"

①泰：安详舒泰。骄：骄傲，骄横。

君子"怀德"（一心想修持德行操守）、"喻义"（知晓怎样做合理、恰当），安贫乐道，不以物喜，不以己悲，所以心胸坦荡，毫不挂碍。富贵时，推己及人，"己欲立而立人，己欲达而达人"，怎会矜己傲物、自命不凡呢？

小人"怀土"（一心想拥有田土产业）、"喻利"（只知窥取一己之私利），见利忘义，患得患失，"失"不甘心，"得"无止境。一旦得势，权高位重，便骄狂不可一世。可内心极度空虚，充斥着忧虑，哪有片刻怡平、安舒的时候！

可见，德行不同、识见不同，胸次心境必然不同。胸次心境决定着君子、小人的不同的人生境界。君子"坦荡荡"，便能更加努力修为，积极进取，心境变得更宽敞、更清明；小人"长戚戚"，便会徒生烦恼、作茧自缚，心境变得更狭隘、更昏暗了。

13.27 子曰："刚①、毅②、木③、讷④近仁。"

①刚：坚硬，坚强，与"柔"相对。②毅：意志坚定，果断。③木：质朴，朴实。④讷：出言迟钝。

坚强不屈、果断坚定、质朴老实、出言迟钝，（这四种品格）接近于仁德。

（1）刚。《公冶长篇第五》（5.11）：子曰："吾未见刚者。"清末政治家林则徐撰有一联："海纳百川，有容乃大；壁立千仞，无欲则刚。"他正是躬行"无欲则刚"，才不畏强暴，为民族尊严，才有"虎门销烟"之壮举。后虽遭投降派诬害，但青史留名。

（2）毅。《泰伯篇第八》（8.7）：曾子曰："士不可以不弘毅"。不由得想到当年诸葛亮"躬耕陇亩"、高卧山野，何等惬意！危难时刻，刘备三顾茅庐，真情打动了他。于是果断决定"出山"。一席"隆中对"，开了天下三分的局面。出山后，诸葛亮以坚强不屈精神，为兴汉室，"庶竭驽钝"，辅佐先帝后主数年，忠诚之至！

（3）木。《学而篇第一》（1.3）：子曰："巧言令色，鲜矣仁！"既然，"令色"者少有仁德，那么"木"者就多有"仁德"了。如《史记·绛侯周勃世家》所记：汉初大臣周勃，少贫贱，秦末跟从刘邦，以军功为将军，刘邦认为他"厚重少文，然安刘氏必勃"。果不其然，终与陈平定计，诛杀企图夺取政权的吕产、吕禄等人，迎立文帝，任右丞相。司马迁赞曰："勃匡国家难,复之乎正。虽伊尹、周公,何以加哉!"这是个典型的"木"者近仁之例。

(4)讷。《里仁篇第四》(4.24):子曰:"君子欲讷于言,而敏于行。"《学而篇第一》(1.14):子曰:"……敏于事而慎于言……"两则语录中的"讷"与"慎",词义相近、实质相同,表明孔子对君子的要求,即因"放言易,故欲讷",出言要谨慎。在《论语》中,孔子对"巧言"是持否定态度的,对"讷于言"的肯定就不言而喻了。两晋文学家左思,官秘书郎。出身寒微,"貌寝口讷",不屈从权贵,对门阀制度深为不满,齐王司马冏命为记室督,不就。《晋书》说其构思十年,写成《三都赋》,一时竟相传写,洛阳为之纸贵。这也是个"口讷"者近仁之例。

(5)仁。仁是孔学的最高道德标准,也是古代士人追求的最高人生目标。《阳货篇第十七》(17.6),子张问仁,孔子回答:"恭、宽、信、敏、惠"五者"为仁"。这则说"刚、毅、木、讷,近仁"。我想,"为仁"与"近仁"还是有区别的。从孔子"恭则不悔,宽则得众,信则人任焉,敏则有功,惠则足以使人"的补充解说来看,"恭、宽、信、敏、惠"五种品质合乎"仁德"要求,就是"仁",这是毫无疑义的;但"刚、毅、木、讷"四种性格类型,在社会实践中,作为心理特点,发挥不当,往往有不足的一面,从孔子教诲的弟子中常常可见,如宰我、子张、冉雍、冉求等。就本质而言,这些性格经过修为,极易成为好品格,造福于社会,孔子说:"近仁",实在是太准确、太客观、太高明了。

13.28 子路问曰:"何如斯可谓之士矣?"子曰:"切切偲偲①,怡怡如也②,可谓士矣。朋友切切偲偲,兄弟怡怡。"

【你解】 ①切切:形容督责、勉励,情意恳挚或迫切。偲偲:相互督促,相互切磋。②怡怡:和悦的样子。

【我读】 子贡也曾向孔子问过同样的问题,孔子给予的答案,如同许多弟子问"为政"、问"仁"一样,均因人而异。看看今天学校的试卷,口头的,书面的,一样的题目,千人万人一个答案。这样的答问,无论从因材施教还是素质培养来看,孰优孰劣,不令人深思吗?

《史记·仲尼弟子列传》:"子路性鄙,好勇力,志伉直。"因此有过很多莽撞之举。一次子路问:"君子尚勇乎?"孔子说:"义之为上。君子好勇而无义则乱,小人好勇而无义则盗。"我们知道,按"仁"的要求,"为政以德"常常从日常的人伦秩序中体现出来,尤其是平行的

子路篇第十三

191

"两伦"：朋友尚义，兄弟尚和。这里孔子回答子路之问，便针对子路"好勇"易于出现"无义则乱"的弊端，从而提醒子路，修己要做到"切切偲偲，怡怡如也"，又担心子路"混于所施"，着意明确了对象："朋友切切偲偲，兄弟怡怡"，抓住"义"与"和"进行了耐心诱导。

13.29 子曰："善人教民七年，亦可以即戎①。"

你解 ①即戎：作战。

我读 孔子说："百姓经过善良的人七年的教化，也能为国作战了。""春秋无义战"。一个国家处在动乱之秋，你想避开战争是不现实的。"弱，就要挨打。"人如此，国亦如此。

"善人"，此当指富有仁道精神的当政者，用礼乐教化百姓，自然首先鼓励生产、发展经济，再就是培养国防意识。战争有正义、非正义之别。"善人"实行仁道，民富了，又有了国防意识。在这种情况下，一经号召，广大百姓就能为"保家卫国"作战了。这里强调了一个"教"字，前提是"善人"，还得"七年"（必须一定的时日），可见百姓受"教"非常重要，这也是孔子毕生大力宣传仁道的一个原因吧！

联系当今国际形势，尽管"和平与发展"是主题，但不可忽视表面平静之下，一股世界范围的军备竞赛正暗自进行。我们在聚精会神进行现代化建设的同时，必须教育全国人民要时刻保持警惕之心。只有综合国力增强，方可形成一道固若金汤的无形防线，从而确保祖国稳步又快速地前进在"中华复兴"的路上！

13.30 子曰："以不教民战①，是谓弃之②。"

你解 ①不教民：即"不教之民"，没有经过教育的民众。②是谓：这就叫做。

我读 围绕"战"，上则着重于"善人"（富有仁道精神的当政者）从礼乐方面教化百姓，让百姓懂得"保护家园"，定要"卫国作战"；这则着重于"善人"从射、御（驭）方面教化百姓，让百姓习练作战本领，这样"保家卫国"更有效，即使强敌悍然入侵，也会减少人员伤亡。若"以不教（之）民战"，"必有败亡之祸"，这不是拿百姓当草芥在抛弃吗？

孔子生活的年代，和平时日少，战乱时日多。这则和上则都切合当时时势，孔子的话都从"战"的角度体现"民惟邦本"的仁爱精神的。

宪问篇第十四

14.1 宪问耻①。子曰："邦有道，谷②；邦无道，谷，耻也。"

"克、伐、怨、欲不行焉，可以为仁矣？"子曰："可以为难矣③，仁则吾不知也。"

①宪：姓原，即原思。②谷：即"穀"，庄稼和粮食的总称。古时，在官府当差，付酬多为粮食。③为难：为(wéi)，认为；难，难得。

原宪在此则问了两个问题：

一是问"耻"。据《史记·游侠列传》所记，原宪出身贫贱，"闾巷人也。读书怀独行君子之德，义不苟合当世……终身空室蓬户，褐衣疏食不厌"。"义不苟合当世"，就是"邦无道"，厌恶污浊的官场，不愿出仕拿肮脏的俸禄，宁愿贫穷。原宪问"耻"，实际上是想通过夫子来验证一下自己的观点。孔子回答："邦无道，谷，耻也。"这是对原宪想法、做法的肯定，也印证了孔子的一贯主张："邦无道，富且贵焉，耻也。"经夫子的肯定，原宪更坚定了自己的信念，在孔子离世后，原宪干脆退隐，"亡在草泽中"，以实际行动践行了"清净守节，贫而乐道"的"君子之德"。

二是问"仁"。原宪以请教的口气，表述自己的看法："不做'好胜、自夸、怨恨、贪欲'这些毛病的事，能算是仁了吧？"同样目的，也想请夫子评价一下这种认识妥否。孔子用"克己复礼为仁"这把尺子进行衡量。孔子认为"克、伐、怨、欲，不行"，只做到了"克己"——战胜自己的私欲，这只是读书人"仁以为己任"的思想准备，还须行动上"复礼"——狭义地说，回复周礼；广义地说，(使言行)回复、符合天理。这天理，具体表现为"恭、宽、信、敏、惠"。孔子说："能行五者于天下，为仁矣。"不断践行"复礼"，才能"全其心之德"，如此，方可说是"仁"了。孔子说"仁则吾不知"，并非真的"不知"，而是委婉地说"按仁的要求还很不够"，你原宪自己去对照、领悟吧。

14.2 子曰："士而怀居①，不足以为士矣。"

①而：连词，连接主语和谓语，含有"如果"的意思。怀居：怀，想念，思念。

我读 孔子对"士"——读书人要求很高，并寄予很大的期望。他曾说"士志于道"，"行已有耻，使于四方，不辱使命，可谓士矣"，还有两位弟子的话——曾子说："士不可以不弘毅，任重而道远。仁以为己任……"子张说："士见危致命，见得思义。"——间接传达了孔子的观点：读书人应有宽阔的胸襟、高尚的情操、远大的理想，不可目光短浅、志趣低下、贪图安逸。这个观点已融入中华文明，成为读书人的优良传统。

为深入理解这则语录，举两个经典个例以助思考：

《左传·僖公二十三年》载：晋公子重耳本有远大志向，当他流亡到齐国，齐桓公给他娶妻、送他马匹，他便安于齐国的生活，不想走，他的结发妻子姜氏说："走吧！留恋妻妾和贪图安逸，会败坏（你的）名声！"姜氏的话，与孔子的观点相近。

《三国志·魏志·陈登传》载：一次许汜去见陈登，陈登瞧不起他，叫他睡下床，自己睡上床。后来许汜将此事告诉刘备并埋怨陈登。刘备说："君有国士之名，今天下大乱，帝主失所，望君忧国忘家，有救世之意；而君求田问舍（置田买房），言无可采。是元老（陈登字）所讳也。"自此"求田问舍"成了"一个人只知谋置家产，胸无大志"的代名词。

14.3 子曰"邦有道，危言危行①；邦无道，危行言孙②。"

 你解 ①危：端正。联系"如矢"，可引申为正直。②孙：通"逊"，有"辞让"义，此处作谦让、恭顺讲。

我读 国家政治清明，说话正直，行为正直；国家政治昏暗，行为正直，说话谦顺。

说话正直，指的是敢于说真话、说实话、说合理（礼）的话；行为正直，指的是做事以义为根本，以理（礼法）来实行，以忠诚来完成。如《卫灵公篇第十五》(5.18)："君子义以为质，礼以行之，孙以出之，信以成之。"说话谦顺，指的是"讷于言"，谨慎小心，适时恭顺，不说过激的话、冒犯的话。

孔子认为，"政者正也"，"帅以正"，"为政以德"。就是这个"正"——行为正直，无论"邦有道""邦无道"，君子都得守"正"，"持身不可变"。但"言"——说话，就不一样了，在国家政治清明时，可以率真说话，在国家昏暗时，就须学会韬光养晦，谨言慎语，"有时不敢尽，以避祸也"。这样，看似圆滑、奸巧，实则是灵活、变通。可见，孔子并非迂夫子，而具有洞明世事的高超智慧！

无数事实证明，信奉夫子的话，岂止明哲保身，还可东山再起；不听夫子的告诫，常常粉身碎骨，头破血流！

南宋抗金英雄岳飞，处在动乱年代，为精忠报国，言之不逊，高喊"直捣黄龙，迎回二圣"，却不知触痛了高宗赵构，落得个"风波亭冤死"。——他忘了夫子的告诫！

唐宋间五胡乱中华，有个叫冯道的人，历经五代都出任要职。他立身端正，深知"言孙"之理，所以能顺畅地度过了"风水轮流转"的混乱世道。——这得益于夫子的处世智慧。

14.4 子曰："有德者必有言①，有言者不必有德。仁者必有勇，勇者不必有仁。"

你解 ①言：言论。《左传》中有"立言"说。通常"立言"，说的是著书立说。这里的"言"，可指好的言论。

我读 这则语录里有两个"必"、两个"不必"，鲜明地表达了孔子的道德哲学观："德"与"仁"，是君子修身的根本，有了这个根本，一定有好的言论（或著作）"发外"，作为箴言传世；一定"心无私累"，见义勇为。另一方面，孔子常言"巧言令色鲜矣仁"，并主张"听其言而观其行"，正是针对言不由衷、美言不信、口是心非而说的，正所谓"能言者，或便佞口给而已"。这就是"有言者不必有德"的缘由。再说勇敢的人易冲动、激动，逞一时"血气之强"，争胜好斗，甚至表现出子路那样的"暴虎冯河"之勇。所以孔子说"勇者不必有仁"。

这则语录强调了"德者""仁者"的可贵：能"立言"，能勇为；同时辩证地指出"言者""勇者"的不足，要加强仁德修养。

14.5 南宫适问于孔子曰①："羿善射，奡荡舟，俱不得其死然。禹稷躬稼而有天下②。"夫子不答。

南宫适出，子曰："君子哉若人！尚德哉若人！"

你解 ①南宫适：姓南宫，名适(kuò)，字子容，是孔子的弟子，也是孔子的侄女婿（"以其兄之子妻之"）。②禹：夏代的开国祖先，善治水，重视发展农业。稷(jì)：古代周族的始祖，号后稷，别姓姬氏。传说弟喾

(kù)之子,名弃,善农耕,尧举为农师,善种植各种粮食作物,后世被奉为谷神。

　　从传说的情况看,羿逞"善射"生野心,一举篡夺夏政权,取而代之。理政后荒淫喜猎,被亲信家臣寒浞杀害。奡是寒浞之子,大力士,能在陆地推着船走,又擅长水战,曾杀死夏太康之侄香相,后被夏中兴之主少康所杀。羿、奡都因不仁——凭借暴力"犯上""弑君","俱不得其死然",是咎由自取、罪有应得。禹为夏朝开国之君,稷为周朝的祖先,他们皆为民、爱民,并能"先之劳之",皆凭仁德"而有天下",是历史之必然。

　　孔子当时为什么没有回答南宫适之"问",只在南宫适出去后,才夸赞他是"君子"、是"尚德"呢?

　　我想,南宫适能做到"邦有道,不废;邦无道,免于刑戮",是个谨慎、通达之人;平时又能"三复白圭",又是个重视道德修养之人,他的"问",判断自在其中,所以孔子无须作"答"。再说,南宫适是亲侄女婿,是在众多弟子中替哥哥挑选出来的,孔子深知他的为人处世,当南宫适的面作这样的高度评价,不甚妥当,所以孔子不必作答。

14.6　子曰:"君子而不仁者有矣夫①,未有小人而仁也。"

　　①矣夫:矣,表示对于一种情况加以明确有力的肯定;再加一个"夫",成复合助词,加强肯定语气。

　　君子中没有仁德的人有呀,小人中不会有仁德的人。

　　君子与小人,历来是对立的概念,也是难以界定的分类。

　　凭阅读直觉,大凡有身份、有文化、有道德的人,称之谓君子;反之,则叫小人。当一个人有身份、有文化,却无道德可言,我们便说他是伪君子、是小人;一个人虽无身份、无文化,却道德高尚,受人尊敬,谁也不视之为小人,起码赞之有君子之风。如同当今的公务员,理应是人民的公仆,可个别人有公务员之名而无公务员之实,本就是混进来,或蜕化变质,成了人民厌恶、憎恨的腐败分子,毫不奇怪,所以孔子说"君子而不仁者有矣夫"。而形形色色的犯罪分子,包括公务员中的腐败分子,其中谁有仁德可言呢?所以孔子说"未有小人而仁者也"。

　　由此,可作出两点判断:(1)君子与仁者不是同一概念,仁者是君子,但高于君子;君子可修为成仁者,但有缺乏仁德的人。(2)君子与小人之别，主要"依于仁"，这是"质"的不同。地位高下、文化有无是次要的、外在的、形式的，仅作判断的参考而已。两千五百年前，孔子的判断，即使用今天的社会主义核心价值观来观照，也是高明的、有生命力的。

14.7 子曰："爱之，能勿劳乎？忠焉①，能勿诲乎②？"

你解 ①焉：此处为代词，相当于"之"。③诲：教导，训诲。

我读 此则语录解读有分歧。分歧在两个字："劳"字，用法有使动、为动两种；"诲"字，有本义、借代义（同"谋"）。我按情、理判断，两字均从前一种。解作：

孔子说："爱他，能不使（他经受）劳苦的（磨练）吗？忠于他，能不教诲（他）吗？"

"仁者爱人。"孔子用反问语气强调：真挚的"爱"，是让劳苦磨练他，而不是越俎代庖式的溺爱。温室中的花朵，能经受住风雨吗？如今多少父母陪读、接送读，"噙在嘴里怕烫了，吐出来怕冻了"，这不是典型的"明曰爱之、其实害之"吗？真诚的"忠"，是时时提醒他、劝诫他、教导他，而不是代他操心，任其放任自流、过失不改。那是伪忠、愚忠啊！

孔子作为教育家，作为长者，对于弟子，对于年轻人，能事事与人为善，处处替他人着想，我想，这就是孔子世代被尊崇为圣人的最根本的原因吧。

14.8 子曰："为命，裨谌草创之①，世叔讨论之②，行人子羽修饰之③，东里子产润色之④。"

你解 ①裨谌（píchén）：春秋时郑国大夫。②世叔：《左传》作"子太叔"（古时，"世""太"二字通用），名游吉，春秋时郑国大夫。子产死后，继任为郑相。讨论：古代是两个词。讨，讨论寻究；论，议论得失。③行人：古官名，外交官。④东里：地名，在今河南郑州市，子产住的地方。

我读 《左传·襄公三十一年》有段文字虽有出入，但主题相同的记载，可作参考。文曰："郑国将有诸侯之事，子产乃问四国之为于子羽，且使多为辞令，与裨谌乘以适野，使谋可否，而告冯简子使断之。事成，乃授子太叔使行之，以应对宾客，是以鲜有败事。"

朱熹《论语集注》："裨谌以下四人，皆郑大夫。郑国之为辞命，必更此四贤之手而成，详审精密，各尽所长。是以应对诸侯，鲜有败事。

孔子言此,盖善之也。"

研读以上两段文字,这则语录给我们的教益有两点:

(1)春秋时各诸侯国非常重视"辞令"。"辞令"用来"应对宾客",反映一个国家的外交政策和应对智慧,必须郑重对待。常常一道"辞令"如何,能决定外交的成败。子产为郑相,非常高明,一道"辞令"的创制,要经过四个环节,而且每个环节,都由擅长者去完成,真正做到"详审精密,各尽所长"。

(2)一道"辞令"的创制,如此分工合作,自然"应对诸侯,鲜有败事",效果非常好。"孔子言此","善之"的真正用意在以此为例,告诫弟子们:出仕处理政务,都应当这样谨慎从事,从内容到形式,不放过任何一个细节。凡事作出决定前,都要多角度思考,多方面进行论证、推敲,并要学会借用他人智慧,集思广益,方可"事成"。

14.9 或问子产。子曰:"惠人也①。"

问子西。曰:"彼哉! 彼哉!"

问管仲。曰:"人也。夺伯氏骈邑三百,饭疏食,没齿无怨言。"

【你解】 ①惠人:其人存心惠爱于民。子产为政严,而孔子特以惠爱许之,此即所谓特识也。

【我读】 《公冶长篇第五》(5.16),孔子说子产具有君子的四种品德,其中有"其养民也惠,其使民也义"两句。从史料得知,子产在执政二十二年中,确有不少惠民举措,如整顿田地疆界和沟洫,发展农业生产;创立按"丘"征"赋"制度,减轻农民负担……孔子赞许他是"惠人",是有道理的。

关于子西,即子产的同宗兄弟公孙夏。《左传·襄公十九年》载:"甲辰,子展、子西率国人伐之,杀子孔而分其室。书曰'郑杀其大夫',专也。"郑子孔为政专断固当杀,但你子西参与合谋,"杀其大夫",瓜分了财产,又捞到"听政"之机,这种奸巧也算专横吧,所以孔子借用古成语,不无讥诮地轻蔑作答。

本篇十六、十七两则,都谈到管仲,子路说:"桓公杀公子纠,召忽死之,管仲不死"是"未仁"。孔子说:齐桓公没用武力,国家避免了战争,百姓减少了苦难,是得力于管仲。这就是管仲的"仁"! 子贡说:"桓公杀公子纠,不能死,又相之。"管仲是"非仁者"。孔子说:"管仲相桓公,霸诸侯,一匡天下,民到于今受其赐。……岂若匹夫匹妇之为谅也,自经于沟渎而莫之知也!"用"民到于今受其赐"这个铁的事实,否定了子贡"非仁者"的置疑。

子产、子西、管仲都曾是"相",按今天的说法,都曾是高层领导,"一人之下,万人之上"的大政治人物。如何评价他们?

荀卿认为,管仲有德,但以才胜;子产有才,但以德胜。

从上述分析可知,孔子评价人物的主要依据是德和才两方面,而且以德为主。历史上管仲在前子产在后,可孔子这段语录却子产在前管仲在后,这种重新排序,足可证明。后世,德、才作为识人、用人的主要原则,大概是孔子开了先河吧!再一点不可忽视,从孔子对管仲的评价看,"不以一眚而掩大德",评价历史人物,主要看大节,看主流。

至于子西,有没有才,因缺史料,不可妄加评说,但无德可见。作为对比,存于此段语录,也颇有思考价值和文学价值。

14.10 子曰:"贫而无怨难,富而无骄易①。"

你解 ①"贫"与"富"相对,此处指物质层面的经济生活状况,寡曰贫,多曰富。"难"与"易"相对,此处指克服心理毛病所表现的难易度。

我读 从生理层面讲,饥寒交迫,如同风雨交加,此时动物也会发出嗷嗷求救声,何况人哩!当你吃饱了、穿暖了,衣食无忧,优哉游哉,所谓"饱食终日,无所用心",管它冬夏与春秋哩!

从心理层面讲,当你贫穷了,坚持着,还可勉强度日,但难免被人嘲笑,旧社会不是有"笑贫不笑娼"之说吗?"一箪食,一瓢饮,在陋巷",还只是清贫,日子还勉强可过,贤人颜回能"不改其乐",常人却"不堪其忧"了,所以做到"贫而无怨",难啊!再说,富有如子贡,"结驷连骑"去看望贫穷的同学原宪,未有骄傲的意思,却遭到原宪"学道而不行"的嘲讽,听后非常愧疚,不断自责,自然不再炫富了。所以,"富而不骄"相对容易做到。

通过这样的比较,正显示了"安贫乐道"精神的可贵。

14.11 子曰:"孟公绰为赵魏老则优①,不可以为滕、薛大夫。"

你解 ①孟公绰(chuò):鲁大夫,属孟孙氏家族,是在"孔子之所严事"之列,即属于孔子所礼敬的前贤。优:有余裕,其义同"仕而优则学"之"优"。

我读 孔安国《论语孔子训解》：“公绰性寡欲，赵、魏贪贤，家老无职，故优。滕、薛，小国，大夫职烦，故不可为。”朱熹《论语集注》：“大家势重，而无诸侯之事，家老望尊，而无官守之责。优，有余也。……滕、薛国小政繁，大夫位高则重。然则公绰盖廉静寡欲而短于才者也。”

读上述两段文字可知：孟公绰廉静寡欲，德高望重，适合在“大家”当家臣，无具体“官守之责”，出主意发高论，绰绰有余。可当小国大夫，做具体的、繁杂的事务，就力不从心了。说明人各有所长，应用其所长，避其所短。同时，应当考虑德、才两方面，德高固然值得敬重，但缺乏才干也不可委以重任，像孟公绰这样“短于才者”去做“滕、薛大夫”，就为难他了。各有所长的另一层意思是，人的性格使然，各有乐于做、也容易做好的事。再拿孟公绰来说，他清净寡欲的性格适合在帷帐中议事，不适合在繁杂的事务中周旋。

孔子关于同一个人“可为”“不可为”的观点启发我们：任用人首先要“知人”——了解一个人的长处和短处，然后根据“扬长避短”的原则去“善任”——把人放到有利于事业、也适合于个人特点的恰当的位置上。运筹时切忌两点：(1)求全责备。只看到短处，看不到长处；只看到眼前，看不到发展。(2)嫉才妒能。摧残锋芒，扼杀“异端”。应当英才上、庸才下。

14.12 子路问成人①。子曰：“若臧武仲之知②，公绰之不欲，卞庄子之勇③，冉求之艺，文之以礼乐，亦可以为成人矣。”曰④：“今之成人者何必然？见利思义，见危授命⑤，久要不忘平生之言⑥，亦可以为成人矣。”

你解 ①成人：完人，全人，人格完备的人。②臧武仲：即臧孙纥(hé)，臧文仲之孙。武是谥号，仲是排行。③卞庄子：一作管庄子、卞严子、辨庄子。鲁国卞邑大夫，以勇力驰名。传说有刺双虎的故事。④曰：有“孔子曰”与“子路曰”两说。从语气和内容看，我从后说。⑤见危授命：指遇到国家有危难，不惜付出自己的生命。授命，献出生命。⑥久要(yāo)：旧约，旧交。

我读 常言道：“人无完人，金无足赤。”就是说，现实生活中的“完人”是没有的。我想孔子不是不知道。他解说子路之问时，用了一个“若”(作“像”讲、作“假若”讲都可以)字，表明“成人”(完人)是理想的。孔子理想中的“完人”应具备智、廉、勇，这三者属于“德”的内容；“艺”，就冉求来讲，他是政事科之冠，当指行政办事才干。孔子多次说“求

论语大家读

也艺"，根据孔子教学内容有"礼、乐、射、御、书、数"，所以这里的"艺"也包括知识、技能。总之，这里的"艺"属于"才"的内容；更值得注意的是"文之以礼乐"，还要用礼乐来陶冶情操，就是说还要拥有人文情怀和美学修养。目标总应该高远一点，理想总应当有诱发追求的魅力。孔子用这样的人格理想作为修身目标来引领弟子，不失为一位富有真知灼见的教育家。

后面的话，我认为应当是子路说的，因为子路是孔子的特殊弟子，他们之间是亦师亦友的关系。子路只比孔子小九岁，年龄接近，"卞之野人"，性格耿直，敢于直言，勇于发言，说错了挨批评也不在乎。这里他就发表了不同意见，认为老师对"成人"的要求太高了。于是提出只要具备义、勇、信这些属于"仁"的主要道德就可以"成人"了，减少了对"才""文"的要求。我想，子路突出"仁"这个至关重要的人格要求，算是抓住修身的关键了。任何事物都是有层次之分的，"成人"也一样，只能说，子路说的"成人"是次一等的。说实话，师生心目中的"成人"，一个富于理想色彩，一个较现实罢了。

14.13 子问公叔文子于公明贾曰①："信乎，夫子不言，不笑，不取乎？"

公明贾对曰："以告者过也②。夫子时然后言，人不厌其言；乐然后笑，人不厌其笑；义然后取，人不厌其取。"

子曰："其然？岂其然乎？"

【你解】 ①公叔文子：卫国大夫，卫献公之孙，名拔（一作发），当时名气大，有政声，死后谥"文"。公明贾：卫国人，姓公明，字贾，仕于公叔文子。②过：过分，太甚。

【我读】 孔子是鲁国人，自然关心鲁国事；周游列国中，在卫国时间长，也就对卫国的人和事比较关心了。公叔文子当时是卫国的名人，听人说他"不言、不笑、不取"，是个非常严肃、分毫不取的"廉静之士"，"当时以三者称之"。孔子怀疑是不是徒有虚名，向公叔文子的亲信——仕于他的使臣公明贾打听。公明贾的回答，否定了三"不"是"告者"的夸张，又用三个"不厌"肯定了公叔文子能奉行中庸之道——适时、真诚，特别是"义然后取"，合乎仁道。所以孔子听后，用"其然"来称赞公叔文子"能然"的可贵；转念一想，自己没有亲见，又怕亲信在美化他，一贯主张"听其言而观其行"、重实际的孔子，于是又说："岂其然乎？"——难道真的这样吗？"疑其不能诚然。"

14.14 子曰:"臧武仲以防求为后于鲁①,虽曰不要君②,吾不信也。"

你解 ①防:一名车防,鲁地,紧靠齐国边境,世为臧氏食邑,在今山东省费县东北六十里的华城。为后于鲁:"为"后省略"之",即他;后,后代,此指立后代为大夫。②要(yāo):要挟,威胁。

我读 臧氏是鲁三桓之外的另一支有权势的贵族。防城是臧氏世袭的封地。《左传·襄公二十三年》:"臧孙如防,使来告曰:'纥非能害也,知不足也,非敢私请。苟守先祀,无废二勋,敢不辟邑。'"听起来很谦恭,其实是谎言。他因参与季氏的废立,畏罪逃跑后,想请被废的哥哥臧为回来继承臧氏,于是以私邑防城作为讨价还价的条件,请鲁襄公答应他的要求。

事实胜于雄辩。孔子最恨"巧言",口头上说"不要君",欲盖弥彰,正是伪君子"此地无银三百两"的惯用伎俩,所以孔子慧眼识虚假,明确宣称"吾不信也"。

14.15 子曰:"晋文公谲而不正①,齐桓公正而不谲②。"

你解 ①晋文公:晋献公之子,名重耳,因献公立幼子为嗣,曾出奔在外十九年,由秦送回即位。整顿内政,增强军队,使国力强盛。城濮之战,大胜楚军,并在践土(今河南荥阳东北)大会诸侯,成为霸主。谲(jué):欺诈,玩弄手段。②齐桓公:姜姓,名小白,齐襄公弟。成为春秋时的第一个霸主。

我读 晋文、齐桓二公,皆属春秋五霸,皆以"尊王"相号召。春秋时周王室卑弱,强大的诸侯如晋文、齐桓,嘴上号召齐国拥护天子,实际是借此取得霸权。既然是霸主,当然行的是霸道,但孔子为什么还要评价这二公呢?因为二公行事的人品不同。

根据已知的史实,结合一些名评,二公在成霸过程中有两点明显区别:(1)为了争霸,同样是"伐","桓公伐楚,仗义执言,不由诡道";"文公则伐卫以致楚,而阴谋以取胜,其谲甚矣"。(2)齐桓公在蔡丘会盟诸侯,以"礼"待周天子,按"礼"的规定行事;晋文公在践土会盟诸侯,召周天子到践土,"以臣召君",僭越了"礼"。我想这两点,大约就是孔子对晋文公"贬"、对齐桓公"褒"的主要缘由吧!

14.16 子路曰:"桓公杀公子纠①,召忽死之②,管仲不死。"曰:"未仁乎?"子曰:"桓公九合诸侯,不以兵车③,管仲之力也。如其仁④,如其仁。"

　①公子纠:据《左传·庄公八年、九年》可知,即小白(后来的齐桓公)的哥哥。②召忽:与管仲都是公子纠的家臣、师傅。公子纠被杀后,召忽为公子纠自杀殉节,管仲归服齐桓公,并由鲍叔牙推荐当了宰相。③兵车:战车,指代武力。④如其仁:谁像他这么有仁德呀。

我读　子路认为召忽、管仲都是公子纠的家臣、师傅,公子纠被杀了,召忽能为主子自杀殉节,你管仲没死,这是不"忠"。"忠"是仁的重要内容。既然不"忠",能算是有仁德吗?听起来,似乎质疑有理,其实不然。孔子从"仁者爱人"这个更本质的方面来纠正子路的看法。齐桓公多次会盟诸侯,不动一箭一矛,是一种没有兵车之争的和好性集会,时称"衣裳之会",全赖管仲在诸侯间的斡旋、调解,避免了战争,天下由此而安,多少黎民百姓不至于流离失所、流血流泪。这种助桓为善之举,不正是仁德吗?

14.17　子贡曰:"管仲非仁者与? 桓公杀公子纠,不能死,又相之。"子曰:"管仲相桓公,霸诸侯,一匡天下,民到于今受其赐。微管仲,吾其被发左衽矣①。岂若匹夫匹妇之为谅也②,自经于沟渎而莫之知也③?"

你解　①被发左衽(rèn):被,同"披";衽,衣襟,我国古代某些少数民族的服装。左衽,前襟向左掩,异于中原一带人民的右衽,前襟向右掩。当时中原地区的人以左衽为受异族统治的代辞。②匹夫匹妇:古指没有爵位的平民。谅:信实,守信用,此指拘泥于小人的信义、小的节操。③自经:自缢,吊死。沟渎(dú):古时沟指田间小道,渎指小沟渠,此指小山沟。

我读　子贡同子路一样,对管仲没为主子公子纠自杀尽忠,反而归顺、辅佐了杀主子的政敌齐桓公,持质疑态度。他开门见山地否定管仲是"仁者"。孔子从大处着眼,立足大局、大节,对子贡进行认识上的疏导。谁都知道,春秋时期战争频仍,时局动荡不安,管仲能使天下"礼崩乐坏"的混乱局面而得到匡正,民众到如今还能过上太平的日子。如果没有管仲,齐国会遭受异国的入侵,百姓会沦为亡国奴,不堪其苦,简直成了"被发左衽"的蛮荒之人。这份"赐",不是仁者之"赐"吗? 相对于"匹夫匹妇",我们不能只看到主、奴间的忠、义——那是囿于个人的义气、有违历史趋势的愚忠、不合时宜的"义"呀! 还有更重要的一点,管仲辅佐齐桓公,平定了周王室的内乱,多次与诸侯进行"衣裳之会",使天下太平了足足四十年! 这四十年对复兴礼制文化(孔子说"克己复礼为仁"),推动中原文明的发展,建立了不可磨灭的功绩。

　　总之,孔子对管仲的评价,为我们对复杂历史背景下有争议的政治人物的评价,提供了有益的借鉴。

　　14.18　公叔文子之臣大夫僎与文子同升诸公①。子闻之,曰:"可以为'文'矣②。"

【你解】　①僎(zhuàn):人名,公叔文子家臣。同升诸公:一同升到朝廷,同为卫国大夫。②文:公孙拔(一作发)的谥号。

【我读】　据朱熹考证,公叔文子生前就是公孙拔,他是卫灵公之孙、世袭大夫,僎是他的家臣,自然社会地位较低,出身卑微,但公孙拔不囿于门阀观念,大力举荐家臣僎,终于取得与自己同样的爵位——大夫,同为朝廷命官。那时国君以下,有卿、大夫、士三级。此举表明公孙拔政治开明,不以出身、地位论人,敢于打破世俗的尊卑定势,举贤任能,别说是那世袭视为正统的社会,即便放到两千五百年后的今天,也是难能可贵的。自古道,惺惺惜惺惺。孔子对公孙拔死后谥为"文",深表赞许,正表明贤明的公孙拔死后,终于得到真正的知音——圣哲孔子的赏识。

　　我补说两点:

　　一方面,这则语录为追叙。孔子听说"同升"这件事,当是公孙拔活着的时候,生前哪有"文"这个谥号呢?再说僎为大夫,是"升"后,"升"前只是家臣,哪有"大夫"这个爵位呢?

　　另一方面,根据《谥法解》,称"文"的有下面六种:(1)经天纬地;(2)道德博文;(3)勤学好问;(4)慈惠爱民;(5)愍民惠礼;(6)赐民爵位。公孙拔死后谥号为"文",当属第六种"赐民爵位"。再举一例,《公冶长篇第五》(5.15),孔子解答子贡问孔圉何以谥号为"文"时说:"敏而好学,不耻下问,是以谓之'文'也。"显然,孔圉谥号为"文",属第三种"勤学好问"。

　　14.19　子言卫灵公之无道也,康子曰:"夫如是,奚而不丧①?"孔子曰:"仲叔圉治宾客②,祝鮀治宗庙,王孙贾治军旅。夫如是,奚其丧?"

【你解】　①丧:丧失,失掉,此处指丧位。②仲叔圉(yǔ),即孔文也。治:管理。

孔子说卫灵公"无道","无道"本指政治昏暗,而政治昏暗的具体含义很宽泛。从卫灵公"能用此三人",而且"又各当其才",说明卫灵公政治上还算清醒,并非完全"昏庸"。李泽厚《论语今读》把"无道"暂译为"腐败",颇有见地。我想孔子说的"无道",可能指的是迷恋女色,生活奢侈,平时不大过问朝政。当然,这三人"未必贤",但各有专长,能发挥"其才"去掌握外交、军事、祭祀这些国家大事,暂时可以维持政局稳定,可保卫灵公一时不下台,是完全可能的。

这段对白,表明两点:(1)"夫子平日语此三人皆所不许,而此则之言乃若此,可见圣人不以其所短弃其所长。"孔子论人,不求全责备,不以短弃其长,也不以长掩其短,客观、公正,为我们今天评价历史人物树立了榜样!(2)一个国家的兴衰与国家的最高领导能否善用人才密切相关,尽管像卫灵公这样"无道",高层重要部门的掌管者能配备好、搭配好,也可延缓其衰亡。当然"无道"下去,悲剧的结局是必然的。

14.20 子曰:"其言之不怍①,则为之也难②。"

①怍(zuò):惭愧。②则:连词,表因果,相当于现代汉语的"就""便""那么"。

一个人说出来不感到惭愧,那么去做就难了。

"说出来不感到惭愧"的话,那是没有"自知之明"的人说的大话、假话、空话。说的时候就没想到兑现,只是说得快活而已。所谓"扬言者寡信","扬言"就是说大话;所谓"轻诺者寡信","轻诺"就是不负责任的假话、空话。"扬言""轻诺"的共同点就是"寡信",很少有诚意,很少守信用。这样的人,要求他兑现"言",实在是太难了。

语言是思想和观点的载体。"不怍"之言,意味着浮夸、虚伪、不切实际。在现实生活中,我们千万不要轻信"言之不怍"的人;反之,我们自己说话,一定要考虑到兑现,起码要考虑兑现的可能性,那种不可能成为现实的话,绝对不要说。

14.21 陈成子弑简公①。孔子沐浴而朝,告于哀公曰:"陈恒弑其君,请讨之。"公曰:"告夫三子!"

孔子曰:"以吾从大夫之后②,不敢不告也。君曰'告夫三子'者③!"之三子告,不可。孔子曰:"以吾从大夫之后,不敢不告也。"

①陈成子:即田成子,齐国大臣陈厘子之子,名恒,亦作常。弑(shì):古代子杀父、臣杀君为弑。简公:齐国国君齐简公,姓姜名壬,前484年至前481年在位。②从大夫之后:我曾当过大夫。③三子:指季孙氏、孟孙氏和叔孙氏。当时"三子"权势大,实际操纵鲁国政局,哀公无权作主。

大夫陈恒杀了君主齐简公,孔子得知此事,向鲁哀公"不敢不告也";请鲁哀公出兵讨伐,鲁哀公无权,要孔子去报告"三子";对"三子",孔子又说"不敢不告也"。两次"不敢不告",表明孔子曾是大夫,不忘其责,应当向上报告,这是孔子"曾在其位,应谋其政"的循礼、效忠精神使然。其次,"陈成子弑简公"是"犯上",孔子提出"请讨之",正是"当仁不让"的体现。最后,孔子明知"三子"不可能去讨伐陈恒,还是硬着头皮去"告",反映了孔子"知其不可而为之"的执著精神。

14.22 子路问事君①。子曰:"勿欺也,而犯之②。"

①事:侍奉。②犯:触犯,冒犯。

孔子弟子曾子"三省吾身"的第一"省"就是"为人谋而不忠乎",当然这也是孔子的观点。作为臣下"事君",首先得考虑"忠":忠诚吗?尽心竭力了吗?"勿欺",就是说真话、道真相,这真话、真相中必然有人君不愿听的话(逆耳之言)、不愿看到的事(不满之举),但"利于行、利于病"。在这种情况下,为"忠"于人君,为维护人君的宝座,就得敢于冒犯君主的威严,不惜丢乌纱帽乃至生命,直言进谏。

历史上,作为臣下,作为下级,"事君"时真正做到"勿欺",有多少人呢?故事"指鹿为马"、童话《皇帝的新衣》,不是很有讽刺意味吗?倒是孔子"而犯之"的教诲开了仁人志士犯颜谏诤的先河。《韩非子·外储说左下》:"犯颜极谏,臣不如东郭牙,请立以为谏臣。"《旧唐书·魏徵传》:"徵外貌不逾中人,而素有胆识,每犯颜进谏,虽遭王赫斯怒,神色不移。"韩非子、魏徵这种精神,但愿永远传承下去。

14.23 子曰:"君子上达,小人下达①。"

①上、下:表明等级、质量高低。达:通晓,明白。

历来注家对此则"上达""下达"的解释有分歧。我认为何晏集解与刑昺的注疏比较合理。联系《里仁篇第四》(4.16):"君子喻于义,小人喻于利。"两则语录,词面不同,表述方式也不同,但意思相同:君子崇尚德义,小人重视财利。换言之,崇尚德义的是君子,重视财利的是小人。两句如深究差异的话，"上达""下达"在内涵上多了一层各自"能努力实行"的意思；其二，孔子用的是"春秋笔法"，暗含"义为上""利为下"。"义"与"利"对举，"上"与"下"对举，立足于"德行"而非"政事"，只是道德层面的高下而无政治层面的是非。

14.24 子曰："古之学者为己①，今之学者为人。"

你解 ①为（wèi）：为了，表行为的目的。

我读 古代学习的人为了自己，现在学习的人为了别人。

"为己"，学习为了丰富自己的学识、提高自己的修养，这样解说学习的目的，历来没有异议。"为人"，大多赞同"欲见知于人"，即向人炫耀自己的知识。这种观点，我认为不确，有臆断之嫌。今人钱穆分析较合乎情理。他在《论语新解》中分析道："孔子所谓为己，殆指德行之科言。为人，指言语、政事、文学之科言。孔子非不主张学以为人，惟必有为己之本，乃可以达于为人之效。""孔子曰：'己欲立而立人，己欲达而达人。'己立己达是为己，立人达人是为人。孔门不薄为人之学，惟必以为己之学树根本，未有不能为己而能为人者。"

诚然如此，一个人不努力学习知识、本领，不努力提高道德修养，打牢根基（"树根本"），你拿什么去"为人"呢？"为人"，广而言之，为他人、为社会、为国家乃至为人类。大凡有出息的读书人，都是如此。当年，少时的周恩来"为中华之崛起而读书"，不正是"为人"而学的典范吗？

我想，无论是"古"是"今"，学习"为己"亦"为人"，"为己"的目的在"为人"，从正面理解为好。

14.25 蘧伯玉使人于孔子①。孔子与之坐而问焉②，曰："夫子何为？"对曰："夫子欲寡其过而未能也。"

使者出。子曰："使乎！使乎！"

你解 ①蘧（qú）伯玉：姓蘧，名瑗，字伯玉，卫国大夫。孔子去卫国时，曾住在他家里。《左传·襄公二十九年》记载吴季札到卫国，盛赞"卫多君子"，首列蘧伯玉。②与：给予。此处引申为"让""请"。

我读 使者告诉孔子，蘧伯玉老夫子"欲寡其过而未能也"，就是说蘧伯玉虽贵为大夫，是堂堂的君子，并不自矜自足，而能常思己过，并在行动上尽量减少过错。这是一种难得的美德啊！无怪乎《淮南子·原道训》说他"年五十而有四十九年非"。《庄子·则阳篇》更赞其"行年六十而六十化(与时俱新),未尝不始于是之,而卒诎(斥)之以非也,未知今之所谓是之非五十九非也。"即东晋大诗人陶渊明所说的"觉今是而昨非"的意思。

左丘明说:"人谁无过? 过而能改,善莫大焉。"司马光说:"不以无过为贤,而以改过为美。"孔子更满怀深情地说:"过也,人皆见之;更也,人皆仰之。"现在孔子听使者这么介绍蘧伯玉,对其"省身专己,常若不及"那种"老而不倦"的精神油然而生敬意,特别是"使者之言愈自卑约,而其主之贤益彰",更令孔子感动,所以使者辞出后,孔子连声赞叹:"使乎! 使乎!"实际是说:"主贤,使(派来的人)也贤!"

14.26 子曰:"不在其位,不谋其政。"曾子曰:"君子思不出其位。"①

[你解] ①"曾子曰"句,比照《周易·艮卦·象辞》中"君子以思不出其位",后者多了一个"以"字。

[我读] "子曰"句"你解"见前。这里重出,补充一点:句中"位""政"两字应宽泛理解,位,不限于官位、爵位,也可指职位、岗位;政,不限于政治、政事,也包括其他方面行事之事。在大力加强公民道德建设的今天,立足本职、本行,提倡敬业、奉献,不要去思虑分外的事、过问分外的事,是合乎职业道德的。但作为社会主义国家的公民,也应当"胸怀祖国,放眼世界",虽不搞政治,没有官位,但也得关心周边的经济建设、关心国家大事,在可能条件下,也可为本单位、本地区乃至国家"建言献策",这是社会公德,也是个人美德所要求的。所以,对孔子的话应作辩证的认识,不可拘泥于一隅。

如果说孔子的话是从"做"的角度说的,那么曾子的话是从"想"的角度说的。通常是先"想"后"做",曾子的话是补充,从源头强调"连想都不要超过自己的范围",进一步印证、坐实了孔子的告诫。不过,用现代眼光审视,这话"泥沙俱在",切忌狭隘理解,成了"各人自扫门前雪,莫管他人瓦上霜"的同义语,成了不问公事、"明哲保身"的挡箭牌。

14.27 子曰:"君子耻其言而过其行①。"

[你解] ①耻:意动用法,"以……为耻"。过:胜过,超越。

[我读] 《里仁篇第四》(4.22)说:"古者言之不出,耻躬之不逮也。""不逮"即"不及",本则用"过","过犹不及"嘛。两则一说"古者",一说"君子",其义相同:都指言多行少可耻。这与孔子的一贯主张"讷于

言而敏于行""先行其言而后从之"是一致的。

我们今天把"明礼诚信"作为公民基本道德规范的重要内容,社会主义核心价值观更把"诚信"明确为公民层面的一项价值准则。诚信,最本质的表现就是承诺必付之践行,不讲大话,不讲空话。古人司马迁说:"得黄金千斤,不如得季布一诺。"可见言之既出必行也。美国第一任总统华盛顿曾说:"自己不能胜任的事情,切莫轻易答应别人。一旦答应了别人,就必须实践自己的诺言。"

我们切莫做"言语的巨人,行动的矮子"!

14.28 子曰:"君子道者三①,我无能焉:仁者不忧,知者不惑,勇者不惧②。"子贡曰:"夫子自道也③。"

〖你解〗 ①道:名词,法则,规律。这里引申为标准、准则。②《子罕篇第九》(9.29):"子曰:'知者不惑,仁者不忧,勇者不惧。'"顺序略有不同。③道:说,讲。

〖我读〗 这则语录的重点,不在突出对"仁者不忧,知者不惑,勇者不惧"的理解,旨在表明:

(1)孔子明确告诉弟子,这三条是君子道德修养的标准,重申在《中庸》中说的话:"知、仁、勇三者,天下之达德也。"(2)"君子道者三,我无能焉",生动地凸显了孔子的谦逊美德。子贡的快语直接道出了夫子的美德。(3)这段语录,把"仁者不忧"提到"知者不惑"之前,理由如朱熹集注引尹氏曰:"成德以仁为先,进学以知为先。故夫子之言,其序有不同者以此。"

14.29 子贡方人①。子曰:"赐也贤乎哉②?夫我则不暇③。"

〖你解〗 ①方人:议论人的短长。②哉:语气词,表示反问,相当于现代汉语"呢""吗"。③夫:这儿是指示代词,这,那。

〖我读〗 子贡能言善辩,以口才著称。办事通达,却好品评别人的是非高下。司马迁说他"喜扬人之美,不能匿人之恶。"(《史记·仲尼弟子列传》)"扬人之美"是好事,如唐人杨敬之诗云:"平生不解藏人善,到处逢人说项斯。""说项"典故成为千古美谈。但"不能匿人之恶","好说不如己者",揭人之短的分寸难以把握,往往有贬损他人人格之嫌,如若在重法治的今天,弄不好会犯触及个人隐私的过失。当然不是要你隐瞒、包庇"人之恶"。

子贡是孔子喜爱的弟子之一,曾赞他"亿(臆)则屡中",会经商,是有大用的瑚琏之器。常言道：严是爱嘛！越是喜爱的弟子，越不能放松对他的教育。所以，这次针对子贡好评说别人长短的缺点，孔子给予了严厉的批评。

14.30 子曰："不患人之不己知①，患其不能也②。"

【你解】①之：在主语、谓语之间，取消句子的独立性，只有语法功能，不译。②其：代词，指自己。

【我读】不要担心别人不了解自己，只担心自己没有才能。

"此则凡四见"：《学而篇第一》"人不知而不愠"及"不患人之不己知，患不知人也。"《里仁篇第四》"不患莫己知，求学可知也。"《卫灵公篇第十五》"君子病无能焉，不病人之不己知也"。诚然，"文皆有异"。

从语调角度，特别是就语意重心进行比较，这则语录更接近上述的《卫灵公篇第十五》。虽然一字（"患"与"病"）不同、语序（前后倒置）有别，但旨意相同，都强调应"担心自己没有才能，不必担心别人不了解自己"。

"凡四见"中的"人"就是"君子"、就是"士"。"士"，在孔子心目中，"任重而道远"，"志于道"，"仁以为己任"。毕生追求"仁"，践行"仁"，"齐家、治国、平天下"是士人孜孜以求的崇高理想，要使理想成为现实，自己没有才能行吗？《大学》说："身修而后家齐，家齐而后国治，国治而后平天下。""自天子以至于庶人，壹是皆以修身为本。"这"修身"，指修养品性，也指学好本领。就是说，通过"修身"，培养好的品德，求得真的学问，练就真的才干。从士人的天职而言，首先担心的应是"其能"。所以眼睛要反视，忧虑应先己。当你有"能"、有作为，群众的眼睛是雪亮的，历史老人的评价是公正的，何患"人之不己知"呢？

14.31 子曰："不逆诈①，不亿不信②，抑亦先觉者，是贤乎③！"

【你解】①逆：预先猜度。②亿：通"臆"，预料，揣度。③贤：有道德、有才能的人。

【我读】堪称君子、士人的，都有博大的襟怀和气度，都有自尊，更尊重他人的美德，臧否人事，决不囿于主观主义的偏见。所以孔子提出"不逆诈，不亿不信"的修身要求。诈，欺诈，不信，即不诚实，就是虚假。二者实质表现就是"蒙"和"骗"。这种恶习，源自社会，非生来固有。蒙人者、骗人者，脸上并没有标志，孔子说"泛爱众而亲仁"，宁可相信你是善良的、诚实的，猜度你是"诈"、是"不信"，如若你视"仁"、视"恕"为好"蒙"、好"骗"，那你就愚昧至极了。圣人不必说，贤人也会于端倪中觉察到你的险恶用心了。

世界是纷繁复杂的。任何时候，美好、善良、真诚总是主流。可人们在看世界时，往往戴上有色眼镜，年轻人常戴粉色眼镜，把世界看得像玫瑰那样芬芳、美丽；饱经沧桑的人又容易戴上茶色眼镜，把世界看得一片昏暗。我们应当客观地、仁爱地看待世界，坚信"不管美丽多么凶险，可是仍不失为美丽，人的感觉不能不向往它。"马克思说："社会的进步就是人类对美的追求的结晶。"

当代有首流行歌曲《雾里看花》，有几句歌词写得好："雾里看花，水中望月，你能分辨这变幻莫测的世界……借我一双慧眼吧，把这纷扰看得清清楚楚、明明白白、真真切切。""不必借"，贤人就有这双"先觉"的"慧眼"呀！

14.32 微生亩谓孔子曰："丘何为是栖栖者与[1]？无乃为佞乎[2]？"孔子曰："非敢为佞也，疾固也。"

【你解】 ①是：这里作副词，当"如此"解。栖栖：忙碌不安的样子。②佞：用花言巧语谄媚人。

【我读】 根据微生亩直呼夫子之名那种倨傲的口气，确乎是位"有齿德而隐者"；再从说孔子用花言巧语谄媚人的态度，可知微生亩曲解且反对孔子周游列国到处宣传"为政以德"的主张。

孔子的回答"礼恭而言直"，毫不隐讳自己的观点：我并非逞口舌之强去迎合世俗、讨好诸侯，而是厌恨那些不关心世事、回避现实、固执退隐的人呀！"疾固"就是针对微生亩这样的隐士说的，批评他"欲洁其身而乱大伦"，提出自己的主张："天下有道，丘不与易也。"就是说，正是天下无道，礼崩乐坏，我才到处游说，参与变革现实的活动呀！怎么能说我"为佞"呢？

14.33 子曰："骥不称其力[1]，称其德也。"

【你解】 ①骥(jì)：千里马。称：称颂，赞许。

【我读】 孔子说理，常常"能近取譬"，这里以马喻人，讲马的"力"与"德"，就是喻指人的"力"与"德"。就为政来讲，春秋乱世，以德治国者，仁爱百姓，孔子是赞同的；用暴力争霸，残害百姓，孔子是反对的。就选用人才来讲，孔子在《泰伯篇第八》(8.11)中说："如有周公之才之美。

使骄且吝,其余不足观也已。"就是说,你即使有周公那样的才能,如果没有德,也就没有用的价值了。可见,用人的标准,道德是第一位的。才能固然重要。如果无德或缺德,往往才能愈大,危害愈大。

这个比喻,鲜明地反映了孔子重仁的政治观和重德的人才观。

14.34 或曰:"以德报怨①,何如?"子曰:"何以报德? 以直报怨②,以德报德。"

【你解】 ①以德报怨:这个词在《老子》六十三章"大小多少"之后,许多注家认为上下句不相连属,当为错简,应移入《老子》七十九章"和大怨,必有余怨"之后,"安可以为善"之前。六十三章中视为老子的观点,勉强可以说;七十九章中,就不能视为老子的观点了,姑且当作世俗之语较为妥当。②直:正直,包括真诚的心意和正当的手段。

【我读】 "以德报怨",在《礼记·表记》中说是"宽身之仁也",即是人家仇怨我,如果我对人有愧,现在去善待他,这是一种补偿;如果他是误解、冤枉了我,我也可善待他,给以时日,让他后悔;如果出于私利,加害于我,不休不饶,这时再去善待他,看似宽宥、仁慈,实则是对怨仇(恶)的妥协、纵容。这样的"善待",使我联想到《圣经》中的"左脸被打,送上右脸"的伪善,还想到佛经中"舍身饲虎"的愚拙……所以"以德报怨"得看情况、得把握分寸,特别是后一种,那是违背人性的超现实的彼岸意识,想通过柔情蜜意的恩德去化解干戈杀伐的怨仇,如同当今世界想通过俯首听命、无限让步来求得霸权主义者放弃掠夺、放弃战争一样,那是一厢情愿的幻想,那时无视现实的天真。

孔子对"以德报怨"的观点并没有直接作出肯否的回答。在紧接着的"何以报德"的反问中,隐含着自己的观点:总不能用怨仇来回报恩德吧! 常言道,恩将仇报。这是所有人都会唾骂为"没有良心的人",孔子当然是否定的。至于怎样回应怨仇呢? 儒家讲求"仁"和"义",于是孔子提出"以直报怨"。这个"直",就是"正直",意味着"公平、合理、得当"。也就是说,从仁爱出发,对待"怨仇",不管何种情况,尽可能给予微笑、温暖、谅解,不采取"以眼还眼,以牙还牙"的对等回应;但如固守积怨、加害愈烈,那就诉诸"法",交给正义之剑去裁决。义者,宜也,让你自负行为之责吧! 这是合情、合理、合法的回报,也是合乎中庸之道的回报——以仁、义为尺子,既无"以怨报怨"的"过",也无"以德报怨"的"不及"。"以德报德",这是千百年来人们的共识,谁都记得"鸦有反哺之情,羊有跪乳之恩"的俗谚。谁都懂得"滴水之恩当以涌泉相报"之理,这是道德箴言,无可置疑。

14.35 子曰:"莫我知也夫!"子贡曰:"何为其莫知子也?"子曰:"不怨天,不尤人①;下学而上达。知我者其天乎!"

【你解】 ①怨:埋怨,怨恨。尤:责怪,归罪。

【我读】 孔子经常勉励弟子"不患人之不己知",现在自己也感叹"莫我知也夫",诚如李泽厚《论语今读》所言:"怀才不遇而抑郁感叹,乃人之常情,虽孔子亦何能免。"圣人也是凡人。这是真实的孔子!

子贡之问,正反映了孔子周游列国吃尽辛苦,满怀济世救民之心,宣传仁道,推行仁道,不被人理解。《诗》云:"知我者,谓我心忧,不知我者,谓我何求!"但孔子深知"人事有否泰,天命有穷通",没有必要"怨天尤人",只有努力学习礼乐、典籍、人事知识,进而透彻领悟形而上的仁、道之学,才能实现"仁以为己任"的高远理想。这样为"志于道"孜孜以求,一般人不理解,老天总会理解吧。当然,"老天"不存在,孔子是心知肚明的,这话的潜台词是:我的执著追求,总有一天,人们会知道的、理解的。

14.36 公伯寮愬子路于季孙①。子服景伯以告②,曰:"夫子固有惑志于公伯寮,吾力犹能肆诸市朝③。"

子曰:"道之将行也与,命也;道之将废也与,命也。公伯寮其如命何④!"

【你解】 ①公伯寮:子子周,《史记·仲尼弟子列传》作"公伯缭"。鲁国人,孔子弟子,曾为季氏家臣。愬:"诉"的异体字,进谗言,诽谤。②子服景伯:姓子服,名何,字伯,"景"是死后谥号,鲁国大夫。③肆:古时处死刑后陈尸于市叫肆。市朝:指人会集之处,古时也指集市。④其如……何:其,表示将来,将;如……何,把……怎么样。

【我读】 这则语录的历史背景不甚清楚,但从字面及一些已知的情况来看,仍可看到一些古今相似的社会现象。一方面,为了个人利益,置同窗情、师生情于不顾,干出出卖的勾当。公伯寮与子路同为孔子弟子,为讨好季孙,达到个人不可告人的目的,直接诽谤子路,间接反对老师,这种违背人伦的丑恶行径,与耶稣十二门徒之一的犹大将耶稣出卖给犹太教当权者有何区别呢?另一方面,"路见不平,拔刀相助"的见义勇为者,任何时候都会有。面对公伯寮的丑恶行径,出于正义感的子服景伯大夫,及时向孔子报告了这个情况,并主动提出用自己的力量除掉公伯寮这个败类。

　　还可看到,孔子对这件事的态度反映了儒家的宽恕精神。从"公伯寮其如命何"这句话中,听出了孔子的话外音:让他去诽谤、挑拨吧,我行我素,又能对我怎么样呢? 同这些小人计较太不值得了。同时,从"道之将行""道之将废"均是"命也"的感叹中,反映了孔子的天命观。就是说,我孔子的主张成败与否,那时上天决定的。所谓"成事在天",大约就是这个意思。但孔子的天命观也非纯唯心主义,也有它积极的一面,把"天命"看作客观必然性,包含人为的因素,就是"谋事在人"。孔子"志于道",不畏艰难险阻,"知其不可而为之",依然上下求索,我们反复诵读"公伯寮其命如何"这句,仍能听到他怀抱"仁以为己任"的崇高理想奋然前行的脚步声。

14.37　子曰:"贤者辟世①,其次辟地,其次辟色②,其次辟言。"子曰:"作者七人矣③。"

 你解　　①贤者:才能、德行好的人,有时可指一方面,此处指德行好的人。辟:通"避"。②色:此处指脸色、表情。③作者:(这样)做的人。

我读　　避世、避地、避色、避言,这是按照"避"的程度、范围由重到轻、由大到小的顺序说的。如果从"避"的具体的行动逻辑来看,应倒置过来,从轻到重,从小到大。避,避开,躲避,逃避。四"避"的社会环境都是浊世、乱世,君子大多是昏君、无道之君。当一个贤明的君子听到恶言诽谤,直接的或传闻的,有口莫辩,为保清白,只得避开;当一个贤明的君子看到上司乃至君主不满的表情,待下去眼看要吃亏,还是及早避开吧! 避言、避色,只要避开那个特定的小环境,听不到恶言、看不到厉色就较安全了。当一个贤明的君子在一个乱世的国度里,尔虞尔诈,人心险恶,"树欲静而风不止",欲摆脱恶势力的侵扰,只得去异地异国去寻觅清净之地! 但异地异国也难保清净呀! 为彻底摆脱尘世的喧嚣和恶浊,还得离群索居——离开社会到荒无人烟的地方隐居吧!

　　这四"避",正曲折地反映了孔子"知其不可而为之"的心路历程。孔子从观点到行动都是入世的。他说"天下有道则见,无道则隐","用之则行,舍之则藏"。"见"和"行"是他的愿望和要求,"隐"和"藏"是他的无奈和牢骚。"道不行,乘桴浮于海,欲居九夷",更是愤慨语,从没有真地躲避过、逃避过。当他周游列国,到处碰壁,惶惶似丧家之狗,历经十四年劳碌奔波,不得已而返鲁。返鲁,政治行动上是失败了,可他并没有忘却自己的使命,停止自己的追求,只是改变了奋斗的形式,把以仁治国的理念寄托到文化的传播中——授徒讲学,整理典籍。历史证明,其意义更加深远了。

至于"(这样)做的人有七位了"。哪七位呢? 一说是传说中的伯夷、叔齐等七人,一说是《论语》中提及的长沮、桀溺等七人。待考据家去考证吧! 我认为孔子这么说,言之凿凿,并非为了证明避隐的必然性,而是对"不善应变"的出世者淡淡的嘲讽。

14.38 子路宿于石门①。晨门曰②:"奚自?"子路曰:"自孔氏。"曰:"是知其不可而为之者与?"

【你解】 ①石门:即鲁国都城曲阜外城的城门。②晨门:看守城门的人。

【我读】 "晨门",注家都说是一位"隐于市朝"的隐士。所谓隐士,就是隐居不仕的人。"晨门"通过"问",得知子路从孔丘那儿来,便说"是知其不可而为之者与?"这样说,表明他对孔子是了解的:孔子周游列国,名声很大,"晨门"仕时当然知道,"隐于市朝"后能不时有耳闻吗?朱熹《论语集注》引胡氏曰:"晨门知世之不可而不为,故以是讥孔子。然不知圣人之视天下,无不可为之时也。"显然,"晨门"这么说是讥孔子不明智,不能像他那样"知世不可而不为"。"晨门"不理解孔子,让他讥笑吧! 可"晨门"这句话与他的"知世不可而不为"成了鲜明的对比,反衬出孔子推行仁道的坚定信念和舍生取义的悲壮情怀。从这个意义上说,"晨门"对孔子与其说是"讥",倒不如说是"赞"。

"知其不可而为之。"每当看到或听到这句话时,眼前不由得闪现出一位为真理、为正义披荆斩棘、义无反顾、勇往直前的傲岸不屈的身影!

14.39 子击磬于卫①,有荷蒉而过孔氏之门者②,曰:"有心哉,击磬乎!"既而曰:"鄙哉,硁硁乎③! 莫己知也,斯己而已矣。深则厉,浅则揭④。"子曰:"果哉! 末之难矣。

【你解】 ①磬(qìng):古代乐器,悬挂于架上,击之而鸣。商代有单一的特磬和三个一组的编磬,周代常有十几个大小相次成组的编磬。②荷(hè):此为动词,扛,担。蒉(kuì):草编的筐子。③硁硁(kēngkēng):浅见固执的样子。硁,击石声。亦作"胫胫"。④深则厉,浅则揭:厉,和衣涉水。一说,裸的音转,谓裸身而渡。揭(qì),提起衣裳渡水。

　　《礼记·乐记》云:"乐者,音之所由生也,其本在人心之感于物也。"《列子·汤问》记载的"高山流水"的故事也表明"乐由中生",不然哪有"知音"的佳话哩!

　　荷蒉者能从孔子击磬声中,听出"有(忧世之)心",并进一步听出"莫已知"而"鄙"(固执)的深层忧怨,定是个"闻弦歌而知雅意"的音乐鉴赏高手,可以推知他与上则"晨门"是同类,并且多了音乐的耳朵,因此表述的方式更独特、更形象,运用通感手法,又引《诗》作比较,实际上旨意相同:隐者讥孔子不明智、不圆通,缺乏"深厉浅揭"的应变机巧,不能像他们那样及时隐退。在内容上,此则多了孔子的表态:"(说得)多果决呀!(人生真的像趟水)就没什么困难了。"听话听音,其实说的是反话,转换成正面的话就是:你说得好轻松呀,涉世不像涉水那样深浅容易自由掌握,但凡追求真理、成就事业,没有舍生忘我的执著精神不行,"莫已知"的痛苦寂寞难免呀!

　　两则语录,上则长于哲理思辨,本则富于文学形象,但对表现孔子"圣人之心未尝忘天下"的仁爱精神确有异曲同工之妙。

14.40　子张曰:"《书》云[1]:'高宗谅阴[2],三年不言。'何谓也?"子曰:"何必高宗,古之人皆然。君薨[3],百官总己以听于冢宰三年[4]。"

　　[1]书:即《尚书》,下引言见《尚书·无逸》。[2]高宗:即商王武丁,帝小乙子,在位五十多年,是商代"名王",对外开拓疆域,对内更新政治,使商王朝达到强盛。谅阴(liáng ān):亦作"谅暗""梁暗""亮阴",指帝王居丧,也指高级官吏居丧。一说,是凶庐,即守丧之处。[3]薨(hōng):古代称侯王死。[4]冢(zhǒng)宰:官名。在《周礼》为辅佐之官。后世因以冢宰为宰相之称。

　　子张少孔子48岁,年龄小,对《尚书》上的这句话自然不理解,于是向老师请教。孔子告诉他:不只殷高宗这样,古时候的人都这样。这是以礼治国的必然要求!

　　诚然,孔子为子张解疑的话,体现了为政"齐之以礼"的思想。春秋时期,礼崩乐坏,局面混乱,在新君守丧三年不问政事(尽孝要诚敬)的情况下,没有人代行君权,"臣下无所禀令",祸乱或许由此而起,要求"百官总己以听于冢宰"是完全必要的。所以,用"礼"来规范,以达到社会秩序的相对稳定,从特定的历史背景来看,是有积极意义的。再引申一步,可见孔子的"克己复礼"思想也有一定的合理

论语大家读

的一面。

14.41 子曰："上好礼①,则民易使也②。"

【你解】 ①上:在位者,当指君主。②民:百姓。使:使用,驱使。

【我读】 "上好礼"这个"好"字,表明在上位的统治者,既安于上位,依礼制行事;又能以礼让的态度对待百姓,百姓自然有好感,愿意听从在上位者的驱使了,诸如交田税、服劳役、受征召……从而有效地进行统治,社会就能相对安定、有序了。显然,孔子是站在维护"上"的立场上说的,用的是假设的口气,隐含对"上"的热切的期待——"上"要"礼让为国","礼者,政之本欤!"这完全合乎孔子的"礼治"思想。"礼"作为社会规范、道德规范,呈现出积极的一面。

但"礼"的另一面,由于长久的"规范",使"民"习惯安于现状,思想、行动变得温驯,乃至麻木,也就逆来顺受了。"礼"的规范实质变成了对"民"的愚化、检束、钳制了。客观上压抑着、泯灭着"民"的觉醒意识、反抗意识,这就是近代史上常说的吃人的礼教吧!

14.42 子路问君子。子曰："修己以敬①。"

曰："如斯而已乎?"曰："修己以安人②。"

曰："如斯而已乎?"曰："修己以安百姓。修己以安百姓,尧舜其犹病诸③?"

【你解】 ①修己:即修身。敬:严肃,慎重。②人:古代"人"字有广狭两义。广义的人指一切人群;狭义的人只指士大夫以上各阶层的人。显然这里是狭义的"人",不包括"百姓"。③其犹病诸:其,语气词,表揣测,大约,恐怕;病,担心,忧虑。

【我读】 《礼记·大学》云:"物有本末,事有始终。自天子以至于庶人,壹是皆以修身为本。"君子修己(修养自己的品德)的目的第一是"笃敬",诚敬他人,慎重行事,体现了礼之为"本"。第二是"齐家、治国",使"家""国"协力同心、和睦安乐。"齐家"的"家"与这儿的"人"近义,不是现代意义上的"家"或"家庭"。古代卿大夫都有一定的封邑,形成以血缘关系为纽带的家族。"国",诸侯国,也不是现代意义上的大一统的"国家"。侯王的封邑一般比卿大夫封邑范围大,姑且看作更大的家族吧!第三是"平天下",使天下太平,自然百姓生活就安定了。这与《礼记·大学》"修身、齐家、治国、平天下"的观点是一致的,只是通过孔子对子路的引导,换个说法,更具体一点而已。

"修己以安百姓,尧舜其犹病诸!"这句话表明两点:一是"安百姓"是"修己"的最终目的,也是最高的追求,就春秋乱世而言,很难成为现实,只能算是"理想",所以孔子才说:尧舜也担心做不到呀! 二是体现了孔子谦逊的美德:圣人尧舜都担心做不到,何况一般的君子哩!

14.43 原壤夷俟①。子曰:"幼而不孙弟,长而无述焉②,老而不死,是为贼。"以杖叩其胫。

你解 ①夷俟(sì):夷,箕踞;俟,等待。②无述:无作为,没成就,没贡献。

我读 根据原壤"箕踞等待(孔子)"的态度和孔子对他的数落,再加上《礼记·檀弓下》对原壤"母死"后守灵的记述,可知这确是一位"自于礼法之外者",既怪诞,又懒散。一生积极入世的孔子,对这样的"故旧"不满是很自然的。孔子毕竟是仁者,不愿"失其故",斥责之后,又"以杖叩其胫",用意很清楚:原壤呀,你一生不守礼法,如此虚度,可恨又可怜哪! 不要再放荡了,快把腿收拢起来,踏踏实实地做点事,规规矩矩地做人吧! 孔子从维护礼治的角度恨他,又从仁爱的角度同情他,体现了仁者的博大胸怀。

《大戴礼记·曾子立事篇》评说原壤曰:"少称不弟焉,耻也,壮称无德焉,辱也;老称无礼焉,罪也。"把原壤看成"无耻、无德、无礼"的十足的罪人,有失公允。

其实原壤的荒诞不经,让我们联想到后世,特别是魏晋南北朝时期一些名士,如阮籍、刘伶等人,他们的放荡不羁、蔑视礼法,可能就源于原壤式的先人。这种荒诞不经,正是历史上反抗正统、背离世俗的精神种子。至于对社会"无述"——做不出值得后人称述的事情,那正是一些"只动嘴、不动手"的所谓名士的致命弱点了。此是后话,另当别论了。

14.44 阙党童子将命①。或问之曰:"益者与?"子曰:"吾见其居于位也,见其与先生并行也②。非求益者也,欲速成者也。"

你解 ①阙党:即阙里,孔子住地,在今山东曲阜城内阙里街。因有两石阙,故名。童子:未成年的人。将命:奉命。②先生:老师。此处引申为对年长的人的敬称。

我读 有人问孔子说:这个奉命传话的孩子是求上进的吗? 孔子通过

两"见"的观察,给予了否定的回答。孔子按"礼"的要求,这孩子没有摆正自己的位置:非成人而居成人之位,非长者而与长者并肩而行,这都是越礼行为,所以说这孩子是"非求益者也,欲速成者也"。

孔子从细节观察人,方法可取,可这次推断有失偏颇。应当说,生活中必要的礼仪、礼貌应当遵守,尤其年轻人。就是现在,一些重要场合,也得"各就各位",否则秩序乱了;同行,年轻人随长者后,以示尊敬,也是必要的。我们认为这个孩子不懂规矩,应加强"礼"的修养,这样要求是合理的。可孔子的推断,未免夸大了"礼"的作用。

卫灵公篇第十五

15.1 卫灵公问陈于孔子①。孔子对曰:"俎豆之事②,则尝闻之矣;军旅之事,未之学也。"明日遂行。

【你解】 ①陈:"阵"的古字,此指军队作战布列阵势。②俎:古代祭祀时用以载牲的礼器。青铜制,也有木制漆饰的。豆:古代食器,似高脚盘,或有盖,大都陶制。二者都是古代祭祀用的器具。此指祭祀、崇奉方面的事。

【我读】 卫灵公不兴礼乐,不修内政,却向孔子"问阵",实际上就是问"战伐之事"。孔子主张礼治,主张国与国之间用仁爱解决争端,反对侵略战争。孔子说"军旅之事,未之学也",就是对卫灵公"问阵"的谢绝,并用实际行动——"明日遂行"——以示对"战伐之事"的反对。

15.2 在陈绝粮,从者病①,莫能兴。子路愠见曰:"君子亦有穷乎②?"子曰:"君子固穷,小人穷斯滥矣③。"

【你解】 ①病:泛指生病,引申为筋疲力尽。②穷:不得志,不显贵,困厄,与"达"相对。③滥:泛滥,引申为过度,无节制。

【我读】 孔子周游列国,历尽艰险,"在陈断粮"是一大磨难。可磨难正是对人的严峻考验。"民以食为天",没得吃,饿肚子,又要辗转奔波,能不筋疲力尽吗?在平常情况下,人的意志如何、节操如何,难见分晓,可在逆境中就凸显出来了。根据孟子的观点,"穷"——困厄的考验,主要表现在三方面:"富贵不能淫,贫贱不能移,威武不能屈。""在陈绝粮"属"贫贱不能移"。可性格耿直的子路,沉不住气了,出于"饥饿难耐",更出于对夫子"周游列国"的不理解,才气冲冲地问夫子:"君子也有困厄的时候吗?"实际是责怪孔子:你明知仁道不受欢迎,还到处奔波,不是自取困厄嘛!于是孔子针对子路的不理解,明确提出君子与小人的区别就在于对"穷"——困厄命运的态度了。莎士比亚说:"在命运的颠沛中,最可看出人们的气节。"小人之所以为小人,在"绝粮"的"贫贱"中,可能停止了前进的脚步,不再追求"真理"了;更有甚者,节制不住自己,会做出种种不义的事情来。可君子就不一样了,"时穷节乃见"。仍以"贫贱"的考验为例:抗日战争时期,时任西南联大教授的朱自清,身患严重的胃病,正需粮食维持生计,可他宁可饿死,也不接受施舍——拒领配给的美国面粉。两个月后,终因贫病交加而离世,表现出高尚的民族气节。

　　战争年代,要以"威武不能屈"激励自己,和平年代,更要以"富贵不能淫"警示自己。

15.3　子曰:"赐也,女以予为多学而识之者与?"对曰:"然。非与?"曰:"非也。予一以贯之①。"

【你解】　①一以贯之:通常解释为"用一种基本观点贯穿(知识或行为)"。此处我认为直白地解作"一贯如此"("以",作为虚词,起连接作用)为好。

【我读】　在弟子的眼里,孔子是个知识广博、记忆超强的大学问家。就是今天,在学生的心中,总认为老师最有学问,不然怎么当老师呢?这种看法,可谓是一种普适性的常识。何况圣人孔子哩!

　　我认为这段语录的重心在最后一句——孔子的回答:"予一以贯之。""一以贯之"表明孔子谦逊的学习态度,从不自满;反映孔子坚守"多学而识之"的学而不倦的学习精神,从不懈怠。孔子正是用这种态度、这种精神自励,又借"赐"之"对",用现身说法来启发弟子、开导弟子。这也是孔子"一以贯之"的教育方法!

15.4　子曰:"由,知德者鲜矣①。"

【你解】　①鲜(xiǎn):少。

【我读】　《礼记·大学》开篇就说:"大学之道,在明明德,在亲民,在止于至善。知止而后有定,定而后能静,静而后能安,安而后能虑,虑而后能得。"大意是:大学的原则,在于发扬光明正大的品德,在于革新民心,达到完善。知道达到完善才能意志坚定,意志坚定才能镇定不躁,镇定不躁才能内心安然,内心安然才能思虑周详,思虑周详才能有所获。孔儒观点:"人之初,性本善。"人本来具有善良的本性,即德。由于后天物质利益的诱惑、蒙蔽,人的思想性格发生了不同程度的扭曲,必以"修身为本",经由"知止"到"有定"、到"能静"、到"能虑",最后才"能得"——使"明德"去其暗,逐步实现"至善"。可见,"修身"是长期的,革新是不断的,认识是逐步深化的。"德",义理得之于心，见之于行，难哪！

联系子路来说，他"请为弟子"后，在孔子谆谆教诲下，进步很快，不畏险阻，见义勇为，"卞之野人"之性不断得到改变，可"在陈绝粮"之后，仍"愠见"孔子，发出"君子有穷乎？"的责难与不解，故夫子有感于"知德"之难，才有"真正懂得品德的人少呀"之叹。

15.5　子曰："无为而治者其舜也与①？夫何为哉。恭己正南面而已矣②。"

①其：句中语气词，表揣测，大概，恐怕。"②恭：容貌端庄严肃。

朱熹曾言："无为而治者，圣人德盛而民化，不待其有所作为也。"说对了一半，舜并非没有作为，只是知人善任，让众贤才各司其职，各善其能，表象看是"不自用"，其实"善用人"是更大的自用。所以我将"无为而治"解为"无须亲为而治"。

儒家"为政以德"：首则继"圣"（继尧位，承尧制，又发扬其"德"），再则"恭己"（垂范天下），三则任贤，"德盛而民化"，此乃儒家的"无为而治"。道家从"道"出发，顺应自然不妄为的"无为而治"，两者实质不同，切不可等同视之。

15.6　子张问行。子曰："言忠信，行笃敬，虽蛮貊之邦行矣①。言不忠信，行不笃敬，虽州里行乎哉②？立，则见其参于前也；在舆，则见其倚于衡也③。夫然后行。"子张书诸绅④。

①貊（mò），北狄。泛指边远落后的地区。②州里：指乡里，本乡本土。古代二千五百家为州，二十五家为里。③倚：随着，合着。这里含"不离"之意。衡：车辕前头的横木。④绅：古代士大夫系的大带子，可用于记事备忘。

子张曾向孔子请教谋求做官（"学干禄"），孔子告诉他自身品行很重要，做官要慎言、慎行，"言寡尤，行寡悔，禄在其中矣。"（《为政篇第二》）这里，子张"问行"，就是问做官了，怎样使自己的主张顺利得到实行。孔子仍从"为政以德"的观点出发，进一步围绕"言"与"行"的自身品行，提出"忠信笃敬"四字箴言。《礼记·礼器》云："忠信，礼之本也。义理，礼之文也。无本不立，无文不行。"可见，任何人，做任何事，尤其当政者，立身处世，要真诚忠厚，言行一致，切不可虚伪造作，傲慢无礼。对于"忠信笃敬"，只有做到"立，参于前""舆，倚于衡"，并且切实付诸行动，事事处处，顷刻不离，那么，你的主张、你的政令,百姓才会接受,教化方可奏效。这是孔子对"子张问行"的教诲,也是对所有当政者的教诲。

15.7　子曰:"直哉史鱼①,邦有道,如矢②;邦无道,如矢。君子哉蘧伯玉!邦有道,则仕;邦无道,则可卷而怀之。"

【你解】　①直:公正,正直。②矢:箭。

【我读】　《韩诗外传》卷七:"昔者卫大夫史鱼病,且死,谓其子曰:'我数言蘧伯玉之贤而不能进,弥子瑕不肖而不能退。为人臣,生不能进贤而退不肖,死不当治丧正堂,殡我于室足矣。'卫君吊,问其故,子以父言闻。君造然召蘧伯玉而贵之,而退弥子瑕,徙殡于正堂,成礼而后去。生以身谏,死以尸谏,可谓直矣。"

从西汉人韩婴这段记述可知,史鱼之"直"的表现起码有三点:(1)贤佞分明,敢于向国君进"贤"而"退不肖";(2)置个人生死于度外:生以身谏,死以尸谏;(3)不计个人名位:"为人臣",若国君不纳"谏",死则"殡于室""不治丧公堂"。一个国家能有这样的忠君之臣,多么可贵!无怪乎孔子以"直"赞之。

蘧伯玉"邦有道则仕,邦无道则可卷而怀之",这种态度与孔子对原宪"问耻"的回答"邦有道,谷;邦无道,谷,耻也。"(《宪问篇第十四》)观点是一致的。无怪乎孔子以"君子"称赞蘧伯玉。

史鱼如矢之"直",固然可贵,联系《宪问篇第十四》(14.3)孔子的话:"邦有道,危言危行;邦无道,危行言孙。"就觉得史鱼过于刚直而不知"言孙",显然有缺少变通的遗憾了。相对而言,蘧伯玉"出处"灵活多了,"合乎圣人之道"。

孔子对两位贤大夫,分别用"直"和"君子"来称赞,是耐人寻味的。这也是读《论语》要细心揣摩之一例。

15.8　子曰:"可与言而不与之言,失人①;不可与言而与之言,失言②。知者不失人,亦不失言。"

【你解】　①"失人"之"失":遗失,丧失。②"失言"之"失":过失,耽误。

【我读】　言,是人与人交流、交往、相识、相知的重要媒介。言,有口头、书面之别。作为口头语言的说话,在日常应用中,是艺术,也是哲学,为取得好的效果,须辨明对象、场合、时机。

可以同他交谈、交往,却不同他交谈、交往,往往失掉良友、人才。当年项羽对帐下的韩信"不与之言",而韩信到刘邦麾下却"与之言",

显然项羽"失人"了；不可以同他交谈却同他交谈，不可以向他许诺却向他许诺，就会造成语言过失、浪费语言。如唐太宗虽算明君，却逞一时之私情，轻许第四子李泰为皇太子，差点酿成宫廷灾难，这就是"失言"了。

"失人"，从对象方面说；"失言"，从自己方面说。老子说："知人者智，自知者明。"两"失"，正是因为"言"时不够"明""智"。"言"不当，岂止"失人""失言"，还可"丧邦"。唐太宗说："言语者君子之枢机，谈何容易！"韩非有感于臣下进言之难而写了《说难》，可见"言"之"要"、"言"之"难"。

15.9 子曰："志士仁人①，无求生以害仁，有杀身以成仁②。"

①志士仁人：有高尚志向和道德的人。现泛指愿为正义事业出力、献身的人。②杀身以成仁：为了成全或成就仁德，可以不顾自己的生命。现指牺牲生命，以维护正义事业。

《孟子·告子下》把孔子"求生害仁""杀身成仁"诠释得更具体、更明确。孟子曰："生亦我所欲，所欲有甚于生者，故不为苟得也。""生，亦我所欲也；义，亦我所欲也。二者不可得兼，舍生而取义者也。""苟得""生"就会"害仁"，只有"舍生"才能"成仁"。

人生有顺境，也有逆境。在顺境下，岂止"求生"，还得"安生"。但在逆境下，诸如国家遭受敌国入侵、家园遭受自然灾害，拯国家于危亡，救百姓于水火，个人生命就显得微不足道。此时，信念极为重要。

仁，是儒家最高准则，也是每个读书人的终极追求。孔子"杀身成仁"的信念已融入到民族精神中，生生不息，成为中国人价值观、人生观的重要组成部分，千百年来，激励和鼓舞了多少爱国者、革命者、正义人士为国家、民族利益抛头颅、洒热血，为真理、正义事业割舍亲情、爱情，献出宝贵的青春。

南宋文天祥用鲜血和生命，谱写了不朽的《正气歌》；明末清初的夏完淳面对叛逆，慷慨陈词，吓得刽子手浑身发抖；为真理献身的共产党人瞿秋白，高唱《国际歌》从容就义……"志士仁人"，不胜枚举。当然，"仁"的内涵将随着社会的发展，与日俱"新"，不断丰富。

15.10 子贡问为仁。子曰："工欲善其事①，必先利其器②。居是邦也，事其大夫之贤者，友其士之仁者。"

①工：旧指从事各种手工技艺的劳动者。②器：用具。利器：本义锋利的兵器，泛指精良的器械或工具，也可喻指英明杰出的人才。

【我读】　孔子曾说："能近取譬，可谓仁之方也已。"（《雍也篇第六》）这里子贡问"为仁"，即实行仁之方法，仍用比喻说理。孔子爱用"器"喻人："君子不器"，说子贡是"胡琏"之器。这里的"利器"，喻指"大夫之贤者""士之仁者"。一个工匠想做好自己的事情，光靠美好的愿望，光凭个人的力量，显然是不够的，一定要有精良的工具。这是常识、常理。那么，作为实行仁德的士人或当政者，光凭主观的愿望，光靠自己的努力，也是不够的，一定要得到"大夫之贤者""士之仁者"的认同和支持，给以舆论的推动、实力的帮助，减少阻力，减少误解，营造良好的社会氛围，如同工匠有了精良的工具，何愁实行不了仁德呢？

　　"器"须磨砺，才能锋利，才能"善其事"；"为仁者"须与"大夫之贤者""士之仁者"切磋，才能求得"仁之方"，才能"善其治"。

　　孔子曾批评"赐也好说不如己者"，今上行用"事"、平行用"友"，强调之、勉励之，可谓"因材施教"！

15.11　颜渊问为邦，子曰："行夏之时，乘殷之辂，服周之冕，乐则《韶》《舞》^①，放郑声，远佞人。郑声淫，佞人殆。"

【你解】　①《韶》(sháo)：虞舜乐名，"言舜能继尧之德。"《舞》同《武》，周代用于祭祀的《六舞》之一，表现周武王战胜殷纣王的乐舞。

【我读】　颜渊尚仁乐道，被孔子列为"德行"科之首。他终身未仕，并非"不仕"，只因英年早逝(41岁辞世)，没有机会而已。在"景山言志"中，他说："愿得小国而相之"，可见还是想出仕的。对于他远大的志向，孔子曾夸赞："回与执政，则由(子路)赐(子贡)焉施其能哉！"

　　孔子"学以致用"的观点是"一以贯之"的。当颜渊问"为邦"时，孔子没有讲大道理，只从"行""乘""服""乐"这些具体的事情入手。其实，孔子是把治国的理念融入这些具体的事情中，在告诉颜渊"为邦"该怎么做的同时，也让"闻一知十"的颜渊体会之所以这么做的道理。"行夏之时"，因夏历(即延传至今的阴历)顺应农时，有利农耕，这在农业文明时代，无疑是发展农业生产、百姓赖以生活、生存的首选；"乘殷之辂"，因"商辂""朴素浑坚"，从日常生活"行"的角度折射"为邦"应有俭朴求实用的理念；"周之冕"，《韶》《舞》之乐，皆圣贤礼乐，正而雅、美而善，"为邦"当循而从之。至于郑声，因"淫"，当"禁绝之"；至于佞人，因"殆"，当"远之"。孔子从应当怎么做和应当警惕什么两方面，向颜渊晓之以"为邦"之道，可谓至诚至爱。

孔子这番话，从借鉴的角度看，至少提供了三点"为邦"经验：（1）要善于以史为鉴，汲取历史上好的做法，继承、弘扬、创新。譬如历法，其中夏历合乎"天时"，即顺应自然规律，有利生产，就得为我所用。近代革命先行者孙中山先生，就是综合了历史经验，才创立了三民主义学说。（2）孔子的"重民生、兴礼乐"的治国理念，堪称千古真理。重民生：首抓生产，解决百姓生活问题。二抓交通，解决社会发展问题；兴礼乐：生产、发展是国家治理的经济基础，是硬实力；倡礼兴乐是国家治理的文化环境，是软实力，二者相互依存、相互促进，同为国家治理之两翼。两翼坚实，则国家兴盛有望。（3）"放郑声，远佞人"启示我们，国家治理中，尤其在盛世，一定要禁绝不健康的音乐，因"声音之道与政通"（见《礼记·乐记》），不健康的音乐若任其泛滥，会造成"政散"、"民流"乃至"诬上行私"之风盛行，导致社会不稳定。它还启示我们，一定要严防奸佞小人，因为奸佞小人花言巧语，善于伪装，容易钻入内部，窃取权与位，违法乱纪，捣乱破坏，任何社会，任何时代，"佞人"都是国家的"蛀虫"、治理的阻力，应当远之、防之、惩之，切不可掉以轻心。

15.12 子曰："人无远虑，必有近忧①。"

①远、近：此处不是空间概念，指距离大小；作时间概念为好，指长远、眼前。忧：大事作"忧患"讲，小事作"忧愁"讲。

一个人（如果）没有长远的考虑，一定会有眼前的忧患（或忧愁）。

孔子这话，大概是承上"颜渊问为邦"有感而发，不由得让我们联想到《礼记·中庸》中孔子回答"哀公问政"的话："凡事预则立，不预则废。"充分说明国家治理应有长远的考虑，如果目光短浅，就会有眼前的忧患。所以后世有"君子防未然"（古乐府《君子行》）、"防祸于未然"（《汉书·外戚传》）之类的警示语。

这话具有普适性，它让我们联想到《诗·豳风·鸱鸮》的诗句："迨天之未阴雨，彻彼桑土，绸缪牖户。"天晴时，房屋不整修，下雨了，就会有屋漏的忧愁。

联系今日"生态文明"，君不见，曾几何时，急功近利，对竹木任意砍伐，对矿山肆意开采，雨季到来，山体滑坡，泥石流灾害频生，村庄淹没,人畜伤亡……岂不是这则格言的有力证明吗?所以,小至个人,大至国家,无论大事、小事,都应当牢记先哲的教诲!

15.13 子曰:"已矣乎^①,吾未见好德如好色者也。"

你解 ①已矣乎:复合语气词,表绝望语气。此句见《子罕第九》(9.18),多了"已矣乎"三字。

我读 此句文字比《子罕篇第九》(9.18)多了一个复合语气词"已矣乎",表明孔子满怀美好的心愿,希望"如好色"那样出于本能地真心、真诚地"好德"的当政者出现。可现实告诉他,那样的社会是绝对不会有的,于是孔子发出无奈的、绝望的感叹:"算了吧,我从没见过你喜欢美貌那样喜欢美德的人呀!"

15.14 子曰:"臧文仲其窃位者与^①!知柳下惠之贤而不与立也^②。"

你解 ①臧文仲:姓臧孙,名辰。死后谥"文",又字文仲。②柳下惠:即展禽。姓展,名获,字禽,又字季。食邑在柳下,私谥惠,故称柳下惠。

我读 作为鲁国大夫,理应为国"举贤",而臧文仲明知柳下惠贤能却不举荐他,定然怀着阴暗的嫉妒心理,害怕他日权位超过自己。这种"蔽贤"行为,鲁君若知,也会责备他不忠的。对待"贤能"的态度,是为政者忠奸贤愚最好的试金石。遥想当年屈原"为楚怀王左徒","王甚任之",上官大夫"争宠而心害其能",千方百计中伤屈原,致使屈原遭谗去职,顷襄王时被逐流放,终于怀石投汨罗以死。臧文仲"蔽贤",与上官大夫妒贤如出一辙,正如培根所言:"无德之人常嫉他人之德。"二者是货真价实的奸佞小人!有个相反的例子。晚清重臣曾国藩,为政的一面避开不说,就其为人来讲,他最大的本事,也就是善于识人、用人,所以在他的身边聚集了一个庞大的人才群体,得天下英才之助,才成就了他精彩的人生。时至今日,人们对曾国藩的"成功之道",还是持肯定态度的。

臧文仲曾"居蔡,山节藻棁",违礼;今又知贤不举,违仁。尸位素餐,不称其职,无怪乎孔子斥其为"窃位者"。

15.15 子曰:"躬自厚而薄责于人^①,则远怨矣^②。"

你解 ①躬:身体,引申为自身、自己。厚、薄:此处表程度,犹言多、少。"厚"字蒙后省略了"责"字。②远:疏远,避开。

我读 为人处世当从两方面着想,办了好事,多想他人,多归功他人;做了错事,多责自己,多归咎自己。可现实生活中,常常相反,无怪乎怨声不断。

历史上,大凡做了错事能"躬自厚"者,岂止"远怨",还为人称道。如曹操的"割发代首":为争取民心,曹操下令军队,征战沿途不得践踏百姓庄稼,违者格杀勿论。可不久,偏偏曹操自己的坐骑受惊跑进了百姓庄稼地。他虽经众将苦劝,没有取下自己的脑袋,但当即割发以代刑。要知道那时候割发是一种较重的刑罚了。再如诸葛亮"街亭失守",固然挥泪斩了马谡,但仍上书蜀主,引咎自责,愿降三级以示惩罚。这都是"躬自厚——严于律己的典型例子。

要求自己严,并能宽容待人。这是个人仁德的体现,更是构建和谐社会的需要。

15.16 子曰:"不曰'如之何,如之何'者①,吾末如之何也已矣。"

①不曰'如之何':就是不动脑筋,即我们常说的"不思考"。

孔子是仁者,积极倡导、践行爱人、助人,但对"不动脑筋"、人云亦云的人,却发出"吾末如之何也已矣"无可奈何的感叹,可见思考多么重要。孔子说过"学而不思则罔",那么"为"也一样,只做不想也不会有"得",甚至相反,会做出"南辕北辙"的蠢事来。

要想学好、做好,学、做之前都得问个"为什么":为什么要学、要做,怎么去学、去做,这样思考才会有效果。

人类就是这样,在不断追问中前进,在不断探索中深入。法国雕塑家罗丹的代表作《思想者》之所以成为艺术精品,在于它的震撼力:用凝固而又灵动的形象道出了人们灵魂深处的期待,那就是我们都需要思考。从严格意义上讲,不会思考的人,将失去灵魂,形同行尸走肉;不会思考的民族,就会缺乏精神支柱,久而久之会自行消亡。思考可以是一种深思熟虑,马克思的《资本论》,不就是他半生思索、探索的结晶吗?思考也可以是一种灵感闪现,牛顿发现万有引力、伽利略悟出运动定律,不都是对平平常常的生活现象发问"如之何如之何"的收获吗?

思考促使人类进步,思考推动社会发展,思考带来源源不断的创新和发现。孔子如果生活在今天,听到、看到事事、处处讲创新,定会感到无比欣慰的。

15.17 子曰:"群居终日,言不及义①,好行小慧②,难矣哉!"

①言不及义：说话一点也不涉及正经的道理。及，涉及；义，这里指正经的事情。②小慧：小聪明。

正常的社会正常的人，除了病患、老小，都要工作，哪能"群居终日"闲聊？现在"这群人"整日聚在一起，山南海北侃大山，从不谈正经事，背地里却好耍小聪明、使小手段，这显然是"正事没有而小点子却不少"的"小人"，具体地说，可以是没有正当行业的流民，可以是靠小聪明骗取钱财的混混，可以是游手好闲、不务正业的懒汉……怕吃苦、文化低、歪点子多、不讲道义是其共性。这种人受社会恶习浸染至深，孔子主张以礼治国，对他们进行教化，深感难哪！"仁以为己任"，说"难"，并非"弃"，切实意识到"任重道远"！

15.18 子曰："君子义以为质①，礼以行之，孙以出之②，信以成之。君子哉！"

①义：事之宜。下"礼以"、"孙以"、"信以"用法同。质：本质。②出：显露，出现。引申为"表述，表达"。

《礼记·中庸》："君子之中庸也，君子而时中。"君子做到中庸，时时恰如其分。我想"时中"就是"事之宜"、"行而宜之"的意思。君子思想行为符合"礼"的要求，即合"理"、行"宜"。这就是"义以为质"。

《礼记·大学》："诚于中，形于外。"心中诚实，一定要表现到外表。这里的"义"与"礼"、"孙"、"信"就是"诚于中"与"形于外"的关系，就是本质与表象的关系，能做到表里如一，这是真正的君子啊！对比之下，言不由衷、心口不一、巧言令色、口蜜腹剑，那才是小人！

再从"仁"的角度看，义、礼、逊、信，都是"仁"的重要内容，它们之间既是并列的，也是互补的。再加上孝、悌、忠、恕等，共同构成仁学系统。可见孔子对君子的要求，多么富有理想色彩！

15.19 子曰："君子病无能焉①，不病人之不己知也②。"

①病：担心，忧虑。②本则与(1.16)、(4.14)、(14.30)，文虽有异，但义近，尤与(14.30)几乎相同。

这句和《宪问篇第十四》(14.30)"子曰："不患人之不己知，患其不能也"相比较，除"患"字换成"病"字，几乎相同。如果说有不同，只是语序不同，语意重心位置不同。本则否定在后，语义重心在前，《宪问第十四》(14.30)否定在前，语义重心在后。

类似的话，《论语》中有多处。孔子之所以反复说，诚如朱熹所言:"(圣人)屡言之,其丁宁之意,亦可知也。"就是反复嘱咐我们,作为君子,为了"齐家、治国、平天下",应立足"修身",努力提高自己的认识能力和实践能力。圣人"其丁宁之意"正凸显了大教育家、宽厚长者"诲人不倦"的本色。

15.20 子曰:"君子疾没世而名不称焉①。"

【你解】 ①没世:终身,一辈子。名:名称,名声。称:此处读"chèn",相称,合适,配得上。

【我读】 这话体现了孔子一贯尊重、重视实际的精神,也与他立身处世要讲礼让、谦逊的一贯主张相一致。可孔子看到有的人爵位、官位与实绩相差很远;有的人徒有虚名,与生平行迹不合……这种社会现象自古皆然。如今,名为"公务员"却大搞"私务";能力、实绩平常,却动辄冠以"××大师""××王",不就是"名不称"的典型表现吗?孔子之所以厌恶这种人、这种现象,就因为洞察到它的虚伪性。劣根成性,改变它难哪!这就是圣人的远见卓识。

对于"名不称",不少注家解释为"名声不被人称颂",我觉得不切合孔子的思想实际。

15.21 子曰:"君子求诸己①,小人求诸人。"

【你解】 ①求:多义词,可作"要求、需求"讲。《微子第十八》(8.10)"无求备于一人"可作"请求、求助"讲。

【我读】 正因为"求"是多义词,此句可作两解:

从律己的角度,可解为:"孔子说:'君子对自己要求,小人对别人要求。'"这样理解,切合(15.15)"躬自厚而薄责于人"的精神。

从自强的角度,可解为:"孔子说:'君子向自己求助,小人向别人求助。'"这样理解,切合《易乾·象》"天行健,君子以自强不息"的精神。

15.22 子曰:"君子矜而不争①,群而不党②。"

【你解】 ①矜(jīn):持重,慎重。②党:古代的一种居民组织,五百家为一党,此处引申为群体。

【我读】 "矜而不争",就是说,君子矜持庄重,没有违情悖理之想,所以不作无谓的争辩、争吵。已恭而敬人。

"群而不党",就是说,君子与众人和睦相处,不坏私心,不带私利,不搞阴谋,不勾结拉拢。光明磊落,坦坦荡荡。

"矜而不争,群而不党。"这是君子立身处世的美德,完全合乎中庸之道,也体现了人际间的仁爱精神。

15.23 子曰:"君子不以言举人①,不以人废言②。"

①言:言语、言论,此处指巧言、好听的话。②人:此处当指品德不好或才能平庸的人。

这里的"君子"当指从政的人。孔子从"为政以德"的角度,揭示了言与人、举与废的辩证关系,这是人才观中非常重要的观点。

历史上,多少人因"说得好听",蒙蔽了在上位者,从而登上政治舞台,误国害民。受蒙蔽的上位者,多是昏君,或缺乏政治头脑的庸主。当然也有明智的上位者,如唐朝宋璟,在他担任宰相兼吏部尚书时,吏部主事呈给他一篇署名"山人范知璇"的《良宰论》,说此人是人才。宋璟展卷,果然文理通达;再读,"好听的话"更多,赞宋璟理政"前无古人"……但宋璟透过"巧言"发觉此人"品德不正",于是告知主事,此人不可用,如果用了将一害国家,二害自己……

"坏人说的是坏话,平庸的人说不出高明的话。"大多数人,都这么认同,可在这种较普遍的认同下,也遗失了语言珠玑。其实,不知不觉中也有一些有用的话被保留下来。譬如"乐不思蜀"这个成语用以比喻乐而忘本或乐而忘返,不就是来自懦弱无能的阿斗吗?据《三国志·蜀志》记载,后主刘禅(小名阿斗)投降司马昭后,被带到洛阳,仍过着荒淫的生活。一天,司马昭问他:"颇思蜀否?"他回答说:"此间乐,不思蜀。"人不足道,此话倒成了名言。

能做到"不以言举人,不以人废言",既要有"慧耳",能透过"巧言"辨人,不让一个人假冒;也要有气度,不戴有色眼镜,让"金玉良言"抹上暗淡的色彩而混同垃圾。这是"有资于治"的大智慧,为政者当明辨之、笃行之。

15.24 子贡问曰:"有一言而可以终身行之者乎①?"子曰:"其恕乎②!己所不欲,勿施于人。"

①一言:据下句"子曰"可知,当是"一个字"。②其:从回答的语气推知,解为指示代词"那"。

《里仁篇第四》(4.15)曾子说:"夫子之道忠恕而已矣。"《颜渊第十二》(12.2)仲弓问仁时,孔子回答的话中有"己所不欲,勿施于人"这句。这里子贡问"修身",孔子先说一个字"恕",然后解释为"己所不欲,勿施于人"。联系起来看,似乎概念有些混淆。仔细分辨,非常清楚,"仁"是一个母概念,"恕"同"忠"一样,都是子概念,"恕"从属于"仁",所以并不矛盾。

　　孔子为什么对子贡特别强调"恕"呢?这是因材施教的需要。子贡才高,不仅生意做得好,是巨贾;而且善言,在外交、政治方面成绩卓越,被孔子列入言语科代表。大凡这样的人易犯恃才傲物的毛病,所以孔子针对性地告诫他要推己及人,于是用了一个"恕"字。

　　由此联想到哲学层面,堪称真理的话,都有最朴素、最简练、最深刻的特点。如《为政篇第二》(2.2),孔子概括全部《诗》的内容就用了三个字:"思无邪"。再说近现代革命家,如马克思皇皇巨著《资本论》,其核心理论就是五个字:"剩余价值论";大革命时期,毛泽东预言革命发展态势,只用了八个字:"星星之火,可以燎原";改革开放时期,邓小平用"发展是硬道理"六个字,指引建设中国特色的社会主义……

15.25 子曰:"吾之于人也,谁毁谁誉①。如有所誉者,其有所试矣②。斯民也,三代之所以直道而行也。"

 ①毁:诽谤,讲别人的坏话,与"誉"相对。誉:称赞,赞美。②试:试探。不同于《子罕篇第九》(9.7)"吾不试"的"试"。

　　孔子说:"我对于他人,诽谤哪个称赞哪个?如(对哪个)称赞的话,那是有试探验证的呀。"这两句话好理解,表明孔子的毁誉观:对人评价,无论人好坏,都得尊重事实,秉承中庸之道,不偏不倚,该"毁"则毁,该"誉"则"誉",不"称人之恶而损其真",不"扬人之善而过其实",如有人值得称赞,那是"听其言而观其行"的结果。孔子这样说,也这样做。就凭这一点,称之"圣人"也不为过。

　　后一句较费解,反复读之,似"意识之流"的表述。其间有明示,有隐含,有省略,有跳跃,给人混沌又断续的感觉。为了梳理,运用联想将思绪片段进行缝缀、补充。孔子大概想说:我的毁誉观是这样,可现实中很多人对他人总是任意毁誉,又爱听赞美的话。"举世誉之而不加劝,举世非之而不加沮",哪有这样的人:"巧言"成风,真伪莫辨。面对蔓延的恶浊世俗,孔子不由得感叹:"这些人(何时能正派起来)啊,(要能像)夏商周三代(的百姓那样无私)就能按正直之道行事了。"显然后一句,是在前两句正面叙述的基础上有感而发,文脉是连贯的,进一步表明孔子的仁爱思想。

15.26 子曰:"吾犹及史之阙文也①。有马者借人乘之②,今亡矣夫!"

【你解】 ①阙(quē)文:阙同"缺"。缺而不书或脱漏的文句。②乘:坐,驾。

【我读】 这里,孔子将"史"与"今"对举,"史"详"今"略。史书上举了两件事:史官因"书之有疑则阙之,以待能者,不敢穿凿",表明古人治学严谨、务实,"有马者"不视马为私有,愿意借给人乘坐,表明古人处世忠厚朴实。一"书"一"御",都是六艺内容,折射往古礼兴文正。而今看不到上述现象了,孔子深感"礼崩乐坏",世风日下,能不发出"今不如昔"之叹吗?社会学告诉我们,文化好比温度计,从孔子的话可以看到当时文化"式微"的景象,由文化的"式微"景象可以测出春秋晚期的社会的确日趋衰败!

15.27 子曰:"巧言乱德①,小不忍,则乱大谋②。"

【你解】 ①巧言:表面上好听而实际上虚伪的话。②忍:忍耐,容忍。谋:计谋,计策。

【我读】 通常情况下,善言善行。人们是知道的,可花言巧语具有欺骗性,如"迷人眼"的"乱花",搅乱了人们对德行的判断;又如扑鼻香味的鸦片,腐蚀了人们的道德良知。"德"被搅乱了,社会秩序也就混乱了;"德"被腐蚀了,社会"肌体"也就腐败了。

"小不忍"之"小",相对于"大谋"之"大",显然是指小点子、小聪明、小手段,具言之,如小怨怒、小利益、小恩惠……逞一时之气,而不能忍耐、容忍,就会使大计策受到扰乱而丢失、落空;反过来说,为了实现大计谋或维护大利益、大格局,需要作暂时的退让、必要的隐忍。蔺相如对廉颇之"忍",成就了赵国的国泰民安;韩信对胯辱之"忍",才有了淮阴侯日后的赫赫功业;司马懿对诸葛亮有意激怒之"忍",才导致诸葛亮"六出祁山"身亡五丈原……都是有力的反证。"贪小利而大事不成"的俗谚,与此话同理,共同道出"小""大"之辨的智慧。

立足"修身":上句警示,德行切莫被"巧言"所惑,下句强调小处能"忍",方能成就"大谋"。

15.28 子曰:"众恶之①,必察焉②;众好之,必察焉。"

【你解】 ①众:众人。②察:考察。

我读 这话与《子路篇第十三》(13.24)的内容、观点都相近，不过进了一步，由"乡人"到"众人"，范围更大一些，又多了一个"察"字，提出了一个辨识众人好恶的必要的办法：考察——先细致深刻地观察，再去实地调查了解，全方位掌握情况，透过现象看本质，众人的好恶，若出自公理、正义，则从之；若出自狭隘的偏私的小团体利益，则弃之。从这话可以看出孔子评价人、事，既有实事求是的态度，又有独立思考的精神，决不偏听偏信，也不盲目跟风，表现了哲人处处追求真理、唯真理是从的卓越品格。

15.29　子曰："人能弘道①，非道弘人②。"

你解 ①人：当指"士"，读书人。弘：扩充；光大。道：常理，正理，真理。②非：不是。此词后边承前省略了"能"字。

我读 联系《里仁篇第四》(4.9)子曰："士志于道"；《泰伯篇第八》(8.6)曾子曰："士不可以不弘毅，任重而道远，仁以为己任"。这里"人""道"对举，可以看作"人"指"士"，读书人；"道"即仁道。仁道是孔子心目中最高的道德理想，也可以说是社会、人生的真理。一个读书人对"道"追求的过程、践行的过程，也就是弘扬光大"道"的过程，这就是"人能弘道"。一个读书人如果不立足于"修己"，努力提升自己"道"的水平，而靠"巧言"、口头上的"道"来装扮自己、放大自己，那恰恰走向"道"的反面——不仁不义的"无道"，所以"非道弘人"。

这则语录，至今仍有教益。

谁都知道，任何时代人都是社会道德的建设者和践行者。如今，我国正处于社会主义建设时期，大力倡导精神文明、政治文明，每年都要从各行各业中评出精神文明标兵、道德模范……就是意在树立全民效法的榜样，通过他们来弘扬传统美德和时代精神，从而推动文明建设，提高精神文明水平。与此同时，也加大正面引导，辅以必要的行政手段，使歪风邪道逐步缩小范围、减轻程度，逐步走向消退、消亡。

15.30　子曰："过而不改①，是谓过矣②。"

你解 ①过：过失；过错。②是谓：这叫做。

我读 人有过错是客观的、正常的、难以避免的，以什么态度对待过错：着意去改、随意改之，还是执意不改，这是检测一个人品行的重要标尺。

左丘明说："人谁无过？过而能改，善莫大焉。"司马光说："不以无过为贤，而以改过为美。"英国诗人莎士比亚也说："改过不吝，从善如流。"他们都希望有过错的人，不要虚荣，不要执拗，"过而能改"，改了就好。

孔子也一再叮嘱"过则勿惮改""不善不能改，是吾忧也""过也……更也，人皆仰之"，满怀仁爱之心，期盼有"过"的人勇于改过，乐于改过。

愿望是美好的，可一些人就是"过而不改"，在过错的泥潭里愈陷愈深，历史上不听忠告、一意孤行、落得悲剧下场的如商纣王、隋炀帝等，自不必说；现实生活中"是谓过矣"的例子比比皆是，如"伸手必被捉"的贪官们，明知"贪"犯法，却"前腐后继"……如明知吸烟有害，可烟民阵营仍在扩大，不少花季少年也以"吞云吐雾"为潇洒……莫非"过而不改"是人性固有的弱点吗？

感谢孔圣人，在两千五百年前就看出了这个劣根的"国民性"，于是敲响了警钟。如为政领域，遗憾呀，"过而不改"的痼疾，不仅没有得到根治，某种情况下甚至有"于今为烈"之势。

15.31 子曰："吾尝终日不食①，终夜不寝，以思，无益，不如学也。"

【你解】①尝：曾经。

【我读】孔子这话与他在《为政篇第二》(2.15)中所说的"思而不学则殆"义同，而表述方式不同，彼为议论式的理性表述，此为叙述式的感性表述。若在"义同"中严格求异的话，前者"则殆"，指出"思而不学"的严重后果；后者"无益"，指出"思而不学"的没有结果。

对象明确，针对性极强。孔子用现身说法来勉励读书人要重视学习，当然学习不限于书本也包括社会实践。他回忆"以思"，用了"终日""终夜"两词，可见苦思冥想时间之长，终于"无益"，深感"不如学"。这是在"思而不学"的特定情况下说的。其实孔子的观点是学思并重的。

诚然如此。学是思的基础、"原料"，从思维过程来说，学是第一位的；思是学的"消化"、深化，从思维成果来说，思是必不可少的。二者相互依存，犹如"源"与"水"、"本"与"末"的关系。

"思而不学者"请记住孔子的忠告：还是多读书、勤学习吧，切莫呆在书斋里做脱离实际的空想家。

15.32 子曰："君子谋道不谋食①。耕也,馁在其中矣②;学也,禄在其中矣③。君子忧道不忧贫。"

【你解】 ①道:就孔子的观点指"仁道",也可泛指道义、道德、道理。②馁(něi):饥饿。③禄(lù):官吏的薪俸。

【我读】 常言道,民以食为天。食是人类生活、生存的第一需要。这里孔子以"食"为铺垫,强调"道"重于"天"。理由是:孔子进一步拿"耕"与"学"对比,"耕"是为了"谋食",但不免于饥饿;"学"是为了"谋道",不仅避免了"耕"的劳苦、饥饿,还能做官得俸禄,能不弃"耕"从"学"吗?孔子重"道"轻"食"、褒"学"贬"耕"的观点,非常鲜明。

凡事有二重性。从生命价值来讲:在市场经济时代,尤其在物欲横流、金钱至上的社会,人应倾心于精神层面——"谋道""忧道",不应沉湎于物质层面——把心思放在"谋食""忧贫"上,因为此时基本上衣食无忧,"贫"也是相对的。这样的时代,这样的社会,"道"与"食"相较,主要缺失的是"道",所以为了纯洁人性、提升人的道德水平,不致为外物所累;也为了使"食"进一步丰富、由"贫"转富,强调"谋道""忧道",对构建平等的、繁荣的健康社会,是有积极意义的。

从生命存在来讲:"不谋食",人有必要忍饥挨饿去"谋道"吗?"谋道"的最终目的又是什么呢? 孟子讲实话:"食、色,性也。""食"是人的本性、本能。人要活,就得"食",岂能置"食"于不顾吗? 孔子也不讳言:"学也,禄在其中矣。"认为不必花力气急着用"耕"去"谋食",应积极用心去"学","禄在其中",既"谋食",也"谋道"。后世的劝世文"书中自有黄金屋,书中自有千种粟",大概滥觞于此吧! 所以,孔子这段话,在留下了宝贵的"谋道"、"忧道"的精神遗产外,也留下了读书是为了求取功名利禄的负面遗训,还留下了轻视劳力者的阶级偏见。

因此,我坚持认为,学习经典,要批判地吸收,不要苟同,切不可为尊者讳。

15.33 子曰："知及之,仁不能守之;虽得之,必失之。知及之,仁能守之,不庄以莅之①,则民不敬。知及之,仁能守之,庄以莅之,动之不以礼,未善也。"

【你解】 ①庄:庄重,严肃。莅(lì):到,临。从上监视着,统治。

从"不庄以莅之，则民不敬"一句，可推知本则主要讲"为政之道"，其间十一个"之"字，除"莅之"两个"之"字指代"民"，"动之"的"之"可不译外，其他八个"之"字均指代"禄位"或"国家"。据此，可作如下解读：

孔子说："凭聪明才智得到禄位，仁德不够保持它，即使得到禄位，也一定（会）失去。凭聪明才智得到禄位，仁德能够保持它，（如果）不用庄重的态度对待百姓，那么百姓不（会从内心）敬服。凭聪明才智得到禄位，仁德能够保持它，又用庄重的态度对待百姓，行动（却）不用礼（来规范），（那么治理是）不能（算作）完善的。"

这则围绕"为政之道"，分三个层次解说：第一层次，强调"仁（德）"对于守住禄位的重要性；第二层次，强调"庄（重）"的态度才能得到"民敬"；第三层次，强调"礼"对规范治理行动的必要性。综合言之，禄位的取得，"知（智）"是前提，"仁"是基础，"庄""礼"是保证，只有四者都具备了，治理工作才算完善。

由"为政之道"总结出的"四字经"——完善治理的基本规律，也适合其他事情，如经商、兴业、治军、育人、求学、交友等。

15.34 子曰："君子不可小知而可大受也①，小人不可大受而可小知也。"

①可：合宜，适合。大受：承担重大的任务。

此则"小知"与"大受"对举；"小知"的"小"指小事情、小范围的事；"知"，主持，"小知"即"知小"，主持小范围的事，就为政言，如知事、知县；"大受"的"大"指大任务、大范围的事，"受"，接受，担当，"大受"即"受大"，担当大范围的事，就为政言，如尚书、宰相。

此则"可"字的字义把握很重要。一个人才能的发挥、利用，关键在"可"，不能"大材小用"，也不能"小材大用"，要用得"合宜、适合"，这才是识人之智，也是用人之艺。

孔子深谙此理，他说："君子不适合主持小范围的政事却适合担当大使命，小人不适合担当大使命却适合主持小范围的政事。"

这里的君子、小人显然是以能力大小区别的，不同于带有褒贬色彩的按道德高下划分的。

孔子这种识人、用人理念，不失为远见卓识。

历史上，"鸡鸣狗盗"的故事，是"小人不可大受而可小知"的典型；"萧何月下追韩信"的史实，是"君子不可小知而可大受"的典型。

现代社会也不乏这样的例子。著名数学家陈景润,如果不调入中国数学研究中心、一直在北京某中学任教,能有哥德巴赫猜想的建树吗?有一位农村基层干部,本可把一个村管理好,却提拔为国家副总理,他能胜任吗?

由此可见,无论古今,用人时忽视"可"的意识,既浪费人才,也糟蹋人才,于"人"于"国"都极为不利。革命先行者孙中山说得好:"人能尽其才则百事兴。"

15.35 子曰:"民之于仁也,甚于水火①。水火,吾见蹈而死者矣②,未见蹈仁而死者也。"

你解 ①甚:超过,胜过。②蹈(dǎo):投入,实行。

我读 孔子说:"人民对仁德(的需要),胜过对水火(的需要)。我见过投入水火而死的,(却)没见过实行仁德而死的。"

孟子说:"民非水火不生活。"水火——物质的;鲁迅说:"生命牺牲了而真理昭然于天下,这死是值得的。"

为了物质生活,不惜赴蹈汤火而死,无可非议;为了追求真理,不惜前仆后继而死,更应倡导。裴多菲名诗:"生命诚可贵,爱情价更高。若为自由故,二者皆可抛。"这里的"自由",可视为"真理"的同义语,也可以说是"仁"的现代义。

理应最需要的,付出最多才对。孔子感叹"民"对水火的付出远胜过对最需要的"仁"的付出。

朱熹集注:"民之于水火,所赖以生,不可一日无。其于仁也亦然,但水火外物,而仁在己。无水火,不过害人之身,而不仁则失其心。是仁有甚于水火,而尤不可以一日无者也。"解析中肯。

历来评家都说此则是"夫子勉人为仁之语",可谓共识。

15.36 子曰:"当仁,不让于师①。"

你解 ①当:对着,面对。师:众人。

我读 义同"见义勇为"。此则多了个补语"于师(当着众人)",具体地补说了"当仁不让"的可贵,也尖锐地点出了"师(众人)"的"不仁"。这话很有超前意识。君不见两千五百年后的今天,常有这样的现象:路上,一老人不慎摔倒,行人依旧行走,不敢前来搀扶,怕惹"祸"上身;街头,一弱智少妇,衣不蔽体,围观者有之,有几个人怜弱解困呢?……"当仁不让"已成成语,表示遇到应该做的事,就要积极主动去做,不应该退缩、推诿。

"当仁不让"这个成语运用非常广泛。为了避免歧义,有必要对"师"字作一点辩证说明。

"师",我认为当"众人"讲比当"师长"讲更合适,理由有三:(1)师,古官名。①军官的称谓,即师氏的简称,西周金文中常见。②乐官的称谓,春秋时多称乐官为师。③教官的称谓,春秋战国时各国没有师或傅,作为国君的师傅。师,当"老师"讲,是后来义;当"众人"讲,在《诗》中就有,更切合语言运用的实际。(2)"师"作"众人"讲,译文文从字顺,更有倡导精神文明的现实意义。(3)社会认同常常是判断的最好依据。译文与"当仁不让"成语泛用义最接近,表明"师"作"众人"讲,是社会认同。

15.37 子曰:"君子贞而不谅①。"

你解 ①贞:坚定,有节操。谅:固执;坚持成见。此处义同《宪问篇第十四》(14.17)"岂若匹夫匹妇之为谅也"之"谅"。

我读 "贞,正而固也。"正道是合乎发展规律的正确之道,应当坚守。"谅,则不择是非而必于信。"这样的"信",常常是"不择是非"的许诺,正如孟子所说:"言不必信……惟义所在。"应视"义"(合宜、合理)而定,不必拘泥,应知变通。

对于事理能把握好,该坚守的决不动摇,该变通的决不固执,这是为人处世的大智慧,这是真正的君子之道。

15.38 子曰:"事君,敬其事而后其食①。"

你解 ①敬:严肃,慎重,不怠慢。事:名词,政事。食:俸禄。

我读 奉事君主,"敬其事"在先,取"其食"在后,并以"敬"的态度做事,这是孔子倡导的"忠"——"尽己"的具体表现。"奉事君主",在两千五百年前,孔子受时代的限制,这么说,这么要求,不足为怪。

当我们站在历史唯物主义立场,如果把这则语录所言的对象"奉事君主"更换为今日的"服务社会",取其后半句,对我们倒是很有教益:每做一事,每任一职,先把事认真做好,先把职责履行好,然后再谈报酬、再问待遇。可事实常常相反,不少人每做一事,先打探薪酬多少,多则削尖脑袋去"钻",少则"拜拜"。更有甚者,有的人不是"敬其事",而是"混其事、糊其事","拿"却不能少。当前,各行各业,也包括少数公务员在内,缺乏的就是这种"尽己"精神。孔子叫做"忠",我们叫"敬业"。当然,"食"还是要的。问题在摆好"事"与"食"的位置,应当先"事"后"食",而不是先"食"后"事"。这是思想境界问题,更是道德品质问题。

孔子的"事君"不足取,"敬其事而后其食"则应当牢记,最好当成座右铭。

15.39　子曰:"有教无类①。"

你解　①有:占有,拥有,引申为给予、实施。无:不分,不论。类:种类,引申为对象。

我读　西周学在官府,非仕无从受书,非吏无从得师,只有贵族子弟才能受到教育。孔子在中国历史上头一个打破王官制度,开私人讲学之风。《述而篇第七》(7.7)孔子说:"自行束修以上,吾未尝无悔焉。"他明确宣告,只要交了点学费的,他都给予教育。

孔子可能有感于当时教育面太窄,多少寒门弟子关在门外,于是他斗胆提出"有教无类"的教育口号,既是倡导者,更是实践者,从《论语》涉及的孔门弟子来看,他的确做到"有教无类":不分贫贱、不论贤愚、不分地域、不问年龄……一视同仁,都给予教育的机会。这种提法、做法,客观上顺应了文化下移的历史趋势,拓展了教育范围,首开平民教育之先河。

孔子的"有教无类",至今仍不失为先进的教育思想,可在中国漫长的封建社会中,一直停留在书本上,只有在新中国才变为现实。如今,普及九年制义务教育,不就是真正的"有教无类"吗?听说有办"贵族学校"的,有违这种思想。这是个别现象,另当别论。

随着社会的进步,在弘扬优秀传统文化的大背景下,"有教无类"的教育思想也在不断丰富、光大。现在国家明确提出继续教育、终身教育,大力发展各类职业教育,为适应老龄化社会的需要,把老年教育也纳入教育发展纲要之中,教育的广度、深度都有了空前的跨越式的发展。

15.40　子曰:"道不同,不相为谋①。"

你解　①相:表示动作偏指一方。为(wèi):与;对。谋:计议,商量。

我读　主张不同,思想不同,就没有共同的目标、共同的追求,也就没有共同的志趣、共同的语言,哪有必要同他商讨、计议呢?这正是孔子"匹夫不可夺志""志于道""仁以为己任"的刚毅精神。

这话使人联想到司马迁在《史记·伯夷列传》中说的"各从其志",还使人联想到意大利诗人但丁的话:"走自己的路,让别人说去吧!"

"各从其志""走自己的路"——东西方哲人的表述不同,但观点是一致的:应鼓励每个人按自己的志向去奋斗。

请注意:孔子对不同主张的人,只说"不相为谋",并无"为仇""为敌"之意,既表明孔子有自己独立的追求,又能宽容异己的观点,充分反映了儒学的包容性。

遗憾司马迁有一点疏忽,他在《史记·老庄申韩列传》中说:"世之学老子者则绌儒学,儒学也绌老子。"这里的"绌"通"黜",有两义:"废、贬退;消除、除掉;两义都有排斥的意思。我认为用得不当,也不符合实际。司马迁自己也说,孔子"逋周问礼,盖见老子云"。老子是道家,与孔子的儒学,是并存的两个学派,孔子"逋周"向老子问礼,怎能说"儒学亦绌老子"呢?

学说的问题,乃至政治、思想的问题,应倡导、欢迎"百家争鸣",决不能排斥、扼杀。"一家独鸣""万马齐喑",那是违背历史、违背辩证法的。可知两千五百年前,圣哲孔子已暗暗地提示了我们!

15.41 子曰:"辞达而已矣①。"

【你解】 ①辞:文词,言词。在"言词"这个意义上,"辞、词"为同义词。较古时代,只说"辞",不说"词"。汉代以后,逐渐以"词"代"辞"。

【我读】 文词,文章;言词,说话。"说话、文章都是辞。""达"作动词"表达"讲是后起义,此处作形容词"明白"讲。陆机《文赋》:"辞达而理举。""举"作"全"(充足)讲,"达"作"明白"讲,可作佐证。孔子说:"说(或写)明白就行了。""明白"一词看似浅显,其实言简意赅,是对"辞"的很高的要求。孔子说这句时,"辞"可能特指外交辞令,也可能针对社会上"巧言"之风而泛指说和写。

说和写达到"明白"——表达思想感情准确而又易于了解——是很不容易的;为达到"明白"的要求,至少要具备四个条件:(1)真诚。言辞和想法一致,不矫情,不巧饰。所谓"诚于中,形于外"。(2)简洁。不烦琐,不冗长。正如孔安国所言:"凡事莫过于实,辞达则足矣,不烦文艳之词。"(3)借助修辞。化费解为易解,变深奥为浅近。孔子说:"能近取譬","言之无文,行而不远"。(4)把握语境。表述因对象、环境的不同而有异,切忌千篇一律。俗话说,"到什么山上唱什么歌"。《诗》上说的"深则厉,浅则揭",指的是行动,对我们的说和写,也是有借鉴意义的。

15.42 师冕见①,及阶,子曰:"阶也。"及席,子曰:"席也。"皆坐,子告之曰:"某在斯,某在斯。"

师冕出,子张问曰:"与师言之道与②?"子曰:"然;固相师之道也③。"

 ①师:春秋时称乐官为师,一般为盲人。冕:盲人乐师名。②道:此指方式方法。与(yú):表语气,同"欤"。③固:本来,诚然。相(xiàng):特指扶助盲人。

孔子接待盲人乐师的来访,一系列的引领和"告之",是典型的"相师之道",具体反映了孔子对礼仪的规范践行,其意义在:一则身体力行,对倡导礼乐起示范作用;二则彰显了仁道精神——对残疾人的尊重与关爱。诚如范宁所言:"圣人不侮鳏寡,不虐无告,可见于此。推之天下,无一物不得其所矣。"

16.1 季氏将伐颛臾。冉有、季路见于孔子曰："季氏将有事于颛臾①。"

孔子曰："求！无乃尔是过与？夫颛臾，昔者先王以为东蒙主②，且在邦域之中矣，是社稷之臣也③。何以伐为？"

冉有曰："夫子欲之④，吾二臣者皆不欲也。"

孔子曰："求！周任有言曰：'陈力就列，不能者止。'危而不持，颠而不扶⑤，则将焉用彼相矣⑥？且尔言过矣，虎兕出于柙，龟玉毁于椟中⑦，是谁之过与？"

冉有曰："今夫颛臾，固而近于费⑧。今不取，后世必为子孙忧。"

孔子曰："求！君子疾夫舍曰欲之而必为之辞。丘也闻有国有家者，不患寡而患不均，不患贫而患不安。盖均无贫，和无寡，安无倾。夫如是，故远人不服，则修文德以来之。既来之，则安之⑨。今由与求也，相夫子，远人不服，而不能来也；邦分崩离析⑩，而不能守也；而谋动干戈于邦内⑪。吾恐季孙之忧，不在颛臾，而在萧墙之内也⑫。"

〖你解〗 ①事：事故。此处指军事行动。②东蒙即蒙山，因在鲁东，故称东蒙。主：主持祭祀。因蒙山有祭祀山神的祠庙，早先由颛臾负责祭祀，故称东蒙主。③社稷之臣：国家的重臣。社，土地神；稷，谷神；社稷，代指国家。④夫子：指季康子。⑤危而不持，颠而不扶：高处（摔下）却不扶持，跌倒却不搀扶。⑥相（xiàng）：本指辅助盲人的人，此处引申为助手。⑦虎兕出于柙，龟玉毁于椟中：兕（sì），雌性的犀牛；柙（xiá），关兽类的木笼；龟玉，龟甲和玉，都是古代的贵重物品；椟（dú），木柜，木匣。⑧费：旧读"bì"，今读"fèi"，季氏封邑，距颛臾仅80里，故说"近"，靠近。⑨既来之，则安之：已经归附，就要使他们安定下来。⑩分崩离析：支离破碎，指当时鲁国不统一，被季孙、孟孙、叔孙三大贵族分割。⑪干戈：干，盾；戈，平头戟。这是古代作战时常用的防御和进攻的两种武器。引申为战争、战事。⑫萧墙：门屏。此处指内部，内乱，宫内。

〖我读〗 这则论辩性对话，篇幅较长，突破了语录格局，具有说理文的雏形。

　　这则围绕"将伐颛臾"亮出了两种对立的观点：一方是以弟子冉求、子路为代表，主张"伐颛臾"，冉求说出理由："今夫颛臾，固而近于费。今不取，后世必为子孙忧。"可冉求之前掩盖说："夫子欲之，吾二臣者皆不欲也。"孔子观点鲜明，反对"伐颛臾"，他说："夫颛臾，昔者先王以为东蒙主，且在邦域之中矣，是社稷之臣也。何以伐为?"并戳穿了冉求的助"孙"为虐："求！君子疾夫舍曰欲之而必为之辞。"在反驳之后，孔子提出"均无贫，和无寡，安无倾"的内政外交主张。这三句九字，可谓孔子基于"仁"的精神，在我国历史上首次提出的治国方略。

　　均："不患贫而患不均"。均，有"均匀、同样"的基本义，也可引申出"协调、平衡"义。所以"均"，既有抑富扶贫的经济思想，也有分配公平的社会祈求。邓小平说："走社会主义道路，就是逐步实现共同富裕。"这"共同富裕"，就承传、弘扬了"均"的精神。

　　和：颛臾是鲁国的"社稷之臣"，当"修文德以来之"，怎能"谋动干戈于邦内"? 国不分大小，应平等相待、和睦相处。当今世界，已是21世纪，"和平、发展、合作仍是时代潮流"。邓小平1989年就明确指出："我们搞的是有中国特色的社会主义……是主张和平的社会主义。"新中国同世界上一切国家的交往，一直都奉行和平共处五项基本原则。

　　安："不患寡而患不安"。"不安"，就会"远人不服"；"不安"，就会"祸起萧墙"。国家安宁，人民才能安心；社会安定，百姓才能安乐。20多年前，邓小平就英明论断："中国的问题，压倒一切的是需要稳定。没有稳定的环境，什么都搞不成，已经取得的成果也会失掉。"安，多么重要！

　　有"均"才能"和"，有"和"才能"安"，三者相辅相成、缺一不可。依三字"为政"，就没有"三无"之虑；坚守三字"治国"，百姓就会由"贫"而"富"，人口就会由"寡"而"多"，国家就会由"倾"而"兴"。这不是一幅既遥远又近在眼前的社会美景吗？

　　从历史的角度看，这则佐证了"春秋无义战"，并非虚言。从语言的角度看，这则给后人留下了许多富有生命力的成语、格言：陈力就列，不能者止；危而不持，颠而不扶；虎兕出于柙，龟玉毁于椟中；不患寡而患不均,不患贫而患不安;既来之,则安之;分崩离析;祸起萧墙等。

16.2 孔子曰:"天下有道,则礼乐征伐自天子出;天下无道,则礼乐征伐自诸侯出。自诸侯出,盖十世希不失矣①;自大夫出,五世希不失矣;陪臣执国命②,三世希不失矣。天下有道,则政不在大夫。天下有道,则庶人不议③。"

你解 ①世:代,古称三十年为一世。希:少,后来写作"稀"。②陪臣:指大夫的家臣。国命:国家命运,国家政权。③庶人:西周以后对农业生产者的称谓。春秋时,他们的地位在士以下、工商皂隶之上。秦汉以后泛指没有官爵的平民。

我读 天下政治清明,制礼作乐,士兵讨伐就由天子作决定;天下政治昏暗,制礼作乐,出兵讨伐就由诸侯作决定。由诸侯作决定,很少传十代(不丧失政权的);由大夫作决定,很少传五代(不丧失政权的);(如果)大夫的家臣把持国家政权,很少传三代(不丧失政权的)。天下政治清明,政权就不在大夫(手里);天下政治清明,百姓就不会议论(朝政)。

朱熹曾云:"先王之制,诸侯不得变礼乐,专征伐。""先王之制",当指夏、商、周三代的规章制度。这话从反面告诉我们,夏、商、周三代"礼乐征伐"(国家大事)由天子决定。就是说,中央集权,天子统一指挥,政令畅通,社会稳定,"庶人不议"。当背离"先王之制",诸侯、大夫、陪臣"变礼乐、专征伐"时,国家就处于分裂状态,政令杂出,社会混乱,民怨沸腾。

孔子善于总结。他从历史并结合"亲身见之",找到了天下"有道"、"无道"的症结所在:政权集中在中央,则"天下有道";政权旁落下移至地方,则"天下无道",这条政治经验,为无数历史事实所证明。

今天看来,它也有片面性。国家的巩固,固然要坚守"中央集权"的政治形式,更要依赖"中央集权"的实质,即存在的合理性和社会的共享性。若两性不够甚至或缺,将会被另一种"中央集权"所取代。这也是为无数历史事实所证明的。

16.3 孔子曰:"禄之去公室五世矣①,政逮于大夫四世矣,故夫三桓之子孙微矣②。"

你解 ①公室:此指鲁国朝廷或鲁君。③三桓:鲁国的三卿,仲孙(即孟孙)、叔孙、季孙都出于鲁桓公,故称"三桓"。

紧承上则,政出大夫"五世希不失矣",孔子以自己的国家——鲁国的"亲身见之"的历史说明更真切、更确凿,表明他的历史结论有其坚实的事实基础。正因为论据坚实,所以其历史结论才具有真理性。

16.4 孔子曰:"益者三友,损者三友。友直,友谅①,友多闻,益矣。友便辟②,友善柔,友便佞③,损矣。"

【你解】 ①谅:信实。②便辟(piánpì):善于逢迎谄媚。③便佞(pián nìng):善以言辞支持取媚于人;花言巧语。

【我读】 人立足于社会,必然有人际交往;在人际交往中,必然会相互影响。所谓"近朱者赤,近墨者黑",这是难免的。所以,从修身的角度看,交友很重要。正直、信实、见识广博,这是每个人立身处世的根本。与具有这三种品质的人交友,既可正面受到熏陶、感染,也可作为镜子,照出自己身上的"过"——种种不合乎做人的东西,从而"进于诚"——诚信、诚实,"进于明"——自知之明、知世之明。如果与邪恶不正、阿谀谄媚、花言巧语的人交友,不知不觉会染上虚假、浮夸、表里不一等恶习,久而久之,滑入道德底线之下而不知。这种交友的"影响",必须知道。

这段话启示我们:一个人应当多接受朋友的正面影响,再去正面影响他人,造成良性的连锁反应,这样就会不断地提升人群的整体道德水平,从而增进人际间的和谐。

严格地说,交友之道就是做人之道。用科学思维审视,对于"益者",应持吸纳的态度"择其善者而从之"——选择好的品质从而学习、提高自己;对于"损者",应持反省的态度"其不善者而改之"——对照自己,若有同样的缺点、毛病,应予改正;或者发现了对方的缺点、毛病,帮助他改正。

16.5 孔子曰:"益者三乐,损者三乐。乐节礼乐,乐道人之善①,乐多贤友,益矣。乐骄乐②,乐佚游③,乐宴乐,损矣。"

【你解】 ①道人之善:称道他人的长处、优点。②骄乐:骄奢放肆之乐。③佚游:游荡无度,佚,通"逸"。

【我读】 人,活在世上,无论何时,谁不想活得快乐一点呢?所谓享受生活、享受人生,就表达了这种共同的心愿。但快乐是有区别的,有的于人有益,有的于人有害。这则正是孔老先生向我们讲述关乎人生

论
语
大
家
读

的快乐的哲学。

用礼、乐调节生活,生活便显得轻松、雅致,富有诗意;称道他人的长处,深信世界是美好的;多交贤德朋友,如入芝兰之室,温暖、温馨。这些快乐是一种情感,诉诸人们的心灵,它是高尚的、审美的、超功利的。

相反,骄奢之乐的另一面,是艰涩之苦;惰慢之乐的另一面,是劬劳之苦;宴饮之乐的另一面,是饥饿之苦。这些快乐与其说是情感,不如说是物欲,出自肉体的需要,贪图快感是卑劣的、纯功利的、生物性的。

有益的快乐,自己快乐,他人也快乐,快乐与共,美善相融;有害的快乐,自己享乐,他人痛苦,水火不容,祸害无穷。

《中庸》言:"喜怒哀乐之未发,谓之中。发而皆中节,谓之和。中也者,天下之大本也;和也者,天下之达道也。致中和,天地位焉,万物育焉。"为人人都能过上快乐的生活,应追求"中和"之境。

16.6 孔子曰:"侍于君子有三愆①:言未及之而言谓之躁;言及之而不言谓之隐,未见颜色而言谓之瞽②。"

【你解】 ①侍:进献,进言。愆(qiān):过失,过错,差失。②颜色:容貌,脸色。

【我读】 这说的是"向君子进言"的"时(机)"要把握好。可推而广之,向尊者、长者、领导、朋友或在单位、团体,"进言""发言"的"时(机)"要把握好。这是基于中庸观点,对"进言"的要求。

进言时机不当,涉及"对人诚敬"和"发言效果":没到说时抢着说,是急于表现自己,常常考虑不周,说话缺乏分量,又打断别人说话,对人不礼貌;该说时又不说,对方会怀疑你不诚实,有意隐瞒什么,或者怕说出来要负责任,大大降低了对你的信任度;对方考虑到说话的情境,示意不要说,你却贸然进言,要么泄露了什么,要么冲撞了什么,这不睁着眼瞎说吗? 可见,没把握好说话的"时(机)",会犯"躁""隐""瞽"三种过错,轻者降低说话质量,重者在群体中产生负面影响。所以,进言之道也是处世之道,能不慎哉!

16.7 孔子曰:"君子有三戒:少之时,血气未定①,戒之在色;及其壮也,血气方刚②,戒之在斗;及其老也,血气既衰,戒之在得③。"

①血气:精力,精神气力。②刚:刚强,与"柔"相对。此为"旺盛、充沛"。③得:获得,此为"贪得"。

少年、壮年、老年,是个模糊概念,自古以来没有明确的年龄界定。随着社会的进步、生活水平的提高,年龄段后移、跨度加大是必然的趋势。就当时而言,根据孔子对阅历的记述,可推想为:少年,约从"十有五"而志于学到"三十"而立之前;壮年,约从"三十"而立到"五十"而知天命之前;老年,从"五十"而知天命开始。所谓"年过半百",就是说人已进入老境了。

血气,是医学名词。"未定""方刚""既衰",是三个年龄段的生理特征;"色""斗""得"是三个年龄段生理特征引发的心理反应。古今皆然。

少年人,"血气未定",早婚、性欲过度,不利于身体健康的发育、成长,所谓"色是刮骨的钢刀",其严重性可知;壮年时,"血气方刚",易于冲动,争强好胜,斗嘴动手,常常伤及心灵和肉体,缺乏理性,悲剧时有发生;老年时,"血气既衰",表明人生之旅越来越短了,为了行程远一点,理当轻装前进,对于钱物、名位乃至美色,要"放"、要"舍";欲"恋"、欲"贪",将会矛盾丛生,由此疾病重重。本已枝枯叶黄了,还经得起折腾吗? 更不用说有非分之想和越轨之行了。所以,孔圣人对君子的"三戒",实在是对"人"关怀备至了。

《论语》诸则,多从伦理、义理而至进德修业,立论于精神。这则却大异其趣,从生理、心理而至健身葆性,立论于养生。仔细一琢磨,又殊途同归——不离"仁者爱人"之旨!

16.8 孔子曰:"君子有三畏:畏天命①,畏大人②,畏圣人之言。小人不知天命而不畏也,狎大人③,侮圣人之言④。"

①天命:在孔子学说中,有上天意旨之义,也有客观必然性的成分。②大人:位高者,现实政权的象征。③狎(xiá):亲近而不庄重。④侮:轻慢,怠慢。

这里,"君子"指有道德修养、有知有识的人,"小人"指缺乏道德修养、无知无识的人。

"天命"可视作上天旨意、客观必然,"大人"可视作最高现实权力、国家意志,"圣人之言"可视作文化道统、价值信念。这些,君子都懂得,所以"敬畏";而小人出自无知,才"不畏天命""狎大人,侮圣人之言"。

　　马克思曾说"无产者无畏",现代革命者信仰"无私才能无畏",作家王朔狂言"我是流氓我怕谁",还出了本书叫《无知者无畏》。"畏"的理念要不要?

　　我则认为,在暴风骤雨年代,对不合"正理"的一切,上天旨意也好,现实权力也好,文化道统也好,都可以"无畏",可以"藐之",可以大胆作为、勇于建树;在升平盛世年代,尤其在个人进德修业方面,对客观必然、国家意志、价值信念,应有敬畏之心,时时用来警戒自己、规范自己,如同头上悬着"达摩克利斯"之剑。否则,无所顾忌,必然"骄而不泰",早晚会祸殃其身!

　　孔圣人提出的敬畏理念,深刻地体现了对"人"的至诚的人文关怀。

16.9　孔子曰:"生而知之者上也,学而知之者次也;困而学之①,又其次也;困而不学,民斯为下矣②。"

你解　　①困:困窘,困难。之:"知之""学之"的"之",皆泛指,可不译。②民:人,人类。

我读　　孔子就"知"(可指知识,可指认识)的接受,把人分为四等:生来就知道的,学了才知道的,遭遇困难然后学习的,这三个等级的人都是肯定的。当然"生而知之"不可能。孔子自己也说:"我非生而知之者,好古,敏以求之者也。"(《述而篇第七》)"生而知之",只指遥不可及的尧舜等先王罢了。《中庸》言:"或生而知之,或学而知之,或困而知之,及其知之一也。"就是说,前面的三个等级是按"知之"的先后划分的,其"肯定"的意义是"一样"的。对于"困而不学",孔子是反对的,"斯为下矣",则充满贬斥语气。

　　孔子重视"学",特别是"困学"那种"敏以求之"的精神,是躬行不息的。这种精神对后人影响很大。有一个著名的例子,世传《三字经》的作者是南宋王应麟,他借用"困学"一词撰写二十卷的《困学纪闻》,考据详实,评说时有创见。

16.10　孔子曰:"君子有九思①:视思明,听思聪②,色思温③,貌思恭④,言思忠,事思敬,疑思问,忿思难⑤,见得思义。"

你解　　①九思:这里是实指。后来泛指反复地多方面地思考。②聪:听清楚。③色：脸色，表情。④貌：面容，容貌，引申为样子、神态。⑤忿(fèn)：愤怒，怨恨。难(nàn)：灾难，患难。

我读 君子在九个方面要认真考虑：看，考虑是否看明白；听，考虑是否听清楚；脸上表情，考虑是否温和；神情态度，考虑是否庄重；说话，考虑是否真诚；做事，考虑是否认真；有疑，考虑怎样向人请教；发怒，考虑是否带来后患；见到财利，考虑是否该得。

孔子指出，读书人"修身"，要在九个方面认真考虑：视、听要"明"、要"聪"，就是说，对人对事要用眼、用耳，认真观察，不要被假象迷惑；色、貌、言、事，要"温、恭、忠、敬"，就是说，为人处世，要礼貌、诚敬，不可"巧言令色"；疑、忿、得，要"问"、要考虑后果、要考虑合理，就是说，修德进业应"立于礼""依于仁"，不可自满、无远虑、见利忘义。

这是孔子为读书人开列的修身目标，既涉及生活、工作的规范要求，也指出思想、道德的理想追求。

思，是积极行动的先导，要多思、深思、善思。孟子言："思则得之，不思则不得也。"苏联教育家苏霍姆林斯基说："只有靠思考来唤醒思考。"这则语录，孔子连用九个"思"字，就是深谙"思"的价值，彰显孔子期盼读书人把修身目标牢记"心田"的良苦用心。

16.11 孔子曰："见善如不及，见不善如探汤①。吾见其人矣，吾闻其语矣。隐居以求其志，行义以达其道②。吾闻其语矣，未见其人也。"

你解 ①探汤：把手伸进沸水里，后用以比喻人去恶之速，也比喻小心戒惧。汤，热水，沸水。②达：通达，引申为贯彻。

我读 "看见善良的就像赶不上似的(努力追求)，看见邪恶的就像手伸进沸水里(使劲避开)。"孔子见过这样的人，听过这样的话。"隐居避世来求得(保持)自己的志向，实行仁义来贯彻自己的主张。"孔子听过这样的话，(可)没见过这样的人。

这则语录，孔子借用了两句古语。前一句指独善其身者。两个"如"字，生动地再现了"其人"积极向善、快速避恶的情态，但只停留在个人"修身"的道德层面，洁身自好比较容易做到。

后一句指兼济天下者。天下无道，"隐居以求其志"；天下有道，"行义以达其道"。孔子是积极的入世者，就是天下无道，也"异于是"(异于那些隐退不仕的"逸民")。他说："天下有道，丘不与易也。"——假如天下有道，我孔丘就不参与变革(现实的活动)了。而当时(春秋末期),确实出世"隐居"的多,《微子篇第十八》就记述了不少隐者、逸民,而出世"行义"的仁人志士少,就是说,提升到"治国平天下"的社会层面,身体力行起来就难了,所以孔子才有"未见其人"之叹。

16.12 齐景公有马千驷①,死之日,民无德而称焉②。伯夷、叔齐饿于首阳之下③,民到于今称之。其斯之谓与?

你解 ①驷:马四匹为驷,千驷,四千匹也。古代一车套四马,因此称一车所驾之四马或驾四马之车。②称(chēng):称颂,赞许。③首阳:山名,一称雷首山,在山西省永济县南。相传为伯夷、叔齐采薇隐居处。

我读 这则从百姓的视角看待"不朽",也折射了孔子的历史人物观。

齐景公身为国君在位58年,奢侈贪婪,富贵至极;伯夷、叔齐,商末遗民,有让位的美名,更有不耻周粟的气节,最后饿死在首阳山。

《左传》云:"大(太)上有立德,其次有立功,其次有立言,虽久不废,此之谓不朽。"齐景公富贵而"无德",伯夷、叔齐贫贱而"有德",按"不朽"的首要标准"立德"衡量,百姓自然称颂伯夷、叔齐了。这也是孔子借用百姓的视角评价历史人物,不以权位、财富为贵,而看重的是"德行"。这给后来的历史学家"论人"提供了宝贵经验,值得珍视。

16.13 陈亢问于伯鱼曰:"子亦有异闻乎①?"

对曰:"未也。尝独立,鲤趋而过庭②。曰:'学诗乎?'对曰:'未也。''不学诗,无以言。'鲤退而学诗。他日,又独立,鲤趋而过庭。曰:'学礼乎?'对曰:'未也。''不学礼,无以立。'鲤退而学礼。闻斯二者。"

陈亢退而喜曰:"问一得三,闻诗,闻礼,又闻君子之远其子也③。"

你解 ①异闻:即陈亢怀疑孔子厚爱儿子,定有异于弟子的教诲。②趋:小步快走,表示恭敬。庭:厅堂。③远(yuàn):动词,疏远,避开。这里指对儿子没有偏爱。

我读 作为书,诗特指《诗》,礼特指"三礼",即《仪礼》《周礼》《礼记》的合称。此处作为知书达理的内容为好,去其书名号,泛指诗书、礼貌。后世所谓"诗礼传家",就源于此。

关于学诗的意义,朱熹曾注:事理通达,而心气和平,故能言。关于学礼的作用,朱熹曾说:品节详明,而德性坚定,故能立。朱熹的注释,立足于"事理""品节"。其实,从实用的角度看,孔子已讲得很明白:不学诗,在人际交往中,就不会言谈应答;不学礼,在社会上,就难以立身处世。至于"远其子",从伯鱼的回答中,陈亢"圣人必阴厚其子"之"疑"解开了,原来"孔子之教其子,无异于门人"。

这则,《论语》编者非常睿智地借用孔子"门人""其子"的回答,大力宣传孔子学诗、学礼的主张,特别是"教育贵公平"的理念,孔子不仅是倡导者,更是身体力行者。这些都成为中国文化的优良传统,自然融入炎黄子孙的血液里。

补说一点:鲤庭,本为孔鲤接受父亲孔子教训之处,后泛指受父训之处,也借指父训,成为教育典故。

16.14 邦君之妻①,君称之曰夫人,夫人自称曰小童②;邦人称之曰君夫人,称诸异邦曰寡小君③;异邦人称之亦曰君夫人。

【你解】 ①邦:诸侯的封国。邦君就是国君。②小童:夫人自己的谦称,如同说我是无知的童子。③寡小君:国人对外国人谦称夫人,如同说我们诸侯寡德的妻子。

【我读】 国君的妻子,国君称她为夫人,夫人自己谦称小童;国内的人称她为君夫人,对外国人便称她为寡小君;外国人称她也为君夫人。

一个人,在社会关系不同的人的眼中,身份都不一样。换言之,一个人有多少种社会关系,就有多少种称谓,加上角度(他称、自称等)、年龄(长、幼)、职业(农、工等)、礼貌(谦、敬等)……称谓就更丰富多彩了。本则同为"邦君之妻",有五种称谓,就不足为怪了。这也可以看出古人是重视人的称谓的,在称谓上形成人们认同的礼仪。"邦君之妻"的称谓,只不过是个例子罢了。礼仪是人们行为的规范要求,涉及生活的方方面面,可以说,有社会交往的存在,就有文明礼仪的要求。中国素称"礼仪之邦",此例也可算一个小小的见证吧!

阳货篇第十七

17.1 阳货欲见孔子①,孔子不见,归孔子豚②。

孔子时其亡也③,而往拜之。

遇诸途。谓孔子曰:"来!予与尔言。"曰:"怀其宝而迷其邦,可谓仁乎?"曰:"不可。——好从事而亟失时④,可谓知乎?"曰:"不可。——日月逝矣,岁不我与⑤。"

孔子曰:"诺;吾将仕矣。"

你解 ①阳货:即阳虎。春秋后期季孙氏的家臣,挟持季桓子,权势很大。一次,孔子路过匡地,被匡人误认为阳货,将其围困起来要进行报复。②归:通"馈"(kuì),赠送。豚(tún):先秦时称小猪,此处指蒸熟了的小猪。③时:通"伺",窥伺。亡:通"无",不,此处指不在家。④亟(qì):屡次。⑤岁不我与:即"岁不与我"。与,等待。

我读 阳货是个货真价实的阴谋家,"陪臣执国命",野心很大。当他由季氏家臣掌管实权后,又试图削平三桓势力,便想利用孔子为实现其窃国美梦效劳,于是便有了"归孔子豚""遇诸途"这个颇富戏剧性的故事。

大凡阴谋家总是擅长玩弄权术的。孔子主张"仁",也重视"智"。阳货非常狡诈地紧紧抓住孔子的思想命脉——仁和智,用以子之矛攻子之盾的谋略反问孔子,想用激将法击溃孔子的心理防线;又加上一句"真情"的惋惜,进一步拉近心理距离,终于将设防的、一直沉默不语的孔子逼出一句话来:"诺,吾将出仕矣。"此时,阳货似乎诱骗成功,达到了预想的目的。可他万万没有想到:"道高一尺,魔高一丈",孔子看似上了圈套,其实更胜一筹:先是"诺",好像答应出仕了,紧接着一个"将"字,表明"且然"是虚,"未必"才是实。这句五字语,一方面掩饰了"不见"对阳货的冒犯,一方面又维护了自己的原则立场,真正凸显了孔子的"仁"与"智":直而不屈,柔中有刚。

为深入理解此则,下面摘引两段:

(1)阳货为何"欲见孔子",孔子为何"不见"?

朱熹《论语集注》:"阳货之欲见孔子,虽其善意,然不过欲使助己为乱耳。故孔子不见者,义也。其往拜者,礼也。必时其亡而往者,欲其称也。"

(2)这则为何只有最后五字为"孔子曰",其余均是阳货之言?

钱穆《论语新解》:"阳货欲亲孔子,絮絮语不休,孔子默不出声,最后始作五字答之,谓'我将出仕也'。初若不知阳货所言之用意,亦不加辩说,只言将仕。孔子非不欲仕,特不欲仕于货。"

最后,补说一点:遵循夫子教诲"君子……不以人废言",阳货为人不足道,可他说了一句珍惜时间的名言"日月逝矣,岁不我与",值得我们牢记。

17.2　子曰:"性相近也[1],习相远也[2]。"

①性:天性,指人先天具有的属性。②习相远:习,习性,指人后天受社会环境、自然条件影响,长期习染所养成的特性;远,与前边的"近"都表示差距。

人的"本性"与"习性",孔子用"近""远"相较,而不用"善""恶"来比,极具科学性。人的先天特性,包括遗传基因在内,有优劣之别,决无善恶之分,人与人之间这种生物性的差距,与后天习性比,差距是小的;而后天习性,由于社会环境、自然条件的千差万别,对人的影响至深至远,与先天本性比,差距就大了。

孔子说"性相近",是以承认人的先天本性有差距为前提的,不过差距小罢了。"习相远",从"修身"的角度讲,才是这句话的重点:为了减少、消除不良习染对人的负面影响,必须加强教育。这是孔子兴学的一个主要动因吧!孔子说"性相近"而不说"性相同",恐怕还有"人要自觉进行道德修养"一层意思吧!总之,这句名言的真谛在:"自天子以至于庶人,壹是以修身为本。"

至于"性",据康有为《论语注》:"后人言性甚多……宓子贱、漆雕开、公孙尼子之徒皆言性有善有恶,孟子则言性善,荀子则言性恶,告子则言性无善无不善,杨子则言善恶混……"看似观点差异大,其实是从不同角度看人的"习性",结论是一致的:"苟不教,性乃迁"。——如果不进行教育,人的本性就会(向坏的方面)转变。

17.3　子曰:"唯上知与下愚不移[1]。"

（你解） ①唯：只，只有。知：通"智"，聪明，智慧。移：改变；变化。

（我读） 在《季氏篇第十六》中，孔子按"知之"的情况把人分为四等，"生而知之"为"上"，"困而不学"为"下"。这里的"上知"可能是指"生而知之"，"下愚"是指"困而不学"。"生而知之"为圣人尧舜，即是理想中的人，连孔子自己也说"我非生而知之者"，可见现实中是不存在的。"困而不学"，或因顽劣，或因智障，"不移"是必然的，也是极个别的。

一个"唯"字告诉我们，除极个别"下愚"者不可改变，孔子坚信，绝大多数知（智）者、愚者，即芸芸众生，通过教化是可以成人、成才的。

17.4 子之武城①，闻弦歌之声②。夫子莞尔而笑③，曰："割鸡焉用牛刀④？"

子游对曰："昔者偃也闻诸夫子曰：'君子学道则爱人，小人学道则易使也。'"

子曰："二三子⑤！偃之言是也。前言戏之耳⑥。"

（你解） ①武城：又名南武城，在今山东省费县西南。前554年，子游任武城宰。②弦歌：即弦诵，弦歌诵读，后称学校教学，也喻指礼乐教化。③莞尔：微笑的样子。④割鸡焉用牛刀：比喻小题不必大作。此指治理小地方哪里用得上治理国家礼乐大道理！⑤二三子：孔子称弟子之词，好比说"诸位""弟子们"。⑥戏：嬉戏，引申为开玩笑。

（我读） 子游是孔门"文学"科的代表，他的思想特色重礼乐教化，又富于理想。当他做武城地方长官时，自觉运用他的思想进行治理，果然收效明显，处处"弦歌之声"，一片升平景象。孔子说："割鸡焉用牛刀。"这是个比喻说法，看似嘲弄，实是赞美，言外之意是：当时诸侯争相暴力统治，谁肯实行仁治呢？你看我的弟子言偃，在武城这块"试验田"里，推行礼乐教化，多有成效呀！想到这里，不由得"莞尔而笑"，露出由衷的喜悦。子游的回答，就是告诉夫子："我是在践行你的教导'学道则爱人'！"孔子最后肯定子游的话，就是明确表示：推行礼乐教化就是推行仁治！

遗憾的是，孔子的"小人学道则易使"，与《周礼》上的"乐礼教和，则民不乖"的观点是一致的，都出于等级思想，把百姓视为"小人"，礼乐教化只能使他们"易使""不乖"，从而顺从、驯服。这是一种凌驾于百姓的统治意识,负面影响深远。在"以人为本"的今天,当彻底清除这种统治意识的流毒。

17.5 公山弗扰以费畔①,召,子欲往。

子路不说,曰:"末之也,已,何必公山氏之之也②?"

子曰:"夫召我者,而岂徒哉③?如有用我者,吾其为东周乎④?"

【你解】　①畔:通"叛"。②前一"之"字,结构助词,起宾语"公山氏"提前的语法作用;后一"之"字,动词,往。此句为"何必之(往)公山氏"的倒装。③岂徒:难道白白地。此词后边承前省略了"召我"二字。④其为东周乎:其,表期望语气;为:基本义"做",此处的具体义为"复兴";为东周,即"为于东周"之略,即"在东方复兴周(公之道)"。

【我读】　公山弗扰召请孔子,如同阳货,是想利用孔子的才德为他叛乱效力。弟子子路知道公山弗扰与阳货是一路货,都是叛臣逆子,应"召"不是助纣为虐吗?你夫子一向讲仁义,就是没地方去,也不能去公山弗扰那里呀!子路率直而心急,当即表示"不悦",是非常自然的事。"子欲往",并非真的想去帮助"公山弗扰以费畔",他一则出于回访的礼节,二则想找机会在东方——鲁国复兴周公之道。他不是时刻想着"克己复礼"吗?他不是自比匏瓜"焉能系而不食"吗?总之,孔子是个积极的入世者,期待着"出仕",实行仁政主张。

17.6 子张问仁于孔子。孔子曰:"能行五者于天下,为仁矣。"

"请问之①。"曰:"恭,宽,信,敏,惠。恭则不侮,宽则得众,信则人任焉,敏则有功,惠则足以使人。"

【你解】　①之:指代前"五者"。

【我读】　在《先进篇第十一》中,子贡问"师(子张)与商(子夏)孰贤"时,孔子说"师也过,商也不及";同篇中有"师(子张)也辟"三字,大约也是孔子的评说。根据"过"与"辟"两字,可以看出子张虽然"才高意广",但说话做事有明显的"失中""少诚实"的缺点,无怪乎曾参批评他"堂堂乎张也,难于并为仁矣"。连儿女亲家子游也说他"吾友张也为难能也,然而未仁"。可见子张尽管学习勤苦,但德行涵养较"中和"之境尚有距离。

孔子深知弟子子张人格修养的不足,为引导他不断向至境攀登,于是抓住子张"问仁"的契机,提出五点践行"仁"的具体要求,也是体现"仁"的具体内涵,是非常有针对性的。经夫子指点,子张追求仁、完善自己,便有了明确的途径和目标了。

17.7 佛肸召[1],子欲往。

子路曰:"昔者由也闻诸夫子曰:'亲于其身为不善者,君子不入也。'佛肸以中牟畔,子之往也,如之何?"

子曰:"然。有是言也。不曰坚乎,磨而不磷[2];不曰白乎,涅而不缁[3]。吾岂匏瓜也哉[4]?焉能系而不食?"

【你解】 ①佛肸(bì xī):晋大夫赵氏(赵简子)之中牟宰。②磷(lìn):本义薄石,引申为薄,即把石头磨薄,使不受损伤。③涅(niè):一种矿物,古代用作黑色染料。这里作动词,用黑色染,染黑。缁(zī):黑色。④匏(páo)瓜:俗称"瓢葫芦",成熟后果皮木质而硬,中空轻于水,系于腰可助人渡河泅水,也可对半剖开,作水瓢舀水用。

【我读】 "佛肸以中牟畔",如同"公山弗扰以费畔"一样,两人都是叛臣逆子。他们召请孔子,都想利用孔子为其叛乱效力。朱熹云:"子路恐佛肸之浼(měi)夫子,故问此以止夫子之行。"子路心直口快,引用孔子的话"亲身做坏事的人那里,君子是不去的",怎么说到做不到,担心夫子受到坏人的玷污。子路显然是以诤友的身份在劝阻了。于是孔子连用两个"不曰"向子路表白:不必担心,我自有坚定的信仰,决不会为世俗利诱,决不为外物同化。又连用两个带比喻的反问,强调自己是个积极的入世者,"仁以为己任",有着在天下推行仁治的强烈愿望。

这则极富文学色彩,通过师生问答,生动地展露了孔子"欲入世行道"的心态。

17.8 子曰:"由也!女闻六言六蔽矣乎[1]?"对曰:"未也。"

"居[2]!吾语女[3]。好仁不好学,其蔽也愚;好知不好学,其蔽也荡;好信不好学,其蔽也贼[4];好直不好学,其蔽也绞[5];好勇不好学,其蔽也乱;好刚不好学,其蔽也狂[7]。"

【你解】 ①言:一个字为一言。如五言诗、七言诗。蔽:通"弊",弊病,害处。②居:坐。③语(yù):告诉。④贼:害,伤害。这里指给自己和亲人容易带来伤害。⑤绞:急切。

【我读】 很显然,孔子的"六言"是针对子路"未能好学"之"失",而"救其偏"的。这个"偏"就是:你子路做到了"勇敢、刚强、守信、率直",但修养不够,有犯上作乱、纵情任性、伤害(自己及亲人)、急躁的毛病。这些毛病的根源在"未能好学""不明真理",但"好学"什么,应"明"何"理",没有明说。

孔子在《礼记·中庸》中的一段话,对我们很有启发。他说:"道之不行也,我知之矣:知者过之,愚者不及也。道之不明也,我知之矣;贤者过之,不肖者不及也。"这个"道"就是中庸之"道",是至高无上之"德"。在实行中,容易走向极端:"过"与"不及"。子路是智者,也是贤者,他有严重的"过"的毛病。作为"政事"科的代表,能不正视自己的缺点吗?所以孔子这段"六言"教诲,就是要子路"好学"中庸之"道",应"明"中庸之"理",说话做事要牢牢把握一个度——不"偏"不"过",怀仁德之心,行智慧之事。

实践证明,再好的品德如果失了分寸,也会有弊端的。钱穆体会深刻,他在《论语新解》中说:"(好信不好学,其蔽也贼)贼,伤害义。如尾生与女子期而死于梁下是也。(好直不好学,其蔽也绞)绞,急切义。如父攘羊而子证之。"

回头再看前引的孔子在《礼记·中庸》中那段话后的比喻:"人莫不饮食也,鲜能知味也",就更发人深思省了。"道"如同"饮食",是人必需的,但"过"与"不及",是很少有人能品尝其中的滋味——懂得它的可贵、得到实际的好处的。无怪乎孔子感叹:"中庸其至矣乎!民鲜能久矣!"

"君子而时中"——时时恰如其分,难能可贵!

17.9 子曰:"小子何莫学夫诗①?诗,可以兴,可以观,可以群,可以怨②。迩之事父③,远之事君;多识于鸟兽草木之名。"

①小子:年幼的人,这里指弟子。夫:用在句中,作语气助词。②"可以兴"四句:兴,本义兴起、发动;观,看,观察;群,使动用法,"使合群";怨,怨恨。③迩(ěr):近。

根据《史记·滑稽列传》,这则的"诗",当指"六经"之一的《诗》,它的作用是抒情达意。孔子重视诗教,当有载体,所以这则的"诗",应加书名号为特指;而且在《论语》中,孔子多次引用《诗》。

《诗》的"诗",在古代不是作纯文学体裁看,而是作教科书看。《诗》不是有"六义"嘛,赋、比、兴是表现手法,风、雅、颂却是按照思想内容来分的,于是孔子在阐述《诗》的教育功能时,就涉及政治的、社会的、人伦的、知识的等方面。可以说,《诗》是一种综合教材:通过

《诗》的学习，不仅受到诗情感染，受到审美教育，更主要的是应懂得政治的、道德的种种道理，学到人文的、自然的许多知识。这大概就是孔子重视诗教的本意吧。

17.10 子谓伯鱼曰①："女为《周南》《召南》矣乎②？人而不为《周南》《召南》，其犹正墙面而立也与③？"

【你解】 ①伯鱼：孔子的儿子，名鲤，字伯鱼。②为：基本义"做"，这里是具体义"学习"。《周南》《召（shào）南》：《诗》十五国风中的第一、第二两"风"。"国者，诸侯所封之域。而风者，民俗歌谣之诗也。谓之风者，以其被上之化以有言。"③其犹：就像是。其，表拟议；犹，好像。正：正面的，引申为对着。

【我读】 《周南》《召南》是"国风"开始的一、二篇，共有诗25首，多为写夫妇的情诗。孔子为什么将《诗》中这两篇重点提出，特别叮嘱儿子伯鱼要学习呢？

《毛诗大序》说："风，风也，教也；风以动之，教以化之。"孔子正是立足诗的教化功能说的。古代社会认为"五伦始于夫妇"，就是说社会结构、社会伦理以夫妇为起点，然后推及父子、兄弟、君臣、朋友乃至整个社会。《毛诗大序》进一步说："先王以是经夫妇，成孝敬，厚人伦，美教化，移风俗。""经夫妇"放在首位，就是说只有使夫妇之道入于正常，才可谈及齐家、治国。

由此可知，孔子重视这两篇，实际上就是认为这两篇是宣传仁学的最好教材，认真学习，就可达到"成孝敬，厚人伦，美教化，移风俗"的目的；反之，不努力学习，那么在社会上立身处世就会像"正墙面而立""一物无所见，一步不可行"呀！

17.11 子曰："礼云礼云①，玉帛云乎哉②？乐云乐云，钟鼓云乎哉③？"

【你解】 ①云：句中句末语气词，无义。②玉帛：瑞玉和束帛，古代典礼，最重玉帛，因泛指礼器。③钟：古打击乐器，青铜制，悬挂于架上，以槌叩击发音。鼓：击乐器。远古时以陶为框，后世以木为框，蒙以兽皮或莽皮，亦有以铜铸成者。

【我读】 《礼记·乐记》说："乐者，天地人和也；礼者，天地之序也。和，故百物皆化；序，故群物皆别。"又说："乐至则无怨，礼至则不争。揖让而治天下者，礼乐之谓也。""礼、乐、刑、政，其极一也，所以同民心而出治道也。"

朱熹《论语集注》阐释得非常明确:"敬而将之以玉帛,则为礼;和而发之以钟鼓,则为乐。遗其本而专事其末,则岂礼乐之谓哉?"显然,"敬""和"精神是礼乐之"本",玉帛、钟鼓之类礼器、乐器是礼乐之"末",怎能丢弃"本",一味去追求"末"呢?孔子这话,是有感而发的。他深感当时的诸侯各自为政、无视周天子,整个社会处于无序状态;又看到诸侯竞相敲钟击鼓、醉心于讲排场,哪有心思去考虑"移风易俗"呢?礼崩乐坏,可悲可叹!

联系当今社会,孔子的悲叹对我们启迪颇多:君不见,许多地方大搞"面子工程""形象工程",比照"以民为本"的宗旨,不失去礼的诚敬的本义吗?君不闻,不少官员一边高唱关心群众,一边不听民间呼声,比照"增进人民福祉"的目标,不失去乐的和谐的精蕴吗?重形式而轻实质,图外表而忘内容,这种本末倒置的现象并非个别,却被许多人视为正常,太不可思议了。试想,孔子如果复活的话,他看到这种现象,一定不会只在家里悲叹,恐怕要上访到中南海,不刹掉这种歪风是决不罢休的。

17.12 子曰:"色厉而内荏①,譬诸小人,其犹穿窬之盗也与②?"

你解 ①色厉而内荏:外表貌似严厉强硬而内心却怯懦虚弱。色,神色,脸色;厉,"砺"的本字,磨刀石,引申义"严厉,强硬";荏(rěn),白苏,一年生芳香草木,引申义"软弱,怯懦"。②其犹:大概就像。其,表揣测;犹,好像。穿窬:凿通墙洞。穿,凿通;窬,洞,窟窿。盗:偷东西的人。

我读 外表神色严厉强硬而内心却怯懦虚弱,用小人来作比喻,大概就像凿通墙洞(行窃)的小偷吧!

分析喻体"穿窬之盗"有几个特点:(1)暗地行窃,寓意妄为,趁人掉以轻心的时候;(2)一心想着窃取财物——欲实现企图,不考虑后果;(3)蹑手蹑脚又貌似勇敢,内心却是极度恐惧、空虚的。根据这些特点,小人不义,内荏是必然的;"色厉"的"厉"不是真面目,是做作的、装出来的。大凡小人的行径,都是如此。不禁想到儿时听到的一个笑话:从前有个目不识丁的小老板,胸前挂了几支金晃晃的自来水笔,俨然是个文化人,正好遇到一个老太太请他读信,他只好敷衍,把信拿在手里,支支吾吾,旁边一个小学生眼尖,大声叫:"先生,你拿倒——"话没说完,小老板趁机把信一扔,骂了一句"你懂什么",灰溜溜地走了。

曾读一则新闻:某巨贪狱中"忏悔录"很有代表性。据2011年4月1日《文摘周刊》转载:"最开始时,我也曾抵制住了一些诱惑。"后来,"我逐渐像赌徒赌红了眼,孤注一掷,收受大量贿赂……特别是快到离任的几年里,收受贿赂到红了眼、发了疯似的地步……现在回想起来,竟是开心的时候少,担惊受怕的日子多"。

17.13 子曰:"乡原①,德之贼②也。"

【你解】 ①乡原:指乡里中言行不符、伪善欺世的人。乡,乡党,乡里;原,通"愿",谨慎老实。②贼:害,伤害;毁坏,破坏。

【我读】 言行不一、伪善欺世的人,是败坏道德的人。

孔子为什么斥"乡原"为"德之贼"呢?《孟子·尽心下》作了明确解释:"非之无举也,刺之无刺也,同乎流俗,合乎污世,居之似忠信,行之似廉洁,众皆悦之,自以为是,而不可与入尧舜之道,故曰'德之贼'也。"

根据这段话,结合"乡原"的本义,可知"乡原"的特点:似忠信实狡诈,似廉洁实邪浊,迎世俗合污流,以伪善取悦于人,是地地道道没有是非、貌似厚道、到处耍滑头的家伙。这种人,乍看是好人,其实比坏人还坏。因为坏人晾在人面前,而"乡原"却蒙着伪善的面纱;再说,坏人做坏事,"乡原"们就是市场和温床,没有"乡原"们的听之任之,坏人岂能容身?没有"乡原"们的暗地参与,坏人岂能猖狂?足见"乡原"的伪善,完全背离了仁德精神。我想,正因为乡原具有极大的欺骗性,孔子才这么憎恶吧!

最后,提出两点看法:

一方面,不少《论语》注家,把"乡原"解作"好好先生"或"老好人",著者认为不够确切。理由:这些注家对"乡原"只着眼谨厚老实的一面,而看轻了伪善欺世的一面。借用民间的一个蔑称,称之"笑面虎",也许更接近一些。

另一方面,至今仍有人把中庸之道误解为息事宁人的和事佬哲学,"德之贼"的"乡原",没有是非的圆滑,欺世盗名的伪善,恰恰反证了中庸的旗帜最鲜明、中庸的美德最高尚。

17.14 子曰:"道听而涂说①,德之弃也②。"

①涂,通"途",路。而:表并列关系的连词,没有根据的传闻。②弃:舍去;抛开。

　　没有根据的话,大多不信实、不可靠。传播这样的话,往往就成了谣言。大凡谣言,一种出于无知:对传闻不会辨析,信以为真,相互转告,迅即传开;一种出自别有用心:为谋私利,明知是假,故意当真,大肆渲染,浑水摸鱼。2011 年 3 月,神州大地突然卷起一股碘盐抢购风,是典型的谣言所致。日本 3 月 11 日大地震,造成福岛核电站核泄露,核辐射危害人体健康,是不争的事实,但相隔遥远,据国家科学检测,至今对我国尚无影响。不知谣"盐"风从何而起,一时间超市、商店门前排起了长龙,少数商家和不法分子趁机哄抬盐价……谣言可恶,混淆视听,弄得人心惶惶。"道听而涂说"现象,出现在学术界、文化界、读书界,危害就更大了。

　　子张问仁。孔子说:"能行五者于天下,为仁矣。"这五者(恭、宽、信、敏、恶)即"五德","道听而涂说",显然严重背离了"五德"精神。

　　17.15 子曰:"鄙夫可与事君也与哉①? 其未得之也,患得之。既得之,患失之。苟患失之,无所不至矣。"

①鄙夫:庸俗鄙陋的人。

　　曾子说:"夫子之道,忠恕而已矣。"(《里仁篇第四》)忠、恕是贯穿孔子全部伦理学说的重要思想。所以,对于"事君",孔子要求"忠",是自然、必然的事。所谓忠,就是忠诚,尽心竭力。

　　一个患得患失的"鄙夫",时刻想的是自己的私利,那时主要是禄位。没有得到想得到,得到了又怕失掉,沉浸在得失之中,无所不用其极,哪有心思"事君"哩! 更何谈"忠君"! 拆君的台,夺君的位,倒是可能的。朱熹不是说"小则吮痈舐痔,大则弑父与君"吗? 所以,孔子站在忠君的立场,是坚决反对与"鄙夫"共事的。

　　我曾突发奇想,臣下"事君",固然有浓重的等级思想烙印,不足取;如果换个角度,是下属"服务于管理者",要"忠诚、尽己",还能像"鄙夫"那样"患得患失"吗?

　　17.16 子曰:"古者民有三疾①,今也或是之亡也②。古之狂也肆,今之狂也荡;古之矜也廉,今之矜也忿戾;古之愚也直③,今之愚也诈而已矣。"

①疾:病,引申义"毛病,缺点"。②或:也许,或许。亡:通"无",

没有。③愚:暗昧不明。直:径行自遂。

古代的人民,性格上有三种毛病,这三种毛病是古代社会的产物。那时,古人的"狂"是"志愿太高",凡事有点不在乎,不太遵守礼仪规范,但能实话直说,还没妨碍他人、妨碍社会;古人的"矜",有自我夸耀的缺点,但还能自律、自重;古人的"愚",固然暗昧不明,但还能正直不阿。就是说,古代人的狂、矜、愚,是不好的性格,但还有"本真"的一面。《子张篇第十九》(16.11)子夏说:"大德不逾闲,小德出入可也。""大德",即大节,指纲常伦理方面的节操;"小德",即小节,指日常生活、待人接物等方面的作风。上述古人的毛病,可谓"小德"方面的事,稍有"出入"是可以的,但没有"逾闲"——超出范围,越出界限。按中庸的观点,"过"了,但还在"度"内,那古人"未真"的一面(直言、方正、正直)仍不失为"德"。"今"就不一样了。朱熹《论语集注》引范宁言:"末世滋伪,岂惟贤者不如古哉?民性之蔽,亦与古人异矣。"民性之蔽(通"弊"):狂、矜、愚,随"末世滋伪",狂,变得放荡越礼;矜,变得蛮横无理;愚,变得伪诚奸诈,都"逾闲"背"德"了。难怪有人说,古人的毛病在今人算是美德了。

可见,读孔子关于古今三疾的比较,朱熹体会深刻,"昔所谓疾,今亦亡之,伤俗之益衰也"。

17.17 子曰:"巧言令色,鲜矣仁。"

本则与《学而篇第一》(1.3)同,"你解""我读"见前,不再赘述。

17.18 子曰:"恶紫之夺朱也①,恶郑声之乱雅乐也②,恶利口之覆邦家者③。"

①恶(wù):厌恶,讨厌,不喜欢。紫:兰和红合成的颜色。古人因为紫为间(jiàn)色(杂色),不是正色。朱:大红色,古人以为正色。②郑声:原指春秋战国时期郑国的民间音乐。孔子提倡雅乐,此后,凡与雅乐相悖的音乐,甚至一般民间音乐,均被崇"雅"黜"俗"者斥为郑声。雅乐:古代帝王祭祀天地、祖先及朝贺、宴享等大典所用的乐舞。周代雅乐即指"六舞",儒家奉之为乐舞的最高典范,认为它的音乐"中正和平",歌词"典雅纯正",故称之为"雅乐"。③利口:能言善辩。邦家:泛指国家。邦,古代诸侯封国之称;家,卿大夫统治的地方。

孔子一以贯之的政治伦理观点是:"道之以德,齐之以礼","兴于诗,立于礼,成于乐"。礼,追求社会的秩序规范;乐,追求社会的和谐、雅正;德,追求社会的向善、仁爱。礼乐是社会治理的途径,孔子竭力倡导;仁德是社会治理的根本和目的,孔子毕生宣传和践行。

比照孔子的政治伦理观点,就会深切体会到孔子为什么特别提出三"恶"。(1)"紫之夺朱"。史载鲁桓公、齐桓公都喜爱穿紫色衣服,擅自改变以朱色衣服为正色的古代传统,这是严重的越礼行为,能不厌恶吗?(2)"郑声之乱雅乐"。儒家认为郑声是淫声,轻佻、奢靡,扰乱了纯正的雅乐,这是严重违背音乐的中和之旨,能不厌恶吗?(3)至于"利口之覆邦家",尤其战国末期,不少"利口",到处摇唇鼓舌,混淆视听,在诸侯间穿梭往来,挑拨离间,轻则伤害自己、连累家庭,重则挑起战火,大动干戈,这是严重的不仁不义,能不厌恶吗?

按中国特色社会治理来观照,孔子的"三恶"从反面启示我们:传统美德必须赓续,主流文化必须坚持,民主政治必须倡导。

17.19 子曰:"予欲无言①。"子贡曰:"子如不言,则小子何述焉②?"子曰:"天何言哉? 四时行焉,百物生焉,天何言哉?"

①予:第一人称代词,我。②述:记述,陈述,这里是"阐述,传述"。

孔子作为教育家,主要通过言论教育弟子,又以"诲人不倦"著称,为什么"欲不言"呢? 朱熹的解答较为合理:"学者多以言语观圣人,而不察其天理流行之实,有不待言而著者,是以徒得其言,而不得其所以言。故夫子发此以警之。"就是说,弟子们只是重视对夫子"言传"的"述",却忽视了对在言传之外的"天理流行之实"的"察"(观察、考察、体察)。孔子敏锐地意识到,在这样的情况下,"予言"愈多,弟子离"察"将愈远,岂不背离了教之本义吗? 不如暂且"不言",让他们回味、默识未晓之言,并努力"察其天理流行之实"。为了弟子能更好地领会此理,又"能近取譬":"天何言哉? 四时行焉,百物生焉。"以天理(自然之理)来类比人理(人生之理)。天不"言",四时、百物照样"行"、照样"生";夫子不"言",弟子们当学四时、百物,照样"修身进德""自强不息"。反之,如果"言听计从""不得其所以言",充其量只能阐述成名,不能有所创造发展,何必"徒得其言"?

概而言之,孔子"欲无言",是一种启发式的教学方法;"无何言"之喻,强调的是"学而不思则罔"的治学理念。

17.20 孺悲①欲见孔子,孔子辞以疾。将命②者出户③,取瑟而歌,使之闻之④。

【你解】　①孺悲:推知他是鲁国人,向孔子学过士丧礼。②将命:奉命。这里"将命者",当指替孔子传话的人。③户:本谓单扇的门,这里泛指门。④使之闻之:"使之"的"之"指代"孺悲","闻之"的"之"指代"歌"。

【我读】　孺悲想见孔子,大约是来请教关于"士丧礼"方面的问题,孔子教诲过他,这次为什么"辞以疾"呢? 真的是病得严重不能接见吗? 否。"疾",指一般的生病,也就是患了感冒之类的小毛病,而且传话人出门后,孔子就"取瑟而歌",进一步说明身体无大碍。孺悲为人如何,无史料查证;孔子"歌"的内容也不得而知。正如《子罕篇第九》(9.4)所言:"子绝四",第一就是"毋意(臆)"——不要凭空猜测。细心揣摩"使之闻之"四字,确有深意:首先证明"辞以疾"是实情,还能"取瑟而歌",的确是患了感冒之类的小毛病,不便接见;其次出于礼貌。已让传话人告知不能接见的原因,犹嫌不够,再用"瑟而歌"以表真心的遗憾。再说"辞以疾"的"疾",更满含深情厚意,一语双关,既明指现实的孔子身体之"疾",也暗指学礼的孺悲有违礼的思想行为之"疾"(弊病,缺点),我虽"辞",却能"瑟而歌"以表歉意;你能"辞",不对"疾"有所反省、有所愧疚吗?《孟子·告子下》:"教也多术矣。"确乎如此,孔子"辞以疾",不是"不屑教诲",而是更深刻、更个性化的"不言之教"。孔子一向"有教无类"。《述而篇第七》(7.29):"互乡难与言,童子见,门人惑。"连"互乡"这个很难交谈的地方的一个"童子",孔子都乐意接见,给予教诲,这不是很好的佐证吗?

17.21 宰我问:"三年之丧,期已久矣。君子三年不为礼,礼必坏;三年不为乐,乐必崩。旧谷既没,新谷既升,钻燧改火①,期可已矣②。"

子曰:"食夫稻③,衣夫锦,于女安乎?"

曰:"安。"

"女安,则为之! 夫君子之居丧,食旨不甘④,闻乐不乐⑤,居处不安,故不为也。今女安,则为之!"

宰我出。子曰:"予之不仁也! 子生三年,然后免于父母之怀⑥。夫三年之丧,天下之通丧也。予也有三年之爱于其父母乎!"

①钻燧：原始的取火法。燧，钻木取火的工具。改火：古代燧木取火，四季所用树木种类不同，故名。②期(jī)：一周年。③夫(fú)：指示代词，这，那。④旨：味美好吃的东西。甘：本义甜，引申义"味道好"。⑤乐：第一个读"yuè"，音乐；第二个读"lè"，快乐。⑥免：本义"免除、去掉"，引申义"离开"。

《论语》中，宰予首次露面是在《八佾篇第三》(3.21)："哀公问社于宰我。"面对哀公之问，宰予坦然陈词："夏后氏以松，殷人以柏，周人以栗，曰，使民战栗。"对周朝在社稷坛栽种栗树表示非议：百姓看到栗树，会害怕战栗，这能体现周王室仁爱百姓吗？公然站在百姓立场说话，可见宰予有"不唯上"、敢直言的性格。孟子说他"善为说辞"，司马迁说他"利口辩辞"，都证明他善于言辞的同时，更善于独立思考。基于这样的性格，他敢于与老师争辩，就不足为怪了。突出的是两次，第一次关于"仁"，在《雍也篇第六》(6.26)中已经说过了。这是第二次，关于"礼"。两次争辩，都抓住了儒学的根本问题。

这次，宰予极力主张"一年之丧"，理由很充分：(1)君子三年守丧，不习礼奏乐，会"礼坏乐崩"，有损"修身"，有伤民风；(2)守丧三年，"旧谷既没"，不事劳作，"新谷既升"，能坐享其成吗？(3)取火用材已轮流一遍，守丧一年也经历了四时，作为儿女已尽"哀"了。我认为宰予说得合情合理，并不违背孝道。《孝经》中孔子曾言："丧则尽其哀。"这个"哀"属于情感范畴，与时间长短并无必然联系。"尽其哀"，主要应体现在父母生前"居、养、病"时，做到"致其敬，致其乐，致其忧"。不如此，父母离世后，丧、祭时间再长、仪式再隆重，又有什么实际意义呢？俗话说："在世不孝，死后大哭大闹(讲排场)"，那不是"尽哀"，倒是"炫己"了。

孔子坚持"三年之丧"，应予否定的是墨守成礼，有"浪费资源、贻误活人"之弊；责骂宰予"不仁"，很有点师道尊严的固执。不过，也有可取之处。孔子强调"子生三年，然后免于父母之怀"，作为儿女"有三年之爱于其父母乎？"这种内化为道德律令的感恩思想，是值得传承的。另外，突出"居丧，食旨不甘，闻乐不乐，居处不安"，对父母离世，悲痛发自肺腑，把人间真情推向了极致，这在市场经济时代，相对于人情的日趋淡薄，更显得难能可贵。

17.22 子曰："饱食终日①，无所用心②，难矣哉③！不有博弈者乎④？为之,犹贤乎已⑤。"

①终日:整天。②无所用心:不动脑筋,什么事情都不关心。③难:不好。④博:局戏,用六箸(赌博用具,以竹为之)十二棋六黑六白。局分十二道,两头当中名为"水",放"鱼"两枚。博时先掷采,后行棋,棋行到处,则入水食鱼,每食一鱼得二箸,得筹多者为胜。弈:围棋。⑤犹:副词,还,仍。贤:多,胜。乎:相当"于",比。已:止。此指什么都不干。

【我读】 这则,孔子对"饱食终日,无所用心"的有钱有闲阶层——贵族们作了有力的针砭:成天吃饱喝足,悠哉优哉,不动脑筋,不关心世事,作为社会的人来讲,与动物何异?"宰予昼寝",孔子都谴责他是"朽木不可雕也,粪土之墙不可杇也",何说"饱食终日,无所用心"哩!自然连"朽木"、"粪土之墙"都不如,那不是行尸走肉吗?可孔子是大圣人,满怀悲悯仁爱之心,只是感叹一声:"难矣哉!"——(这样下去)不好啊!并奉劝:请参与到玩局戏、下围棋的活动中去,玩局戏是赌博,但还算"戏赌";下围棋是纯智力活动。这些玩乐固然无补于社会,但也对社会无甚大碍,还可活跃身心,这总比饱食终日、无所用心那种动物式的生活好多啦!

联系当今,人们的幸福指数大大提高了,不少人家家庭生活有保障,身心都很健康,年纪也不算大,便过起"饱食终日、无所用心"的生活,成天泡在麻将桌上。这样的人,城里有,农村有,差不多无处不有。民间流传一句玩笑话:"十亿人口八亿赌","数量"虽然言过其实,但"事实"并未失真,其中超出"戏赌"范围的,也大有人在。我认为这是当今社会繁荣、繁华之下,不可忽视的畸形、病态,当以孔子的话戒之。矫治的办法:应在科学发展观的指引下,以创新的理念,多开辟一些创造社会财富的职场,多开展一些群体健身、文艺活动,把个人的时间充分利用起来,把社会的空间切实丰富起来,既为社会增添活力、增加亮点,也使个人生活更加文明、更加精彩。我想,这对构建和谐社会将大有裨益。

17.23 子路曰:"君子尚勇乎!"子曰:"君子义以为上①,君子有勇而无义为乱②,小人有勇而无义为盗③。"

①上:位置在高处,通"尚",与尚勇之"尚"义同、词性不同,前者动词、后者形容词。②乱:叛乱,犯上。③盗:盗窃,偷东西的人。古

义并非强盗。

　　子路是"卞之野人"出身,性格耿直,遇事勇敢,却不免粗犷、缺少谋略,常有莽撞之举。孔子是老师,负有教诲之责,于是借子路之问,对子路好勇的缺点"救其失"。

　　在《为政篇第二》(2.24)中,孔子曾说"见义不为,无勇也",就是说,"勇"应体现在"见危授命"上;反之,"见义不为",算不得"勇"。这里"君子"与"小人"对举,是以社会地位来区分的。君子指诸侯、大夫等有一定社会地位的人,他们有社会影响,如果有勇气,不以道义来把握分寸,就会"犯上",闹出乱子来;小人指一般平民百姓、没有社会地位的人,他们困穷,迫于生活,会趁一时之勇,无视"王法",做出偷盗的事情来。就维护社会秩序的角度看,君子为避免"为乱",小人为避免"为盗",二者的"勇"都得"义以为质"(15.18),勇敢建立在道义的基础上,以道义指导勇敢行为。

　　凡事得辩证地看,如果社会"有道",孔子这样告诫子路,无疑是正确的引导,堪称修身进德的人格导师;如果社会"无道","义"的正常内涵变了,还要强调恪守所谓"义",那不是教人俯首听命于"无道"的愚弄吗?社会"无道"时,君子之"为乱",小人之"为盗",多少带有叛逆的色彩,也许正是"义"之本义使然,再这么要求,就成为对"勇"的钳制、扼杀了。

17.24　子贡曰:"君子亦有恶乎!"子曰:"有恶①:恶称人之恶者②,恶居下流而讪上者③,恶勇而无礼者,恶果敢而窒者④。"

曰:"赐也亦有恶乎?""恶徼以为知者⑤,恶不孙以为勇者,恶讦以为直者⑥。"

你解　　①恶:本则除"恶者"之"恶",读"è",坏,坏事;其余皆读"wù",憎恨。②称:本义"称颂",此为引申义"声言,声称"。③讪(shàn):诽谤,诋毁。④窒(zhì):阻塞,不通。⑤徼(jiāo):窃取,抄袭。⑥讦(jié):攻击或揭发别人的短处。

我读　　子贡口才好,更善于思考,敢于发表独到的见解。如商纣王是人们共识的暴君,他却说:"纣之不善,不如是之甚也。是以君子恶居下流,天下之恶皆归焉。"孔子主张"泛爱众而亲仁"(《学而篇第一》),他对尊崇的老师这个观点有疑。朱熹引杨时的话:"仁者无不爱,则君子疑若无恶矣。子贡之有是心也,故问焉以质其是非。"其实,孔子早

已表明自己的态度："唯仁者能好人，能恶人。"（《里仁篇第四》）

这里，孔子对子贡明确回答："（君子）有恶"，并列举了所憎恶的四种人。憎恶的理由，朱熹《论语集注》分析中肯："称人恶，则无仁厚之意。下讪上，则无忠敬之心。勇无礼，则为乱。果而窒，则妄作。故夫子恶之。""仁"是个大概念，包括恭、厚、信、敏、惠、忠、恕、孝、悌、知、勇等具体内容。这四"恶"，主要违背了恭、厚、忠、恕的仁爱精神，又本质上是孔子杜绝的"意、必、固、我"四种缺点的反映。其实，孔子换了一个视角，从"仁者能恶人"的角度阐释"仁"。

孔子也借机反问子贡，启发子贡进一步深入探究"仁"。我们知道，仁是孔学实践层面最高的德行，也是孔学理论层面最深的哲学，在具体运用中，容易被混淆，容易被误解。子贡确实善于思考，他从老师孔子四恶的表述中，敏锐地意识到当时社会上还有三"恶"，是以"徼"、"不孙"、"讦"冒充"知"、"勇"、"直"的，严重悖离了信、敏、惠等仁爱精神。

师生关于君子"有恶"的对话，孔子立足无情揭示，子贡立足认识错位，共同描述了小人的七种丑恶行径，也可以说从不同侧面给小人画了七张像，很形象，很逼真。古人、今人都不妨以此为镜，照照自己，"有则改之，无则加勉"。我想，对于修己正身是有好处的。

17.25 子曰："唯女子与小人为难养也①，近之则不孙，远之则怨②。"

你解 ①唯：独；只有。养：本义生育，此处义为教育。②近、远：形容词用作动词，亲近、疏远。

我读 这是孔子的一句名言，关涉对妇女半边天的态度问题，有必要进行深入探讨，其中"养"字，通常当"供养"讲，引申为"相处"，远至朱熹集注，近至杨伯峻译注，都持此说，似已成定论。我认为此处作"教育"讲为好：一来孔子一贯主张"有教无类"，对所有人都持教化的态度；二来切合当时情况。在古代男权中心社会，女子没有受教育的权利，自然普遍没有文化，相对道德水平低。孔子三千弟子中有女弟子吗？"小人"哩，没有社会地位，缺乏教养，也很正常。"女子"误把亲近当作宠爱，撒娇任性；一旦疏远，又因为不爱她，发出抱怨。从女人情感心理来看，描述真实，并无贬义。"小人"误把亲近当作信任，于是放肆无礼；一旦疏远，又以为失信于主子，便心存埋怨。从"小人喻于利"来看，同样描述真实，亦无贬义。

教育学告诉我们：由于受教育者的基础不同、情况各异，对教育者来说，施教时必须有难易之感。这里的"女子"与"小人"，"近之""远之"都有负作用，难以做到"无过无不及"，所以孔子才有"难养"之叹。

　　最后，表明两点看法：一方面，一个"养"字的误读，让孔圣人背了轻视妇女的罪名两千多年，有点冤啊！另一方面，"女子与小人"特指义有"意（臆）"——主观臆断之嫌，不如作泛指，更合乎情理。

17.26　子曰："年四十而见恶焉①，其终也已②。"

〖你解〗　①恶（wù）：厌恶，憎恶。见恶：被（人）憎恶。②其终也已：他一辈子算是完了。其，第三人称代词，他；终，"终身"之略，一辈子；已，动词，停止，完毕。

〖我读〗　年纪到了四十岁还被人厌恶，他一辈子算是完了。

　　孔子曾说"四十而不惑，五十而知天命"（2.4），又说："四十、五十而无闻焉，斯也不足畏也已。"（9.23）

　　两千五百年前，人均寿命较短，"四十"是个重要的年龄界限，朱熹《论语集注》云："四十，成德之时。"就是说，一个人在四十岁的时候，道德基本上定型了，应当修炼得差不多了，可你还被人厌恶，说明你品质还存在很大问题。俗话说，不成才，但要成人。这是对每个社会成员最基本的要求，自古皆然。古人不是有"三不朽"之说吗？第一就是"立德"（树立德业）。可见古人是十分重视"德"的。孔子这么说，口气十分失望，似乎太武断，其实用的是"矫枉过其正"的策略语："勉人及时迁善改过也"。

　　晋代迷途知返的周处，就是一个由"见恶"经"改励"到"令名大彰"的典型。（见《世说新语·自新》）

微子篇第十八

18.1 微子去之①,箕子为之奴②,比干谏而死③。孔子曰:"殷有三仁焉。"

你解 ①微子:名启(一作开)。商纣王的同母兄,封微子为子爵,采邑在微(今山西潞城东北)。之:代词,指商纣王。②箕子:名胥馀,纣王的叔父,封为子爵,官太师,采邑在箕(今山西太谷东北)。③比干:纣王的叔父,官少师。

我读 在孔子心目中,够得上称"仁"的人极少,可见"仁"是孔儒哲学中的最高德行。这里,微子、箕子、比干,孔子为什么并称"三仁"呢?

孔子说:"唯仁者能好人,能恶人。"(《里仁篇第四》)纣王无道,微子、箕子、比干都能"避亲",旗帜鲜明地持"恶"的态度。"主过不谏,非忠也。"他们不畏强暴,数谏、屡谏、强谏,乃至尸谏,不都表现出"忠"吗?"尽己之谓忠。"他们以不同的方式劝谏纣王,可谓竭尽心力了。我想,这就是孔子把微子三人并称"三仁"的主要理由吧!

再说"三仁"的顺序。按辈分,箕子、比干是父辈,当在兄弟辈微子之前;按谏之惨烈,比干应放首位。现在这样排序,有何根据呢?还是从"仁"的具体内容来剖析吧。

微子是"纣庶兄","去之以存宗祀"。如果微子不离开,将遭迫害,有性命之忧。作为"庶兄",为保存"宗祀"所以"去之",这是维护孝道之举。《孝经》云:"夫孝,德之本也。"从这个意义上说,微子应放在第一位。

箕子"谏不听",又不忍离去,于是"被发佯狂而学奴",虽遭囚禁,终获释放,"带了殷商的文化,由辽东渡海到朝鲜去了",创立了箕子王朝。"佯狂学奴",得以全身,终有作为,堪称"智"。

比干"直言谏纣",纣怒曰:"吾闻圣人之心有七窍,信有诸乎?"于是杀死比干,挖出心来验证。"畏死不言,非勇也"而比干能"杀身以成仁",可谓"勇"之至矣。但从孔子"知其不可而为之"的坚定信念来看,"令名"虽存,"为"则为无了。

在"忠"的前提下,按孝、智、勇来排序"三仁",充分体现了孔学的价值判断,是非常耐人寻味的。

18.2 柳下惠为士师①,三黜②。人曰:"子未可以去乎?"曰:"直道而事人③,焉往而不三黜?枉道而事人④,何必去父母之邦?"

①柳下惠:即展禽,春秋时鲁国大夫,姓展,名获,字禽,又字季,食邑在柳下,谥惠。士师:掌管刑狱的官。②三黜(chù):多次被贬斥。三,代多次,此处非实指。黜,贬斥,废除。③直道:(行为)合乎正道。直,正直。④枉道:(行为)不合乎正道,即歪门邪道。枉,弯曲,不正。

刑狱之官,是执行法令、维护制度的官吏。事关人间的是非赏罚,贵在公平正义。柳下惠作为贤明的大夫,"直道""事人",在"无道"的鲁国多次遭贬,是合乎历史逻辑的,"窃国者"臧文仲明知"柳下惠之贤",却不荐举他(《卫灵公篇第十五》),这不是明证吗?可贵的是,柳下惠宁可受辱,不愿"枉道""事上",坚持留在"父母之邦"。这种矢志不移、直道行事、热爱祖国的高风亮节,是值得后世称道的。

那么,孔子也在"无道"的鲁国,为什么只赞颂而不效法柳下惠,却"去父母之邦"周游列国呢?我想这与孔子的人生观、价值观有关。孔子借子路之口说:"不仕无义。……君子之仕也,行其义也。"他周游列国,就是为了寻找机会出仕,从而"行其义"——推行"为政以德"的仁政主张,并借子路之口严厉批评了"欲洁其身而乱大伦"的隐士逸民(18.7),并明确宣告"异于是"(18.8),历尽艰险,"知其不可而为之"。一个是"欲洁其身"而有消极出世之嫌,一个是"累累若丧家之狗"积极入世。人格有高下。历史是公允的。所以柳下惠被称作贤人,而孔子被尊崇为圣人吧!

18.3 齐景公待孔子曰:"若季氏①,则吾不能;以季、孟之间待之。"曰:"吾老矣,不能用也。"孔子行。

①若季氏:"若鲁君待季氏"之省略。

这则的历史背景,《史记·孔子世家》有所详述:孔子年三十五,而季平子与郈昭伯以斗鸡故,得罪鲁昭公。昭公率师击平子,平子与孟氏、叔孙氏三家共攻昭公。昭公师败,奔于齐。齐处昭公乾侯。其后顷之,鲁乱。孔子适齐,为高昭子家臣,欲以通乎景公。""景公问政孔子,孔子曰:'君君,臣臣,父父,子子。'景公曰:'善哉!信如君不君,臣不臣,父不父,子不子,虽有粟,吾岂得而食诸?'他日,又复问政

论
语
大
家
读

272

于孔子,孔子曰:'政在节财。'景公说,将欲以尼谿田封孔子。晏婴进曰:'夫儒者滑稽而不可轨法;倨傲自顺,不可以为下;崇丧遂哀,破产厚葬,不可以为俗;游说乞贷,不可以为国。自大贤之息,周室既衰,礼乐缺有间。今孔子盛容饰,繁登降之礼,趋详之节。累世不能殚其学,当年不能究其礼。君欲用之以移齐俗,非所以先细民也。'后,景公敬见孔子,不问其礼。异日,景公止孔子,曰:'奉子以季氏,吾不能。'以季、孟之间待之。齐大夫欲害孔子,孔子闻之。景公曰:'吾老矣,弗能用也。'孔子遂行,反乎鲁。"

读上述可知,齐景公通过对孔子的两问,深信孔子:"欲用之以修齐俗",孔子的前程露出了曙光。不幸的是,齐相晏婴向齐景公进言儒者"四不可"。此后,景公见孔子"不问其礼",并明示"奉子以季氏,吾不能"。景公出于权相的压力,还是认为晏婴言之有理呢!总之,不想重用孔子,甚至不再信任孔子了。加之又听到有"齐大夫欲害孔子",孔子人身安全受到威胁,这样的政治环境太使孔子失望了。齐景公出于"敬",私下放风说:"我老了,不能用孔子了。"实际是暗示,要人传话孔子:"我年纪大了,无能为力了,你还年轻,在齐国不能施展宏图,另谋出路吧。"对于一心寻求"出仕行义"的孔子来说,只能当机立断:"行",不能存有丝毫的犹豫和妄想了。

孔子这次在齐的遭遇,从一个侧面生动地告诉我们:一个人欲对社会、对人民有所作为,何等艰难。何况是心怀"兴灭国,继绝世,举逸民,天下之民归心"这样宏愿的仁者哩!

18.4 齐人归女乐①,季桓子受之②,三日不朝,孔子行。

【你解】 ①归:同"馈",赠送。女乐:歌舞伎。②季桓子:鲁国贵族,姓季孙,名斯,季孙肥,康子的父亲。

【我读】 眼看鲁国君臣中了齐人的圈套,耽于女色,怠于政事,孔子在朝廷上也遭到疏远和孤立,特别是定公十三年(前497)春社大祭祀,没得到邀请,祭后又没按礼制"致膰俎"于孔子,孔子意识到鲁国没有人需要他,于是非常失望地离开了"父母之邦",开始了长达十四年之久的寻梦之旅了。

孟子不愧为孔子的忠实传人,他深知孔子,在《孟子·万章下》中说:"(孔子)去鲁,曰'迟迟吾行也,去父母国之道也'。可以速而速,可以久而久,可以处而处,可以仕而仕","孔子,圣之时者也"。盛赞孔子不仅执著于自己的崇高理想,更富于随机应变的超人的政治智慧。

18.5 楚狂接舆歌而过孔子曰①:"凤兮凤兮②! 何德之衰? 往者不可谏③,来者犹可追。已而,已而! 今之从政者殆而④!"孔子下,欲与之言。趋而辟之,不得与之言。

你解 ①接舆:春秋时隐士。楚国人。"躬耕以食",佯狂不仕,亦称楚狂接舆。②凤兮:凤,古代传说中的鸟名,凤凰的简称。旧时比喻有圣德的人。兮,语气词,多用于诗赋中,相当于现代汉语中的"啊""呀"。③谏:本义规劝,这里是引申义"纠正、挽回"。④殆,危也。

我读 这则借狂人接舆——明为佯狂之人,实为清醒的隐者——之口,既称赞孔子为盛德之人,又告诫孔子要"识时":应像凤凰,"有道则见,无道则隐",如今"无道""从政者殆而",不要执迷不悟,归隐还来得及!"孔子下(车),欲与之言。"言什么? 看来孔子想向接舆解释自己为什么要"知其不可而为之",或者想听听接舆进一步的意见,或者……总之,孔子并未听从接舆的劝慰,依然继续"走自己的路"。这从另一方面,肯定了孔子执著的入世精神。

这则还有一个意外的收获:"往者不可谏,来者犹可追",经东晋大诗人陶渊明引进《归去来兮辞》之后,流传更广泛,逐步演变为惜时格言:说明人不要一味追悔过去,而应当向前看,珍惜时间,努力奋进。

18.6 长沮、桀溺耦而耕①,孔子过之,使子路问津焉②。长沮曰:"夫执舆者为谁③?"子路曰:"为孔丘。"曰:"是鲁孔丘与?"曰:"是也。"曰:"是知津矣。"问于桀溺。桀溺曰:"子为谁?"曰:"为仲由。"曰:"是鲁孔丘之徒与?"对曰:"然。"曰:"滔滔者天下皆是也,而谁以易之? 且而与其从辟人之士也④,岂若从辟世之士哉⑤?"耰而不辍⑥。子路行以告。夫子怃然曰⑦:"鸟兽不可与同群,吾非斯人之徒与而谁与? 天下有道,丘不与易也。"

你解 ①长沮(jù)、桀溺:春秋时隐士。耦(ǒu):二人并肩耕作。②问津:询问渡口,后用为探求途径或尝试的意思。津,渡口。③执舆者:驾车的人,此指孔子。为(wéi):动词,是。④而:同"尔",你。辟:同"避"。辟人:谓孔子。⑤辟世:桀溺自谓。⑥耰(yōu):播种后用耰平土,掩盖种子。辍(chuò):停止。⑦怃(wǔ)然:怅然失意的样子。

　　　　上则是隐士"楚狂接舆歌而过孔子",主动接近孔子;这则是"孔子过之,使子路问津"于隐士长沮、桀溺。主旨基本相同:避世的隐士嘲笑孔子"知津"而问——明知"滔滔者天下皆是"难"以易",却偏去"易",太不识时了。孔子的信念更坚定,态度更鲜明,他说:"天下有道,丘不与易也。"正因为天下无道,混浊昏暗,生民涂炭,才历经坎坷,周游列国,宣传仁政主张,纵然行动上无力回天,但积极入世,把仁爱说传播出去,总有好处啊!

　　　　这则在阐释孔子的理想信念方面,又从哲理的层面深入了一步。具体表现在:一是"问津""知津"。"津"的本义"渡口",可引申为关口、前路。此处喻指孔子作为大思想家,始终在人生的路上艰难求索,让我们油然联想到屈原诗句:"路漫漫其修远兮,吾将上下而求索。""亦余之所善兮,虽九死其犹未悔。"二是"滔滔者天下皆是也,而谁以易之?"形象生动地描写了污浊现象之广泛、强大,动摇它、铲除它是艰巨的、长期的事。三是"鸟兽不可与同群",富有创意地表明:避人之士(孔子或儒家)与避世之士(隐士或道家),如同"鸟",天上飞;兽,地上走(跑);一个是出世的,洁身自好;一个是入世的,付诸行动。"类"不同,自然"行"有异。所以孔子对隐士之言,心理上"怃然",行动上却"耰而不辍",继续"走自己的路"……

18.7　子路从而后,遇丈人①,以杖荷蓧②。子路问曰:"子见夫子乎?"丈人曰:"四体不勤,五谷不分③,孰为夫子?"植其杖而芸④。子路拱而立。止子路宿,杀鸡为黍而食之⑤,见其二子焉。明日,子路行以告。子曰:"隐者也。"使子路反见之。至,则行矣。子路曰:"不仕无义。长幼之节,不可废也;君臣之义,如之何其废之? 欲洁其身,而乱大伦⑥。君子之仕也,行其义也。道之不行,已知之矣。"

　　　　①丈人:古时对老人的尊称。②荷(hè):扛,担,挑。蓧(diào):古代一种竹制芸田锄草农具。③五谷:五种谷物,古代有多种说法,按《孟子》赵岐注:"五谷,谓稻、黍、稷、麦、菽也。"④植:本义栽种,这里引申为"插入"。芸:通"耘",除草。⑤黍(shǔ):黍子,碾成的米叫黏黄米。食(sì):供养,给……吃。⑥伦:人与人之间的关系和应当遵守的行为规则。

　　　　子路的话,是孔子要他转告丈人的话呢,还是子路作为孔子弟子表明自己的政治见解呢? 总之,是能代表孔子或孔儒的观点的。子路的话是本则的重点。

　　这则从伦理的层面阐述五伦之一的"君臣之义"。"不仕无义"，是孔子或孔儒的政治主张和社会理想。"仕"字的理解，是关键。"仕"通常指"做官"，但"做官"有为"功业"（为国家、为社会建功立业）与为个人功名富贵之别。《诗·大雅·文王有声》："武王岂不仕?"所以这里的"不仕无义"可以理解为"不出来做官，为国家、为社会建功立业，是没有道理的"；或者说，"是不合道义的"。这与"君子之仕也，行其义也"，表述一致。如果认为孔子追求"出仕"，是为了追逐个人的功名富贵，那是对圣人的误解，也本质上背离了孔子"仁者爱人"的儒家思想了。南怀瑾在《论语别裁》中的一段话，可作有力的佐证。他写道："'仕'的观念，在春秋战国以前，是为对国家有所贡献而出仕，后世是为了自己的功名富贵出来做官为出仕，完全是两回事。"并在这话前边特别加了"这里要注意"五个字，提醒读者不要混淆。

　　从这则和相关章节，可以看出《论语》中的"隐者"，有几个共同特点：(1)不满"无道"的现实，也反对以孔子为代表的儒家积极入世；(2)能主动逃离浊世，隐居僻野山林，过清苦生活。(3)能从事生产，或农或渔或樵，自食其力。(4)消极遁世，大多形貌怪异，隐姓埋名，洁身自好，于社会无补。

　　"四体不勤，五谷不分"，这是从参加生产劳动的隐者眼中，看积极入世"行其义"的孔子及其门徒们，对他们"知其不可而为之"的拼搏与无奈，不无嘲讽之意，也不可避免有"以己度人"之嫌。后泛用以形容脱离劳动，脱离劳动人民，纯为贬义了。

18.8 逸民[1]：伯夷、叔齐[2]、虞仲[3]、夷逸、朱张、柳下惠、少连。子曰："不降其志[4]，不辱其身，伯夷、叔齐与!"谓："柳下惠、少连，降志辱身矣，言中伦[5]，行中虑[6]，其斯而已矣"。谓："虞仲、夷逸，隐居放言[7]，身中清，废中权。我则异于是，无可无不可"。

　　①逸民：亦称"佚民"。旧时称遁世隐居之人。②伯夷、叔齐：初，孤竹君以次子叔齐为继承人。孤竹君死后，叔齐让位，伯夷不受，后二人都投奔到周。到周后，反对周武王进军讨伐商王朝。武王灭商后，他们又逃避到首阳山，不食周粟而死。③虞仲：即仲雍。④降(jiàng)：降低。⑤言中伦：言，说话。中(zhòng)，符合，适合；伦，义理之次第也。⑥行：行为。中虑：言有意义合人心。虑，思虑。⑦放言：

畅所欲言,不受拘束。

我读 　　逸民的共同点:虽有官位,因朝代交替,或因个人际遇,遭受挫折,不再出仕,从而遁世隐居,皆能洁身自好。"志意修则骄富贵,道义重则轻王侯"。(《荀子·修身》),这样概括是有见地的。

　　补说一点。逸民与隐士(隐者)同为隐居不仕的人,区别在隐居前,逸民多为前朝的遗老遗少。逸通"佚",有"散失、弃置"义。

　　孔子根据志意与立身两个标准将逸民六人分为三类。伯夷、叔齐,不事纣王,不降周朝,洁身不辱,淡泊名位,最为高尚,为第一类;柳下惠、少连,虽被迫"降志辱身",但言行合乎伦常,大节仍然是好的,为第二类;虞仲、夷逸,不愿出仕,放意直言,但立身洁白,合乎权变,也还可以,算第三类。

　　"我则异于是,无可无不可。"结尾这句是全则重点,表明孔子与逸民不一样:虽然称赞他们修志意、重道义、"高尚其事",但面对"无道",是持"知其不可为而为之"的积极入世态度,决不像逸民们偏执一隅——为洁身而隐逸,而是以义为重,"志于道","仁以为己任","用之则行,舍之则藏",灵活多变,即使"韫椟而藏",也只是暂时的;时刻准备着,"求善贾而沽",才是真正的目的。

　　孔子借子路之口说:"不仕无义",明确宣告了他的人格理想,也是对隐士、逸民中肯的针砭。

18.9 　大师挚适齐,亚饭干适楚①,三饭缭适蔡,四饭缺适秦,鼓方叔入于河②,播鼗武入于汉③,少师阳、击磬襄入于海。

你解 　　①饭:泛指人每天定时吃的食物。这里是吃饭时管奏乐的官名。②河,古代专指黄河。③鼗(táo),乐器名,即长柄的摇鼓,俗称拨浪鼓。

我读 　　这则有"史"的性质,重点记事——八位乐师离鲁星散,去齐、楚、蔡、秦,到河、汉、海滨。他们为什么都离开了"父母之邦"呢?孔子自卫反鲁,正是鲁哀公时代。按周礼,天子诸侯用饭都得奏乐,天子四餐,奏乐四次;诸侯三餐,奏乐三次。因鲁国国君是周公后代,享有天子用餐之礼,所以有乐师四人(大师挚可能兼一饭)。现在礼制崩溃了,四餐"饭"的乐师逃走了。打鼓的、摇鼗的、击磬的乐师们,因文化废弛,国将不国,也相继"逾河蹈海以去乱"。这个"周礼尽在"的鲁国,由于"三桓僭妄",真正是礼衰乐废了。文化如此,经济之萧条,社会之衰败可知。能不令孔子有忧时匡世之叹吗？

18.10　周公谓鲁公曰："君子不施其亲^①，不使大臣怨乎不以；故旧无大故^②，则不弃也。无求备于一人！"

 ①施：通"弛"，弃置，改变。引申为疏远、怠慢。亲：亲族、亲戚。
②故旧：旧交、旧友。大故：此指严重的罪恶。

周公对鲁公说："君子不能疏远怠慢自己的亲族，不让大臣们埋怨对（他们）不任用；旧交老友没有严重的过错，就不要遗弃（他们）；对一个人不要求全责备。"

这是老臣对新君的告诫，也是父亲对儿子的训示。我们还可参看《史记·鲁周公世家》周公戒伯禽的一段话："我文王之子、武王之弟、成王之叔父，我于天下亦不贱矣。然我一沐三捉发，一饭三吐哺，起以待士，犹恐失先天下之贤人。子之鲁，慎无以国骄人。"

周公以远胜于蜀相的"两朝开济"的老臣之心，向伯禽讲为人之道、为君之道：不疏远、怠慢亲族，要不忘血缘之根；"不使大臣怨"，要不忘立国之功；不弃"无大故"之故旧，要不忘共事之情；"不求备于人"，要不忘用人之长。这四不忘，正体现了忠厚二字。忠、厚是为人为君的核心精神。践行得如何，可见证人品的高下、政风的清浊。

这"四不忘"，也可作为古今"领袖"为人、为君的评价标准。拿"四不忘"认真地，具体地比照一下，就会知道这位"领袖"人品如何、政绩如何。标榜、吹捧是掩盖不了历史真相的。

18.11　周有八士：伯达、伯适、仲突、仲忽、叔夜、叔夏、季随、季騧^①。

①伯、仲、叔、季：兄弟行辈中长幼排行的次第，伯是老大，仲是老二，叔第三，季是最小的。这里伯、仲、叔、季各二，可能出于两个家庭弟兄的排行，合而言之，可能是一个家庭四对双胞胎（此说本《春秋繁露·郊祭》），现实可能性很小。騧：音"guā"。

"周有八士"，何时人、身世事迹如何，既"不可考"，就无须坐实了。还是遵照孔老夫子的教导（《子罕篇第九》）"子绝四"，第一就是"毋意（臆）"、"不凭空臆度"为好。根据"善人"、"高士"之名，可知这"八士"都是志行高洁的贤明之士。这里记述"士"之"多"，表明西周时期人才济济，国家兴旺。对比现实的鲁国，孔子后学的追记者，自然感叹"今不如昔"：人才不得其用，国势能不日趋衰亡吗？

子张篇第十九

19.1 子张曰："士见危致命①,见得思义,祭思敬②,丧思哀,其可已矣③。"

【你解】 ①危:危险。这里指(国家有)危难。致:送达,引申为献出。②敬:严肃,尊敬。③其:犹"殆",大概,表拟议或揣测。

【我读】 子张的话是师承孔子的思想并有所发挥:"见危致命,见得思义"可比照《宪问篇第十四》(14.12)"子曰'见利思义,见危授命。'"语序变了一下,突出了"见危致命";"利"换成"得"(不只含"利",还有名、权等),内容更宽广了;"授"换成"致",献身更主动了。"祭思敬,丧思哀",可比照《颜渊篇第十二》(12.2)"子曰'……使民如承大祭'",《八佾篇第三》(3.26)"子曰'……学礼不敬,临丧不哀,吾何以观之哉!'""祭""丧",在当时是国家大事,用进两"思",态度更诚敬了。

"四者立身之大节。"子张通过学习、思考,把孔子的思想内化为自己的认识,整合成儒家对"士""立身"的具体要求了。从这则也可看出"自孔子之死也,有子张之儒"的端倪。

19.2 子张曰："执德不弘①,信道不笃②,焉能为有? 焉能为亡?"

【你解】 ①执:保持,遵守。②笃:忠诚,坚定。

【我读】 "有所得而守之太狭,则德孤;有所闻而信之不笃,则道废。"子张曾向孔子请教过"崇德",孔子回答:"主忠信,徙义,崇德也。"这里,子张强调德行如若局限在执守上,未免"太狭"了,应当在践行中大力弘扬;强调道义如若停留在一般信奉上,难免不坚实,应当从实际行动上体现出忠诚专一。"德""道"是孔子仁学的重要内容,子张用质疑的方式提出"弘德""笃道"的观点,显然是对孔子仁学的丰富和发展。

19.3 子夏之门人问交于子张。子张曰："子夏云何?"对曰:"子夏曰:'可者与之,其不可者拒之。'"子张曰:"异乎吾所闻:君子尊贤而容众,嘉善而矜不能①。我之大贤与,于人何所不容? 我之不贤与,人将拒我,如之何其拒人也?"

①嘉善:赞美好的、善良的(人)。矜:怜悯,同情。不能:指能力差的人。

【我读】 子张,即颛孙师;《先进篇第十一》:"子贡问:'师与商也孰贤?'子曰:'师也过,商也不及。'"孔子借子贡之"问",对子张、子夏分别指出性格上的偏颇:子张才高志远,做事常有过分之处;子夏善思拘谨,做事常有不及之处。"过犹不及",做事过头和做得不够一样,都是要不得的。孔子平时教导学生,都是针对"偏颇"因材施教的;子张、子夏也都是从"救失"的角度,"接闻于夫子"的。而且,各人志趣不同。子张重"仕"(第一次拜师孔子,就提出"学干禄"),多考虑教化的对象,广交愈多愈好,所以交友之道"尊贤而容众,嘉善而矜不能",源自孔子"泛爱众而亲仁"的教诲;子夏重"文"(他与子游并列为文学科代表),多考虑切磋"博学",深交默契愈好,所以交友之道"可者与之,其不可者拒之",源自孔子"无友不如己者"的教诲。两人交友之道,好像"两股道上跑的车",相距甚远,其实并无优劣之分,只是通过"救失",更切合各人志趣,更彰显个性特色罢了。

这一例,典型地反映了孔子非常重视因材施教的教育理念。

19.4 子夏曰:"虽小道①,必有可观者焉,致远恐泥②,是以君子不为也。"

【你解】 ①小道:儒家称礼乐政教以外的学说、技艺。②泥(nì):拘泥,行不通。

【我读】 "小道"指"农、圃、医、卜之属","卜"乃迷信,固不足取;农、圃、医、百工等,是生产、生活的实用学说、技能,人类的生存、发展必不可少,这是显而易见的客观事实。

"大道",古指政治上的最高理想,"修身、齐家、治国、平天下",就是儒家的"大道"。《为政篇第二》(12.12),孔子说:"君子不器。"按"大道"要求,君子不要像器物,只限于某种固定的用途;经世济民,"仁以为己任",不以一技一艺之长为贵。子张"学干禄",孔子立即作答;樊迟学稼、圃,孔子说"小人哉!"这是孔子"君子不器"主张的具体反映。

这里子夏既承继了孔子重视"大道"的思想,又有补充、发展。子夏认为"小道必有可观",用进一个"必"字,表明子夏坚信"小道"的实效性。"小道"只是在妨碍(过分沉湎"专业"而受到羁绊)君子"致远"

论语大家读

时才"不为";一般情况下,君子专于"小道"还是有补于"大道"的。这就把孔子"君子不器"的儒家思想演进为"道不离器",赋予形而上的儒道以现实可行性,更切合社会、人生。联系到人才观,有效地纠正了重"大道"而轻"小道"的倾向,既强调人才的专门性——以"可观"为基础,又重视人才的全面性——以"致远"为目标。子夏的这个观点,对现代社会培养德才兼备的人才,是有启迪意义的。

19.5 子夏曰:"日知其所亡,月无忘其所能①,可谓好学也已矣。"

【你解】 ①所能:这里指自己所掌握的知识、技能等。

【我读】 好学,就是喜爱学习。《学而篇第一》(1.14)孔子说:"君子食无求饱,居无求安;敏于事而慎于言,就有道而正焉,可谓好学也已。"这是从修德的角度说的。这则子夏所言,是从求知的角度说的。换个角度看问题,反映子夏对孔子"好学"思想的新认识。

日知"亡"——每天知道新东西,月无忘"能"——每月记住已掌握的知识、技能。知"亡"而记"能",谋合了孔子"温故而知新"的学习方法并有所变通,并给"好学"思想加进了每日、每月这个时间的"持恒"新元素。

孟子说:"心之官则思,思则得之,不思则不得也。"子夏从学孔子,由上可见,并非被动接受,而能积极思考,所以孔子死后,他到魏国的西河收徒讲学,独立门户,自成一家。

19.6 子夏曰:"博学而笃志①,切问而近思②,仁在其中矣。"

【你解】 ①博:广博,广泛。笃志:志向专一不变。笃,诚笃,忠实。②切问:就自己所学而未曾理解的问题向人请教。切,恳切。近:与"远"相对,就空间言,指现实;就时间言,指当前。

【我读】 孔子的仁学,核心是"爱人"。从《论语》记载的孔子言论可知,"仁"是儒家一种含义极广的道德范畴,它有恭、宽、信、惠、敏、智、勇、忠、恕、孝、悌等内容。换言之,这些内容分别从属于"仁",从不同角度反映"仁",也可以说都能体现出君子"爱人"的本质。这里子夏说"博学而笃志,切问而近思",都是关于学问、思考的话,为什么说"仁在其中"呢?揣摩子夏的想法是:真正做个君子,要面对当下,立足实际,只有广泛学习、坚守志向,并通过"切问""近思",切实掌握有用知识,练就某些本领,"爱人"才能落到实处。宏观地看,子夏与孔子的目标是保持一致的,都要求君子"仁以为己任",区别在:孔子偏重务虚——期盼每个君子加强"形而上"的道德修养；子夏却偏重务实——期盼每个君子在"形而下"的实际行动上下功夫。我想，这就是子夏说的"仁在其中"的真谛所在。

19.7　子夏曰："百工居肆以成其事①，君子学以致其道②。"

【你解】　①百工：西周时工奴的总称。春秋时沿用，并成为各种手工业工人的总称。居：处于，处在某个地方。肆：作坊，也称店铺。②致：达到，求得。道：此处指一定的政治主张或思想体系。

【我读】　本则前一分句是老师孔子"能近取譬"的运用，是打比方。"百工居肆"专心、有恒、广益，方能营造出有用的器物；君子学习也得专心、有恒、广益，才能建立起自己的思想体系。这里，子夏关于学习的观点仍是基于实效、看重当下的，与他经世致用的一贯主张是一致的。

19.8　子夏曰："小人之过也必文①。"

【你解】　①过：过失，过错。文（wén，旧读 wèn）：掩饰。

【我读】　"人谁无过？"这是千百年来人们的共识。孔子关于"人之过"，有过不少言论。如："人之过也，各于其党。观过，斯知仁矣。"（《里仁篇第四》）"苟有过，人必知之。"（《述而篇第七》）"过而不改，是谓过矣。"（《卫灵公篇第十五》）他称赞喜爱的弟子——著名的贤人颜回"不迁怒，不贰过"（《雍也篇第六》）。显然，知过，又能改过，那是君子。反之，不知过，或"过而不改"，便是小人了。子夏善于接受、融会、发挥老师的思想，他非常明白：由于认识上的原因而不"知过"，尚可原谅；出于私利、虚荣，明知有"过"却千方百计地掩盖、推诿，那就可恶了。"小人对（自己的）过错必定掩饰。"这就是子夏学习孔子关于"人之过"论述后，从反面作出的独到的判断。

19.9　子夏曰："君子有三变：望之俨然①，即之也温②，听其言也厉。"

【你解】　①俨然：庄重严肃的样子。②即：靠近，接近。温：温和。

【我读】　本则是子夏多年聆听孔子教诲、耳濡目染所形成的心理感受：孔子是严师，形貌端庄，要求严格，令人肃然起敬，又是慈父，内心有一团火，爱弟子胜似亲子。这里的"君子"，狭义地说，直接的形象就是自己崇敬的老师孔子；广义地说，间接的影像就是广大的士人。

所谓"君子有三变"，千万不能误解为"君子态度多变"，那君子不成了"变色龙"吗？非但不可敬，反而可恶了。这里是从弟子的视角看施教者的。子夏的心理感受，不是非常切合《述而篇第七》(7.18)

"温而厉,威而不猛,恭而安"对孔子色貌的概述吗?

19.10 子夏曰:"君子信而后劳其民①;未信,则以为厉己也②。信而后谏③;未信,则以为谤己也。"

〖你解〗 ①信:信用,此作动词,取信。劳:劳苦。②厉:虐害,剥削。③谏(jiàn):此指规劝君主,使之改正错误和过失。

〖我读〗 "信",是孔子仁学的重要内容。孔子关于"信",有一段著名的言论:"人而无信,不知其可也。大车无輗,小车无軏,其何以行之哉?"(《为政篇第二》)还说:"民无信不立""信则人任焉"等。子夏是君子(做过莒父宰),也从君子(从政的士人)的视角看"信"的经世致用效果,所以主张:君子下对民,先取信后劳民;上对君,先取信,再进谏,认为取信、互信是办好事情的前提。可见他深谙诚信之理:"人之所助在信,信之所本在诚。"也非常清楚"未信"的负面效果:民"未信","劳"则有"厉"的误会;君"未信","谏"则有"谤"的误会。误会的后果,自然是人臣对立、臣君对立。这就把孔子的"人而无信,不知其可也"的理性认识变成具体可感的活生生的事实了。这也反映了子夏通过学用结合,既本于孔子"信"的理念,又把抽象的"信"推进到社会的应用层面,可谓对孔子的思想"亦足以发"。(这是孔子评价颜回的话,见《为政篇第二》)

19.11 子夏曰:"大德不逾闲①,小德出入可也②。"

〖你解〗 ①逾:超过,超越。闲:本义是阑,栅栏,养马的圈。引申为范围,多指道德、法度。②出入可:即"可出入"。出入,(数量内容等)不一致、不相符的情况。

〖我读〗 这则表明子夏从学孔子,对孔子一以贯之的忠恕思想、仁政主张是坚守的,而在待人接物、施教、礼仪等具体事情上是不拘泥老师的做法的;进而表明子夏思维比较活跃,视野比较开阔,说话、做事能从大处着眼,而不斤斤计较于琐事末节。这也是子夏能对孔儒作某些质的改造,从而创立具有鲜明社会功利特色的西河学派的一个重要原因吧。

19.12 子游曰:"子夏之门人小子,当洒扫应对进退①,则可矣,抑末也②。本之则无,如之何?"子夏闻之,曰:"噫③!言游过矣!君子之道,孰先传焉④?孰后倦焉?譬诸草木,区以别矣。君子之道,焉可诬也?有始有卒者,其惟圣人乎⑤!"

![我读] 子游、子夏同为孔子文学科代表，如何传授"君子之道"，有分歧意见。子夏教"门人小子"从"洒扫应退进对"着手，而子游却指责他是抓"末"，"本之则无"。那么，"本"指什么呢？没有说。从"洒扫应退进对"来推知，子游所谓"本"，大约是指"四教：文、行、忠、信"（《述而篇第七》），他要从人格培养、德行操练上着手。"君子之道"的"道"，此处可指学问，包括知识、道理两方面。这两方面不可割裂，应是一个整体，相辅相成的。子夏的"洒扫应退进对"，看似"知识""小道"，其实"道理""大道"蕴涵其中。从学习规律看，应当由浅入深、由易到难，从小事做起，从身边事做起，所谓"一屋不扫，何以扫天下"，就是这个道理。子游抓"本"的观点没有错，但"本"从何体现呢？正如"人的正确思想，不是从天上掉下来的，也不是头脑固有的"一样，"本"也必须体现在细微末节的实践中。关键是，要把"君子之道"的根本精神一以贯之。就教育效果而言，子夏教育弟子从小事抓起，从身边事抓起，不失为一种务实之举；而子游重"大道"，高则高矣，不免有高谈阔论之嫌。

至于"有始有卒者，其惟圣人乎！"这句话何解？我想，出自子夏之口，很有点辩解的意味：圣人教授弟子，总是从"近"开始，循循善诱，诲人不倦，直到"登堂入室"。我不是遵循圣人的做法吗？

19.13 子夏曰："仕而优则学①，学而优则仕②。"

![你解] ①仕：做官。而（下同）：连词，表假设，如果。②优：有余裕。

![我读] 子夏说："做官如果有精力和时间就学习（礼乐等治国安邦的知识），学习（礼乐等治国安邦的知识）如果有精力和时间就去做官。"

仕：做官；学，学习礼乐（等治国安邦的知识）之略。二者是并列关系。整体地看，子夏的言论基于孔子思想，又极富个性化色彩，处处体现抓当下、重实效的特点。子夏认为"士"——读书人，学习礼乐知识、提高自我修养，就是为了运用——治国安邦。不"仕"，"学"岂有用场吗？出"仕"了，为了更好地治国安邦，如果"有余力"，还得继续学礼、乐知识，进一步提高自己的修养。所以子夏把"仕而优则学"

放在前,把"学而优则仕"放在后,就充分彰显了这个特点。显然,"仕
与学,理同而事异"。"仕"不忘"学",有助于更好地"仕","学"通过
"仕"的实践,可更好地检验"学"、促进"学"。本质地看,"学"与"仕"
是知行关系,是读书与运用的关系。"仕"只是运用的载体而已。

　　子夏这句话如果解作"做官要想做得好就得学习,学习优良就得
去做官"。岂止狭隘、肤浅!那简直是误读。

19.14　子游曰:"丧致乎哀而止①。"

你解　①丧:指丧事。致:尽,极。

我读　子游说:"丧事极尽哀痛之情就行了。"

　　子游是孔子的十哲之一,与子夏并列为"文学"科的代表,传承孔
学是义不容辞的责任。这里,他关于"丧致乎哀"的认识,就直接来自
孔子"丧,与其易也,宁戚"(《八佾篇第三》)的观点,强调丧事要有悼
念的真情。但子游并非一成不变的传承。这句话中的"止"字,不可
忽视。止,停止,透露着潜台词:丧事尽哀即可,至于"丧葬之礼"有必
要繁文缛节吗?至于"父母之丧",有必要坚守"三年"的"通例"吗?
他既不随从时俗,也不盲从夫子,善于思考,敢于判断。"丧"是当时
的大事,他对其中的问题大胆提出质疑,多有创见,无怪乎有"南方夫
子"的美誉。子贡评价他:"先成其虑,及事而用之,是故不妄。"孔子
说他"欲善则详,欲给则豫"。看来,皆非虚言。

19.15　子游曰:"吾友张也为难能也①,然而未仁②。"

你解　①张:即子张,颛孙师的字。为:是。难能:不易做到的事竟然做
到了。②然而:"这样却",或"但这样",是两个词。未仁:"未为仁"之
略。"没有达到仁",或"没有做到仁"。

我读　联系《论语》中的语录和相关的背景知识,这段语录至少传达了
三个信息:(1)"仁"是孔门弟子"修己"的终极追求,是最高的道德境
界,很难做到,孔子对一个人也极少以"仁"期许。(2)子张志向高远,
品德高尚,受到子贡的高度赞赏:"美功不伐,贵位不善,不侮不佚,不
傲无告。"人无完人,子张也有严重缺点,孔子尖锐指出:"师也辟(过
激)"、"过(过分,指礼)犹不及(赶不上)"。(《先进篇第十一》)这里子
游说子张"未仁",就是认同了老师孔子对子张的批评。(3)子游评价
人,秉持"义之与比"的君子之道。对于好友子张在肯定他"为难能"
可贵的同时,也明确道出他"未仁"之不足。子游与子张是儿女亲家,

虽然友情加亲情，却毫无以瑜掩瑕"挟私"之弊。

19.16 曾子曰："堂堂乎张也①，难与并为仁矣。"

【你解】①堂堂：形容仪表壮伟。张：即子张。

【我读】"堂堂"，作为叠音词，通常用以形容个体的人"仪表雄伟"。形容整体，或建筑，或阵容，有高敞、强大的意思。如"建高基之堂堂""勿击堂堂之陈(阵)"，皆为褒义。从此问的感情色彩看，曾子这话是对子张的溢美之词，既夸赞他的仪表，也称道"子张之儒"的学说，加入"难"与"并"的强调，生动地反映了曾子从子张身上看到了"动容貌""正颜色""君子所贵乎"的"道"，内心十分欣喜，从而折射出重内省的曾子"见贤思齐"的谦虚好学精神。

客观地看，连曾子这样的孔子学说的薪火传人，都感叹"难与并为仁矣"，可见子张为人为学很有点"曲高和寡"之弊。《列子·仲尼》中有言："子曰：'师之庄贤于丘也'"，又曰'师能庄而不能同'"，可以参证。在《先进篇第十一》答"子贡问"时，孔子说："师也过"，真是一语中"的"！

19.17 曾子曰："吾闻诸夫子：人未有自致者也①，必也亲丧乎②！"

【你解】①自致：自动，自发。②亲丧：亲，指父母；丧，丧失，去世。

【我读】孝——善事父母，是孔子仁学的重要内容。曾子曾言"慎终，追远，民德归厚矣。"(《学而篇第一》)他不仅倡导孝道，而且身体力行。关于他的孝行，历史上有很多记载，如《礼记·内则》记曾参遭遇父丧，"泪如滴泉，水浆不入口者七日"；《韩诗外传·卷一》记曾参在父母死后因无须供养，虽在楚官居高位，"有九仞高堂，百辆大车，犹北向而泣"……都表明曾子对父母之丧，从内心深处伤痛不已。

他说"自致者也，必也亲丧乎"，这话"闻诸夫子"，是追怀教诲，更是切身体会"。"人未有自致者也"，难免武断之嫌，但通过极端的表述，"亲丧""自致"却显得更自然、更真切。父母去世了，一般地说，儿女哀伤痛悼，是人之真情的自然流露，决非他力强行所致，决非他事"自致"可比。

《孝经》记述"仲尼居，曾子侍"，孔子答曾子问："夫孝，德之本也。……夫孝，始于事亲，中于事君，终于立身。"《孟子·离娄》进一步解说："仁之实，事亲是也。……事亲，事之本也。"可见，曾子出此真情之言，是植根于"孝"为"至德要道"的真切之理。

19.18 曾子曰:"吾闻诸夫子:孟庄子之孝也,其他可能也;其不改父之臣与父之政①,是难能也②。"

〖你解〗 ①臣:即家臣,春秋时各国卿大夫的臣属,不世袭,卿大夫可随意任免,并要效忠卿大夫。政:政治,政策。②难能:不容易做到。

〖我读〗 《论语》开篇就引录有子的话:"孝弟也者,其为仁之本与。"同篇(1.11),孔子具体指出:"父在,观其志;父没,观其行,三年无改于父之道,可谓孝矣。"通过这则可知:"无改父之道"是指"不改父之臣与父之政"。"三年无改于父之道,可谓孝矣。"这则没说"三年",可能直到庄子自己死,是"四年",所以此行不仅"可谓孝",而且"是难能也"。

"孝"是孔子仁学的根本,是首要的道德规范。孝行的内容是丰富的,行孝的层面是多样的。《为政篇第二》中,孔子在答"问孝"时指出:行孝最难做到,也最须做到的两点:一是无违(字面上不违背周礼,实指对父母生事、死葬以礼、无改父志以礼),二是色难(对父母和颜悦色最难)。这则的"不改",正是"无违"的体现。曾子恪遵师教,所以把夫子关于"孝"的教诲牢记在心,并能抓住要领发扬光大。

这则作为精神遗产,有人提出质疑:假若"父之臣"不肖、"父之政"不良,这样的"父之道"有必要"不改"吗?还能赞许为"难能"吗?其否定的答案,是不言而喻的。殊不知,古文常有过简之弊。理解力求客观的话,须结合大语境,多方参证方可。自然孟庄子的"父之道"是善道了。在这个前提下来理解这句话:行孝是多方面的,其中不改变父亲"任贤"的用人原则、不改变父亲"泛爱众"的仁政精神,这方面别人不容易做到,你却做到了,一直坚持到死。我们现在不是常说:"继承优良传统吗?"从这个意义上说,这则语录还是颇有教益的。

19.19 孟氏使阳肤为士师,问于曾子。曾子曰:"上失其道①,民散久矣。如得其情,则哀矜而勿喜!"

〖你解〗 ①上:指在上位的当政者。

〖我读〗 士师,典狱之官,相当于今之检察官。春秋时,士师位高权重,是朝廷百僚之长。阳肤出任士师,深感责任重大,于是向老师曾子请教。

常识告诉我们:犯法,应依法提起公诉,按罪量刑惩处。但为何犯法,由于心理动机不同,社会背景不同,具体操作切忌一概而论。作为司法人员,要从实际出发,区别对待。

曾子首先向阳肤指出："上失其道,民散久矣。"就是说,在上位的当政者丧失正道,社会混乱,民心涣散,民不聊生,广大百姓受尽饥寒、迫于冤苦,才走上作奸犯科的违法之路。可见恶行之源在"上"不在"下"。鉴于这样的社会背景,曾子秉持孔子"泛爱众"的仁爱精神,进一步教诲阳肤:你作为检察官,得知了百姓犯法的真情,就要怜悯、同情他们,不要自以为明察、有功于朝而沾沾自喜! 这是由衷的期望,也是严肃的告诫。

　　美国总统林肯曾说:"法律是暴露的道德,道德是隐藏的法律。"他把法律与道德的关系阐释得多么透辟啊!

　　我想,时隔两千多年的今天,还是这个国度,尽管社会背景大不相同,犯罪心理动机也更为复杂,但在"以人为本"的大政方针下,司法人员面对形形色色的犯法者,尤其在"下"的,不要有"法"(只知严打)无"人"(本为良民),应有"如得其情,则哀矜而勿喜"的理性与胸怀。

19.20　子贡曰:"纣之不善①,不如是之甚也。是以君子恶居下流②,天下之恶皆归焉③。"

〔你解〕　①纣:殷王帝乙之子,名辛字受,又字纣(有说"纣"是后人所加的谥号,义为残忍不义)。商代最后的君主。贪酒好色,荒淫无度,刚愎自用,拒纳忠言,杀死比干、梅伯等,囚禁周文王。后周武王会合西南各族向商进攻,牧野(今河南淇县西南)一战,因"前徒倒戈",纣兵败,进入城内,引火自焚,殷遂灭。②恶居下流:喻人身有污贱之实,亦恶名之所聚也。恶(wù),讨厌,憎恶,痛恨;居,处于;下流,地形卑下之处,众流之所归。③恶(è):罪恶,此指恶名,坏事。

〔我读〕　子贡在孔门弟子中很出色,是商界巨子,是外交英才。他之所以行止卓著,不必说得益于孔子的指教,而更在于他的善于思考、敢为人先的精神。从开启思维、提升认识的角度看,子贡这段话,值得今人学习、借鉴的,至少有三点:

　　首先,人贵直。敢为公认的坏人说公道话。商纣王是公认的暴君,荒淫无道,作恶多端,可子贡并未随"舆论"之"波"逐"一律"之"流",却公然发异议:"商纣王的坏,不像人们说的那样严重"。从相关史料看,的确如此。纣执政时,征伐东夷,统一中国,对东方的开发,对华夏文化发展,也有过不可忽视的贡献。子贡这么说,是尊重事实,还历史本来面目。我想这样评说历史名人,尤其是暴君之类,要有多大的政治胆识、多深远的历史眼光啊!

其次,心贵公。透过纣"居下流,天下之恶皆归"的个例,揭示了"卑下恶归"(相对也存在"尊贵荣聚")的普遍现象,这是极端化的世俗偏见,陈陈相因,源远流长。把坏人说得十分的坏,什么恶名坏事都附会到他的头上;把好人说得十分的好,什么美名好事都附会到他的名下。民间口头禅:"好事花大姐,坏事秃丫头","墙倒众人推,破鼓众人捶",生动地反映了这种偏见。历史上,生活中,这种世俗偏见,引发多少世事纷争,人间误解,造成多少泪血悲剧,乃至哭笑不得的喜剧!人,毕竟是人!在现实处境中,常常是"善恶混淆、毁誉杂至"的。韩愈说:"君子当有所好恶,好恶不可不明。"北宋诗人林逋说得好:欲想"毁誉明",则要"观其事";欲想"善恶别",则要"公其心"。偏见的产生,正是缺少这种正视现实、尊重历史的公心,也就是孔子倡导的植根于中庸哲学的不偏不倚的仁人之心!

再次,学贵思。孟子说:"心之官则思,思则得之,不思则不得也。"子贡上述两个观点,正是他师承中不苟同、学习中勤思考的创见和发现。勤于思考、善于思考是可贵的思维品质。科学家爱因斯坦从正面教导我们:"人们解决世界上的问题,靠的是大脑思维和智慧,而不是照搬书本。"文学家高尔基从反面告诫我们:"懒于思考,不愿意钻研和深入理解,自满或满足于微不足道的认识,都是知识贫乏的原因。这种贫乏通常有一个词来称呼,这就是'蠢'"。

19.21 子贡曰:"君子之过也,如日月之食焉①:过也,人皆见之;更也②,人皆仰之。"

【你解】 ①食:通"蚀",亏损。②更(gēng):改变,更正。

【我读】 "如日月之食焉",此喻体曾见于《左传·宣公十二年》:士贞子劝谏晋侯不要答应荀林父"请死"时说的:"夫其败也,如日月之食焉,何损于明?"这里子贡借以比喻"君子之过",是一种创见,更形象、更贴切。孔子曾说:"丘也幸,苟有过,人必知之。"就是说,君子有"过",大家一定知道,不必像小人那样掩饰(本篇中子夏说"小人之过也必文");又说:"过则勿惮改"(《学而篇第一》),"过而不改,是谓过矣。"(《卫灵公篇第十五》)就是说,君子"过而能改",就无所谓犯错误了。

子贡这个比喻,既师承了孔子关于君子对于"过"的两个基本观

子张篇第十九

289

点:不掩饰"过"。公开承认"过";又不怕害怕"过",勇于改正"过",又进一步补充了、发展了老师的见解;君子有"过",像日食、月食那样客观存在,"人皆见之",掩饰得了吗? 更富警示意义;当过错改了,像日食、月食那样,无损于光明,人们会仰视你,更尊崇你,鼓励君子乐于改"过",不更富昭示意义吗?

19.22 卫公孙朝问于子贡曰:"仲尼焉学?"子贡曰:"文武之道①,未坠于地②,在人。贤者识其大者,不贤者识其小者。莫不有文武之道焉。夫子焉不学? 而亦何常师之有?"

[你解] ①文武之道:事实上是中国传统文化的代称。②未坠于地:没有失传。

[我读] 子贡答卫公孙朝之"问",分两层:第一层至"莫不有文武之道焉",解公孙朝心中之"疑"。公孙朝可能想,周文王、周武王离世很久了(约五百年),你仲尼口口声声"宪章文武",凭借什么?"子贡明确告诉他:周文王、周武王离世,文武之道却并没有失传,还散落在人间。贤者、不贤者,分别记住它的大、小方面。人在,文武之道在。何处无人,何处无文武之道呢? 引申开来说,文武之道是传统文化的代称,也就通常指的学问,散落在人间,由众人口耳相传,共同记住它的方方面面。人在,传统文化在,学问在。何处无人,何处无传统文化、无学问呢? 俗话说得好:"生活处处有学问。"曹雪芹联语"世事洞明皆学问",也有这层意思。当时的公孙朝进一步的道理可能不懂:传统文化或曰学问的继承,主要在人——在人的习惯、行为方式上,自然继承了人类的文明基因,有了文字之后,增加了传承的自觉性。这样传承,就打破了时空的局限,更富有可靠性、延续性了。

第二层至"何常师之有",解公孙朝口中之"问"。子贡在为公孙朝释疑的前提下,用反诘的语气答"问":"夫子在哪里不学?"就是说,夫子时时学、事事学、处处学,向众人学、向社会学、向实践学;不论尊卑老幼,谁有长处向谁学。这不印证了夫子"敏以求之""学而不厌"的"好学"精神吗? 这不诠释了夫子"三人行,必有我师焉。择其善者而从之……"的"不耻下问"的优良学风吗?"何常师之有",正是孔子博学多知的有力反证。

19.23 叔孙武叔语大夫于朝曰:"子贡贤于仲尼。"子服景伯以告子贡。子贡曰:"譬之宫墙①,赐之墙也及肩,窥见室家之好②。夫子之墙数仞③,不得其门而入,不见宗庙之美④,百官之富。得其门者或寡矣。夫子之云,不亦宜乎!"

①宫:古代泛指房屋、住宅。到了秦代,专指帝王住所、宫殿。②窥(kuī):从小孔、缝隙或隐僻处察看。③仞(rèn):古代长度单位。据陶方琦的《说文仞字八尺考》谓周制为八尺,汉制为七尺,东汉末则为五尺六寸。④宗庙之美,百官之富:宗庙,古代帝王、诸侯或大夫、士祭祀祖宗的处所,后世自大夫以下皆称家庙;官,本义是房舍,其后才引申为官职之义……这里也是指房舍而言。

子贡的才干、贡献是多方面的,孔子为什么将其定为言语科的代表呢?子贡这番话,从下面几个方面给了我们令人折服的答案。

(1)比喻之贴切。以墙之低、高,喻"贤"之露藏。子贡墙高"及肩",故能"窥见家室之好"——喻子贡贤德、智慧外露,人们很容易看到;仲尼墙高"数仞","不得其门而入,不见宗庙之美、百官之富。"——喻夫子贤德、智慧深藏,人们很难看到。"露"则浅、则薄,"藏"则深、则厚,贤德、智慧"悬殊"之大,显然可见,怎能说"子贡贤于仲尼"呢?否定之义,隐含在比喻中。

(2)谦逊之可贵。大凡一个人听到赞扬,总满心高兴,甚至飘飘然。可子贡不因别人的夸奖而忘乎所以,更不因别人的推崇而忘本。他清醒认识到自己的不足,坚信"青出于蓝"未必"胜于蓝",也许永远"逊于蓝",从他自己的形容("室家之好")很随便,对老师的形容("宗庙之美,百官之富")很恭敬,可以看出。这个与两千年后的两位西方名人的认识不谋而合。莎士比亚说:"谦逊是最高贵的克己功夫。"巴顿说:"有一种东西,比才能更罕见、更优美、更珍奇,那就是自知之明。"

(3)反驳之幽默。"夫子之云,不亦宜乎?"南怀瑾云:"'不亦宜乎'用在这里,是文字的反用。"诚然如此。子贡没有厉声斥责叔孙武叔对自己的奉承,对夫子别有用心的贬损,却意味深长地打趣道:"你说我'贤'是对的,因为我太浅薄,容易看到我外露的才干;我老师气象恢宏,蕴藏深厚,他的'贤'太高深了,你这样说很自然啰!"好像在肯定他,其实在责骂他。出语如此轻松、委婉,无怪乎南师说"不亦宜乎"是"文字的反用"。

(4)"入门"之滥觞。"不得其门而入",后来演化出"入门"一词,广泛传播。入门，作为动词，称得到门径，能得师传或初步学会；作为名词，指初级读物(多用书名)。这是顺应文化发展的创新，丰富了汉语语汇。

19.24 叔孙武叔毁仲尼。子贡曰："无以为也①！仲尼不可毁也。他人之贤者，丘陵也，犹可逾也②；仲尼，日月也，无得而逾焉。人虽欲自绝，其何伤于日月乎？多见其不知量也③。"

你解 ①为(wéi)：动词，做。②逾(yú)：越过。③见(xiàn)：同"现"，呈现。

我读 叔孙武叔忌恨孔子，是嫉贤妒能、是政见不合，还是怀有私愤呢？总之，这种忌恨逐渐升级；如果说上则还是他通过"比"在曲说，这则则是充分暴露叔孙武叔对孔子的不忍了。

子贡无愧于孔子的忠实弟子，他坚决维护孔子的形象、捍卫孔子的人格，当叔孙武叔对孔子诋毁时，他严正告诫："无以为也！"并首创以"丘陵"比"他人之贤"(也含自己)，以"日月"比"仲尼(之贤)"。丘陵低矮，可以超越；日月高悬，不可能超越。这是人所共知的常识，也表达了对夫子的真心崇敬。在形象的对比之后，子贡毫不留情地指出："你叔孙武叔之'毁'，岂不是螳臂当车、自不量力吗？"

叔孙武叔如此忌恨孔子，不由得使我们想到《史记》，屈原"博闻强志""上官大夫与之同列，争宠而心害其能"……无须列举了。大凡无德无能者，对贤德、智慧者，都患有"红眼病"，这种忌恨贤能、排斥异己的社会病态，莫非与史俱来，自古有之？

19.25 陈子禽谓子贡曰："子为恭也①，仲尼岂贤于子乎？"子贡曰："君子一言以为知，一言以为不知②，言不可不慎也。夫子之不可及也，犹天之不可阶而升也③。夫子之得邦家者，所谓立之斯立，道之斯行，绥之斯来，动之斯和。其生也荣，其死也哀。如之何其可及也？"

你解 ①为(wéi)：是。恭敬。②此句"一言以"介宾倒置，译时为"以一言"。为(wéi)：动词，做。此处是"显现、看出"义。③阶：本义台阶，引申为梯子。

我读 叔孙武叔大夫，以断然的语气宣称"子贡贤于仲尼"，采用扬此抑彼的手段，诋毁孔子，出于嫉贤妒能，那时小人的道德品质问题；陈子禽是孔子弟子，他以怀疑的口吻向子贡发问"仲尼岂贤于子乎？"用两人相比的手法，失信孔子，出于无知、误解，那是君子的思想认识问题。两人可谓"疑相似,质相异"。

正因为如此,再加上语境不同(孔子死后),所以子贡对后者的回答,显然不同于前者。

子贡这段话,可分三层:第一层(至"言不可不慎也"),以同窗情谊规劝陈子禽要"言慎",暗里告诫他不要抬举我而贬低老师。第二层(至"其死也哀"),具体描述老师超群的贤德智慧。先以"天"喻夫子之"贤",强调高不可攀。接着,针对陈子禽对夫子的肤浅认知,设想老师如果有机会为政——有了"诸侯若卿大夫"的权位,那他的学说主张就会成为现实:通过"立"、"道(导)"、"绥"、"动",受治的国家定然秩序井然、国泰民安。又以生死的"荣""哀"评价,盛赞夫子在人们心目中的崇高威望。第三层(末尾一句),正面回答了陈子禽:我对老师真心恭敬,决不是故作谦虚;老师实在太伟大了,我做官、经商取得的一点成绩,怎么能和老师礼乐治国相比呢?

由此看来,亚圣孟子的评价"(夫子)得百里之地而君之,皆能以朝诸侯,有天下";又借子贡之口说:"见其礼而知其政,闻其乐而知其德,由百世之后,等百世之王,莫不能违也。自生民以来,未有夫子也。"这些赞语,并非虚言。的确,"圣人之于民,亦类也。出于其类,拔乎其萃,自生民以来,未有盛于孔子也。"(引语皆见《孟子·公孙丑上》)

尧曰篇第二十

20.1　尧曰①："咨②！尔舜③。天之历数在尔躬④，允执其中⑤。四海困穷，天禄永终⑥。"

舜亦以命禹。

曰⑦："予小子履⑧，敢用玄牡⑨，敢昭告于皇皇后帝：有罪不敢赦。帝臣不蔽，简在帝心⑩。朕躬有罪，无以万方；万方有罪，罪在朕躬。"

周有大赉，善人是富。"虽有周亲，不如仁人。百姓有过，在予一人⑪。"

谨权量⑫，审法度，修废官，四方之政行焉。兴灭国，继绝世⑬，举逸民⑭，天下之民归心焉。

所重：民、食、丧、祭。宽则得众，信则民任焉，敏则有功，公则说⑮。

你解　①尧：传说中父系氏族社会后期部落领袖。陶唐氏，名放勋，史称唐尧。"唐"是尧的国号。相传曾设官掌管时令，制定历法。咨询四岳，推选舜为继任人。对舜进行三年考核后，命舜摄位行政。他死后，即由舜继位。②咨(zī)：嗟叹声。③舜：传说中父系氏族社会后期部落联盟领袖。姚姓，有虞氏，名重华，史称虞舜。"虞"是舜的国号。相传因四岳推举，尧命他摄政。他巡行四方，挑选贤人，治理民事，并选拔治水有功的禹为继承人。④历数：就是帝王相继的次第，好比岁时节气的先后。历，次序。⑤允执其中：真诚地坚持不偏不倚的正道。允，诚信，公平；执，掌握，保持，执守；中，不偏不倚、无过无不及之"中"。⑥天禄：旧时指上天赐予的禄位。⑦"曰"应为"商汤曰"，从说话的口气可知。这是商汤伐桀的告天之辞。⑧履：商汤名。历史上又称武汤、武王、天乙、成汤，或称成唐。甲骨文称唐、大乙，又称高祖乙。商朝的建立者。原为商族领袖，与有莘氏通婚，任用伊尹执政，积聚力量，准备灭夏。陆续攻灭邻近诸国，后一举灭夏，建立商朝。⑨玄牡：黑色的公牛，祭祀用的牺牲品。⑩简：检阅，这里是考察、明察之义。⑪百姓有过，在予一人：百姓，古代对贵族的总称；过，过失，引申为责备；予一人，古代帝王的自称。⑫谨权量：谨，慎重，小心;权,秤锤,亦指秤;量,计多少的器具。⑬绝世:古时卿大夫的封邑采地,由子孙世世享有。卿大夫子孙失去世禄,谓之绝世。⑭逸民:亦作"佚民"。旧时称遁世隐居的人。⑮此四句,与《阳货篇第十七》(17.6)孔子答子张问仁中的三句("宽则得众,信则人任焉,敏则有功")同,只是其中的"人"换成"民",后边增加一句:"公则说"。

我读　尧是传说中的远古"圣君"。"禅让"的美谈滥觞于他,最高权力开创了"传贤不传子"的交接模式,至今对权力交替仍有警示意义。至于归于"天"(天之历数,天禄),有严重的"天命论"倾向,应予扬弃;而"允执其中",则是对为政者的政治伦理要求,也是孔子仁爱思想的根本基因。"四海困穷,天禄永终",是对所有在上位的人的忠告:使民"足食",是为政的第一要务,黎民百姓煎熬在饥寒之中,你配要禄位吗?《诗》云:"彼君子兮,不素餐兮!"骂得好啊! 让骂声永远回响在为政者的耳畔,作为警钟,时时提醒,我想不无好处。

舜也把尧的话昭告给禹。

帝尧命舜,"舜亦以命禹……"在"命"(昭告)中传承着古圣君的善政美德,透露着中华古文明积极的一面在"传说"年代已经发轫了。这积极的文明基因,若能得到正常的培育、发展,多么令人向往啊!可历史却走着螺旋之路。

商汤明告天帝之辞,诚挚地表明"伐桀"是惩恶、是义战,若"赦"夏桀这样的暴君,是"有罪"的;同时表明如果此举错了,不要责怪参与伐桀的四方诸侯,罪在我一人,我愿接受天帝的惩罚,充分彰显了"贤王"商汤敢作敢当、"躬自厚而薄责于人"的美德。

周朝(建国初年)大发赏赐,(分封诸侯)善人都得到富贵,(周武王伐纣时对天帝发誓道)"商纣王虽有至亲人臣,不如我有仁义之士。民众有责难怨言,是我一人的责任"。

周武王建国后,分封土地,"善人是富",开论功行赏之先河,有利于周王朝建基立业。周武王伐纣誓词,仍传承了先王用人唯贤、敢作敢当的美德,对为政者来说,都是可贵的遗训。

我反复研读本则,从二帝三王的历史顺序看,从文字表述的思想内涵看,"这以后"的话,虽无"子曰"字眼,但反映了孔子观点,诚然"大致可信"。

(孔子认为)"慎重称物、计量,细究法则、制度,修复废弃的官职、官府,(如此)天下四方的政令(就能)通行了。"

鉴于春秋乱世,孔子想到单靠仁(人)治是不够的,还得辅以法治。当然,孔子思想里并无"法治"概念,只是觉得国家治理须以"猛"济"宽"。这样的治国理念,为后来的秦始皇提供了"统一"的思想。基于"谨权量,审法度",秦王朝政治方面,中央实行集权制,地方实行郡县制;经济方面,统一度、量、衡,统一货币;文化方面,"书同文""车同轨"……借鉴"修废官",推行商鞅变法,广泛招纳贤才……这些举措,对推动社会进步、文化发展,有着不可磨灭的历史贡献。

"复兴灭亡的国家,承续断绝世禄的后代,举用隐逸的有用人才,天下的民众(就会)从内心归服了。"

孔子坚信:"克己复礼为仁。一日克己复礼,天下归心焉。"(《颜渊篇第十二》)努力克制自己,使言行回复、符合周公之礼,这是孔子一生梦寐以求的政治理想,而"兴灭、继绝、举逸"则是复礼的具体内容。在上位的为政者,一旦做到了,天下的民众就会赞许你是仁人了,自然从内心归服于你。——这是孔子对二帝三王善政的追怀,也是对当世"礼坏乐崩"的忧虑!

"(当政者)应当重视:民众,粮食,丧葬,祭祀。"

孔子论《诗》《书》,自然深谙"民惟邦本"之理,提出"足食"乃为政第一要务,"丧宁戚"是"礼之本",并强调"祭如在,祭神如神在"的诚敬。这四件事,精要地表述了孔子"道之以德,齐之以礼"的仁政主张。

"宽厚就能得到众人(的拥护),诚实就能得到百姓的信任,勤敏(做事)就能取得成效,(办事)公平就能(使大家)高兴。"

孔子答子张问仁时说过这样的话,再一次重提,可见"宽、信、敏"是践行"仁"的重要的准则和途径,特别值得注意的是,"行五者于天下,为仁",孔子将"五者"略去了"恭、惠",增进了"公",是耐人寻味的,也可以看出孔子的思想是发展的、与时俱进的。

【说明】本则虽为一则,等于五则,并加小结:这则对《论语》全书而言,带有总结性质,先是从"史"(密切联系古文献《尚书》)的角度,依次概述了二帝三王的美德善政;接着用三分之一的篇幅,概括了孔子的为政思想和仁学主张,大体呈现了《论语》一书的思想渊源和核心内容,其内在的逻辑性还是很严密的。我认为,说此则杂乱,是苛求古人,也是对古书的误读。

20.2 子张问于孔子曰:"何如斯可以从政矣?"子曰:"尊五美,屏四恶①,斯可以从政矣。"子张曰:"何谓五美?"子曰:"君子惠而不费,劳而不怨②,欲而不贪,泰而不骄,威而不猛。"子张曰:"何谓惠而不费?"子曰:"因民之所利而利之,斯不亦惠而不费乎? 择可劳而劳之,又谁怨? 欲仁而得仁,又焉贪? 君子无众寡,无小大,无敢慢③,斯不亦泰而不骄乎? 君子正其衣冠,尊其瞻视④,俨然人望而畏之,斯不亦威而不猛乎?"子张曰:"何谓四恶?"子曰:"不教而杀谓之虐;不戒视成谓之暴;慢令致期谓之贼;犹之与人也,出纳之吝谓之有司。"

〔你解〕 ①屏:通摒(bǐng),除去,弃。②劳:本义劳动。此指劳役,指农奴在农奴主役使下的无偿劳动。③无众寡,无小大,无敢慢:言无论对众寡大小皆不敢慢。无,前两个作"不分、不论"讲,后一个作"不"讲。④尊:尊重,对内可作珍重讲。瞻视:目光神色,可泛指人的仪容仪态。

〔我读〕 子张向孔子问道:"怎么样就能参与政事呢?"孔子说:"尊崇五种美德,摒除四种恶行,就能参与政事了。"子张问:"什么是五种美德?""君子给(百姓)好处(自己)却没有耗费,(百姓)服劳役却没有怨恨,求(仁义)却不贪(财利),舒泰却不骄矜,威严却不凶猛。"子张(进一步)问:"什么叫给(百姓)好处(自己)却没有耗费?"孔子说:"根据百姓所需的利益而让他们自己(获得)利益,不就是给(百姓)好处(自己)却没有耗费吗? 选择百姓能干(得了的)劳役而让他们去干,谁却还怨恨呢? 想求得仁义已得到了仁义,却还贪求什么(财利)? 君子不论(人)多少,不论(事)大小,都不敢轻慢,这不就是舒泰却不骄矜吗? 君子端正自己的衣冠,珍重自己的仪态,庄重严肃,使人望而生畏,这不就是威严却不凶猛吗?"子张(继续)问:"什么是四种恶行?"孔子说:"事先不教育,(犯了错)就杀,叫虐;不先告诫,临时责其成功,叫暴;下达命令迟,却要求限期完成,叫贼;同样给人东西,出手却非常吝啬,这(有点像管理财物的小官吏,)叫小家子气。"

子张一向善问,这则向老师问政,孔子看日趋成熟的子张,借机会全面阐述了自己的政治主张:"尊崇五种美德,摒除四种恶行,就能参与政事了。"

孔子关于"五美"的言论,散见于其他篇章,这里综述,集中反映了孔子理想的政治——德政或曰仁政。

孔子关于"四恶"的言论,散见于其他篇章,这里综述,集中反映了孔子憎恶的政治——苛政或曰暴政。

德政、苛政的本质区别在哪里呢？这得从"政"字说起。季康子问政于孔子时，孔子回答说："政者，正也。"孔子用"正"字诠释"政"，真是一语破的，极准确地揭示了政治的本质。

政治，通俗地说，就是管理众人的事。就管理者——执政的人自身而言，应立足于"正"：为人正义，办事公正，坚守正道，一身正气；就管理的对象——众人来说，应着眼于"惠"：给众人好处，时时心系众人。胡锦涛同志在建党九十周年的"七一"讲话中说："做到权为民所用、情为民所系、利为民所谋"，这不是在新的历史条件下，对"惠"的最科学、最精辟的阐述吗？

我想，"正"与"五美"中的"惠"，这两字是德政、苛政的分水岭，是识别德政、苛政的试金石。古今中外，概莫能外。

《贞观政要》记载，唐太宗李世民曾对侍臣们说："朕每日坐朝欲出一言，即思此一言于百姓有利否，所以不敢多言。"作为封建帝王，尚且能够如此光明正大地直言，也就不难理解他何以能开创"贞观之治"的盛世局面！

再看胡锦涛同志在十八大报告中强调，要坚持"问政于民，问需于民，问计于民"，这可贵的"三问于民"，正是当今中国特色社会主义"德政"的最好体现。

《诗经·小雅》"节南山之什"中，不是有讽刺败政、乱政的诗篇吗？《礼记·檀弓》里，不是有"苛政猛于虎"的故事吗？恶行昭著的执政者，视民如草芥，如鱼肉，不教化，不告诫，不体恤，不悲悯，暴虐、残忍、狠毒、刻薄……

无数历史事实告诉我们：为政以德，百姓乐，国则兴；为政以恶，国则衰。孔子答子张的话，从历史哲学的角度，道出了"从政"的真谛。

20.3 孔子曰："不知命①，无以为君子也；不知礼②，无以立也；不知言③，无以知人也。"

①命：通常有两义，一为生命之"命"（生理意义上的性命），一为命运之"命"（旧指吉凶祸福、寿夭贵贱等人对之无可奈何的某种必然性。此处指后者）。②礼：此处泛指古代社会等级制度的社会规范和道德规范。③知言：善于分析别人的言语，辨其是非善恶。

不懂得命运，(就)没有理由称作君子；不懂得礼义，(就)没有理由立足社会；不懂得(分辨别人)的言语，(就)没有理由(说)了解别人。

知命、知礼、知言，对君子立身处世的重要性，孔子在《论语》中已分别论述过。

这里像上则一样，综而言之，从整体上向君子提出修身的要求，只有具备三"知"，才是理想的君子，才是君子完美的人格。紧承上则，欲实现理想的德政社会或曰仁政的社会，必得有理想的君子或曰完美人格的君子，方能担当此重任。所谓任重道远是也！

为什么说三"知"具备是君子理想的人格呢？人格，按现代的心理学解释，是人的性格、品质、能力等特征的总和。理想的人格，即一个人具有知、意、情三维心理功能。知命，按南怀瑾的说法，就是能把握"时代的趋势"。一个人如果不知道时代的趋势，对于环境没有了解，就不能有前知之明。这是"知"的心理功能，属认识论。知礼，这是"意"的心理功能，属伦理学。知言，这是"情"的心理功能，则属美学。知，为了了解客观世界及其规律性，追求的是认识价值；意，为了寻求有利于人、也有利于社会的功利价值；情，体现人的本质力量，追求人的审美价值。简言之，知，求真；意，求善；情，求美。

《八佾篇第三》(3.25)，孔子谈到《韶》舞时，誉以"尽美、尽善"，说的是乐舞之理，能不联想到人事之理吗？至于"真"，论语中虽无其"名"，却有其"实"：知命、躬行、主忠信、和为贵等，处处皆有求"真"之义。两千五百年前的孔子，能将三"知"放到一起，从修身角度要求君子，虽局限于历史，不可能有心理功能的科学概念，但能立足客观现实，从感性上去把握，达到暗合现代观念的认识高度，的确堪称"圣人"。

最后，借用两位学者的话，为本书作结：

钱穆在《论语新解》中说："《论语》一书，乃孔门遗训所萃，此为中国最古最有价值之宝典。孔门七十子后学讨论会集而成此书，厥功大矣。"

南怀瑾在《论语别裁》中说："全部《论语》二十篇连起来都是学问，学问不是知识，不是文字，学问是拿人生修养来体验，随时随地来学习，才能达到'知命'而'自立'的境界。这样，才能算是'知言'，才不是白读了《论语》。"

附录一 源于《论语》的格言和成语

如果说，《论语》一书确乎是中华文化最古最有价值之宝典，那么，源于该书的格言、成语则是宝典中之典"宝"。记住它、运用它，对我们传承、弘扬中华文化，必将大有裨益；对照它、内化它，对我们认识世界、修炼人生，必将好处无穷。

这里，将源于《论语》的格言、成语汇集在一起，为方便读者，用数字标示每则在书中的篇、章。至于每则的本义和应用义，请读者按数字在书中查找，不再赘述。

1.1 有朋自远方来，不亦乐乎？

1.2 君子务本，本立而道生。

1.2 犯上作乱（原文"不好犯上，而好作乱者"）

1.3 巧言令色

1.4 五日三省吾身

1.7 言而有信

1.9 慎终追远

1.10 温良恭俭让

1.12 和为贵

1.14 敏于事而慎于言

1.16 不患人之不己知，患不知人也。

2.1 为政以德

2.2 一言以蔽之

2.3 道之以德，齐之以礼，有耻且格。

2.4 三十而立，四十而不惑，五十而知天命，六十而耳顺，七十而从心所欲，不逾矩。

2.4 从心所欲

2.11 温故知新（原文"温故而知新"）

2.14 君子周而不比，小人比而不周。

2.15 学而不思则罔，思而不学则殆。

论
语
大
家
读

7.11 用行舍藏（原文"用之则行，舍之则藏"）

7.11 暴虎冯河

7.11 临事而惧，好谋而成。

7.12 富而可求也，虽执鞭之士，吾亦为之。如不可求，从吾所好。

7.14 三月不知肉味

7.15 求仁得仁（原文"求仁而得仁，又何怨？"）

7.16 饭疏食饮水，曲肱而枕之，乐亦在其中矣。

7.16 富贵浮云（原文"不义而富且贵，于我如浮云"）

7.19 发愤忘食，乐以忘忧，不知老之将至。

7.22 三人行，必有我师。

7.22 择善而从（原文"择其善者而从之，其不善者而改之"）

7.26 亡而为有，虚而为盈，约而为泰，难乎有恒矣。

7.27 钓而不纲，弋不射宿。

7.31 君子不党

7.36 奢则不孙，俭则固。与其不孙也，宁固。

7.37 君子坦荡荡，小人长戚戚。

7.38 温而厉，威而不猛，恭而安。

8.2 故旧不遗，则民不偷。

8.4 鸟之将死，其鸣也哀；人之将死，其言也善。

8.5 以能问于不能，以多问于寡；有若无，实若虚……

8.5 犯而不校

8.6 可以托六尺之孤，可以寄百里之命，临大节而不可夺也。

8.7 任重道远（原文"任重而道远"）

8.8 兴于诗，立于礼，成于乐。

8.14 不在其位，不谋其政。

8.17 学如不及，犹恐失之。

8.19 巍巍乎，荡荡乎（截取于原文"巍巍乎，唯天为大，唯尧则之。荡荡乎，民无能名焉"）

8.20 于斯为盛

8.20 三分天下有其二

9.5 其如予何

9.6 多乎哉？不多也。（原文"君子多乎哉？不多也"）

论
语
大
家
读

11.26　浴乎沂,风乎舞雩,咏而归。

12.1　克己复礼为仁

12.1　非礼勿视。非礼勿听,非礼勿言,非礼勿动。

12.2　己所不欲,勿施于人。

12.5　死生有命,富贵在天。

12.5　四海之内,皆兄弟也。

12.7　民无信不立

12.8　驷不及舌

12.8　虎豹无文,鞟同犬羊。(原文"虎豹之鞟犹犬羊之鞟")

12.10　爱之欲其生,恶之欲其死。

12.11　君君,臣臣,父父,子子。

12.12　片言折狱(原文"片言可以折狱者,其由也与")

12.14　居之无倦,行之以忠。

12.16　成人之美(原文"君子成人之美,不成人之恶")

12.17　政者,正也。子帅以正,孰敢不正?

12.19　君子之德风,小人之德草。草上之风,必偃。

12.20　察言观色(原文"察言而观色,虑以下人")

12.21　先事后得

12.24　以文会友,以友辅仁。

13.2　先有司,赦小过,举贤才。

13.3　名正言顺(原文"名不正,则言不顺")

13.3　无所措手足(原文"刑罚不中,则民无所错手足")

13.6　其身正,不令而行;其身不正,虽令不从。

13.11　胜残去杀

13.11　诚哉是言

13.13　苟正其身矣,于从政乎何有? 不能正其身,如正人何?

13.15　一言兴邦,一言丧邦(原文"一言可以兴邦""一言而丧邦")

13.16　近者说(悦),远者来。

13.17　欲速则不达

13.17　见小利,则大事不成。

13.20　言必信,行必果。

13.23　君子和而不同,小人同而不和。

论
语
大
家
读

15.15　躬自厚而薄责于人

15.17　言不及义

15.19　君子病无能焉,不病人之不己知也。

15.20　君子疾没世而名不称焉

15.21　君子求诸己,小人求诸人。

15.22　君子矜而不争,群而不党。

15.23　君子不以言举人,不以人废言。

15.25　直道而行

15.27　巧言乱德

15.27　小不忍则乱大谋

15.28　众恶之,必察焉;众好之,必察焉。

15.29　人能弘道,非道弘人。

15.30　过而不改,是谓过矣。

15.32　君子忧道不忧贫

15.35　民之于仁也,甚于水火。

15.36　当仁不让(原文"当仁,不让于师")

15.39　有教无类

15.40　道不同,不相为谋。

15.41　辞达而已矣

16.1　不患贫而患不均,不患寡而患不安。

16.1　既来之,则安之。

16.1　分崩离析

16.1　无恐季孙之忧,不在颛臾,而在萧墙之内也。

16.4　益者三友,损者三友。友直,友谅,友多闻,益矣。友便辟,友善柔,友便佞,损矣。

16.5　益者三乐,损者三乐。乐节礼乐,乐道人之善,乐多贤友,益矣。乐骄乐,乐佚游,乐宴乐,损矣。

16.6　侍于君子有三愆:言未及之而言谓之躁,言及之而不言谓之隐,未见颜色而言谓之瞽。

16.7　君子有三戒:少之时,血气未定,戒之在色;及其壮也,血气方刚,戒之在斗;及其老也,血气既衰,戒之在得。

16.8　君子有三畏:畏天命,畏大人,畏圣人之言。

16.9　生而知之者,上也;学而知之者,次也;困而学之,又其次也;困而不学,民斯为下矣。

16.10　君子有九思:视思明,听思聪,色思温,貌思恭,言思忠,事思敬,疑思问,忿思难,见得思义。

16.11　见善如不及,见不善如探汤。

17.1　日月逝矣,岁不我与。

17.2　性相近也,习相远也。

17.4　杀鸡焉用牛刀(原文"割鸡焉用牛刀")

17.4　莞尔而笑

17.6　恭则不侮,宽则得众,信则人任焉,敏则有功,惠则足以使人。

17.7　磨而不磷(原文"不曰坚乎,磨而不磷")

17.7　涅而不缁(原文"不曰白乎,涅而不缁")

17.7　吾岂匏瓜也哉?焉能系而不食?

17.8　好仁不好学,其蔽也愚;好知不好学,其蔽也荡;好信不好学,其蔽也贼;好直不好学,其蔽也绞;好勇不好学,其蔽也乱;好刚不好学,其蔽也狂。

17.9　诗,可以兴,可以观,可以群,可以怨。迩之事父,远之事君;多识于鸟兽草木之名。

17.10　正墙而立(原文"人而不为《周南》《召南》,其犹正墙面而立也与")

17.12　色厉内荏(原文"色厉而内荏")

17.14　道听途说(原文"道听而途说")

17.15　患得患失(原文"其未得之也,患得之,既得之,患失之")

17.15　无所不至(原文"苟患失之,无所不至矣")

17.18　恶紫夺朱(原文"恶紫之夺朱也")

17.21　礼坏乐崩(原文"君子三年不为礼,礼必坏;三年不为乐,乐必崩")

17.21　钻燧改火

17.22　饱食终日,无所用心(可连用,可分用)

17.23　君子有勇而无义为乱,小人有勇而无义为盗。

18.5　往者不可谏,来者犹可追。

18.6　滔滔者天下皆是也,而谁以易之?

18.6　鸟兽不可与同群

18.7　四体不勤,五谷不分。

18.7　长幼之节,不可废

论
语
大
家
读

308

附
录
一

附录二 主要参考书目

1.程石泉:《论语读训》,上海古籍出版社 2005 年版。

2.洪丕谟:《论语现代版》,上海古籍出版社 2001 年版。

3.李零:《丧家狗:我读〈论语〉》,山西人民出版社 2008 年版。

4.李泽厚:《论语今读》,安徽文艺出版社 1998 年版。

5.南怀瑾:《论语别裁》,作家出版社 2007 年版。

6.李鍌等:《国学基本教材·论语卷》,新华出版社 2008 年版。

7.钱穆:《论语新解》,生活·读书·新知三联书店 2002 年版。

8.司马迁:《史记》,上海辞书出版社 2006 年版。

9.王肃:《孔子家语》,乙力编,兰州大学出版社 2004 年版。

10.杨树达:《论语疏证》,江西人民出版社 2007 年版。

11.杨伯峻:《论语译注》,中华书局 1980 年版。

12.吴惠敏:《论语趣读》,安徽人民出版社 2007 年版。

13.朱熹:《论语集注》,齐鲁书社 1996 年版。

14.朱熹等注疏:《名家批注论语(插图本)》,新世界出版社 2013 年版。

论
语
大
家
读